大型陆路口岸工程
全过程建造管理与工程实践

吴荫强　陈劲松　王　勇　主　编
戴松涛　陈　锋　　　　　副主编

中国建筑工业出版社

图书在版编目（CIP）数据

大型陆路口岸工程全过程建造管理与工程实践 / 吴荫强，陈劲松，王勇主编；戴松涛，陈锋副主编. — 北京：中国建筑工业出版社，2023.3
ISBN 978-7-112-28348-4

Ⅰ.①大… Ⅱ.①吴… ②陈… ③王… ④戴… ⑤陈… Ⅲ.①工程项目管理－研究 Ⅳ.①F284

中国国家版本馆CIP数据核字(2023)第030234号

本书以大型陆路口岸工程的全过程建造与管理作为切入点，结合深港之间具有代表性的大型政府公共工程为实例，辅以政府工程管理分析，深入浅出，案例真实，数据翔实，具有较高的学术研究和实际应用价值。

实际案例以莲塘/香园围口岸等大型陆路口岸工程为主，从跨界工程合作、口岸规划设计、查验设施标准、通关模式创新等方面进行详细分析论述。同时，结合深圳在政府工程集中建设管理模式方面的先进经验和做法，从项目策划管理、投资控制管理、招标合约管理、工程创优管理、竣工验收和后评价管理等方面进行系统阐述和分析。本书注重理论与实践相结合，建立在剖析案例的基础上，对大型政府工程全过程建造与管理的开展具有较强的指导性、实践性。本书可供政府有关部门、建设单位、咨询服务单位、研究机构、相关领域学生等参考使用。

责任编辑：毕凤鸣
责任校对：张　颖

大型陆路口岸工程全过程建造管理与工程实践

吴荫强　陈劲松　王　勇　主编
戴松涛　陈　锋　　　　　副主编

*

中国建筑工业出版社出版、发行（北京海淀三里河路9号）
各地新华书店、建筑书店经销
北京红光制版公司制版
建工社（河北）印刷有限公司印刷

*

开本：787毫米×1092毫米　1/16　印张：18¾　字数：466千字
2023年12月第一版　　2023年12月第一次印刷
定价：**75.00元**
ISBN 978-7-112-28348-4
(40715)

版权所有　翻印必究

如有内容及印装质量问题，请联系本社读者服务中心退换
电话：(010) 58337283　QQ：2885381756
（地址：北京海淀三里河路9号中国建筑工业出版社604室　邮政编码：100037）

本书编委会

总策划：高　辉

主　编：吴荫强　陈劲松　王　勇

副主编：戴松涛　陈　锋

编　委：梁王义　孟凌燕　柴章鹏　朱斌华　于会勇
　　　　雷源源　郑裕达　刘根荣　陈伟军　刘深根
　　　　左玉云　陈平宇　巩航林

校　核：陈细辉　林雪玲

前　言

2021年3月11日，全国人大通过了《中华人民共和国国民经济和社会发展第十四个五年规划和2035年远景目标纲要》，提出支持港澳更好地融入国家发展大局，完善港澳同内地优势互补、协同发展机制。高质量建设粤港澳大湾区，深化粤港澳合作、泛珠三角区域合作，推进深圳前海、珠海横琴、广州南沙、港深河套等粤港澳重大合作平台建设。2019年2月18日，中共中央、国务院印发《粤港澳大湾区发展规划纲要》，提出加快基础设施互联互通，畅通对外联系通道，提升内部联通水平，推动形成布局合理、功能完善、衔接顺畅、运作高效的基础设施网络，为粤港澳大湾区经济社会发展提供有力支撑。口岸作为国家对外开放的门户和对外经贸交往合作的桥梁，在国际货物运输、人员交往中发挥着交通枢纽的作用，也是国家安全的重要屏障，国家层面的重要纲要文件对口岸的定位、规划、建设提出了明确方向和要求。

随着我国对外开放程度的不断深入和粤港澳大湾区等重要战略规划的发展，陆路口岸作为直接对外的重要交通枢纽工程，在货物运输、人员交往、文化交流等方面的作用更加突出。

作为满足货物贸易、通关查验、人员监管、对外交往等功能的大型复杂建筑物，受政策、安全、查验、通关等多方面的影响，口岸工程在规划、建设、运行等方面有其特殊性和复杂性，不同于一般的大型公共建筑和交通建筑，陆路口岸工程因其特殊的查验功能、通关需求和特殊需要，具有结构空间跨度大、立面造型新颖、监管设施要求高、交通流线复杂等特点。

深圳作为与我国香港地区直接陆路相连的城市，是我国拥有陆路口岸最多的城市，也是我国陆路口岸使用率最高，发展得最好的城市。莲塘/香园围口岸作为粤港澳大湾区重要的交通枢纽工程，是国家"十二五"规划纲要中粤港合作的七个重大项目之一，由深港之间分别投资、共同建设、同步开工。该工程获得了中国建设工程鲁班奖、中国土木工程詹天佑奖、华夏建设科学技术二等奖等重要奖项。本书结合该项目在跨界工程合作、口岸规划设计、查验设施标准、通关模式创新等方面进行的实践和探索，进行系统的总结和提炼分析，以期为相关口岸项目和重要公共建筑的规划建设提供帮助。

陆路口岸工程作为大型的复杂公共建筑，有着投资金额大、建设周期长、质量标准高、专业系统复杂等特点，在全过程工程组织建设管理方面面临诸多风险和挑战。本书依托具体的陆路口岸工程案例，结合深圳在政府工程集中建设管理模式方面的先进经验和做法，从项目策划管理、投资控制管理、招标合约管理、工程创优管理、竣工验收和后评价管理、跨界工程合作等方面进行系统阐述和分析，希望能为同行提供更加有益的参考。

由于受到编委们知识面和项目实践经验的限制，本书尚存在不完善和有待商榷之处，敬请读者朋友们不吝提出宝贵意见，以共同推进陆路口岸等大型工程全过程建造管理与工程实践的发展。

目 录

第一篇 综述 1

第1章 我国口岸简介 2
1.1 口岸的分类 2
1.2 口岸的发展历程 3
1.3 口岸的组成部分 3

第2章 我国口岸发展规划 6
2.1 口岸发展的特点 6
2.2 新时期口岸发展目标 6
2.3 新时期口岸发展的主要任务 7

第3章 深圳口岸事业的发展 9
3.1 公路口岸分布及特点 10
3.2 铁路口岸分布及特点 13
3.3 水运口岸分布及特点 13
3.4 航空口岸分布及特点 15

第4章 口岸工程规划决策 16
4.1 口岸规划政策 16
4.2 口岸规划总体要求 17
4.3 口岸工程的特点 18
4.4 口岸工程的发展趋势 19

第二篇 口岸项目规划设计 21

第5章 口岸交通规划研究 21
5.1 口岸交通规划原则 21
5.2 跨界交通现状分析 23
5.3 交通需求预测 24
5.4 工程实践案例 31
5.5 港深协同发展展望 43

第6章 口岸查验设施与功能标准 44
6.1 建设规模与内容构成 44
6.2 选址与规划布局 47
6.3 建筑配套设施设备 48
6.4 货物监管作业场所 48
6.5 旅客通关作业场地 50

  6.6 特殊监管区域设施 ················· 51
  6.7 口岸负压隔离留验设施 ·············· 51
  6.8 工程实践案例 ···················· 52
 第7章 口岸工程设计 ······················· 63
  7.1 口岸设计的主要原则 ················ 63
  7.2 设计的主要目标 ··················· 64
  7.3 场地及道路设计 ··················· 65
  7.4 案例分析 ······················ 66

第三篇 项目建设管理 ···························· 72

 第8章 口岸查验通关模式 ···················· 72
  8.1 口岸查验通关 ···················· 72
  8.2 口岸通关便利化 ··················· 79
  8.3 "一站式"查验模式 ················ 81
  8.4 工程案例分析 ···················· 83
 第9章 项目建设管理模式 ···················· 97
  9.1 项目建设管理模式类型 ·············· 97
  9.2 全过程工程咨询 ··················· 108
  9.3 案例分析 ······················ 111
 第10章 政府投资公共工程管理 ················· 126
  10.1 政府投资项目的定义及特点 ············ 126
  10.2 政府投资项目监管要求 ·············· 128
  10.3 政府投资项目集中管理模式 ············ 130
 第11章 项目策划管理 ······················ 150
  11.1 项目策划的概念和分类 ·············· 150
  11.2 项目策划管理内容 ················· 151
  11.3 工程策划案例 ··················· 165
 第12章 投资控制管理 ······················ 175
  12.1 投资控制目标和原则 ··············· 175
  12.2 投资控制的重点难点分析 ············· 176
  12.3 投资风险管理 ··················· 184
  12.4 工程变更管理 ··················· 185
  12.5 投资控制的建议 ·················· 186
 第13章 招标合约管理 ······················ 189
  13.1 工程招标采购定义 ················· 189
  13.2 工程招标采购管理 ················· 190
  13.3 工程案例分析 ··················· 192

第14章 粤港跨界工程合作 · 202
- 14.1 跨界工程的类型与特征 · 202
- 14.2 莲塘/香园围口岸工程合作模式与实践 · 203

第15章 口岸工程关键技术与应用 · 224
- 15.1 工程概况 · 224
- 15.2 规划设计创新 · 226
- 15.3 查验模式创新 · 230
- 15.4 施工关键技术 · 231
- 15.5 创新实践港深两地工程合作新模式 · 242
- 15.6 设计建造全过程BIM技术 · 243

第16章 工程创优管理 · 246
- 16.1 国家级奖项申报条件及要求 · 246
- 16.2 工程创优程序 · 254
- 16.3 工程创优案例分析 · 257

第17章 项目竣工验收及后评价管理 · 272
- 17.1 竣工验收的相关定义和要求 · 272
- 17.2 工程移交管理 · 274
- 17.3 项目后评价 · 276
- 17.4 工程案例分析 · 280

第一篇 综 述

口岸作为"国门"形象，是国家对外开放的门户和对外经贸交往合作的桥梁，也是国家安全的重要屏障。"十三五"期间，全国新增开放口岸28个，扩大开放口岸38个。截至2020年底，全国经国务院批准的对外开放口岸共313个。

"国门"一词有多种类型含义，主要有政治类、建筑类和海关类。

政治类，比喻国家政策、规定。例如：打开国门，大胆吸收一切有用的东西。

建筑类，指陆地口岸"国门"建筑。这一意义的来源大约与人们习惯按门所处的位置对门予以命名有关，例如，人们通常把官府治所之门称之为衙门，军营行辕之门称之为辕门，皇宫大内之门称之为宫门。

海关类，旧指国都的城门，也指守护城门的小神，亦指边境；今指边防哨所和海关。例如：把好稀土资源国门。

"口岸"这个名词很早就有文献记载。顾名思义，"口"即口子，出入的通道，"岸"即江河湖海等水边陆地，按照过去的解释，口岸可简称为通商的港埠。"辞源"解释为口岸，即江海各港口，凡通商各埠在江海各陆地者也称通商口岸。过去讲口岸是同水联系在一起的，沿水的地方才会有口岸。因当时受交通运输条件的限制，各国之间的人员往来和经济贸易活动主要是通过海上运输进行的。随着交通运输工具的发展，口岸已不仅限于港口，还有铁路、公路、航空等。我国是个历史悠久的文明古国，很早就同世界各国发生政治、经济、文化方面的联系。

陆路口岸指国家在陆地上开设的供人员和货物出入国境及陆上交通运输工具停站的通道。在和平时期，口岸是国内外人员交往、对外贸易货物和交通工具出入境的场所，是增加国家财政收入的渠道。每个主权国家在口岸上都设置有检查检验机关。这些检查检验机关既要为外贸货物和交通工具的出入和国内外人员的交往提供服务、提供方便，又要为国家严格把关，维持口岸的正常工作秩序，制止非法出入境，缉毒缉私，防止传染病传入传出，维护国家主权和国家的安全。在爆发国际战争的非常时期，有的口岸将奉命关闭，转为保卫祖国的前沿阵地。

现代意义上的陆地口岸虽然仍延续古代边境"关卡"的职能，但主要作用是发展国际贸易和国际交往，促进世界和平。

第1章 我国口岸简介

口岸作为国家指定对外往来的门户，是国际货物运输的枢纽，也是一种特殊的国际物流结点。随着我国对外开放程度的不断发展和深入，口岸作为直接对外的重要交通枢纽工程，在货物运输、人员交往、文化交流等方面的作用更加突出。本章主要从我国口岸的分类、口岸的发展历程、口岸的组成部分和相关查验单位的职责进行阐述。

1.1 口岸的分类

口岸原意指由国家指定的对外通商的沿海港口。现在口岸已不仅是经济贸易往来（即通商）的商埠，还是包括政治、外交、科技、文化、旅游和移民等方面的往来港口。随着陆、空交通运输的发展，对外贸易的货物、进出境人员及其行李物品、邮件包裹等，通过铁路、公路和航空直达一国腹地。

按照我国有关规定，口岸是指人员、货物、交通工具出入国境的港口、机场、车站、通道等。口岸的分类有两种：

1. 按出入境的交通运输方式划分

按出入境的交通运输方式可将口岸分为水运口岸、陆路口岸和空运口岸。水运口岸是国家在江河湖海沿岸开设的供货物和人员进出国境及船舶往来挂靠的通道，其中水运口岸又分为河港口岸和海港口岸。

陆路口岸是国家在陆地上开设的供货物和人员进出国境及陆上交通工具停站的通道，其中陆运口岸又分为公路口岸和铁路口岸。

空运口岸是国家在开辟有国际航线的机场上开设的供货物和人员进出国境及航空器起降的通道。

截至 2018 年 12 月 31 日，我国共有经国家批准的对外开放口岸 306 个，水运口岸 135 个（其中河港口岸 54 个，海港口岸 81 个）；陆路口岸 97 个（其中铁路口岸 21 个，公路口岸 76 个）；空运口岸 74 个。

2. 按开放程度划分

按开放程度分为一类口岸和二类口岸。一类口岸由国务院批准开放，允许中国籍和外国籍人员、货物、物品和交通工具直接出入国（关、边）境的海（河）、海面交货点、陆、空客货口岸。二类口岸指由省级人民政府批准对外开放，仅允许中国籍人员、货物、物品和交通工具直接出入国（关、边）境的海（河）、空客货口岸，以及仅允许毗邻国家双边人员、货物、物品和交通工具直接出入国（关、边）境的铁路车站、界河港口和跨境公路通道。随着交通运输业的发展，口岸作为交通运输网络枢纽和贸易交往的门户，在发展国内外贸易、促进国际友好往来、沟通地区间物资交流、方便人们旅行等方面发挥着重要作用。

1.2 口岸的发展历程

口岸具有基础设施和查验、监管功能,是对人员、货物和交通工具合法出入国(关、边)境进行检查检验和提供服务的交通枢纽,不同运输方式的交通网络运输线路的交汇点,国家或地区对外交通运输系统的重要组成部分,具有优越的地理位置和方便的交通运输条件。

1978年以来,我国口岸发展大体上经历了四个时期。

第一时期:1978—1984年,以试点配套为特征的起步期;

第二时期:1985—2002年,以政策引导为特征的扩大期;

第三时期:2003—2007年,以体制性开放为特征的配合期;

第四时期:2008年至今,以全面开放为特征的创新期。

在1980年,国务院就制定了《港口口岸工作暂行条例》,后续结合实际运营经验国务院又分别制定和批转了其他规范性文件,例如1985年的《国务院关于口岸开放的若干规定》和1987年的《地方口岸管理机构职责范围暂行规定》,对界定口岸的概念和种类、明确口岸开放审批权限、规范口岸软硬件建设、理顺地方政府及相关口岸管理部门的职责范围发挥了重要作用。

1.3 口岸的组成部分

口岸是由多个查验单位、使用单位在一起工作的综合业务体。组成我国口岸业务的五个主要部分是检查检验、交通运输、供应服务、外贸服务及口岸综合管理。

1. 检查检验

凡开放口岸,均应根据需要设立边检查验、海关查验、卫生检疫、动植物检疫、商品检验、港务监督等检查检验机构,以及国家规定的其他口岸机构。

其中将卫生检疫、动植物检疫和商品检疫"三检合一"现统称检验检疫,港务监督及船舶检验依据设置要求仅在水运口岸设置。

2. 交通运输

有机场、车站、港口;航运、航空、铁路、公路运输公司等。

3. 外贸服务

有报关企业、外贸专业公司驻口岸办事处、经贸部特派员办事处等。

4. 供应服务

有船舶代理、货运代理、理货、燃料供应、外供、银行、保险公司、邮电局、口岸服务公司、装卸公司、海员俱乐部、友谊商店、免税店等。

5. 综合管理

有地方政府内设的口岸管理委员会或口岸办公室等政府综合协调管理机构。

口岸通关机制是在作为政府综合管理机构的口岸管理委员会或口岸办公室的统筹协调下,边防检查总站、海关、检验检疫等各个部门各司其职,对通关流的项方内容进行有序的"闸口式"查验。

第一篇 综 述

口岸作为特殊的监管区域，主要涉及海关、边检、检验检疫等职能部门，相关职责如下：

(1) 中国海关

中华人民共和国海关总署，简称"海关总署"，是国务院直属机构，为正部级单位。海关依照《中华人民共和国海关法》和其他有关法律、行政法规，监管进出境的运输工具、货物、行李物品、邮递物品和其他物品，征收关税和其他税费，查缉走私，并编制海关统计和办理其他海关业务。

海关总署统一管理全国海关，国家在对外开放的口岸和海关监管业务集中的地点设立海关。海关的隶属关系不受行政区划的限制。海关依法独立行使职权，向海关总署负责。

海关主要行使如下权利：

1) 检查进出境运输工具，查验进出境货物、物品；对违反本法或者其他有关法律、行政法规的，可以扣留。

2) 查阅进出境人员的证件；查问违反本法或者其他有关法律、行政法规的嫌疑人，调查其违法行为。

3) 查阅、复制与进出境运输工具、货物、物品有关的合同、发票、账册、单据、记录、文件、业务函电、录音录像制品和其他资料；对其中与违反本法或者其他有关法律、行政法规的进出境运输工具、货物、物品有牵连的，可以扣留。

4) 在海关监管区和海关附近沿海沿边规定地区，检查有走私嫌疑的运输工具和有藏匿走私货物、物品嫌疑的场所，检查走私嫌疑人的身体；对有走私嫌疑的运输工具、货物、物品和走私犯罪嫌疑人，经直属海关关长或者其授权的隶属海关关长批准，可以扣留；对走私犯罪嫌疑人，扣留时间不超过 24h，在特殊情况下可以延长至 48h。

在海关监管区和海关附近沿海沿边规定地区以外，海关在调查走私案件时，对有走私嫌疑的运输工具和除公民住处以外的有藏匿走私货物、物品嫌疑的场所，经直属海关关长或者其授权的隶属海关关长批准，可以进行检查，有关当事人应当到场；当事人未到场的，在有见证人在场的情况下，可以径行检查；对其中有证据证明有走私嫌疑的运输工具、货物、物品，可以扣留。

海关附近沿海沿边规定地区的范围，由海关总署和国务院公安部门会同有关省级人民政府确定。

5) 在调查走私案件时，经直属海关关长或者其授权的隶属海关关长批准，可以查询案件涉嫌单位和涉嫌人员在金融机构、邮政企业的存款、汇款。

6) 进出境运输工具或者个人违抗海关监管逃逸的，海关可以连续追至海关监管区和海关附近沿海沿边规定地区以外，将其带回处理。

7) 海关为履行职责，可以配备武器。海关工作人员佩带和使用武器的规则，由海关总署会同国务院公安部门制定，报国务院批准。

8) 法律、行政法规规定由海关行使的其他权力。

(2) 中国边检

中国边检是中华人民共和国边防检查的简称，是国家设立在对外开放口岸的重要执法力量，由中华人民共和国国家移民管理局垂直领导，担负着维护国家主权、安全和社会秩序，管理人员和交通运输工具出入境的重要职责。

1998年,北京、天津、上海、广州、深圳、珠海、厦门、海口、汕头9城市边防检查机构根据《国务院关于北京等九城市边防检查职业化改革试点方案的批复精神》,由现役制改为职业制,着人民警察服装,其余边检站为现役制,着武警服装,两支队伍虽然着装不同,但所承担的职责、任务以及在口岸的执法权限和方式完全相同。2018年12月31日,全国所有出入境边防检查站完成职改,统一由国家移民管理局管理。

主要职责如下:

1)对出境、入境的人员及其携带的行李物品、交通运输工具及其载运的货物实施边防检查;

2)按照国家有关规定对出境、入境的交通运输工具进行监护;

3)对口岸的限定区域进行警戒,维护出境、入境秩序;

4)执行主管机关赋予的和其他法律、行政法规规定的任务。

(3)中国检验检疫

国家出入境检验检疫机构是"三检合一"的检验检疫机构,对出入境的货物、人员、交通工具、集装箱、行李邮包携带物等进行检验检疫,以保障人员、动植物安全卫生和商品的质量。1998年3月,根据国务院机构改革方案,由原国家进出口商品检验局、原农业部动植物检疫局和原卫生部卫生检疫局合并组建的国家出入境检验检疫局。

根据2018年3月国务院机构改革方案,出入境检验检疫划入海关,原出入境检验检疫系统统一以海关名义对外开展工作,各类监管场所、办公场所统一更换标识标牌、机构名称,口岸一线旅检、查验和窗口岗位实行统一上岗、统一着海关制服、统一佩戴关衔。

主要职责如下:

1)研究拟定有关出入境卫生检疫、动植物检疫及进出口商品检验法律、法规和政策规定的实施细则、办法及工作规程,督促检查出入境检验检疫机构的职责履行。

2)组织实施出入境检验检疫、鉴定和监督管理;负责国家实行进口许可制度的民用商品入境验证管理;组织进出口商品检验检疫的前期监督和后续管理。

3)组织实施出入境卫生检疫、传染病监测和卫生监督;组织实施出入境动植物检疫和监督管理;负责进出口食品卫生、质量的检验、监督和管理工作。

4)组织实施进出口商品法定检验;组织管理进出口商品鉴定和外商投资财产鉴定;审查批准法定检验商品的免验和组织办理复验。

5)管理出入境检验检疫标志、进口安全质量许可、出口质量许可并负责监督检查;管理和组织实施与进出口有关的质量认证、认可工作。

6)负责涉外检验检疫和鉴定机构(含中外合资、合作的检验、鉴定机构)的审核认可并依法进行监督。

7)负责商品普惠制原产地证和一般原产地证的签证管理。

8)负责管理出入境检验检疫业务的统计工作和国外疫情的收集、分析、整理,提供信息指导和咨询服务。

第 2 章　我国口岸发展规划

口岸在构建以国内大循环为主体、国内国际双循环相互促进的新发展格局，统筹发展和安全、有效防范化解各类风险挑战，实行高水平对外开放、参与全球治理体系改革和建设中发挥重要的作用。本章主要针对进入新阶段，口岸发展的特点，新时期口岸发展的目标和主要任务进行阐述。

2.1　口岸发展的特点

随着我国进入全面建设社会主义现代化国家、向第二个百年奋斗目标进军的阶段，构建以国内大循环为主体、国内国际双循环相互促进的新发展格局，是事关全局的系统性、深层次变革，是立足当前、着眼长远的战略谋划。口岸作为重要的门户和窗口，在新阶段面临新的机遇和挑战、短板与不足。

1. 机遇和挑战

一方面，建设更高水平开放型经济新体制，实施更大范围、更宽领域、更深层次的对外开放，构建以国内大循环为主体、国内国际双循环相互促进的新发展格局，推动共建"一带一路"高质量发展，实施自由贸易区提升战略，构建面向全球的高标准自由贸易区网，积极参与全球经济治理体系改革，为口岸发挥更大作用提供了广阔空间。另一方面，面对日趋复杂的国际环境，维护口岸安全责任更加突出。深入实施创新驱动发展战略，全面深化改革，激发市场主体活力，全面塑造发展新优势，对口岸更好地服务创新发展提出了新的更高要求。

2. 短板与不足

口岸安全风险防控和应急处置能力亟需加强；口岸通行便利化水平仍有提升空间；口岸建设和运行效能有待进一步提升；口岸管理有进有退的动态机制需加快推进；口岸经济辐射带动作用需进一步培育。

进入新阶段，口岸工作必须增强机遇意识和风险意识，以贯彻新发展理念，构建新发展格局，立足社会主义初级阶段基本国情，认识和把握口岸工作发展规律，树立底线思维，更好地发挥市场在资源配置中的决定性作用，在构建以国内大循环为主体、国内国际双循环相互促进的新发展格局，统筹发展和安全、有效防范化解各类风险挑战，实行高水平对外开放、参与全球治理体系改革中作出贡献。

2.2　新时期口岸发展目标

全面落实新时代口岸高质量发展要求，以口岸综合绩效评估为抓手，统筹推进平安、效能、智慧、法治、绿色"五型口岸"建设。到 2025 年，基本建成布局合理、设施设备先进、建设集约高效、运行安全便利、服务完备优质、管理规范协调、危机应对快速有效、经济协调发展的中国特色国际一流现代化口岸。2035年，建成与基本实现社会主义现代化相适应的现代化口岸，高质量完成"五型口岸"建设。

平安口岸。全面落实总体国家安全观，统筹发展和安全，着力提高风险预警能力、防控能力和应急处置能力，有效防范化解重大风险，切实保障进出境人员安全、运输工具安全和货物安全，确保军事设施安全保密，坚决维护国家主权、安全和发展利益。

效能口岸。深入推进口岸"放管服"改革，优化通关流程、提高效率、降低合规成本、改善通关服务，提高通关便利化整体水平，实现口岸"人流、物流、资金流、信息流＋通关＋服务"一体化联动。

智慧口岸。发挥科技先导和创新驱动作用，推进全国口岸综合管理信息化建设，构建全流程、智慧化的口岸运行体系，促进口岸数字化转型。深化国际贸易"单一窗口"服务功能，构建覆盖跨境贸易全链条的"一站式"贸易服务平台，支持新兴业态发展，推进国际互联互通。

法治口岸。加快构建新时代口岸法治体系，优化完善依法行政制度体系，不断提高运用法治思维和法治方式推动口岸工作的能力，营造公开、透明、廉洁、高效的口岸执法环境，提高口岸行政决策科学化、法治化、规范化水平。

绿色口岸。牢固树立绿色发展理念，践行习近平生态文明思想，将高效利用、低碳环保理念贯穿口岸开放、建设和运行管理全过程，实现口岸资源集约利用、投入产出最优、设施共享共用，推动口岸高效可持续运行。

2.3 新时期口岸发展的主要任务

1. 开展口岸综合绩效评估

以推进平安、效能、智慧、法治、绿色口岸建设为目标，以促进口岸高质量发展和治理能力现代化为导向，从口岸硬件设施、通行能力、投入产出、运行安全、口岸通关便利化、智慧智能、管理服务、带动能力、绿色环保和社会效益等方面科学设立全面衡量口岸自身建设、运转成效、服务水平的发展指标。

2. 围绕枢纽口岸优化口岸布局

统筹考虑国家综合交通运输网络发展布局，国家区域发展总体战略，国家口岸查验机构编制配置等实际需要，着眼全面提升枢纽口岸功能，坚定不移推进口岸布局优化。

巩固沿海地区口岸在构建新发展格局中的主力军地位。落实国家重大区域发展战略，进一步优化整合口岸资源，深入推进环渤海、长三角、东南沿海、粤港澳大湾区、西南沿海五大口岸集群一体化融合发展，加快大通关一体化建设，进一步提升我国重点枢纽海运口岸参与国际竞争和服务腹地经济社会发展能力。

全面加快边境地区口岸发展。对接我边境省区既有重要公路、铁路、水运和民航运输枢纽，推动形成重点枢纽口岸、物流节点口岸、便捷运输通道为一体的边境口岸开放体系。

3. 实施口岸分级分类动态管理

坚持全国"一盘棋"，根据口岸所处城市区域、查验类型、功能定位等方面的差异性探索实施分级分类管理。根据战略地位、口岸经济社会效益和辐射带动作用等，将口岸分为国际枢纽口岸、国家重要口岸和地区普通口岸。

4. 加强口岸基础设施建设

原则上新开口岸与口岸主体工程统一规划、统一设计、统一投资、统一建设。推进以口岸为独立单元统一配备共用的监管查验设备。在满足海关监管要求前提下，探索研究电子化监管，取消内外贸物理隔离设施，促进内外贸码头、堆场等口岸资源共享。鼓励具备条件的区域探索建立智慧监管平台，提升堆场、仓库等口岸资源利用率。

5. 推进口岸智慧化建设

加强口岸信息化顶层设计。树立"智慧口岸、智能边境、智享联通"理念，按照集约、高效、安全原则，以电子口岸公共平台及国际贸易"单一窗口"应用建设为抓手，推进口岸信息化服务整合，推动各部门、各地方信息互联互通。推进部门信息化升级和口岸数字化转型。充分利用云计算、大数据、人工智能、区块链、物联网、北斗导航、智能审图、第五代移动通信（5G）及超痕量检测等先进技术进一步优化口岸服务、提升口岸效能。深化国际贸易"单一窗口"建设。推动口岸和国际贸易领域相关业务统一通过"单一窗口"办理，除保密等特殊情况外，进出口环节监管证件及检验检疫证书等原则上通过"单一窗口"一口受理、一窗通办，推动实现企业在线缴费、自主打印证件。

6. 加强与港澳和国际口岸交流与合作

深化内地与港澳地区口岸交流与合作。落实《粤港澳大湾区发展规划纲要》，统筹谋划粤港澳大湾区口岸布局、功能定位和发展要求。支持港深科技创新合作区、横琴粤澳深度合作区建设，积极开展港深科技创新合作区跨境专用口岸和新横琴口岸建设和通关制度创新研究和应用实践。加强内地与港澳口岸部门协作，进一步完善和扩展口岸功能，探索开展直升机跨境运输和多式联运保障措施，推进粤港澳口岸监管部门间"信息互换、监管互认、执法互助"，推动在粤港澳口岸实施更加便利的通关模式。

全面推进口岸国际合作。规范和完善常态化口岸合作机制，务实推进口岸对等设立、基础设施同步建设、通关制度创新、工作制度协同、应急处置协调等领域合作。积极研究推进与邻国开展"一地两检"等通关模式创新，围绕重点口岸务实推进示范口岸建设。

探索实施"智慧口岸、智能边境、智享联通"。积极参与口岸相关领域国际标准制定。探索与共建"一带一路"国家口岸物流信息化系统同步规划建设，研究建立信息共享机制。推动"一带一路"口岸信息通道建设，加强对高危安全准入领域的信息交换和风险联合布控。

7. 推进绿色口岸建设

严厉打击"洋垃圾"和濒危物种及其制品走私。将禁止"洋垃圾"入境作为生态文明建设的标志性举措，严厉打击"洋垃圾"走私。主动做好濒危野生动植物及其制品进出口监管工作，维护生物物种多样性。

加强口岸资源节约循环利用和生态保护。口岸开放所涉用海用地必须符合国家环境保护政策和要求。严格落实围填海管控政策，严格管控、合理利用深水岸线，提倡建设公用码头，鼓励现有货主自用码头提供公共服务。新建口岸同步推进环保设施的规划建设和综合利用。

构建清洁低碳的口岸用能体系。积极推广应用节能及低碳技术设备，鼓励新增或更换口岸作业机械优先使用新能源和清洁能源，有效促进口岸节能减排。扎实推进钢铁、煤炭及煤电去产能口岸相关工作。

第3章 深圳口岸事业的发展

深圳口岸地处"一国两制"实践最前沿，是深圳经济特区持续推进改革开放、服务国家发展战略的重要阵地；深圳口岸服务港深、更服务全国，在我国对外贸易和国际交流中发挥着举足轻重的作用。

深圳作为与香港直接陆路相连的对口城市，是我国拥有陆路口岸最多的城市，也是我国陆路口岸使用率最高、发展得最好的城市。在与国际市场的紧密互动中，深圳口岸的生机和繁荣快速打通了深圳与世界的通道，在助推深圳经济社会的发展中发挥了巨大作用。

深圳已拥有经国务院批准对外开放的一类口岸 15 个。其中：公路口岸 7 个，分别是罗湖、文锦渡、皇岗、沙头角、深圳湾、福田、莲塘口岸；铁路口岸 1 个，为广港深高铁西九龙站口岸；水运口岸 6 个，分别是盐田港、大亚湾、蛇口、赤湾、妈湾、大铲湾口岸；航空口岸 1 个，为深圳宝安国际机场。形成了海、陆、空口岸全方位的口岸开放大格局。深圳口岸布局如图 3-1 所示。

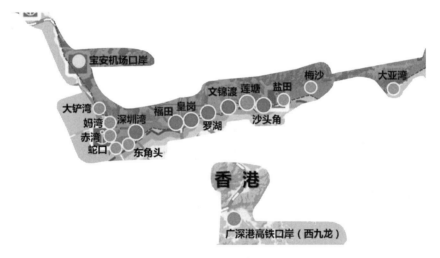

图 3-1 深圳口岸布局图

罗湖口岸和皇岗口岸分别成为亚洲最大的旅检口岸和亚洲最大的陆路口岸，深圳湾口岸则有望成为全球最大的陆路口岸。深圳陆路、海港、空港全方位开放的口岸体系，众多的口岸使深圳成为中国与世界交往的主要门户之一，已构成中国对外开放的标志性符号。

2017 年全年，经深圳口岸出入境人员 19303.1 万人次，日均 52.9 万人次，同比增加 4.8%。出入境车辆 1586.9 万辆次，日均 4.3 万辆次，同比增加 1.6%。其中，罗湖口岸出入境旅客 9274.3 万人次；皇岗口岸出入境旅客 3522.0 万人次，出入境车辆 975.6 万辆次；文锦渡口岸出入境旅客 17.0 万人次，出入境车辆 154.5 万辆次；沙头角口岸出入境旅客 345.5 万人次，出入境车辆 89.1 万辆次；深圳湾口岸出入境旅客 2729.0 万人次，出入境车辆 367.6 万辆次；福田口岸出入境旅客 3415.3 万人次。

深圳口岸出入境的旅客连年超亿人次，约占全国出入境旅客的50％左右，日均64万多人次；出入境车辆超千万辆次，约占全国出入境车辆的60％左右，日均4万多辆次；海港口岸集装箱吞吐量位于世界第四位，全国第二位。

随着深圳口岸建设的不断发展和口岸交通分布的不断优化，深港两地实现无缝连接，特别是随着"东进东出、西进西出、中进中出"总体战略布局的逐步实现，港深、粤港之间的合作将更趋紧密，辐射力强大的深圳口岸将为深圳经济乃至港深、粤港和珠江三角洲地区经济融合和发展作出更为突出的贡献。

3.1 公路口岸分布及特点

罗湖口岸是深圳市客流量最大的旅客入出境公路口岸，目前客流量仍居全国前三名；皇岗口岸是目前我国货车入出境数量最多的客货综合性公路口岸，也是我国率先实行24h通关的口岸；深圳湾口岸是我国第一个按照"一地两检"查验模式运作的客货综合性公路口岸；文锦渡口岸是我国最早对外开放的口岸之一；福田口岸是我国首个内地与香港无缝接驳的地铁口岸；莲塘口岸是港深间第七座公路口岸，定位为客货综合性口岸，随着"东进东出"交通格局的形成，将会实现客货运的大幅提升。深圳口岸分布图及通车次数如图3.1-1所示。

图 3.1-1 深圳口岸分布图及通车次数

随着港深合作的进一步推进，两地自东向西已经构筑了沙头角、莲塘/香园围、文锦渡、罗湖、皇岗、福田、深圳湾等一线陆路口岸无缝对接的便利通关设施，两地实现了"东进东出、西进西出"的大通关格局，每天经两地陆路口岸通行的人流物流，放大了香港作为国际大都市对内地的辐射力，同时也让深圳通过香港进一步走向国际。

港深之间现有陆路口岸7个，口岸基本情况如下：

1. 罗湖口岸

罗湖口岸是改革开放前深圳仅有的两个陆路口岸之一。1887年九龙海关正式建立，1949年九龙关起义，20世纪50年代初期主动后撤至现在位置。新联检大楼于1984年1月开始动工兴建，1986年6月14日竣工启用。占地面积18107m^2，主楼高12层（含地下一层），南、北附楼各3层，总建筑面积共70623m^2。楼内地下B层和一层为入境（北行）

查验场地，建筑面积18107m²；2层和3层为出境（南行）查验场地，建筑面积17558m²。2002年罗湖口岸经过大规模改造后，查验通道从原来的137条增加到173条，具体设置如下：地下B层设为港澳旅客入境检查通道48条，1层为非港澳旅客入境检查通道39条，2层为非港澳旅客出境检查通道39条，3层为港澳旅客出境检查通道47条。口岸设计通行能力由20世纪80年代每天20万人次，提高到目前每天40万人次。罗湖口岸每天早晨6:30开闸，晚上12:00关闸，运行17.5h。

2. 皇岗口岸

皇岗口岸是配合广深高速公路建设新开设的口岸。1985年5月开始建设，1989年12月29日货运部分启用通车，1991年8月8日客运部分开通使用。1994年11月3日起，开辟两条货检通道试行24h通关。1997年3月20日开通了皇岗—落马洲（港方口岸）穿梭巴士服务。1999年10月，实行车辆自然分流通关，即除部分货物、车辆按照有关规定维持现行做法从指定口岸进出境外，其他行走文锦渡、沙头角口岸的货车在原行走口岸晚上关闸以后，可行走皇岗口岸24h通关的货车通道。2003年1月27日零时起，皇岗口岸实行旅检通道24h通关。2003年10月8日始，允许持有文锦渡、沙头角口岸两地牌照的私家车、公务车和商务车在零时至6:30从皇岗口岸出入境。2019年6月正式启动皇岗口岸重建项目，目前已经拆除老旅检区，建成临时旅检楼。临时旅检口岸楼占地面积51483m²，总建筑面积约1.4万m²，首层为出入境旅客查验大厅，首层夹层及2层为服务用房；场地面积约6万m²。查验通道共58条，分为旅客查验通道40条，客车查验通道16条。

皇岗口岸以货运功能为主的客货综合性口岸，曾是目前我国规模最大的客货综合性公路口岸，主要承担香港至深圳、东莞、广州以及珠三角中、西部及以外的跨界交通。位于深圳市福田区南端，与香港新界落马洲隔河相望，口岸南面的皇岗—落马洲大桥横跨深圳河连接港深两地。原来曾是我国唯一24h对外开放的口岸，旅检和货检均全日通关。

3. 文锦渡口岸

文锦渡口岸位于深圳市区东南角，西距罗湖口岸3km，东距沙头角口岸12km，南临深圳河，与香港新界一河之隔，北临深圳沿河南岸及沿河路高架桥，以一座跨境公路桥与香港相连，文锦渡口岸是改革开放前深圳仅有的两个陆路口岸之一。改革开放前，文锦渡只是供港鲜活商品的贸易口岸。自中华人民共和国成立至20世纪70年代中，基本上未通汽车，出口鲜活商品依靠人力运输过境。1976年5月建成第一座公路桥，1978年经国务院批准对外开放，是我国最早对外开放的客、货运综合性公路口岸。1985年2月新建第二座公路桥，实行入出境车辆分桥行驶。为配合治理深圳河工程，原出入境桥被拆除，新建一座出入境双向桥于2005年2月正式投入使用。

2010年2月22日零时起，经国家口岸管理办公室批准，文锦渡口岸旅检区域正式封闭，口岸改造工程随即启动。货车通行则不受影响，货车检查通道18条（入境10条，出境8条），货检每日7时开闸，次日凌晨3时关闸，运行20h。

4. 沙头角口岸

沙头角口岸是服务于深圳市盐田、龙岗及珠江三角洲东部地区的辅助性客货综合性口岸。位于深圳市盐田区沙头角镇西面，东接沙头角保税区和盐田港，北邻梧桐山公路隧道。距深圳市区12km。1984年，国务院批准沙头角口岸对外开放，1985年3月建成使用，2005年1月28日启用新的口岸跨境大桥。口岸管理区占地面积约4.2万m^2，其中入出境旅客查验场地$5700m^2$，入出境货物查验场地3.6万m^2。旅检大厅设在口岸区中间，东侧是出境货检场，西侧是入境货检场。共设有入出境车辆检查通道10条（入、出境各5条），查车台15个；入出境旅客查验通道22条（入、出境各11条，其中人工查验通道6条，自助查验通道5条）。此外，还建有专门供香港灵柩入境的检查服务设施，为港澳同胞前往大鹏湾"华侨墓园"办理安葬和扫墓活动提供方便。沙头角口岸每日7时开闸，旅客通道22时关闸，运行15h；车辆通道22时关闸，同样运行15h。

5. 福田口岸

福田口岸是旅客出入境的陆路口岸，位于福田区裕亨路（福田保税区东侧）。总用地面积$62962m^2$，总建筑面积$82035.85m^2$，设入出境大厅各一层，出入境通道共146条。出境大厅内设有边检通道78条（自助式通道20条、人工验放通道58条），入境大厅内设有边检通道68条（自助式通道20条、人工验放通道48条），设计日过境旅客通过能力为25万人次。

人行通道桥工程连接福田口岸联检大楼和香港九广铁路落马洲管制站，是连接深圳地铁4号线和香港轻铁东部支线的口岸枢纽工程。桥长240m，深方116m，港方124m，桥宽16.5m，上下两层，单向行走，桥内有自动步行梯（深圳一方每层有一部长80.5m的自动步行梯），分别供港深出入境旅客使用（上层为出境，下层为入境）。口岸查验机构有海关、边检、检验检疫局，服务机构有省公安厅驻深签证处，经营单位有银行、免税店等。口岸每日6:30开闸，22:30关闸，日运行16h。出入境旅客主要乘坐深圳地铁4号线和香港轻铁东部支线。

6. 深圳湾口岸

深圳湾口岸是目前亚洲最大的客货综合性公路口岸，位于深圳市蛇口东角头，与香港鳌勘石连接。该口岸按照"以粤港分界线为界，各自投资、共同建设、各自拥有、各自管理"的原则建设，占地110hm²（其中香港为40hm²，深圳为70hm²）。预计日均交通量将达58600辆（其中货车43200辆次/d、小汽车13900辆次/d、大客车1500辆次/d），过境旅客6万人次。按照"一地两检"口岸查验模式运作。2007年7月1日正式开通启用，联检大楼出入境大厅各一层，口岸开通初期只开通第一层，一层出入境各设检查通道21条（其中自助通道各10条）。小（客）车检查区：海关、边检分别在出入境检查通道上，各设小车通道17条、客车2条。货车检查区：在出境检查通道上，海关设27条，边检设22条；在入境检查通道上，海关设26条，边检设22条；海关二道设12条。口岸查验机构有海关、边检、检验检疫局，服务机构有省公安厅驻深签证处，经营单位有银行、免税店等。口岸每日10时开闸，18时关闸，日运行8h。

7. 莲塘口岸

该口岸位于罗湖区莲塘街道西南角，北临罗沙路，南至深圳河，是深圳市规划建设的第七座跨境陆路口岸。口岸定位为客货运综合口岸，承担香港与深圳东部、惠州以及粤东、赣南、闽南之间的跨界货运兼顾客运，是实现港深跨界交通"西进西出、东进东出"总体格局的东部重要口岸。

莲塘口岸是港深间第七座公路口岸，定位为客货综合性口岸，口岸主体建筑采用架空设计，1层为货检区，2层高架平台为旅检区，货检、旅检在空间上垂直分布，最大限度集约化利用场地空间。口岸采用"两地两检"查验方式和车辆"一站式"通关模式,设计通行能力为旅客 30000 人次/d,车辆 17850 辆次/d,其中货车 15000 辆次/d、小客车 2000 辆次/d、大客车 850 辆次/d。

3.2 铁路口岸分布及特点

广港深高铁西九龙站口岸:该口岸位于香港特别行政区境内,为国际性常年开放铁路客运口岸,于 2018 年 9 月 23 日正式对外开放。西九龙站内设立香港口岸区和内地口岸区,按照"一地两检"模式进行出入境查验,由双方分别按照各自法律,进行出入境监管查验。

高铁西九龙站共有 4 层地下楼层,总建筑面积为 38 万 m^2。地下 1 层为售票大厅,地下 2 层为抵达层,地下 3 层为离港层,地下 4 层为列车站台,口岸日设计通关流量为 20 万人次。其中,内地口岸区总建筑面积约 10.9 万 m^2,出入境大厅各设置 30 条自助和 18 条人工查验通道;香港口岸区总面积约 2.41 万 m^2,入境大厅设置人工柜台 66 个,自助通道 22 条,离境大厅设置人工柜台 32 个,自助通道 29 条。西九龙站口岸的设立和开放,不仅提高了通关便利化水平,同时也丰富了"一国两制"实践,为内地同香港深化合作,使香港特别行政区能更好地融入国家发展大局,尤其是对粤港澳大湾区的创新实践提供了有益借鉴。

3.3 水运口岸分布及特点

盐田港口岸是我国四大国际中转深水港之一;蛇口口岸是第一个由企业自筹资金建设、管理和经营的海港口岸;赤湾口岸是第一个中外合资港口企业建设和经营的海港口岸。

1. 盐田港口岸

盐田港口岸位于深圳大鹏湾海域西北部,南与香港九龙半岛隔海相望,分为盐田港区、下洞港区和广东大鹏液化天然气(LNG)专用码头。盐田港区于 1990 年 6 月经国务院批准对外国籍船舶开放,1994 年 7 月正式开港。该港区位于距深圳市区 13km,距大鹏湾口 12 海里。由于大鹏半岛与九龙半岛天然的屏障掩护,湾内水深浪小,无淤积,大型船舶可以自由进出锚地,并被列为中国沿海重点发展的四大国际深水港之一。港区建有大型集装箱专用泊位 15 个,多用途泊位 3 个,可停泊 10 万吨级以上大型集装箱船舶,目前开通每周近 100 班远洋国际集装箱班轮;下洞港区位于大鹏湾畔,为深圳市东部石油、液化气等危险品码头专用作业区。2002 年 12 月国务院批准下洞港区作为盐田港口岸危险品作业区对外开放,港区内建有 3 个独立的栈桥式码头共 9 个泊位;广东大鹏液化天然气(LNG)专用码头位于深圳东部大鹏半岛秤头角,是"十一五"期间广东省口岸发展规划中主要建设项目。LNG 码头建有 1 个靠泊能力为 8 万吨级的 LNG 船专用的栈桥式码头泊位和 1 个 5000 吨级的工作船泊位。

2. 蛇口口岸

蛇口口岸位于珠江口东岸、深圳市西部南头半岛南端。它东临深圳湾,南与香港隔海相望，西邻珠海、澳门及深圳机场，北靠南山内陆腹地。蛇口口岸于1981年9月经国务院批准对外国籍船舶开放，是我国改革开放初期第一个由企业自筹资金建设、管理和经营的国家一类口岸。目前，蛇口口岸已建成对外开放泊位共31个，其中集装箱专用泊位10个，多用途泊位9个，修船专用泊位4个，客运泊位8个。

蛇口集装箱码头建有10个泊位，其中，一期工程建设规模为2个集装箱专用泊位，年设计吞吐能力为100万标箱，于1991年8月建成投产，蛇口集装箱码头二、三期工程项目，于2001年上半年动工兴建，共建成8个集装箱专用泊位，其中二期工程2个集装箱专用泊位，已于2003年建成并投入使用，三期工程6个集装箱专用泊位于2010年3月前建成并陆续投入使用。

3. 赤湾口岸

赤湾口岸位于珠江口东岸、深圳市西部的南头半岛西南端。东连蛇口港，位于蛇口港西侧；南面向伶仃洋，与香港、澳门、珠海隔海相望；西接妈湾电厂和妈湾港区；北靠南山半岛。陆路距深圳市中心30km，可与广深、广惠公路干道以及广深高速公路、平南铁路衔接；水路与香港、澳门、珠海均在20余海里范围。赤湾码头于1982年8月动工兴建，1983年10月建成一个1万吨级泊位并开港，1984年5月经国务院批准对外国籍船舶开放。港区现有泊位17个，其中集装箱专用泊位6个，码头岸线总长3176m。赤湾口岸是中国主要的散装化肥及粮油进出口中转基地之一，是深圳西部港口群中规模仅次于蛇口港，功能集铁路、公路、水路等运输方式于一体的大型综合性口岸。

4. 妈湾口岸

该口岸位于珠江口东岸，深圳市西部的南头半岛西侧，东接赤湾港，南面向伶仃洋，与珠江口主航道对接，西邻深圳机场，北以南山半岛为腹地。陆路距深圳市区24km，可与广深、广惠等公路干道以及广深高速公路、平南铁路衔接。水路距香港、澳门、珠海20余海里。1987年开始建设，1990年7月建成第一个3.5万吨级多用途泊位，1990年2月经国务院批准对外国籍船舶开放。码头岸线总长3877m，该港区现有泊位14个（其中集装箱专用泊位3个，煤码头专用泊位2个）。

5. 大亚湾口岸

大亚湾核电站专用码头位于深圳市东部大亚湾畔的大坑村麻岭角。距深圳市直线距离约45km，距香港岛约50km。大亚湾核电站是由广东核电投资有限公司和香港核电投资有限公司合营组成的广东核电合营有限公司负责建设和经营。经国务院批准大亚湾核电站专用码头于1986年1月1日起对外国籍船舶开放。1987年3月和1989年6月，核电站专用码头和相关配套设备相继竣工投入使用，该码头建有4个泊位。

6. 大铲湾口岸

该口岸位于珠江口仃洋矾石水道东南部，深圳西部妈湾港区以北的大铲湾内，港区地理位置优越，水、陆路交通便捷，水路南距香港20海里，北至广州40海里；陆路通过广深高速、机荷高速、107国道以及在建的广深沿江高速公路联系腹地。大铲湾港区岸线总长为11.6km，陆域面积为10.28km²，拟建大型集装箱深水泊位17个，中型泊位7个及19个驳船泊位，设计年吞吐能力为1250万标箱，总投资约450亿人民币。港区整体工程分四期建设。其中，大铲湾港区集装箱码头（一期）工程于2005年9月正式开工兴建，其建设规模为3个10万吨和2个7万吨级集装箱专用泊位，占地为112万m²，泊位岸线总长为 1830m，设计年吞吐能力为 250 万标箱，整体工程于 2009 年 11 月全部完工。2009 年 5 月，《国务院关于同意广东深圳港口大铲湾港区对外开放的批复》（国函〔2009〕59 号）批准深圳港口岸大铲湾港区对外国籍船舶开放。2011 年 11 月，大铲湾口岸正式通过国家口岸验收。

3.4 航空口岸分布及特点

深圳宝安国际机场是我国第一家以地方投资为主兴建的机场，一期工程于 1989 年 5 月动工兴建，1991 年 10 月正式开通国内航线。1992 年 2 月，经《国务院关于同意开放深圳航空口岸的批复》（国函〔1992〕9 号）批准为正式对外开放口岸。

新建的航站楼建筑面积 45 万 m^2，年设计旅客吞吐量 4500 万人次（其中国内旅客 3600 万人次，国际旅客 900 万人次）。于 2013 年 11 月 28 日正式启用。深圳机场口岸自 2015 年 11 月 12 日起实行 24h 通关。

深圳宝安机场拥有中国现代化程度较高的航空货站和货运停机坪，货站内建有现代化的立体散货及集装货处理系统，启用了货物存放、存取机械化自动系统。

与机场配套的福永码头，建设规模为 3 个 1000 吨级多用途泊位和 4 个 500 吨级的客运泊位。目前开通深圳—香港、深圳—澳门、深圳—中山航线。

第 4 章 口岸工程规划决策

随着我国对外开放水平的不断提高,"一带一路"建设、粤港澳大湾区等国家重大战略建设的提速,陆路口岸作为直接对外的重要交通枢纽工程,在货物运输、人员交流等方面的作用更加突出。国家层面相关重大规划、政策对口岸的规划布局都提出了明确具体的要求。本章主要从口岸规划政策、口岸规划总体要求、口岸工程特点和口岸工程的发展趋势等方面进行阐述。

4.1 口岸规划政策

口岸作为国家指定对外来往的门户,在国际货物运输、人员交往中发挥着交通枢纽的作用,也是国家安全的重要屏障。随着我国对外开放水平的不断发展,陆路口岸作为直接对外的重要交通枢纽工程,在货物运输、人员交流等方面的作用更加突出。做好口岸工程的规划决策,有利于加快推进口岸全面深化改革,建设符合中国国情的现代化口岸,推动口岸治理体系和治理能力现代化。

《中华人民共和国国民经济和社会发展第十四个五年规划和2035年远景目标纲要》提出推动共建"一带一路"高质量发展,推进基础设施互联互通。推动陆海天网四位一体联通,以"六廊六路多国多港"为基本框架,构建以新亚欧大陆桥等经济走廊为引领,以中欧班列、陆海新通道等大通道和信息高速路为骨架,以铁路、港口、管网等为依托的互联互通网络,打造国际陆海贸易新通道。聚焦关键通道和关键城市,有序推动重大合作项目建设,将高质量、可持续、抗风险、价格合理、包容可及目标融入项目建设全过程。保持香港、澳门长期繁荣稳定。支持港澳更好地融入国家发展大局,完善港澳同内地优势互补、协同发展机制。支持港澳参与、助力国家全面开放和现代化经济体系建设,共建"一带一路"功能平台。深化内地与港澳经贸、科创合作关系,深化并扩大内地与港澳金融市场互联互通。高质量建设粤港澳大湾区,深化粤港澳合作、泛珠三角区域合作,推进深圳前海、珠海横琴、广州南沙、港深河套等粤港澳重大合作平台建设。加强内地与港澳各领域交流合作,完善便利港澳居民在内地发展和生活居住的政策措施,加强宪法和基本法教育、国情教育,增强港澳同胞国家意识和爱国精神。支持港澳同各国各地区开展交流合作。

《粤港澳大湾区发展规划纲要》提出加快基础设施互联互通,畅通对外联系通道,提升内部联通水平,推动形成布局合理、功能完善、衔接顺畅、运作高效的基础设施网络,为粤港澳大湾区经济社会发展提供有力支撑。创新通关模式,更好地发挥广港深高速铁路、港珠澳大桥的作用。推进莲塘/香园围口岸、粤澳新通道(青茂口岸)、横琴口岸(探索澳门莲花口岸搬迁)等新口岸项目的规划建设。加强港澳与内地的交通联系,推进城市轨道交通等各种运输方式的有效对接,构建安全便捷换乘换装体系,提升粤港澳口岸通关能力和通关便利化水平,促进人员、物资高效便捷流动。

《国家"十四五"口岸发展规划》提出全面落实新时代口岸高质量发展要求，以口岸综合绩效评估为抓手，统筹推进平安、效能、智慧、法治、绿色"五型口岸"建设。到2025年，基本建成布局合理、设施设备先进、建设集约高效、运行安全便利、服务完备优质、管理规范协调、危机应对快速有效、经济协调发展的中国特色国际一流的现代化口岸。到2035年，建成与基本实现社会主义现代化相适应的现代化口岸，高质量完成"五型口岸"建设。

4.2 口岸规划总体要求

统筹考虑国家综合交通运输网络发展布局，国家区域发展总体战略，国家口岸查验机构编制配置以及地方开放型经济发展的实际需要，着眼全面提升枢纽口岸功能，坚定不移推进口岸布局优化。

口岸规划总体要求强调政策性、完整性、技术性，除此之外，尚应依据有关行业标准、现行规范及具体查验模式的要求，并结合国际合作工程的特点进行专项规划研究。

深化与港澳地区口岸交流与合作。落实《粤港澳大湾区发展规划纲要》，统筹谋划粤港澳大湾区口岸布局、功能定位。支持港深科技创新合作区、横琴粤澳深度合作区等重大合作区的建设，积极开展港深科技创新合作区跨境专用口岸和新横琴口岸建设和通关制度创新。加强内地与港澳口岸部门协作，完善和扩展口岸功能，探索开展直升机跨境运输和多式联运保障措施，推进粤港澳口岸监管部门间"信息互换、监管互认、执法互助"，推动在粤港、粤澳口岸实施更加便利的通关模式。推动研究制定港澳与内地车辆通行政策和配套交通管理措施，完善粤港、粤澳两地牌照机动车管理政策措施，研究允许两地牌照机动车通过多个口岸出入境。

巩固沿海地区口岸在构建新发展格局中的主力军地位。优化整合口岸资源，深入推进环渤海、长三角、东南沿海、粤港澳大湾区、西南沿海五大口岸集群一体化融合发展，加快大通关一体化建设。在具备条件的地区，积极支持邮轮、游艇码头以适当方式有序对外开放。

口岸场地布局根据口岸通关流程统筹规范设置，优先保障查验现场检查检验执法需要。推进以口岸为单元统一配备共用的监管查验设备。

探索实施口岸分级分类动态管理。根据口岸所处区域、类型、功能定位等方面的差异性探索实施分级分类管理。将战略地位重要、口岸经济社会效益强和辐射带动作用大的口岸作为国际枢纽口岸，战略地位比较重要、口岸经济社会效益较强和辐射带动作用较大的口岸作为国家重要口岸，其他口岸作为地区普通口岸。针对不同等级不同类型口岸，在口岸准入、退出、建设、运行等方面制定不同的条件和标准，给予差别化政策。

深入推进口岸智慧化建设。加快国际贸易"单一窗口"与国家有关政务平台对接。规范口岸信息化建设管理，强化安全运行和服务保障，在确保数据安全的前提下加快推进口岸数据资源的综合利用，提升安全运行和服务保障能力。进一步理顺政府与市场、政务与商务的关系，构建中央和地方合理分工，各相关方优势互补、合作共赢、良性共生的生态体系，最大限度统筹社会资源，共同提升口岸智慧化水平。加强与"智慧边海防"建设对接，为合力强边固防提供技术支撑。

优化口岸通关流程。推动口岸查验单位深化改革，优化通关作业流程，探索建立不同类型口岸通关规范指引。加强与境外口岸查验管理部门合作，推动联合实施对等通关便利化措施，进一步提升边境口岸通关效率。实施铁路进出境快速通关模式，提高境内段铁路进出口货物转关运输通行效率和便利化水平。研究探索在具备条件的口岸实施危险化学品海关产地检验和出口直装。试点推进口岸作业时间精细化分段管理，研究制定通关流程作业时间规范。利用信息化手段加强口岸整体作业时间监测，及时分析处置异动情况。

根据口岸实际和查验监管需要，加快改造和完善已开放口岸查验基础设施，优先补齐出入境卫生检疫、动植物检疫和安全防控领域短板。根据封闭管理、卫生检疫、货车甩挂、货物倒装、分段运输等新冠肺炎疫情常态化防疫要求，进一步完善边境口岸货场、道路等基础设施。加快推动解决影响重点枢纽边境口岸效能的瓶颈问题，完善影响边境陆路口岸效能的场站及后方通道等相关基础设施建设。推动毗邻国家加强对应口岸基础设施和配套设施建设。

4.3 口岸工程的特点

区别于一般公共建筑与交通建筑，陆路口岸工程因其特殊的查验功能、通关需要，一般具有结构空间跨度大、立面造型新颖、监管设施要求高、交通流线复杂等特点；作为货物贸易、通关查验、人员监管、对外交往等活动之用的大型复杂建筑物，公路口岸建筑包括旅检大楼、查验通道、查验用房（如重点查验、大型 X 光机查验、边检备勤等）、对外接驳通道、公交巴士配套等；随着生产水平的不断发展和人民生活的不断提高，以及科学技术的不断进步，为公路口岸建筑的多功能、信息化、便捷性建造要求提供了更多的可能。因此，就需要有更加系统、更具整合能力的建设管理人员，为项目全过程精益建造提供全程谋划，从项目分析、场地选择、查验模式、对外合作、适度超前和满足城市发展等方面，提出统领性和引导性的思路与措施。全过程建造管理需要专业的团队、专业的机构，作为集约化、贯穿工程全过程的工程建设组织形式，将以目标和结果为导向，发掘公路口岸建筑功能更多的可能性、发挥公路口岸建筑建成后更大的价值，最终实现口岸建筑建设与口岸产业发展的可持续性。

当代口岸，本质上是国家设置的进行以及控制国际交流事务和对外经济贸易的场所，对于出入境的人员、货物和交通工具等而言，口岸既是连接与疏导的纽带，也是限制与管理的屏障。在所有具备出入国（边）境通行能力的机场、港口码头、火车站、地铁站、汽车站等交通站场中都必然设置口岸进行通关查验。

一般情况下，口岸仅仅体现为"设施"作为上述交通站场中一个部门或一项功能而存在，而当受到特殊情况的影响，如通关活动复杂、政治地位显著、通关需求量大等，口岸会从交通站场之中分化脱离而出，经策划、立项、审批后，在国（边）境边界划定专属用地，设计并建造口岸专用的建筑及配套场地设施供通关查验之用，此时就形成了"口岸工程"。

对于"口岸工程"的具体内容所指，可以从广义、狭义两个层面来理解。

狭义的口岸工程是指口岸管制区域以内，专门建设为口岸各项检查查验、管理监督提供场地与空间的建筑。旅客联检大楼在口岸建筑中是最显著且重要的元素，这是因为在口岸通关的人流、物流、资金流、信息流之中，人的流动是最为重要的存在，其主观能动性决策着其他流动的内容与境况，是交流与发展的主要支力；此外还包括货物查验场地、通道以及其他的配套建筑，如查验通道、大型 X 光机、海关重点检查业务用房、查车台、报关楼等。

广义的口岸工程，则在狭义口岸工程的基础之上，包含了口岸管制区域外围的人、车流交通转换接驳的站场及通道，以及相关的商业、服务、景观等方面的建筑或设施。

口岸工程建筑的特殊性、复杂性，决定了其决策具有系统性与科学性、其建设过程具有专业性与复杂性、其运营维护具有综合性与长期性的特点。

1. 决策的系统性与科学性

查验功能和查验模式作为口岸工程的决定性因素，需要统筹考虑多方因素，进行系统、科学的决策，如"一地两检"与"一地两检"涉及土地、政策、司法管辖等问题，在决策阶段需综合考虑口岸通关的便捷程度、口岸的用地权属、建设投资规模、实施难易程度等问题，进行科学论证。

2. 建设过程的专业性与复杂性

公路口岸工程建筑是建筑结构非常复杂的大型公共设施，是具有鲜明特色的小众化、专业化建筑，它除了包含一般工业与民用建筑的分部分项工程外，还增加了与查验工艺相关的系统。它涉及很多非常规的技术与材料，如超大型的铸钢构件、超大跨度的屋架钢结构、非常规的金属屋面/幕墙的安装方法等；与查验工艺相关的部分专业性非常强，如大型 X 光机、冷链查验设施、熏蒸查验设施、负压隔离设施、废污水处理系统、声屏障隔音系统等，建设难度非常大。

此外，由于口岸监管查验的要求，对交通流线组织需要进行专业化分析研究；随着智慧口岸的要求，查验模式的发展，大通关监管的推进，"一站式"车辆通关模式持续推进，在满足监管要求的前提下，如何实现查验单位信息资源整合，提高通关效率，给建设与管理者带来了新的难度与挑战，在一定程度上增加了其过程管控的复杂性。

3. 运营维护的综合性与长期性

新的查验模式和通关要求下，高效运维是实现其建设目的，保证通关效率和旅客体验的重要环节。

口岸建筑作为国家或地区对外开放的门户，与其他建筑类型相比，具有以下特点：一是国家主权性，口岸建筑的审批权和管理权均为国家主权的重要体现；二是特定区域性，口岸建筑的区位优势是口岸综合竞争力形成的基本前提；三是直接涉外性，口岸建筑的设立涉及外交关系、领土主权、国际惯例与协约等外方，而"外事无小事"；四是功能多样性，国家将派口岸的各检查检验机构内驻以履行多种查验职能，并且口岸建筑内往往附带免税店、兑币、银行等商业功能；五是通行时效性，口岸建筑必须达到客便其行、货畅其流、安全便捷、文明高效的基本要求；六是协作配合性，口岸建筑中作业的各单位间须相互协作配合，服从统一的组织协调。

4.4 口岸工程的发展趋势

近些年以来，随着"一带一路"建设、粤港澳大湾区等国家重大战略的提速，我国经济的飞速发展和对外贸易、人员交往的持续扩大，陆路口岸工程建设也迎来了较大发展。广东作为紧邻港澳的特殊区位，粤港澳规划纲要的重要核心区域，陆路口岸在推动区域经济社会一体化发展中具有重要作用。

中共中央、国务院于2019年2月印发了《粤港澳大湾区发展规划纲要》，纲要提出要加快基础设施互联互通。加强基础设施建设，畅通对外联系通道，提升内部联通水平，推动形成布局合理、功能完善、衔接顺畅、运作高效的基础设施网络，为粤港澳大湾区经济社会发展提供有力支撑。推进莲塘/香园围口岸、粤澳新通道（青茂口岸）、横琴口岸、广港深高速铁路西九龙站等新口岸项目的规划建设。随着规划纲要的落地实施和大湾区一体化进程的提速，多个口岸工程需要新建或改扩建。

我国各地区的陆路口岸发展中，港深和珠澳之间的陆路口岸在规模和影响力上有着非常突出的地位，也一直是全国陆路口岸工程设计、建设、管理以及运行的试点、重点与热点，代表了我国陆路口岸联检中心发展的最高水平。

根据设计年代、开放程度、通关流量、建设水平、交通状况、设计理念等因素将我国港深、珠澳陆路口岸的发展分为四个时期：

第一个时期是我国从改革开放开始到港澳回归之前。随着我国改革开放进程的开启，作为前沿阵地的深圳—香港边界以及珠海—澳门边界最先迎来了人员、物资出入境交流的大潮，对于陆路口岸的设计与建设来说，热点年份出现在1984年至1985年，在这段时间内以深圳罗湖口岸与皇岗口岸为代表的第一批大型陆路口岸联检中心陆续设计并建成。

第二个时期是自香港、澳门回归起十年的时间范畴。这一时期随着香港、澳门的回归，以港深、珠澳口岸交流为代表的港澳与内地人员、物资往来呈指数型增加，暴涨的通关需求使得原有的陆路口岸通行能力不足，这一时期，深圳的福田口岸、珠海的拱北口岸等口岸联检中心工程应运而生，并且由于开放程度的加深、交通状况的改善、设计理念的进步以及施工水平的提升，这一时期设计建成的陆路口岸工程迅速成为通关量最大的陆路口岸。

第三个时期是随着我国经济在21世纪前十年飞速发展之后，深圳与珠海的发展水平逐步赶上甚至在某些方面超越香港、澳门的情况下，两岸交流在高速增长之后进入常态化，深圳—香港、珠海—澳门逐渐同城化，陆路口岸逐渐设施化。同时，开放程度进一步加深，交通状况进一步完善，设计理念进一步提高以及对口岸建筑职能的细化与建筑品质的要求催生了一批新口岸联检中心工程的产生。

第四个时期是未来新常态下的港深、珠澳乃至粤港澳三边陆路口岸。随着我国经济发展进入新常态，边境口岸也召唤着新一代的陆路口岸。深圳经过40年的快速经济增长与城市扩张，城市规模已经从最初的位于港深边界的罗湖、福田片区向西、向东扩张，深圳西部和东部都面临着建立新的陆路口岸的情况。

随着莲塘/香园围口岸的建成通关，港深间跨界交通"东进东出、西进西出"的交通格局基本形成，原有口岸的更新改造已具备条件。原有口岸的规划理念陈旧、设施设备落后，急需更新换代，如皇岗口岸重建、沙头角口岸重建等重大工程已经启动，其中皇岗口岸重建是深圳落实"双区驱动"战略和推动港深科技创新合作区建设的重大工程项目，受到中央和省、市的高度重视。

第二篇 口岸项目规划设计

第5章 口岸交通规划研究

随着我国对外开放水平的不断提高，口岸作为国家指定对外来往的门户，在国际货物运输、人员交往中发挥着交通枢纽的作用，成为一种特殊的国际物流结点。近年来，香港与内地经济联系的不断加强，深圳作为联系香港和内地的纽带，港深跨界交通持续增长。科学、合理地进行口岸交通规划的设计研究，是口岸工程建设的重要内容，本章主要从口岸交通规划原则、跨界交通现状分析、交通需求预测等方面进行阐述，并结合具体口岸工程案例对交通规划设计研究进行分析。

5.1 口岸交通规划原则

口岸作为过境通道的咽喉，是一种特殊的交通枢纽。通关过程涉及海关、边检、检验、检疫、公安、消防等众多部门，就口岸建筑本身而言，解决各部门功能区布置、建筑规模等是面临的一个难题；其次，众多部门分工合作、各司其职，各部门之间工作流程具有一定的顺序性，功能区布置以及内部交通组织设定了限定条件。为保证口岸交通出行与城市运行保持紧密联系，保障使用的便捷性且不给城市交通增加负担，边境城市的口岸多处于城市核心区，给口岸交通规划设计带来难度。城市核心区土地资源稀缺、建成度高、规划拓展和发挥空间有限，将有限的土地资源最大化利用、发挥应有的交通功能并预留发展弹性至关重要；其次，城市核心区道路网络相对成熟稳定，现状交通负荷大，这增加了口岸内外交通衔接的难度。

为确保口岸工程能够满足日益增长的通关需求，针对交通需求复杂、客货需求集中、查验流程复杂等特点，进行科学的交通预测和合理的规划设计。通关口岸交通规划设计的总体思路包括以下几点。

1. 交通需求预测

陆路口岸交通规划设计必须以科学的交通预测为基础，以此作为口岸设计交通量、交通模型等关键参数确定的依据，保证口岸建设的必要性和科学性。以口岸辐射影响范围作为分析主体，对交通需求进行分类研究，建立两地之间客、货运交通需求总量预测模型；以两地多次跨境旅运调查统计数据推算的现状年跨境客运 OD 为基础，按线性插值法和总量约束推算未来口岸交通分布。

2. 总体布局方案

综合考虑口岸规划用地条件（如建设规模、场地形状、地形标高等）、各类功能区规模及布置要求、使用便捷性以及外部交通基础设施分布情况、未来规划接驳情况（如地铁、轻轨）等方面提出口岸总体布局方案。

3. 功能区规模预测

口岸是一种复杂的排队系统，涉及多类交通流（如出入境旅客、过境运输车辆、消防车辆、工作人员及其车辆、接送客等），涵盖多个阶段若干排队环节，合理安排各类交通流线、确定相应交通设施及建筑的规模是口岸布局、布置的基础。因此，应理清口岸各查验阶段的详细作业流程及要求，提出口岸内部各类交通设施及建筑的规模测算方法，并计算相应规模。

4. 建筑布置方案

在口岸总体布局框架内，综合出入境旅客、过境运输车辆、消防车辆、工作人员及其车辆、送客车辆等各种接驳交通及乘客交通流的通行线路、详细作业流程、各查验环节相关设施功能及规模要求，提出口岸建筑布置、柱网布置、查验设施布置等规划方案。

5. 交通组织方案

结合口岸内部查验设施具体布置方案和查验流程提出各类交通工具和出入境人流的详细组织方案，并研究外围交通基础设施配置、运行状况和未来发展规划情况，提出口岸对外交通组织衔接方案。

结合口岸交通的设计思路，为实现便捷、集约和安全的口岸交通规划设计，陆路口岸交通规划设计坚持如下原则：

（1）集约布局、节约用地

陆路口岸合理紧凑布局，高效利用城市土地，尽量采用立体空间解决功能区布置及其内部交通联系和查验监管问题。同时，预测口岸未来发展趋势，适当预留，如公共汽车、旅游巴士接驳区等功能区拓展空间。

（2）内外兼顾、分类分流

口岸内外交通之间的衔接至关重要，将直接影响口岸未来的交通运行状况及口岸区域内的整体交通环境，需协同考虑口岸布局、口岸主通道与外部道路的关系，既要有利于口岸合理布局、功能发挥，又有利于与外部道路合理衔接，减少对已有交通设施的冲击，并充分考虑各类监管的安全性，避免出现如偷渡、走私等监管漏洞。同时，应按照各种交通流线的特点和疏导要求进行组织，分类分流，互不干扰，提升效率。

（3）主次分明、合理布置

在口岸规划用地有限的条件下，应尽可能保障口岸规划主体功能的实现，将口岸旅检大楼、主要货检设施设备等考虑在优先位置。将口岸主要功能区与规划用地相互结合，合理布置，优先保障主体建筑、主要进出通道及重要功能区的用地需求，如主通道查验设施、海关重点查验设施、边检监管设施等，其次考虑免税店等其他配套辅助功能性用地。

（4）以人为本、便捷高效

对长距离跨境客、货运交通，提供便捷、高效的快速通道，独立于市域交通系统，直接向高（快）速路网疏导；口岸内客检区布局注重以人为本，与对侧口岸就近衔接，尽量缩短过关步行距离并保证良好的步行环境。同时，在地铁车站、公共汽车和旅游大巴接驳车站之间提供舒适的衔接通道和清晰的指引标志，保证接驳系统高效、有序。

随着区域一体化进程的提速，口岸客流、货流需求继续增加。为满足跨界交通需求，提供快速、安全、准确的客、货运服务，其需求规模为口岸规划的基础跨境交通，是口岸客、货运集散的重要发展方式，口岸需求规模是口岸规划设计的重要基础。分析和研究口岸区域相关规划及跨界交通现状特征，构建区域宏观交通模型，预测口岸跨界交通量和口岸对外交通量；以口岸交通量和对外交通量为边界条件，预测口岸交通总量及各种交通方式。

5.2 跨界交通现状分析

根据香港特别行政区政府入境事务处的统计数据，2009年港深陆路跨界客流量达到50.7万人次/日，是1985年的9.9倍。港深陆路跨界客流量一直保持较高的增长率，1985—2005年港深陆路跨界客流量的年均增长率约为11%，1998年亚洲金融危机后，增长率下降到2001年的5%，但随着2003年CEPA签署后，赴港个人游范围的不断扩大、皇岗/落马洲口岸在2003年1月实施旅客24h通关、皇岗/落马洲口岸过境穿梭巴士24h服务，以及港深两地关系日趋密切等因素，港深陆路跨界客流量不断稳步增长。历年港深陆路跨界客流增长如图5.2-1所示。

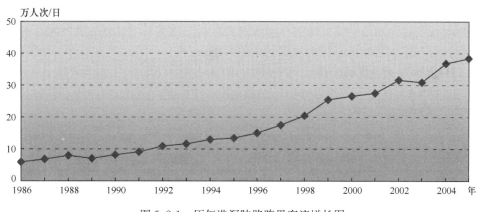

图5.2-1　历年港深陆路跨界客流增长图

根据香港特别行政区政府规划署2003年调查，目前港深陆路跨界客流主要使用边界铁路、巴士（包括旅游巴士及穿梭巴士）以及小汽车通过陆路口岸，其中边界列车客流量占总客流量的70%，巴士客流量占总客流量的26%，而小汽车仅占总客流量的4%。

根据调查，现状港深跨界旅客在内地侧的主要起终点基本在广东省内，占总出行量的98%，主要分布在深圳（72%）、东莞（12%），广州（7%）、惠州（2%）等地。从历年出行目的地空间分布可看出，深圳所占份额在不断上升，而广州以及广东省其他外围城市的份额在不断下降。

港深公路跨界货运问题有：

1. 过境交通占用城市道路

深圳较早期建设的文锦渡、沙头角、皇岗这三个货运口岸，其跨境货车交通均对城市发展、居民生活等产生了较大的不利影响。跨境货车交通导致客货混行、交通拥堵、噪声扰民、交通事故、环境污染等一系列问题。

2. 口岸分布与过境货运交通流向不协调

历史调查数据显示，港深跨境货车在内地的来源地主要集中在深圳、东莞的西部以及中部偏西区域，其跨境货车交通量占总量的比例接近八成，而深圳东部方向的占比约为15%。港深货运交通来源地空间分布如图5.2-2所示。

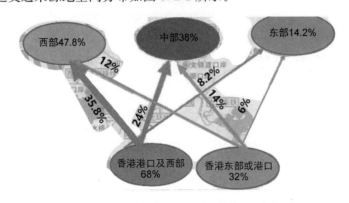

图 5.2-2　港深货运交通来源地空间分布

公路货运口岸布局方面，文锦渡、沙头角和莲塘口岸均位于深圳东部；2007年建成的深圳湾口岸是唯一位于深圳西部的公路口岸，其设计货运通关能力较强（4.32万辆/d），但由于外部接驳条件限制等一系列原因，深圳湾口岸货运通关量一直处于较低的水平；港深跨境货运交通仍高度依赖位于深圳中部的皇岗口岸。

3. 口岸系统布局存在的矛盾

陆路口岸经过30多年的建设发展，深圳市有4个公路货运口岸同时运作，口岸布局面临新的问题和矛盾。

陆路口岸货车通关量及通关能力对比表（单位：万辆/d）　　表 5.2-1

内容	皇岗	深圳湾	文锦渡	沙头角	合计
2008年通关量	1.59	0.16	0.52	0.1	2.20
2014年通关量	1.31	0.19	0.4	0.08	1.98
设计通行能力	3.0	4.32	1.0	0.25	8.57

由表5.2-1可知，公路货运交通量总体上处于下降的趋势，而口岸总的通关能力已高达实际通关需求的4倍以上；过去口岸货运通关能力不足而导致口岸交通拥堵的情况在现有的各个公路口岸基本都已不再发生。

除文锦渡口岸作为供港鲜活产品指定口岸而在功能安排上有所不同以外，各个口岸在货运功能安排上基本一致，差异主要是在口岸规模和通关能力方面，需要进行口岸的合理规划布局，提供完善的交通配合保障，提高通关便利化水平。

5.3　交通需求预测

口岸交通需求是口岸设施如查验通道数量、查验场地面积、停车场面积和交通接驳设施规模的确定依据。莲塘口岸预计于2015年前后建成，客运模型的基年为2005年，货运模型的基年为2003年，预测的目标年为2010年，2015年，2020年和2030年。基年港深跨境交通总量采用香港特别行政区政府规划署2005年的统计数据。陆路口岸交通需求均为跨境交通需求，预测分析主要从以下三方面进行。深圳市部分公路口岸建设规模对比见表5.3-1。

深圳市部分公路口岸建设规模对比　　　　　　　　　　　　　　表5.3-1

公路口岸名称	总占地面积（hm²）	总建筑面积（万 m²）	设计交通（万辆/d）	设计客流（万人次/d）
莲塘口岸	17.2	8.1	2.14	2.5
皇岗口岸	101.6	7.0	3.00	5.0
深圳湾口岸	116.9	15.3	5.86	6.0

1. 跨界客运交通需求预测

跨界旅客主要通过港深边境的口岸完成跨界旅程，比例高达90%。跨界客运旅客出行类型可分为四类：居于香港的居民的跨界出行；居于内地的香港居民的跨界出行；居于内地的居民（包括居于内地的其他国家人士）的跨界出行；居于其他地方的居民的跨界出行。不同类别的跨界出行特征及其影响因素存在一定的差异，同时又共同受跨界交通政策的影响。

（1）人员跨界交通政策

现状香港居民与内地居民的跨界交通政策明显不同，香港居民持"港澳居民来往内地通行证"往来内地，无须申请入境签证（签注），过关手续简便；内地居民往来港澳一般需持"往来港澳通行证"及有效签注，签注包括个人旅游、团队旅游、探亲、商务等多种，虽然"个人游"方便了内地居民往来香港，但与香港居民往来内地相比，明显仍受到签注的限制。

（2）车辆跨界交通政策

跨界客运车辆受到配额制度的限制，至2006年底港深公路口岸发放的小汽车许可证配额总量仅为14097辆，由于配额的限制，跨界客运交通中的小汽车分担率一直维持在较低水平，2003年跨界客运交通中的小汽车分担率仅为4%（包括0.9%以校巴和步行方式跨界的人士），至2006年升至约5%。

（3）居于香港的居民的跨界出行

居于香港的居民的跨界出行量由香港的人口规模及香港居民的跨界出行率所决定。

居于香港的居民的跨界出行总量＝香港人口×人均跨界出行率
　　　　　　　　　　　　　　　＝香港人口×∑（至内地各城市跨界出行率）

根据《香港2030规划远景与策略》，香港2030年人口的发展规模低方案为800万人，中方案为840万人，高方案为880万人。依据香港特别行政区政府规划署提供的资料推算，2005年香港居民的跨界出行率约为每年16.3次/人。研究建立了香港居民到内地不同城市的出行率与跨界出行时间、内地城市经济发展水平（GDP）的Logit数学模型。标定之后的模型公式如下：

$$Rate = \frac{0.1}{1+e^{-1.58+2.07\times\ln(Time)-0.57\times\ln(GDP)-1.54\times nb-0.85\times mb}} \quad (5.3\text{-}1)$$

式中：$Rate$——到广东省各城市的跨界出行率；

$Time$——到广东省各城市的跨界出行时间；

GDP——目的地城市；

nb、mb——城市地理位置分组调节系数（深圳市为1，其余为0）。

（4）居于内地的香港居民的跨界出行

根据香港特别行政区规划署"2003年跨界旅运统计调查"居于内地的香港居民的跨界出行占跨界出行总量的9.5%，与2001年所占比例基本持平，总量增长近10%。其中大部分居住于深圳、广州、东莞三市，超过七成居住于广东省内。居于深圳的香港居民工作日出行率明显高于其他城市，至2003年已达到每日2.14次/人（主要原因是工作出行比例重），同年居于广东省其他城市的香港居民跨界出行率相对平均，约为每日0.1~0.14次/人。

（5）居于内地人士的跨界出行

目前，居于内地的居民的跨界出行分为"个人游"与"非个人游"两类，根据香港特别行政区政府规划署资料显示，2003—2006年，"个人游"跨界抵港出行由66.7万人次/年上升至667.3万人次/年，同期"非个人游"跨界抵港出行由669.7万人次/年下降至534.0万人次/年，表明越来越多的"非个人游"转化为"个人游"。从居于内地的居民的跨界出行总量来看，实施"个人游"政策前后的增长水平基本平衡。因此，可将居于内地的居民的跨界出行作为一个整体研究，不再区分"个人游"与"非个人游"。

内地居民跨界出行总量等于内地各城市居民跨界出行总量之和，内地各城市居民跨界出行量等于其人口规模乘以跨界出行率：

$$A = \Sigma(a) = \Sigma(r \times p) \quad (5.3\text{-}2)$$

式中：A——内地居民跨界出行总量；

a——内地各城市居民跨界出行量；

r——内地各城市居民跨界出行率；

P——内地各城市居民人口规模。

内地不同城市居民的跨界出行率因跨界出行时间及内地城市社会经济发展水平的不同而有显著差异，本研究建立了广东省不同城市居民的跨界出行率与跨界出行时间、城市经济发展水平（GDP）之间的Logit模型，作为分析广东省城市居民跨界出行率的依据，模型经标定后，得到的公式如下：

$$Rate = \frac{0.1}{1+e^{2.37+1.02\times\ln(Time)-0.35\times\ln(GDP)-0.26\times nb-1.22\times mb}} \quad (5.3\text{-}3)$$

式中：$Rate$——广东省各城市居民至香港的跨界出行率；

$Time$——广东省各城市至香港所需跨界出行时间；

GDP——出发城市的GDP；

nb、mb——城市地理位置分组调节系数（深圳市为1，其余为0）。

（6）居于其他地方居民的跨界出行

根据香港特别行政区政府规划署"2003年跨界旅运统计调查"，居于其他地方居民的跨界出行仅占跨界出行总量的约 2%，在分析跨界客运出行总量时进行适当扩算。

针对不同种类出行需求建立出行率与跨境出行时间、内地城市经济发展水平（GDP）的 Logit 模型，利用历史资料标定相关参数。对跨境客运交通主要影响因素及发展态势进行分析。跨境交通需求受相关通关政策影响较大，同时受两地人口及经济发展水平的影响，会存在较大变化，通过分析可得到低、中、高三种方案的发展趋势参数。最后，利用建立的交通预测模型及交通发展趋势参数得到不同方案的跨境客运交通需求总量。

2. 跨界货运交通需求预测

主要通过对香港与内地分货类贸易额以及不同货类的运输方式进行分析，结合跨境货运交通的发展趋势，得到跨境货运交通需求总量。

如不考虑货物种类结构、汇率变化和物价上涨、货物轻型化等变化，香港与内地跨界货运总量和贸易额具有很强的线性相关性，香港与内地之间的贸易额为影响香港与内地之间货运量的主要因素。

不同货物对交通方式的选择具有明显的差异。公路运输主要以低货运、高价值的产品为主；大宗货物、液体及未加工材料主要选择水路运输；制成品中高货量、附加值较低的产品也主要选择水路运输。货运种类结构的发展变化对陆路口岸的货运需求影响较大。2003 年香港与内地分货类跨界货运量如表 5.3-2 所示。

2003 年香港与内地分货类跨界货运量（单位：万 t/年） 表 5.3-2

货物类别		货运量			各货类比例		
		抵港	离港	合计	抵港	离港	合计
0	食物及活动物	312.3	294.1	606.4	5.0%	5.2%	4.1%
1	饮料及烟草	30.2	10.1	40.3	0.5%	0.2%	0.3%
2	除燃料外的非食用未加工材料	1226.4	1165.2	2391.6	19.4%	20.7%	0.3%
3	矿物燃料、润滑剂及有关物质	336	68.7	404.7	5.3%	1.2%	3.4%
4	动物及植物油，脂肪及蜡	5	16.7	21.7	0.1%	0.3%	0.2%
5	未刊明在其他编号的化学品及有关产品	352.7	1448.5	1801.2	5.6%	25.8%	15.1%
6	主要以材料分类的制成品	1496.6	1879.8	3376.4	23.7%	33.5%	28.3%
7	机械及运输设备	912.2	495.9	1408.1	14.5%	8.9%	11.8%
8	杂项制成品	1617.7	224.9	1842.7	25.7%	4.0%	15.5%
9	其他尚未分类的货物及交易	12.2	8.9	21	0.2%	0.2%	0.2%
	总计	6301.4	5612.7	11914	100%	100%	100%

影响跨界货运的主要因素为香港与内地之间的贸易额。在参考《港珠澳大桥交通需求预测分析专题》成果以及内地城市"十一五"规划的基础上，根据分类货物的跨界货运量与贸易额之间的关系，通过香港与内地城市之间分类贸易额的变化，推算跨界货运量的增长，研究发现内地城市与香港之间的分货类贸易增长率较大的为 5 类、6 类、7 类，一般增长率在 5% 以上，其他类贸易增长率较小，一般在 1.5% 左右。

香港与内地跨界货运量同各货种的贸易额密切相关，由于各货种具有不同的发展趋势，考虑部分货种向高附加值、轻型化方向发展，采用调整系数对各货类贸易额增长率进行一定的校核，直接推算各货种货运量增长率。再根据各运输方式现状分货类货运量，计算得到各运输方式未来特征年跨界货运量。

2003年香港与内地之间的跨界货运总量为11983万t,2010年、2015年、2020年、2030年将分别增至14762万t、18995万t、23318万t、34056万t,其中5类、6类、7类货物货运量的增幅最大。

港深陆路口岸的货运量整体呈上升趋势,从2010年的3.7万车次上升至2030年的5.6万车次,年均增长约2.1%。

3. 功能区规模测算

依据不同功能对口岸设施进行分类:第一类为实现口岸主要功能必需的设施,如海关、边检通道等车辆、旅客必须经过的设施;第二类为缓冲场地、报关车场、转关车场、重点查验场地等部分车辆需要使用的场地;第三类为口岸各部门的查验设施、办公设施,以及道路、绿化等。

三类设施用地规模的计算方法不尽相同,第一类和第二类设施规模可以通过排队论等方法定量计算,其中深方口岸通道数计算方法为:

设计单向通道数:

$$N_0 = V_k/n \tag{5.3-4}$$

式中:V_k——设计高峰小时单向交通量(辆/h 或个/h);

n——每个通道可查验的车辆数(辆/h)或旅客数(个/h),$n=3600/t$,t为每辆车或旅客的通道检查时间(s)。

设计高峰小时单向交通量:

$$V_k = V_d KD \tag{5.3-5}$$

式中:V_d——日设计交通量(辆/h 或个/h);

K——高峰小时系数;

D——方向不均匀系数。

针对第一类交通设施,单位时间内到达的车辆或旅客数,以及车辆或旅客在通道的查验时间特征比较明确。根据排队论,当交通强度(利用系数)>0.8时,排队长度的变动范围和频度显著增加,系统不稳定性迅速增长,服务水平迅速下降;当交通强度>0.9时,排队长度的变动范围和频度增加更快,系统更加不稳定。一方面,所有车辆或旅客都需经过海关、边检或旅客通道,单位时间内需要通过的车辆或旅客数不具备可调节性;另一方面,海关、边检或旅客通道一般布置在口岸交通流线主通道上,排队长度波动幅度过大对其他查验活动及口岸运作影响较大。因此,计算海关、边检、旅客通道数时应将交通强度值控制在0.8左右,由此计算出实际所需的通道数(确定通道数),加上紧急通道和备用通道数,最终得出设计通道数。计算旅游巴士上落客区停车泊位数时交通强度值也应控制在0.8左右。

针对第二类交通设施,根据相关参数计算单位时间内需要作业的车辆数,并根据排队论定量计算设施规模。一方面,该类设施一般不布置在口岸交通流线主通道上,排队长度波动对其他查验活动及口岸运作影响不大;另一方面,单位时间内使用该类设施的车辆数具备一定可调节性,可通过科学管理控制排队长度波动幅度。因此,计算该类设施规模时一般应将交通强度值控制在0.9左右。

第三类设施如查验设施仅用于抽查或可疑车辆等情况,难以利用严格的数学方法定量计算。因此，这类设施的用地规模宜采用类比其他口岸的面积进行估算，并在方案设计时进行调整和细化。

4. 口岸查验通道测算

口岸查验通道规模，即其数目与尺寸可用排队论（随机服务系统理论）来量化分析。排队论（Queuing Theory），也称随机服务系统理论、排队理论，其含义是通过对服务对象到来和服务时间的统计研究，得出这些数量指标（等待时间、排队长度、忙期长短等）的统计规律，然后根据这些规律来改进服务系统的结构或重新组织被服务对象，使得服务系统既能满足服务对象的需要，又能使机构的费用最经济或某些指标最优。

根据口岸联检大厅的常规设置情况建立排队系统：假设有多条相同的查验通道；旅客在每个通道中排一条队，即一个通道只为其相对应的一队旅客服务，且旅客不可随意插队换队；排队规则为等待制，且服务次序为先到先服务，即当旅客到达时，若所有服务机构都被占用则旅客排队等候；顾客到达服务系统的规律简化为符合泊松分布的平稳状态，即全天候均质随机抵达。此时该排队系统属于 N 个单通道服务系统。

由于用地条件不足，在多种用地拓展方案实施难度均较大的情况下，港深两地经多次论证和沟通拟采用压缩通关规模的方案，莲塘口岸推荐方案设计通行能力如表 5.3-3 所示：

莲塘口岸推荐方案设计通行能力　　　　　　　　　　表 5.3-3

种类	车辆（自然车/d）			旅客（人次/d）
	货车	小汽车	大巴	
设计通行能力	15000	2000	850	30000
单向高峰小时	567	120	87	3060

查验通道的计算值以单向高峰小时为标准。

（1）货车查验通道测算

由于口岸用地有限，经科学测算并经港深双方多次沟通，莲塘口岸的货运设计通行能力为 15000 自然车/d，采用排队论计算口岸货检所需通道数量如表 5.3-4 所示：

口岸货车查验通道测算表　　　　　　　　　　表 5.3-4

测算项目	海关入境				海关出境				边检
货车日交通量（辆/d）	15000				15000				18000
单向高峰小时交通量（辆/h）	567				567				680
车种	空车	报关车	转关车	报验车	空车	报关车	转关车	报验车	
车种比例	15%	2.5%	20%	62.5%	10%	2.5%	20.0%	67.5%	100%
单向高峰小时交通量	85	14	113	354	57	14	113	383	680
检查时间（s/辆）	15	30	30	30	15	30	30	30	25
加权平均检查时间（s/辆）	28				29				
通过能力（辆/h）	240	120	120	120	240	120	120	120	144
初算通道数 No.	0	1	1	3	0	1	1	3	5
交通强度 N_0		0.12	0.94	0.98		0.12	0.94	1.06	0.94

续表

测算项目	海关入境				海关出境				边检
$N_1=N_0+1$	1	2	2	4	1	2	2	4	6
交通强度 N_1	0.35	0.06	0.47	0.74	0.24	0.06	0.47	0.80	0.79
$N_2=N_1+1$	2	3	3	5	2	3	3	5	7
交通强度 N_2	0.18	0.04	0.31	0.59	0.12	0.04	0.31	0.64	0.67
确定通道数	1	1	2	4	1	1	2	4	6
系统平均到车率	0.02	0.00	0.02	0.02	0.02	0.00	0.02	0.03	0.03
交通强度	0.35	0.12	0.47	0.74	0.24	0.12	0.47	0.80	0.79
排队系统中车辆平均数	0.5	0.1	0.9	2.8	0.3	0.1	0.9	3.9	3.7
平均排队长度（辆）	0.2	0.0	0.4	2.1	0.1	0.0	0.4	3.2	2.9
系统中平均消耗时间（min）	0.4	0.6	0.9	1.9	0.3	0.6	0.9	2.5	2.0
系统中平均等待时间（min）	0.1	0.1	0.4	1.4	0.1	0.1	0.4	2.0	1.5
工作人员通道、紧急通道	0				0				1
通道总数	8				8				7

根据试算表，莲塘口岸货检所需要的出入境海关查验通道为8条，边检查验通道7条。考虑到口岸用地有限，且报关车的交通强度较低（出入境均为0.06），可与转关车、报验车合用一条查验通道，海关查验通道可减少为7条。货车一站式查验出入境通道按照7条考虑，其中一条兼作工作人员通道及紧急通道。

（2）客车查验通道测算

莲塘口岸的客车设计通行能力为小汽车2000自然车/d，大巴850自然车/d，采用排队论计算口岸客车所需通道数量如表5.3-5所示：

客车查验通道测算表　　　　表5.3-5

测算项目	大客车	小汽车
日交通量（辆/d）	850	2000
单向高峰小时交通量	87	120
检查时间（s/辆）	60	50
通过能力（辆/h）	60	72
初算通道数 $No.$	1	2
交通强度 N_0	1.45	0.83
$N_1=N_0+1$	2	3
交通强度 N_1	0.73	0.56
$N_2=N_1+1$	3	4
交通强度 N_2	0.48	0.42
确定通道数	2	2
系统平均到达率	0.012	0.017
交通强度	0.73	0.83
排队系统中车辆平均数	2.6	5.0
平均排队长度（辆）	1.9	4.2
系统中平均消耗时间（min）	3.6	5.0
系统中平均等待时间（min）	2.6	4.2
工作人员通道、紧急通道	0	1
通道总数	2	3

根据试算表，莲塘口岸客车所需要的出入境海关查验通道为 5 条（其中一条作工作人员通道及紧急通道）。

（3）旅客查验通道测算

莲塘口岸的旅客设计通行能力为 30000 人次/d，采用排队论计算口岸旅客所需通道数量如表 5.3-6 所示：

旅客查验通道测算表　　　　　　　　　　表 5.3-6

日交通量（人次/d）	30000	
旅客分类	港澳旅客	其他旅客
	60.0%	40.0%
单向高峰小时交通量	3060	
	1836	1224
检查时间（s/人）	15	36
加权平均检查时间	23	
通过能力（人/h）	240	100
初算通道数 No.	8	12
交通强度 N_0	0.96	1.02
$N_1 = N_0 + 1$	9	13
交通强度 N_1	0.85	0.94
$N_2 = N_1 + 1$	10	14
交通强度 N_2	0.77	0.87
确定通道数	9	14
系统平均到达率	0.0567	0.0243
交通强度	0.85	0.87
排队系统中旅客平均数	5.7	7.0
平均排队长度（人）	4.8	6.1
系统中平均消耗时间（min）	1.7	4.8
系统中平均等待时间（min）	1.4	4.2
工作人员通道、紧急通道	1	
通道总数	24	

根据试算表，莲塘口岸旅客所需要的出入境查验通道为 24 条（其中包括一条工作人员通道兼紧急通道）。

5.4　工程实践案例

本节结合莲塘/香园围口岸对跨界交通研究。莲塘/香园围口岸的功能定位为承担香港与深圳东部、惠州以及粤东、赣南、闽南之间的过境货运交通兼顾客运，是位于深圳东部的综合性客货口岸。由于用地条件不足，在多种用地拓展方案实施难度均较大的情况下，港深两地政府经多次研究沟通后，确定采用压缩通关规模的方案，莲塘口岸的设计交通量确定为旅客 3 万人次/d，车辆 17850 自然车/d，其中货车为 15000 自然车/d、小汽车为 2000 自然车/d、大巴为 850 自然车/d。

1. 总体布局方案

口岸深方的预留用地为 12.3hm^2，港方用地区域需要进行大量村民拆迁，难度非常大。用地的不足制约口岸规划设计和方案设计工作的开展，在深圳城市建设用地日益趋紧，港方征地拆迁困难重重的情况，破解口岸建设用地问题是规划研究和方案设计面临的重大难题。

传统的客、货综合性公路口岸均采用客、货查验分区设置的布置形式，按照传统布置形式，根据口岸通关车辆和人员数量，考虑海关、边检查验通道和查验设施，口岸配套的办公设施、道路、绿化等，莲塘/香园围口岸用地为 48.9～52.1hm^2，其中深方设施用地约为 26hm^2，港方设施用地约为 22.9 至 26.1hm^2。

由于口岸规划用地面积不足，经测算功能区无法在同一平面展开，因此考虑采用立体布局解决这一问题。基于尽可能扩大口岸使用空间的理念，从口岸一层独立布置货检设施、将旅检大楼设在用地的南端紧邻深圳河布置以及缩短过境旅客步行距离三方面考虑，提出 3 个比选方案。方案一为单层布置方案；方案二为出入境分层的双层方案；方案三为客货分层的双层方案。

(1) 方案一：单层布置方案

主要考虑将港深双方的口岸设施均进行平面布设，并根据"一地两检"和"两地两检"共提出了多个方案。根据口岸用地规模测算，如采用平面方案，深方口岸用地为 26hm^2，因深方现状预留用地仅为 12.3hm^2，再加上深方边防禁区用地约 5hm^2，合计约 17hm^2 用地，深方口岸仍有近 10hm^2 的用地缺口，如深方部分设施利用港方用地，则牵涉到诸多法律问题，实施困难。

(2) 方案二：出入境分层的双层方案

考虑到港深双方设施均在各自范围内解决用地问题，提出深方出入境分开的双层布设方案，入境在下层，出境在上层。

该方案用地约 32.7hm^2，其中深方用地约 14.2hm^2，下层需 14.2hm^2，上层需 12.5hm^2，利用已控制用地为 12.3hm^2，再利用边防禁区用地 1.9hm^2，不占港方用地；港方用地为 18.5hm^2，其中利用田地 17.9hm^2，利用村民用地 0.6hm^2。

该方案可以较好地解决深方用地不足的问题，深方能在自己边境范围内解决口岸的建设问题。但该方案存在工程风险和技术不确定性，货柜车荷载较重，转弯半径较大，海关查验设备特别是 H986 检验系统，设备沉重，占地约 1.5hm^2，在现有的工程技术条件下，是否能够实现，存在不确定性。

(3) 方案三：客货分层的双层方案

综合考虑前两个方案的问题，口岸用地困难，港深两侧道路连接和口岸交通组织等因素，提出了客货分层的双层方案，港深双方货检设施布设在下层，旅检设施布设在上层，将下层部分覆盖。该方案较好地解决了深方用地不足的问题，且将旅检放置在上层，减少了工程结构的实施难度，具有较好的可操作性。提出客货分层的双层方案，即港深双方货检设施布置在下层，旅检设施布设在上层。

该方案经多轮专家论证、港深多部门协商，最后经"港深联合研究专家小组"确认，作为下阶段工程设计和详细规划的推荐方案。

经测算，客货分层设置的方案下层用地为 $35.7\sim38.6hm^2$，其中深方用地 $17.4hm^2$，已控制用地为 $12.3hm^2$，占用边防禁区用地 $5.1hm^2$。

通过方案对比发现：方案一的优点是口岸用地独立，建设协调难度较小；缺点是高架平台对货检层查验干扰较大，货运查验环境差，与口岸使用部门协调难度大。方案二和方案三的布置相似，优点是客检区高架规模缩小，对货检干扰小，口岸作业流程顺畅，缺点是需要与旧村改造部门协调。方案三在货检层（客检区域范围）下一层用作客运接驳，为口岸未来客检功能发展预留弹性。

呈南北向布置，总占地面积 $17.4hm^2$（不包括布置于西岭下村裙楼的建筑面积 16000 万 m^2），货检区布置于地面层，旅检区布置于高架层，高架层下方为入境货车主通道，高峰时也可考虑作为入境货车候检停车使用，口岸平面布置方案如图 5.4-1 所示。

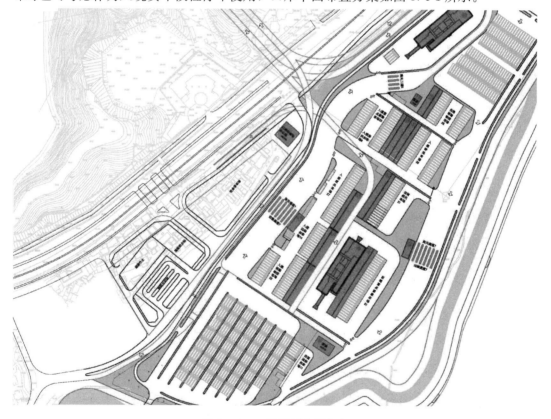

图 5.4-1　口岸平面布置方案

2. 建筑布置方案

经港深双方议定，莲塘/香园围口岸规划采用"两地两检"模式。莲塘口岸查验过程中共有 4 个主要职能部门参与，分别为海关、边检、检验检疫、口岸服务中心，并配套有公安、消防管理中心。按"两地两检"模式，出入境货车、小汽车、旅游巴士在口岸的主要查验流程如图 5.4-2 所示。

功能区布置以口岸查验流程为基础，协同考虑各种交通流组织的顺畅性。考虑到用地不足和口岸运行效率，设施布局设计偏紧凑，应优先保证主体功能实现。

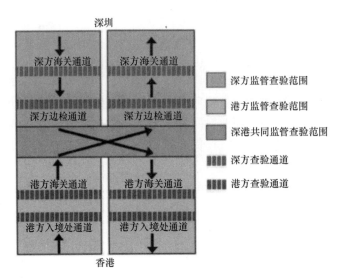

图 5.4-2 口岸查验流程图

(1) 货检区平面布置

货检区设置于地面层，为节约用地同时方便作业管理，查验车场集中布置，查验通道布置于东西两侧。入境通道位于口岸的西侧，分别布置了一站式查验通道和海关二道；出境通道位于口岸的东侧，布置了一站式查验通道。根据测算，一站式查验通道出入境分别布置 7 条，海关二道设置 5 条放行通道。

查验车场布置于出入境查验通道中部，出境方向分别布置有出境缓冲车场、出境检验检疫车场、出境报关车场、出境重点查验车场、出境边检扣车场；入境方向分别布置有入境候检车场、入境检验检疫车场、入境边检扣车场、入境报关车场、入境转关车场、入境重点查验车场、入境海关扣车场等查验车场，查验车场规模如表 5.4-1 所示：

查验车场规模一览表（单位：泊位） 表 5.4-1

规模	缓冲/候检车场	检验检疫车场	报关车场	转关车场	重点查验车场	边检扣车场	海关扣车场
入境	192	32	27	36	25	14	9
出境	123	26	21	—	31	11	—

出入境各配置一套重点查验固定 X 光机。

旅检区高架于入境货车主通道和入境货车候检场地上方，高架层下柱网间距暂按 16m×25m 考虑，高架层下方作为入境的主要通道，同时，高峰期可作为入境候检的缓冲车场使用（高架下方未设置货车查验场地）。

货检区通过匝道仅与东部过境通道的连接线连通。

(2) 旅检区平面布置

旅检区布置于高架层，位于货检区入境主通道及入境缓冲车场上方，高架面积约 2.98hm²，高架层布置有旅检大楼、入境客车查验通道、入境客车重点查验车场、出境客车查验通道、出境客车重点查验车场和大巴上落客区，旅检区平面布置方案（高架层）如图 5.4-3 所示。

第 5 章 口岸交通规划研究

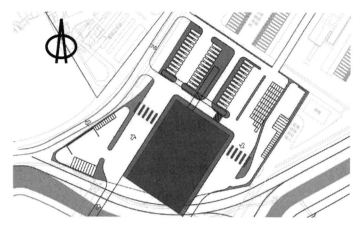

图 5.4-3 旅检区平面布置方案(高架层)

旅检区出入境客车查验通道也采用一站式查验模式,根据测算,出入境查验通道分别布置 5 条。

旅检大楼出入境分层布置,出入境查验大厅分别布置于 2 层及 3 层,与香港香园围口岸对应。根据测算,旅检大楼内旅客查验通道出入境分别布置 24 条。旅检大楼剖面示意如图 5.4-4 所示。

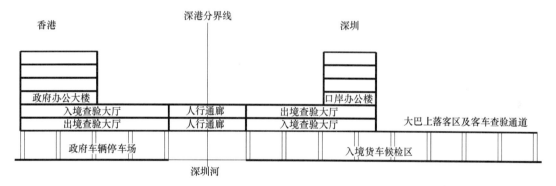

图 5.4-4 旅检大楼剖面示意图

港深双方的旅检大楼也有可能连成一栋楼(港深双方正在就此沟通及研究)。旅检区不仅通过匝道与东部过境通道相连,还与罗沙路等城市道路相连。

(3) 口岸办公用房布置

推荐方案可布置 31000m^2 的办公用房,分为现场办公和非现场办公。

现场办公楼包括旅检大楼上层的办公区以及分布于口岸内部的现场办公楼。其中,旅检大楼上层的口岸现场办公楼建筑面积约 8000m^2;分布于口岸内部的包括出境检验检疫现场办公室、出境海关现场报关办公室、口岸物业维修管理办公室、出境通道监控室、出境海关固定 X 光机查验系统办公室、海关出境重点查验办公室、旗楼、入境检验检疫现场办公室、入境边检综合办公室、入境通道监控室、入境海关报关办公室、入境海关转关现场办公室、海关入境重点查验办公室、入海关固定 X 光机查验系统办公室、入境旅检重点查验办公室、出境旅检重点查验办公室、公共区等,建筑面积合计约 9000m^2(不包括查验设备用房及仓库)。现场办公共计 17000m² (不包括查验设备用房及仓库)。

非现场办公用房包括设置于口岸外的独立非现场办公楼和设置于西岭下村裙楼的口岸非现场办公以及报关及配套用房，其中前者是应口岸使用部门的独立办公要求设置的独立非现场办公楼，位于西岭下村用地范围东侧，口岸出入匝道西侧，占地约 500m²，建筑面积约 4000m²；后者建筑面积约 10000m²，共计 14000m²。

(4) 客运接驳区方案

口岸客运接驳区设置于西岭下村裙楼，结合西岭下村旧改方案设计。

客运接驳区是口岸对外重要的客运中转中心。受用地条件限制，口岸接驳区空间有限，规划主要将相邻旧村改造后裙楼 1 层部分空间和客检区地下 1 层作为客运接驳区空间。莲塘口岸虽然规划为货运为主兼客运功能，但未来随着港方新界东北新发展区规划的推动实施，口岸客运交通发展面临较大的不确定性，为避免未来客运接驳设施不足影响口岸正常营运，客运接驳设施配置应预留弹性，特别是公共交通空间。

考虑空间大小、使用便捷性以及公交优先等因素，将旅游巴士接驳区布置在裙楼 1 层，将公共汽车接驳区布置在客检区地下 1 层，邻近口岸与城市道路的联络道，方便进出并预留一定拓展空间，内侧布置为出租汽车上落客区和社会车辆停车区。同时，空间布置注重步行空间的连续性，体现以人为本的理念。口岸客运接驳区示意如图 5.4-5 所示。

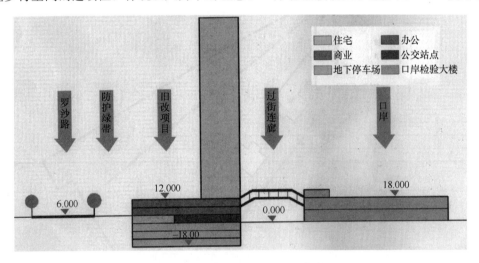

图 5.4-5　口岸客运接驳区示意图

3. 口岸交通组织

根据通关申报流程和口岸各功能区布局，结合对外主要进出口岸通道的位置，对客货交通流进行分类组织，减小相互干扰，提高进出效率。

(1) 外部交通组织方案

口岸主要承担香港与深圳东部、惠州以及粤东、赣南、闽南之间的过境货运交通，口岸外部货运交通主要通过东部过境通道、深惠高速公路进行组织 (图 5.4-6)。

接线将会连接莲塘口岸与深圳东部过境通道的主线，根据莲塘口岸的选址以及深圳东部过境通道的线路走向，结合口岸的内部交通组织、周边地形、用地及拆迁情况，有两条线路方案。

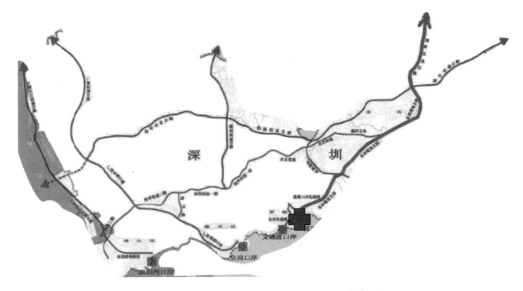

图 5.4-6　口岸外部货运交通组织方案图

方案一：塘排山方案。从口岸向北跨罗沙公路，然后向北开隧道穿过塘排山，至东部过境通道近期连接线处，接东部过境通道，连接线全长约 850m，其中隧道部分长约 480m。

方案二：鹏兴路方案。连接线起于鹏兴路与罗沙路立交处，沿鹏兴路向北行，在鹏兴路上设双层高架桥至东部过境通道主线，全长约 1000m。

考虑方案对周边城市建设用地的影响、对环境的影响、对口岸布局的影响等因素，推荐方案一，经与规划部门的沟通，沿用推荐方案。

方案一连接线从云峰阁和翠园花园之间穿过，需要拆除翠园花园西侧一栋 8 层、建筑面积约 4400m² 的住宅楼。

口岸工程与连接线工程的范围线以连接线的隧道口为界（图 5.4-7）。

(2) 口岸内部交通组织

1) 货检区交通组织

根据深圳市关于跨境货运交通"西进西出、东进东出"的总体规划格局，通过设置高架匝道与东部通道侧接线对接，将口岸货运交通向外围高（快）速路网疏散，与城市通勤交通相互独立，互不干扰，保证通行效率。

出境货车交通流通过东部过境通道和连接线到达口岸后，根据对不同车种查验的要求，依次选择经过出境缓冲车场、出境检验检疫车场、出境报关车场、出境海关、边检、国检查验通道、出境重点查验车场、出境边检扣车场，通过跨深圳河车行桥通往香港。

入境货车交通流通过跨深圳河车行桥进入深方口岸后，根据对不同车种查验的要求，依次选择通过入境缓冲车场、入境检验检疫车场、入境海关、边检、国检查验通道、入境边检扣车场、入境报关车场、入境转关车场、入境重点查验车场、入境海关扣车场和海关二道，通过匝道上跨罗沙路，沿连接线通往东部过境通道，口岸内货车交通组织方案如图 5.4-8 所示。

2) 旅检区交通组织布置

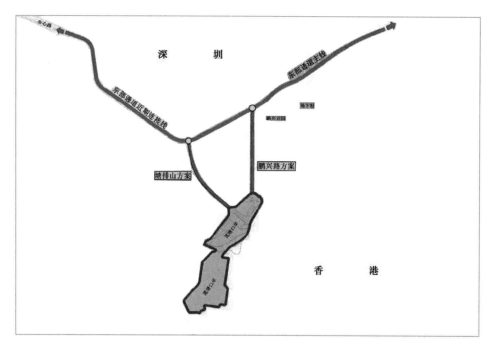

图 5.4-7 口岸接线方案示意图

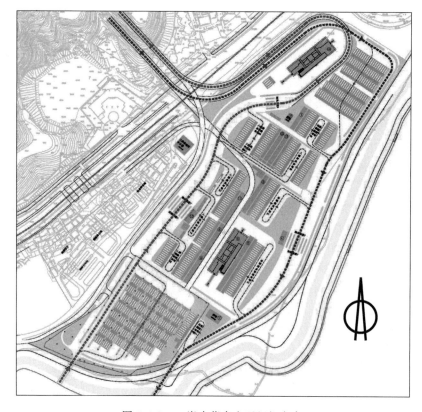

图 5.4-8 口岸内货车交通组织方案

旅检区布置于口岸的高架平台，与东部过境通道和罗沙路相通。

口岸客运交通组织分为两部分：跨境长距离客运，其交通组织与货运基本相同，但客运车辆相关查验区在2层平台，通过匝道将2层平台（专用客运匝道，将东部通道侧接线与2层平台直接连通）与东部通道侧接线连接，实现长距离客运交通进出口岸。跨境市内客运，通关形式与跨境长距离客运一致，通过设置高架匝道将2层平台客运车辆相关查验区与罗沙路、延芳路衔接，实现跨境市内客运交通进出口岸。其中，入境客车通过匝道（连接延芳路和2层平台）行至延芳路，继而向南北两侧城市路网集散；出境客车通过匝道（连接罗沙路和2层平台）进入2层平台，通过相关查验后过关进入香港。

出境大巴车由罗沙路匝道或东部过境通道的连接线进入口岸后，进入大巴落客区，下客后经由客车查验通道，查验后通过跨深圳河车行桥通往香港；乘客由大巴落客区下车后，进入出境查验小厅，经查验后由跨深圳河的人行桥进入香港旅检大楼，在香港口岸上大巴。

出境小汽车由罗沙路匝道或东部过境通道的连接线进入口岸后，经出境客车缓冲区、客车查验通道查验后（需要重点查验的进入重点查验车场），通过跨深圳河车行桥通往香港。

入境大巴车在香港口岸落客后由跨深圳河车行桥进入深方口岸后，经客车查验通道查验后，到达大巴上客区待客，上客后由北侧匝道通往东部过境通道连接线，由南侧匝道通往罗沙路；乘客由香港旅检大楼人行天桥进入莲塘口岸入境查验大厅，检查后由人行天桥通往大巴上客区。

入境小汽车由跨深圳河车行桥进入深方口岸后，经客车查验通道查验（需要重点查验的进入重点查验车场），由北侧匝道通往东部过境通道连接线，由南侧匝道通往罗沙路。口岸内客车交通组织方案如图5.4-9所示。

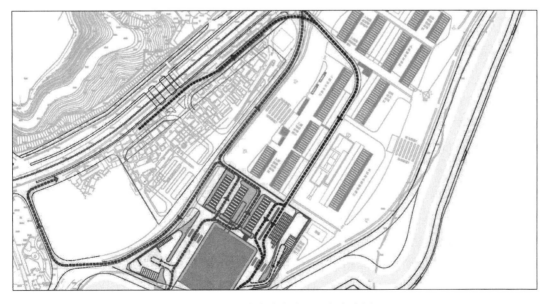

图5.4-9 口岸内客车交通组织方案图

3）接驳区交通组织方案

客运接驳区布置有公交接驳、出租车接驳、旅游巴士接驳、口岸办公及社会停车场等设施，交通流线类型多样、组织复杂，为避免交通秩序混乱，应尽量简化口岸交通组织。为便于组织交通，口岸与旧村改造项目之间规划为双层道路系统，其中高架层为2层平台客车进出查验区的专用匝道（即2层平台连接延芳路和罗沙路的匝道），地面层为一条由东往西单向通行的城市道路，连接延芳路。口岸接驳区进出口均设置在这条道路上，通过其与外围延芳路、罗沙路等道路连接。

至接驳区的交通流由东部过境通道连接线跨罗沙路进入口岸，由口岸与西岭下村之间匝道下至地面，由罗沙路入口进入口岸客运接驳区；罗沙路接驳交通流直接进入接驳区，车辆进入接驳区后待客，口岸接驳区客车交通组织方案如图5.4-10的左图所示。

接驳区车辆接客后，由出口驶往罗沙路；或通过罗沙路匝道进入口岸高架层，在旅检层调头，由匝道通往东部过境通道，口岸接驳区客车交通组织方案如图5.4-10的右图所示。

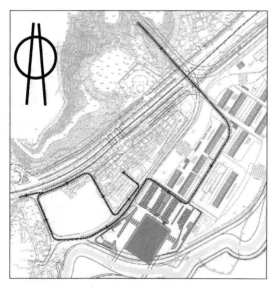 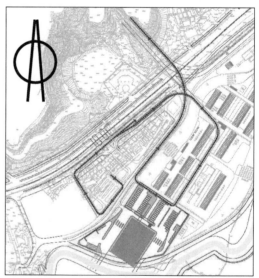

图5.4-10　口岸接驳区客车交通组织方案图

4）消防车交通组织方案

口岸内部设置环形消防通道，消防车可以由罗沙路进入口岸，通过环形消防通道以及内部消防通道快速到达口岸内部各处，如图5.4-11所示。

4. 口岸交通需求

口岸的设计交通量和设计参数决定了口岸的各类设施规模，根据港深口岸人员、车辆跨境交通政策的不同，采用高中低三类预测方案，并将2030年中方案的交通需求作为确定口岸规模的依据。2030年莲塘口岸中方案旅客需求为30713人次/d；客车需求为3247自然车/d（其中大客车837自然车/d，小汽车2410自然车/d）；货车需求为17407自然车/d。

本研究预测的基年定位是2005年，预测的目标年定为2015年、2020年和2030年。

第5章 口岸交通规划研究

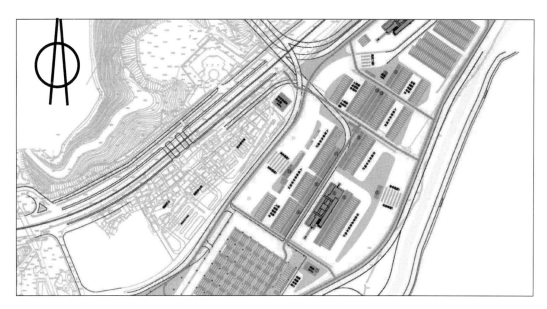

图 5.4-11 消防车交通组织方案

跨界客运方式分担率预测在出行现状的基础上，结合已有的研究成果，考虑航空及水运的分担比重，经模型测算，各预测年跨界客运陆运交通方式比例如表 5.4-2 所示。

各预测年跨界客运陆运交通方式比例　　　　表 5.4-2

特征年	交通方式	低方案	中方案	高方案
2015 年莲塘口岸	私家车	8.3	9.4	11.1
	巴士	27.7	27.8	27.4
	铁路	64.0	62.8	61.5
2020 年莲塘口岸	私家车	8.3	9.4	11.1
	巴士	26.1	26.5	25.9
	铁路	65.6	64.1	62.9
2030 年莲塘口岸	私家车	8.3	9.4	10.9
	巴士	25.4	26.5	25.3
	铁路	66.3	64.1	63.8

交通网络包括公路、城市道路、城市公交（巴士）、城市轨道、长途客车、城际轨道、国家铁路以及构建网络的各种接线等。

根据以上基础设施的建设时序，建立各个预测年份路网，从而得到香港到各城市之间的平均出行行程时间，包括在内地的车内与换乘时间、过关时间以及香港境内的车内与换乘时间。

结合巴士、小汽车的平均载客数，可以测算各预测年的客车需求量。根据香港特别行政区政府规划署提供的资料推算，2003 年跨界小汽车平均载客 2.53 人（包括司机），巴士（旅游/穿梭）平均载客 29.8 人（不包括司机）。预计未来小汽车载运系数不会出现大的变化，巴士载客量取 29.8；小汽车低方案取 2.53，中方案和高方案取 2.40。运用以上数据，根据模型预测,得到特征年莲塘口岸客车和旅客流量预测值如表 5.4-3 及表 5.4-4 所示。

特征年莲塘口岸客车流量预测值(单位:自然车/d)　　表 5.4-3

	2015 年	2020 年	2030 年
低方案	1169	1652	2353
中方案	1369	1962	3247
高方案	2503	3641	5764

特征年莲塘口岸旅客流量预测值(单位:人次/d)　　表 5.4-4

	2015 年	2020 年	2030 年
低方案	14515	19856	28750
中方案	14772	20303	30713
高方案	20718	28095	42558

口岸设计参数及各种车辆的检查时间,特别是货车的检查时间,是确定口岸用地规模的重要因素。考虑到港深陆路口岸的共性特征,莲塘/香园围口岸的设计参数参考深圳湾口岸和港珠澳大桥口岸的设计参数确定。

高峰小时流量比和双向不均衡系数。深方小汽车、巴士的高峰小时流量比和双向不均衡系数参照深圳其他口岸所采用的类似系数,货车设计参数方面,由于近年来口岸通关作业深入改革,科技力度不断加大,电子、智慧口岸不断发展,查验模式不断创新,将货车的高峰小时流量比参照深圳湾口岸 10% 取值调整为 7%,将货车的双向不均衡系数参照深圳湾口岸 0.6 调整为 0.54。交通量设计参数如表 5.4-5 所示。

交通量设计参数　　表 5.4-5

	货车	小汽车	巴士
高峰小时系数	7%	10%	17%
双向不均衡系数	0.54	0.6	0.6

港澳旅客比例。根据相关规划研究并参考深圳湾口岸和港珠澳大桥口岸的研究数据,港澳旅客与其他旅客的比例为 6:4。

在客运预测的交通小区划分的基础上,运用以上港深陆路口岸货运量等数据,预测得到特征年莲塘口岸货运车辆量预测值如表 5.4-6 所示。

特征年莲塘口岸货运车辆量预测值(单位:自然车/d)　　表 5.4-6

莲塘口岸	货运量
2015 年	12791
2020 年	15033
2030 年	17407

在港深西部通道建设方面,深圳湾口岸、深圳湾跨海大桥、深方连接线于 2007 年建成启用;广深沿江高速公路主线于 2013 年全线通车、车辆可从深圳直达广州,相关配套立交和连接线于 2020 年全部完成。港深西部通道全面融入珠江口东岸现有公路网,成为交通便利、覆盖面广泛、快速高效的粤港跨境公路货运主通道。

在港深东部通道建设方面，经港深双方充分研究和紧密合作，莲塘/香园围口岸及深圳东部跨境高速公路已于2013年全面开工，于2020年建成并开通货检功能；东部通道无缝对接沈海高速、长深高速、博深高速等现有高速公路以及即将建成的深圳外环高速公路，成为深圳东部跨境公路货运的主通道。

历经30多年的建设、发展，深圳市在落实城市总体规划提出的跨境货运"东进东出、西进西出"总体交通格局已取得重要的进展，深圳湾口岸强大的货运通关能力和莲塘口岸作为"西进西出"货运通道的综合效益已经充分显现。

5.5 港深协同发展展望

2021年10月6日，香港特区行政长官林郑月娥在年度施政报告中正式公布了《北部都会区发展策略》，香港将在与深圳接壤地区的新界北建设总面积达300km^2、可容纳250万人口的"北部都会区"，形成跨越"两湾一河"的"双城三圈"的总体格局，实现与深圳的融合发展。

香港北部都会区到2035年将有250万居住人口（较现状增加150.4万）、65万工作岗位（较现状增加约53.4万）。居住人口的增量将主要转移自香港其他地区，但相信仍有一定比例属于新增人口，从而带动未来香港总人口的增长。

香港北部都会区是一项全新的重大发展规划，香港首次正式将港深融合发展作为其发展目标，将对未来港深人员交流发展趋势、口岸通关模式等产生重大而深远的影响。目前，香港700万居民中，仅有约1/3的居民拥有往来内地的证件，全港居民平均的跨境出行率仅有约0.1人次/d，香港居民往来内地的频率总体较低。作为参照，澳门与珠海已基本实现了同城化发展，人员往来更为频繁、澳门居民的平均跨境出行率约为0.25人次/d，大量澳门居民每日都会在两地之间通勤交通，更有大量内地居民居住在珠海、工作在澳门、每日往返通勤。

香港居民的现有低频率跨境出行模式，必将在港深融合发展的北部都会区被彻底打破。未来，在深圳河两岸，两地居民跨境居住、工作、休闲、购物等必将成为常态，港深互动将极为紧密，香港融入国家发展大局的战略目标将得以实现。

香港已明确，将围绕原规划的港深创科园港方园区（即河套A区），拓展成为占地面积1100hm^{2}的"新田科技城"，成为香港的"硅谷"、开辟香港新的经济增长点，并与深圳福田创科园区互为呼应、协同合作、共建共赢；并从速落实北环线支线，成为伸延至新皇岗口岸的跨境铁路，且北环线支线将串联港深创科园港方园区（即河套A区）、极大地提升了皇岗口岸的跨界衔接能力。

在香港北部都会区大发展的形势下，在港深跨境交通和双城融合发展的大背景下，港深两地的交流会更加紧密，未来在人员、货运等方面的交通需求会更加丰富。

第6章 口岸查验设施与功能标准

口岸工程的规模是由国家口岸管理机构依据政治、经济、地域特征和通关流量要求，结合我国真实国情统一规定的。口岸查验基础设施是海关、检验检疫、边防检查，以及承担口岸查验职责的海事机构等查验机构在国家批准对外开放口岸实施口岸查验执法过程中所使用的专用设施，口岸查验业务之外的设施不纳入本建设标准的适用范畴。远离城镇或通勤不便等特殊情况的口岸，还应根据实际情况配套必要的生活设施。本章节主要从口岸建设规模与内容构成、选址与规划布局、货物监管场所场地、旅客通关作业场地、特殊监管区域设施、口岸负压隔离设施等方面进行阐述，并结合具体的口岸工程案例对口岸查验设施与功能标准进行分析。根据口岸的分类不同，分为水运口岸、航空口岸、铁路口岸、公路口岸等，本章节主要针对公路口岸的查验基础设施建设标准进行分析。

6.1 建设规模与内容构成

口岸建筑的设计即依据规划预测的口岸通行流量，综合考虑口岸办公和业务用房以及各种配套设施的需求，在与周边城市环境相协调的基础上，对建筑群整体空间形态、建筑面积、建筑高度、建筑形体等进行控制。口岸建筑设计时需考虑排布的主要功能部门包括边检查验、海关查验、检验检疫等。口岸场地布局应根据口岸通关流程统筹规范设置，优先保障查验现场检查执法需求，严格按照建设标准开展查验基础设施建设。口岸公共卫生核心能力建设、动植物检疫能力建设中基础设施建设要求与建设标准接轨，实现同标统建。

查验基础设施建设应以口岸为单元，港区分散的水运口岸可以业务集中的港区为单元。口岸查验基础设施的建设，应遵循"统筹规划、集约共享、便利通行、有利查验、兼顾发展"的原则，正确处理查验机构特殊需要与共享共用的关系，正确处理现实需要与长远发展的关系。

口岸类工程使用单位涉及海关、边检、检验检疫、口岸服务公司等多家单位，不同的单位对功能需求的要求是不一致的，有时是矛盾或者冲突的，如何在既有的条件下，实现所有使用单位的功能，是口岸工程设计和建设人员面临的重要课题。

按照口岸设计的年出入境人员、货物、交通运输工具查验能力对公路口岸进行分级。合理划分等级的目的在于有效区分查验设施建设规模指标的层次，是保证指标具有广泛适应性和科学指导性的前提和基础。根据公路口岸运行特点，将相应的场站吞吐量作为关键参数。由于公路口岸查验基础设施为所属公路场站的功能分区，其出入境人员、货物、交通运输工具年预测量应以所属公路场站的相关预测量为参考。

按照口岸设计的最高年出入境人员、货物、车辆等主要业务吞吐量指标，将口岸作业区分别划分为三个等级，当某个指标到达相应的区间，则将该口岸定为该指标的对应级别。例如，某口岸年货物吞吐量300万t，人员吞吐量5万人次，车辆50000辆次，则将其定为货运Ⅰ级，客运Ⅲ级，车辆Ⅱ级。

对于年旅客吞吐量超过1000万人次的特大型公路口岸，在Ⅰ级设施的基础上宜适当提高规模，查验基础设施建设具体规模另行审核确定。对于季节性开放的口岸或各月份吞吐量差距较大的口岸，应以保证高峰时期查验能力为原则，根据口岸实际情况对预测吞吐量进行折算。公路口岸查验基础设施规模分类如表6.1-1所示。

公路口岸查验基础设施规模分类表　　　　　　　　　　　　　　　表6.1-1

配置等级	公路口岸出入境吞吐量区间		
	人员Y（万人次/年）	货物X（万t/年）	车辆Z（辆次/年）
Ⅰ级	$Y \geqslant 200$	$X \geqslant 200$	$Z \geqslant 200000$
Ⅱ级	$10 \leqslant Y < 200$	$20 \leqslant X < 200$	$30000 \leqslant Z < 200000$
Ⅲ级	$Y < 10$	$X < 20$	$Z < 30000$

公路口岸查验基础设施按照性质分为公共查验场地和业务技术设施两类；按照通行对象分为旅检、货检和交通运输工具查验设施三类；按照使用单位分为海关设施、检验检疫设施和边检设施三类。

公路口岸公共查验场地内容构成明细宜符合表6.1-2的规定。

公路口岸公共查验场地内容构成明细表　　　　　　　　　　　　　表6.1-2

类别	设施内容构成
旅检	旅检大厅包含候检区以及检验检疫、边检、海关查验区
货检	货物查验场地包含货物待检区、货物待提区、货物传送分拣区、监管查验技术装备安装区、大型集装箱检查设备专用场/房设置区、危险化学品专用区、核污染生化污染防治区、检疫处理区、查验平台、仓库以及出入通道卡口。 对外办事窗口是根据办理进出境相关手续的需要，集中设置的查验机构对外办事场所
交通运输工具查验	包括查验机构对交通运输工具实施查验工作的通道与场地

公路口岸海关业务技术设施内容构成明细宜符合表6.1-3的规定。

公路口岸海关业务技术设施内容构成明细表　　　　　　　　　　　表6.1-3

类别	设施内容构成
旅检	查验报关用房、检测技术用房、档案设备用房、监控分析用房、执法办案用房、扣留退运用房
货检与运输工具查验	检测技术用房、档案器材用房、货物监控用房、扣留退运用房、运输工具查验用房

公路口岸检验检疫业务技术设施内容构成明细宜符合表6.1-4的规定。

公路口岸检验检疫业务技术设施内容构成明细表　　　　　　　　　表6.1-4

类别	设施内容构成
旅检	旅客卫生检疫用房、旅客携带物检验检疫用房、档案设备用房、截留物品用房
货检与交通运输工具查验	采样检测用房、检疫处理用房、档案设备用房、截留物品用房、交通运输工具查验用房
试验	试验用房

公路口岸边检业务技术设施内容构成明细宜符合表6.1-5的规定。

公路口岸边检业务技术设施内容构成明细表　　　　　　表6.1-5

类别	设施内容构成
旅检	检查执勤用房、档案器材用房、执法办案用房、技术设备用房
货检与交通运输工具查验	监护执勤用房、检查执勤用房、档案器材用房、执法办案用房、技术设备用房

《国务院关于口岸开放的若干规定》（1985年9月18日国务院发布）明文规定："凡开放口岸，应根据需要设立边防检查、海关、港务监督、卫生检疫、动植物检疫、商品检疫等检查检验机构，以及国家规定的其他口岸机构。"其中，港务监督部门是负责管理港务的行政部门，其主要工作均围绕港口、船舶、航道、航员等展开，不在口岸联检大厅内进行工作。

联检工作的固有流程，对联检大厅的空间序列起主要导向作用；联检部门的空间需求，则对联检大厅的空间形态和尺度起决定性作用。联检大厅最直观的空间形态便是安检、检验检疫、边检、海关等各联检部门，按部就班依次布局。各联检部门的工作设备运转、旅客流组织、工作人员操作等活动均会产生相应的空间尺度需求。

查验空间功能分为：安全检查区、检验检疫区、边防检查区、海关检查区、后勤办公区、综合服务区等。其中有两项的分区不具有集中性和完整性，一是检验检疫区，包含了卫生检疫、动植物检疫、商品检疫三个分区，需拆分为多个区块分别布置；二是综合服务区，包括公共厕所、公用电话、便利店、兑币店等辅助功能，需散布在其他完整区块之间提供便捷服务。

（1）安全检查区。安全检查是口岸常规检查的内容之一，由公安部门进行安全检查，是降低旅客人身安全和口岸设施运作风险的重要预防措施，是出入境人员必须履行的检查手续。安全检查的内容主要是查验通关旅客及其随身物品中是否携带有枪支、弹药、易燃、易爆、有毒、腐蚀性、放射性等危险物品，安全检查必须在旅客进入联检大厅前进行，拒绝检查者不准进入。对损害公众人身和财产安全、破坏口岸设施安全者，依照口岸安全保卫条例等相关法律法规进行处罚，对查获的危险物品依法处置。

（2）检验检疫之卫生检疫区。中华人民共和国质量监督检验检疫总局卫生检疫监管司是出入境卫生检疫工作的管理机关，其根据《中华人民共和国国境卫生检疫法实施细则》以及《中华人民共和国国境卫生检疫法》等相关法律法规，拟订出入境卫生检疫监管的工作制度及口岸突发公共卫生事件处置预案；承担出入境卫生检疫、传染病监测、卫生监督、卫生处理以及口岸突发公共卫生事件应对工作；承担口岸反恐相关工作。

（3）边防检查区。中华人民共和国边防检查站是国家设在对外开放口岸的出入境检查管理机关。其主要职责是：对出境、入境的人员及其行李物品、交通运输工具及其载运的货物实施边防检查；按照国家有关规定对出境、入境的交通运输工具进行监护；对口岸的限定区域进行警戒，维护出境、入境秩序。

（4）海关检查区。海关（Customs）是指依据本国（或地区）海关法律、行政法规行使进出口监督管理职权的国家行政机关。《中华人民共和国海关法》第二条规定："中华人民共和国海关是国家的进出关境监督管理机关。海关依照本法和其他有关法律、行政法规，监管进出境的运输工具、货物、行李物品、邮递物品和其他物品，征收关税和其他税、费，查缉走私，并编制海关统计和办理其他海关业务。"

（5）检验检疫之动植物检疫区。出入境卫生检疫工作指国家市场监督管理总局动植物检疫监管司，根据《中华人民共和国禁止携带、邮寄进境的动植物及其产品名录》等相关规范性文件，拟订出入境动植物及其产品检验检疫的工作制度；承担出入境动植物及其产品的检验检疫、注册登记、监督管理，按分工组织实施风险分析和紧急预防措施；承担出入境转基因生物及其产品、生物物种资源的检验检疫工作；管理出入境动植物检疫审批工作。

（6）检验检疫之商品检疫区。中华人民共和国质量监督检验检疫总局检验监管司是进出口商品检验检疫工作的管理机关，根据质检总局发布的相关公告、通知和规范性文件，拟订进出口商品检验和监督管理的工作制度并组织实施；对进出口商品质量安全风险进行分析评估；承担国家实行许可制度的进出口商品验证工作；组织协调出入境集装箱检验检疫工作；监督管理法定检验商品的数量、重量鉴定；监督管理从事进出口商品检验鉴定业务机构的资质资格。

（7）口岸负压隔离设施区

随着新型冠状肺炎国际大流行影响的不断加剧，口岸作为国门，须具备对染疫人进行诊察、检验，以及对染疫人或染疫嫌疑人采集和留验等措施所需条件的场所及设备。口岸负压隔离设施区采用空间分隔并配备空气调节系统控制气流流向，确保隔离区室内空气静压低于周边区域空气静压，防止传染隔离留验场所及设备。

6.2 选址与规划布局

公路口岸查验基础设施选址布局应综合考虑口岸所处自然地理条件、交通运输状况等因素，尽可能抵边建设，既要有利查验，又要便利通行、留有余地。在保证功能相对独立设置的前提下，除特殊情况外，业务技术设施应与公共查验场地统一规划，并统筹可共用的附属设施、设备及场地。

公路口岸限定区域出入口的适当位置应建设警戒岗亭，在口岸限定区域内的出境入境交通运输工具集中停靠区或关键位置应建设监护岗亭，工作车辆、工作人员通道和卡口旁不便于设置警戒岗亭的可设置检查工作室。

根据口岸实际情况，旅检大厅内应按照共享共用原则划定候检区以及检验检疫、边检、海关查验区，必要时可设置查验缓冲区，布局应符合查验机构相关业务规范。

旅检场地应配置各查验机构的业务技术设施，业务技术设施的位置应毗邻于相应查验机构的查验区，保证各查验机构的工作人员、器具及设备直接、迅速、无障碍地进出查验区。

公路货运口岸应设置完全封闭的出入境货物检疫处理区，主要功能是对出入境货物、集装箱进行检疫处理。出入境货物检疫处理区应位于场站办公、生活区的下风方向，相隔距离不少于50m，其建设要求应符合检验检疫相关业务规范。

根据实际需要，建设或提前预留大型集装箱检查设备所需的场地和设施。在货物和集装箱查验场地前端应设置或预留核放射与辐射检测区。

根据口岸实际情况，按照共享共用原则在货物查验场地内建设查验平台、仓库，并根据口岸业务需求，划定货物待检区、货物待提区、货物传送分拣区、监管查验技术装备安装区、大型集装箱检查设备专用场/房设置区、危险化学品专用区、核污染生化污染防治区以及检疫处理区，设置出入通道卡口。

各查验机构的对外办事窗口宜根据口岸实际情况，统一设置于口岸综合办公大厅内，布局应符合查验机构相关建设规范。

6.3 建筑配套设施设备

公路口岸查验基础设施的建筑性质、建筑造型等应与周边人文地理环境相适应。

公路口岸查验基础设施的建筑设备包括供电、给水排水、供暖通风、安保、网络通信、视频监控、计量、防疫、消防、抗震、防台风、防雷系统等，并应符合查验部门关于实施查验所必需的技术标准规定。

公路口岸查验基础设施的供电设施应满足照明和设备的需要，应采用双回路供电，并根据实际需要自备备用电源。

公路口岸查验基础设施内以"大通关"为目的，按照网络服务、信息化管理和视频传输的需要，敷设线路，预留接口。

公路口岸限定区域及货检公共查验场地应设立隔离围网（墙），高度不低于2.5m；建立出入通道卡口，统一配置符合查验机构查验要求的卡口设备，并与查验机构系统联网。

公路口岸查验场地内应统一安装具有存储功能的视频监控系统，供查验机构对查验场地进行监控，查验场地灯光及监控系统应满足各查验机构实施监控的需要。

具有保密、敏感性质的设施，以及需要控制管理的场所应设置门禁、报警、电子栏杆、医学媒介生物防控等设施，并符合有关技术条件或标准；室内环境与建筑设备应与口岸整体室内环境和建筑设备保持一致。

6.4 货物监管作业场所

口岸货物监管主要指以水路、航空、铁路、公路运输方式办理货物进出境的海关监管作业场所，监管作业场所包括水路运输类海关监管作业场所、公路运输类海关监管作业场所、航空运输类海关监管作业场所、铁路运输类海关监管作业场所、快递类海关监管作业场所等；集中作业场地包括旅客通关作业场地、邮检作业场地等。

海关监管作业场所（场地）内的功能区划分和设置规范：

1. 口岸前置拦截作业区

包括车体及轮胎消毒场所、核生化监测处置场所、指定检疫车位、指定检疫廊桥或指定检疫机位、检疫锚地或泊位、指定检疫轨道等。

口岸前置拦截作业区应当设置在口岸国门一线的监管作业场所（场地）内，配备相应设施设备，设置明显区分标识。海关在口岸前置拦截作业区对涉及安全准入等需进行拦截处置的进境货物、物品、运输工具、人员，实施前置预防性检疫处理（含检疫处理监管）、前置辐射探测、先期机检等顺势及非侵入的探测和处置作业。主要功能区域包括：

登临检疫/检查区。基于指定车位，配备海关实施登临检疫/检查、防爆、核生化监测、卫生监督、病媒监测、反恐的设施及安全防护设备，配套相应技术用房。

核生化处置区。应当设置用于发现有核辐射超标、有害生化因子的运输工具、集装箱、货物及发现危化品包装破损的隔离处置区/车位，配备满足相应作业要求的设施及人员防护设备，配套相关技术用房。

先期作业机检区。根据海关监管需要，预留大型集装箱/车辆检查设备、辐射探测设备所需的场地，自行安装且供海关使用的大型集装箱/车辆检查设备、辐射探测设备应当与海关联网。

人工检查作业区。如需实施海关查验，应当设置满足海关查验作业要求的场地，配备海关实施查验、安全防护的设备以及相应的专业操作人员。用于集装箱查验的场地，还应当满足集装箱/厢式货车承载货物查验区设置规范的要求。

检疫处理区/车位。用于对发现染疫嫌疑或检疫性有害生物的运输工具、集装箱、货物等进行检疫处理，配备消毒、除虫、除污和废弃物处理设施，配套相关技术用房。

暂存区（库）。提供存放海关暂不予放行、待进一步检验检查货物的仓库或场地。

2. 查验作业区

该功能区以查验为主，配套设置必要的储存区、暂时存放、扣检、技术整改区等。海关监管作业场所（场地）涉及运营进口汽车、普通食品、进口冷链食品、进境食用水生动物、进境水果、进境木材、进境粮食、进境种苗、供港澳鲜活产品、血液等特殊物品、集装箱/厢式货车承载货物等业务，以及有公路口岸客车进出境的。

进口冷链食品查验区适用于进口肉类产品、冰鲜水产品、进口冷冻水产品、肠衣等动物产品的查验，原则上应设置在进境口岸监管区内。查验平台和技术用房应建新风系统，能有效净化有害异味气体，满足整体作业环境需求。鲜水产品查验区域还应设置便于去冰水和加冰的设施，冰鲜产品查验区域和技术用房可设于冷藏库内。

进境食用水生动物查验区应当设立在口岸监管区范围内，具备防风防雨的查验场地、采样场所及检疫处理等配套设施设备。温度、光照、通风应当满足进境食用水生动物现场查验的要求，采样场所应当配置采样工作台、消毒池以及必要的临床检查和采样工器具。

进境水果查验区应当设立在口岸监管区范围内，应当设立查验区、扣箱区等查验功能区，各区域布局、面积、环境、光线满足进境水果查验需求。配置满足水果检验检疫需要的掏箱装卸设备，如叉车、掏箱工具、木包装拆卸取样工具、衡器等设备，配置集中收集破果、烂果的密闭设施设备。

进境木材（主要包括已经境外检疫处理的原木、板材等）查验区应当设立在口岸监管区范围内，配备进境木材检疫查验设施，包括木材现场查验设施和取样设备，配备进境木材防疫设施，包括防疫处理药品、药械和疫情监测设备等，配备与木材进口量相适应的熏蒸处理、热处理或者其他检疫处理方式的设施设备。

进境粮食查验区应当设立在口岸监管区范围内，具备装卸粮食的密闭、防撒漏运输工具和撒漏物收集清理存放的设施及设备，具备进境粮食撒漏物及下脚料专门存储场所及焚烧炉等必要的除害处理设施。配备疫情监测、防除等必要的设施设备，配备常用的杀虫、除草、消毒药剂及处理器械，并专库保存。应对周边地区开展定期疫情监测。

进境种苗查验区应当设立在具有通过资质认可的国家、专业或地方隔离检疫苗圃

1.5h 车程范围内，具备对进境种苗进行隔离检疫的条件。开箱查验现场配备防止有害生物逃逸的设施，以确保开箱查验环境相对封闭。

3. 检疫处理区

该功能区以检疫处理和卫生处理为主，配套设置必要的查验区、存放区等。包括进境原木检疫处理区、进境大型苗木检疫处理场等。

进境原木检疫处理区分为核心处理区、检疫合格堆场。核心处理区应当满足年处理 200 万 m^3 木材的处理能力。检疫合格堆场面积应与年处理能力相适应。核心处理区实施封闭管理，周围应建有隔离围墙（栏），与木材专用码头之间建有专用通道。处理设施建设应当达到进境木材处理技术指标要求，符合环保和安全生产等相关规定。

进境大型苗木检疫处理场的半径 1km 范围内，应设立外来植物疫情监测防控区域。具备符合要求的检疫处理场地，设立根部处理区、熏蒸处理区，配备土壤处理设施、熏蒸处理设施等满足除害处理要求的相关设施。

6.5　旅客通关作业场地

根据海关监管需要，旅客通关作业场地一般划分为现场作业区和现场办公区两个主要区域。

1. 基本要求

办理旅客和行李物品监管通关手续的区域，应当相对封闭、独立，包括卫生检疫区（现场监测作业区、现场排查处置作业区）和行李物品监管区（申报区、旅客通道、查验区、处置区）。现场作业区各区域应当设置明显的标识。建立符合查验单位网络安全要求的机房或机柜，并且建立满足查验工作要求的无线网络。

2. 卫生检疫要求

卫生检疫区作为对进出境旅客和行李物品实施卫生检疫、核生化有害因子监测并进行相应处置的区域，应设置在口岸范围内旅客进境、出境区域的最前部。包括现场监测作业区、现场排查处置作业区和现场办公区。

现场监测作业区应当位于卫生检疫区前部，相对封闭、独立，设置划分为人员卫生检疫等候区和查验区。查验区分为红外测温区和医学巡查区，两个区域可以交叉或重叠。区内设置卫生检疫查验台、健康申报台、咨询台、进出境人员查验通道，配备体温监测设备、核生化有害因子监测设备等。

现场排查处置作业区一般应当设置于卫生检疫区后部，设置医学排查室、（负压）隔离室、传染病病原体快速检测实验室、旅行健康室、突发卫生事件应急处置室、洗消室、应急物资储备室、独立转诊通道、流行病学调查室等专业用房。应当在口岸内预留用于突发公共卫生事件时，大量受染人群的临时隔离处置区域。

3. 行李存管保管区

查验区为海关对旅客行李物品实施查验的区域。查验区划分为旅客候检区、人体机检区、行李机检区、人工开箱查验区等，并根据海关监管需要设置工作犬查检区。申报区为旅客向海关办理行李物品申报手续的区域。申报区设置申报台，配备主动放弃箱、音视频采集及办理监管业务必需的设施、设备。

6.6 特殊监管区域设施

1. 卡口

货物通道应设置检查卡口，在卡口安装电子闸门放行系统、车辆自动识别系统、单证识别系统、与 H2000 联网的电子地磅系统和视频监控系统，卡口与货物验放部门实行联网。

2. 验货场地

特殊区域卡口附近应设有验货专用场地，其面积视具体情况而定。验货场地应配有可供海关、检验检疫等部门使用的验货平台，电子地磅系统、必备的照明设施等。

3. 监管仓库

特殊区域内设有符合监管要求、可供海关及检验检疫部门共同使用的监管仓库，仓库内安装有照明设施和视频监控系统。验货平台应与监管仓库相接，并可进行铲车作业。

4. 监控系统

沿特殊区域隔离围网设置视频监控系统和报警系统，保证海关对围网周界全方位无盲区监控。在有必要实施监控的其他地点，如监管仓库、验货平台、卡口等处设置适当的监控系统。

5. 检验处理场所和设施

特殊监管区域内应设有检验检疫所需的熏蒸消毒或销毁处理场所和设施，符合安全要求，有警示标志，并配有现场办公用房、药品器械库和必要的消毒器具以及存放待处理物品的防疫库。距生活和工作区域不小于 50m。

特殊区域应建立符合海关、检验检疫监管要求的网络环境和计算机管理系统，满足外汇、税务等部门有关业务监管信息共享的管理需要。

6.7 口岸负压隔离留验设施

口岸作为对外开放的门户和窗口，须具备对染疫人进行诊察、检验，以及对染疫人或染疫嫌疑人采集样本和留验等措施所需条件的场所及设备。口岸负压隔离留验设施设置于口岸内，采用空间分隔并配备空气调节系统控制气流流向，保证室内空气静压低于周边区域空气静压，并采取有效卫生安全措施防止传染隔离留验场所及设备。

（负压）临时留验室是用于传染病病例/疑似病例的流行病学调查、医学检查、采集样本、快速检测、转运前临时隔离以及重大疫情防控期间采取临时性卫生检疫措施的专业用房/区域。Ⅰ级口岸必配，Ⅱ级、Ⅲ级口岸选配。面积按口岸分级合理设置。位置应邻近进出境人员查验通道，便于转移传染病病例和疑似病例。应根据功能进行适当的分区，设置独立的工作人员通道和转运通道，且病人转运通道应直接连通急救车辆停车位；至少能够同时临时隔离两名病例；具备形成负压梯度的条件，布局及流程应符合我国生物安全相关要求。标识中文"（负压）临时留验室"、英文"Temporary Quarantine"。

口岸负压隔离留验设施的选址应符合下列要求：

应避开污染源，远离易燃易爆的生产和储存区；

宜避开居民区或其他人员密集区，如不能避开以上区域时，则其所在区域的位置处于全年最多风向的下风向；

靠近出入境人员卫生检疫通道，且方便染疫人或染疫嫌疑人的转运；

选址宜在建筑的一端或一侧，应独立设置，自成一区。

口岸负压隔离留验设施建筑平面布局应符合工作流程及隔离防护的要求。

口岸负压隔离留验设施内部功能的分区宜划分为清洁区、潜在污染区和污染区，潜在污染区应设缓冲间，缓冲间面积不宜小于 $3m^2$。口岸负压隔离留验设施的使用面积不宜小于 $200m^2$，其中清洁区面积不宜小于 $10m^2$，潜在污染区面积不宜小于 $100m^2$，污染区面积不宜小于 $80m^2$。口岸负压隔离留验设施所在区域的工作人员出入口、旅客出入口、染疫人或染疫嫌疑人转运出口应独立设置，各出入口处均应设置缓冲间。对交通工具上发现的需要直接隔离留验的染疫人或染疫嫌疑人，宜设置专用通道进入隔离室，不应经旅客卫生检疫通道进入口岸负压隔离留验设施内。口岸负压隔离留验设施宜设置两间负压隔离室，至少能同时安置两名染疫人或染疫嫌疑人。

6.8 工程实践案例

新皇岗口岸将成为深圳重要的旅客通关口岸、交通集散中心，两大核心功能相互紧密联动、成为区域可持续发展的价值纽带，促进区域创新科技、文化创意体验、商旅服务中心的发展，协同河套地区成为福田区新的增长点、深圳城市名片。关闭皇岗口岸货运功能，其货运通关主要转移至深圳湾口岸和莲塘口岸；皇岗口岸功能定位调整为"一地两检"综合性客运口岸枢纽。

1. 项目概况

新皇岗口岸将成为深圳，大湾区乃至中国的门户。"高效、兼容、绿色"是新皇岗口岸的三个关键词。新皇岗口岸项目鸟瞰见图 6.8-1。

图 6.8-1 新皇岗口岸项目鸟瞰

口岸位于落马洲河套核心地段,场地南北绿轴分别联系福田口岸与深方园区,场地四边分别为港深双方3条地铁线与2条城际轨道,用地条件优越。

引入"垂直叠加、高度复合"的策略,重构出入境大厅层、过境与非过境车辆层;并采取南北向的旅客通关方向,以便更好地接驳港深轨道交通、缩短步行距离,实现"以人为本"的口岸设计理念。

地下1层为深方非过境交通层,地下2层为轨道交通出入境查验层,通过引入贯通两层的"城市通廊",让多条轨道站点实现了高效换乘,而且将新旧口岸、轨道交通、城市绿轴、公交及出租车交通换乘高度复合,将口岸和周边城市公共空间紧密衔接在一起。楼层空间布置如图6.8-2所示。

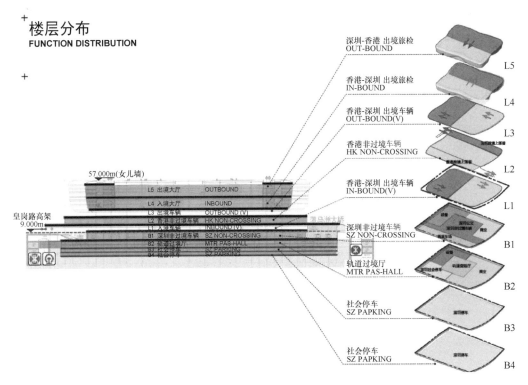

图6.8-2 楼层空间布置图

首层将大部分空间"还给"城市,形成面向北侧绿轴的市民广场,位于2层的港方非过境交通层可以平接落马洲大桥和皇岗高架,车检出境和入境就近设于3层和首层,3层叠加的布局大大节约了用地,形成紧凑的"基座",利用落马洲大桥和皇岗高架升级改造的契机,快进快出,减少过境交通对城市周边道路的影响,见图6.8-3。

在交通疏散上,为解决"垂直叠加、高度复合"带来的流线挑战,引入模块化的竖向疏散交通核,保持港深各自独立却空间紧凑,将人流疏散至负1层的夹层避难层,港深疏散人流通过独立的疏散走道平接疏散至室外安全场地,实现高效和安全的疏散设计,满足"一地两检"特别的疏散要求。疏散走道示意如图6.8-4所示,联检大楼主要设施分类如图6.8-5所示。

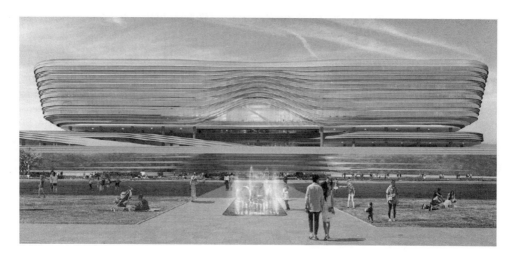

图 6.8-3 室外效果图

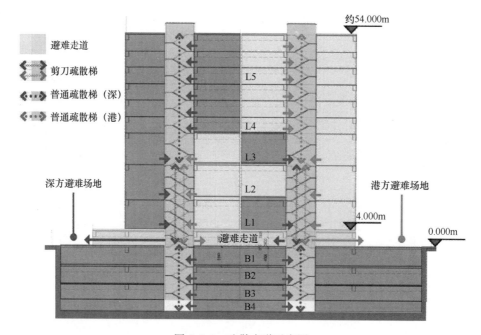

图 6.8-4 疏散走道示意图

2. 查验基础设施总规模

根据相关要求和项目运行实际需要，项目建设内容主要分为建筑工程和市政工程两大类。建筑工程即为新联检大楼，是本项目的主体工程；市政工程为新联检大楼用地红线外必要的连接道路和市政管线工程，包括深圳侧和香港侧两个部分。

新皇岗口岸联检大楼将采用立体布局新模式，主要建设内容包括查验基础设施（客车公共查验场地）、交通接驳设施、港方口岸区设施、配套功能用房，如图 6.8-5 所示。

按照年出入境人员、车辆、货物吞吐量对口岸规模做出了分级，根据有关结论，皇岗口岸远景设计通行能力为 40 万人次/d，年旅客吞吐量即 14600 万人次，属特大型口岸。

第6章 口岸查验设施与功能标准

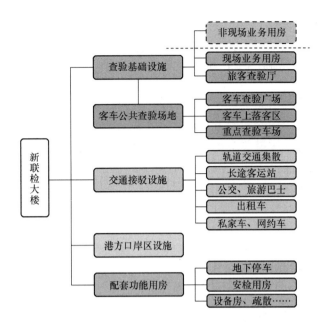

图 6.8-5 联检大楼主要设施分类

口岸查验基础设施中的旅检大厅以及海关查验报关用房、旅客卫生检疫用房、旅客携带物品检验检疫用房、边检执法办案用房、交通运输工具公共查验场地、交通运输工具查验用房等业务技术用房属于口岸通关的核心功能，需在口岸一线布置。

按照客运Ⅰ级口岸设施规模上限，按每万人查验基础设施规模等同的方式，计算确定皇岗口岸深方查验设施总规模，即皇岗口岸查验基础设施面积指标为 $14255 \div 1000 = 14.26 m^2/万人次$。

按皇岗口岸年旅客通关量14600万人次、深方查验设施规模总需求为 $208196m^2$，如表6.8-1所示。

皇岗口岸深方查验设施规模总需求表　　　　表6.8-1

项目	单位	客运Ⅰ级		皇岗口岸	备注
		下限	上限		
旅检大厅	m²	4085	4515	65919	
交通运输工具公共查验场地	—	应由口岸建设单位会商查验机构，确定交通运输工具查验场地和通道，并加以明示		根据设计方案按需确定	
海关业务技术设施（旅检）	m²	900	2110	30806	
海关业务技术设施（车检）	m²	1260	1410	20586	
检验检疫业务技术设施（旅检）	m²	1560	1730	25258	
检验检疫业务技术设施（车检）	m²	850	950	13870	
检验检疫业务技术设施（试验）	m²	520	580	8468	
边检业务技术设施（旅检）	m²	1720	1900	27740	
边检业务技术设施（车检）	m²	960	1060	15476	
合计	m²	12855	14255	208196	不含交通运输工具公共查验场地

注：根据实际口岸功能布局的需要，各类需求指标可能划分为多个部分，分布在口岸不同区域，并进行相应调整。

3. 业务技术用房

现场业务技术用房主要包括海关查验报关用房、旅客卫生检疫用房、旅客携带物品检验检疫用房、边检执法办案用房、交通运输工具公共查验场地、交通运输工具查验用房等。

海关查验报关用房的功能主要为过关旅客携带的物品在现场进行查验、办理报关手续的场所；旅客卫生检疫用房的功能为对过关旅客在现场进行卫生检疫的场所；旅客携带物品检验检疫用房的功能为对过关旅客携带的动植物类物品进行现场检验检疫的场所；边检执法办案用房的功能为对过关旅客中存在问题的旅客进行现场处理的场所；交通运输工具公共查验场地的功能为对过关的车辆进行现场查验的场所；交通运输工具查验用房的功能为对过关的车辆进行检验检疫查验的场所。

根据口岸查验流程，业务技术用房需与现场查验作业密切相关，必须在旅客、交通工具出入境的查验现场或空间直接相连的位置布置，保障查验流程的正常运作，避免产生监管漏洞，无法正常发挥口岸通关功能。

（1）旅检大厅需求

出境、入境旅客查验大厅主要包括边检查验通道、旅客通关等候区、检疫查验区、海关查验区、免税店、配套用房（公共设备用房、旅客洗手间等）等功能区，分类估算各类用房的面积。

边检查验通道区。边检查验通道区域的总面积，按照横向、纵向布置的需求估算总宽度和总长度，据此得出初步的面积需求。横向布置包括人工通道（平均宽度按 2.5m/条）、自助通道（平均宽度按 1.2m/条）、指挥台、通道监控台（平均宽度按 2.5m/个，每 10 条自助通道设一个）等，根据各类通道、设施数量需求，可以估算单个旅客查验厅总宽度。纵向布置包括通道前的旅客验证区（约 3m）、执法人员巡检通道（约 3m）、通道设施（人工通道约 3m、自助通道约 3.5m）、通道后的旅客交通通道（约 5～6m）等，估算总长度约为 16m。客车随车旅客查验厅的旅客通关量较小，边检查验通道区的总长度可压缩至约 11m（巡检通道与通道后的交通通道合并设置，旅客验证区、交通通道等宽度可以适当压缩）。

旅客通关等候区。是旅客在查验通道前排队等候通关的区域，其面积应足以应对通关高峰期的大客流，避免旅客大厅过于拥挤甚至旅客排队溢出至大厅外、导致旅客通关体验严重下降。按高峰小时 15min 在大厅内聚集的总人数测算查验大厅面积需求；通关排队等候区出境旅客直接来自深方交通接驳区、需要考虑更为充足的等候区，取值按 $1.25m^2$/人。

检疫查验通道区。检疫查验区包括识别区和处置区。检疫识别区主要是布置体温检查站、各类监测设备等设施，通过监测设备或人工识别等方式对旅客的健康状况进行监测，监测过程通常不干扰旅客的正常步行通过。根据检疫监测工作的一般需求，检疫识别区需要有一定的长度、让旅客步行通过的时间可以满足各类设备的监测要求，该长度要求一般不小于 20m，客流量较大的旅客大厅、轨道厅取 30m，客流量较小的随车查验厅取 20m。检疫识别区的具体面积需求将取决于大厅建筑设计、现阶段无法准确核定；为此，暂按识别区宽度为大厅总宽度的 1/3 且不少于 10m 计取。

海关查验通道区。包括分析区、红绿通道（申报通道、无申报通道）、旅客通道等，以及处置区。海关查验区总长度，客流量较大的旅客大厅、轨道厅取30m，客流量较小的随车查验厅取15m；海关查验区总宽度按大厅总宽度的1/2计取。

配套用房。主要功能包括交通集散大堂、公共厕所、公共设备用房等各类功能用房，准确面积需要根据建筑设计、各相关单位需求等确定，建议按各项用房总面积的20%控制。旅检大厅面积需求估算如表6.8-2所示。

旅检大厅面积需求估算表　　　　　　表6.8-2

类型	单位	旅客大厅	随车厅	轨道厅	备注
设计通关量	万人次/d	27	0.8	10	合计40万人次/d
通道总数量	条	72	8	29	含工作人员通道
大厅总宽度	m	164	25	69	按通道数量计算确定
检疫查验通道	m^2	1230	130	518	长度按30m计（随车厅取20m）
旅客排队等候区	m^2	5070	150	1875	按高峰15min1.25m^2/人
边检查验通道	m^2	2630	280	1110	
海关查验通道	m^2	2460	190	1040	长度按30m计（随车厅取15m），宽度按大厅总宽1/2计
公共配套用房	m^2	2280	150	910	交通集散大堂、公共厕所等，取以上总和的20%
使用面积合计	m^2	13670	900	5453	
建筑面积合计	m^2	20110	1330	8020	建筑使用率按68%
出入境合计	m^2	40220	2660	16040	建筑面积
总计	m^2	58920			旅检厅总建筑面积

备注：上述数据仅为口岸设施设计的目标值，具体设计阶段应根据建筑设计、通道验放能力等进行相应计算调整。

(2) 客车查验场地需求

交通运输工具公共查验场地包括查验机构对交通运输工具实施查验工作的通道与场地。根据口岸功能布置需要，港深客车公共查验场地包括客车查验广场、客车上落客区、边检重点查验车场、海关重点查验车场。

1) 客车查验广场。客车查验广场的总体布置类似高速公路收费广场，其主要组成部分包括客车查验通道区：主要包括查验安全岛（岛上布置查验厅及各类设备、防撞设施等）、车辆通行通道、每条通行通道前后方分别设置的反冲关反逃逸装置、雨篷等；客车查验通道区的总宽度主要由通道类型（大客车、小客车、工作通道）、数量确定；客车查验通道区的长度需完整容纳一台通关车辆（大客车、小客车）、相关设施设备安装空间、安全缓冲空间等；根据口岸实际运作情况，查验通道区的长度取18m。

港深查验通道之间的港深缓冲区：车辆通过深方或港方查验通道后，需留有一定空间作为缓冲，参考深圳湾口岸旅检区的布置，港深旅检客车通道的最小总间距约为75m（含通道前后方的禁停区），考虑到技术进步和流程改进等因素，项目港深缓冲区长度暂取40m，其中1/2计入深方管区空间。

查验通道前方及后方的禁停区：通道前方及后方需各留出一段空间、禁止通关车辆在该区域停车排队，以便在特殊情况下可以执行通道内车辆退出、调度排队车辆前往临近通道通关、通行执法车辆等操作，一般按两倍通关车辆车身长度设置、取12m。

客车排队候检区：根据相关计算结果，小客车平均排队为7.1辆车、取整为8辆，则小客车排队区平均长度取48m；大客车平均排队为0.9辆车、取整为1辆，则大客车排队区平均长度取12m。

查验广场两端的过渡段：通关车辆自查验广场前的道路驶入后，需分流至各个查验通道排队通关；完成通关、驶过查验通道后，需汇流至出口道路驶离客车查验广场；高速公路收费广场过渡段的渐变率为1/7～1/10，考虑车辆在口岸内的通行速度相对较低，项目过渡率取1/5。

考虑项目为"站城一体"设计、查验广场位于建筑内部、受建筑柱网限制会降低空间等因素影响，实际使用效率有所降低。

2) 重点查验车场。边检及海关重点查验车场的面积根据高峰期同时重点查验车辆的数量核算。根据口岸运作要求，边检、海关的车辆查验率分别按5%计取（单向）；每辆重点查验车辆的查验、处置时间存在一定差异，结合口岸运作情况，平均可取15min/辆；查验车场空间资源充足、查验能力强，则查验总时间可相对较短，反之则车辆查验总时间会延长；需要合理控制重点查验车辆的等候、查验、处置的总时间，以此为基础优化调整重点查验车场总规模。重点查验车场空间需求测算如表6.8-3所示。

重点查验车场空间需求测算表 表6.8-3

项目	小客车	大客车	备注
客车日通关量（辆/d）	16700	4300	
单向高峰小时（辆/h）	1002	258	
查验率（%）	5%	5%	
高峰小时查验数（辆/h）	50	13	
平均检查时间（min/辆）	15	15	
查验车位数（个）	40	6	
系统中平均消耗时间（min）	22	33	
单位建筑面积（m²/车位）	55	150	含车行场地、处置空间等
单个查验车场面积（m²）	2200	900	
查验车场总使用面积（m²）	12400		出入境合计，使用面积
查验车场总建筑面积（m²）	18240		建筑面积，使用率按68%

3) 客车上落客区。根据查验监管制度规定，小客车、大客车旅客均需携行李物品落车，步行自旅检厅通关后乘坐原车离开口岸区，需分别布置小客车、大客车的落客车场、上客车场。客车上落客车场的车位需求数量和空间需求计算如表6.8-4所示。

客车上落客区车位需求数量和空间需求计算表 表 6.8-4

项目	小客车	大客车	备注
客车日通关量（辆/d）	16700	4300	
单向高峰小时（辆/h）	1002	258	
平均落客时间（min）	2	5	
需要的落客停车位	9	21	
平均上客时间（min）	5	10	
需要的上客停车位	23	42	
单位建筑面积（m^2/车位）	60	150	含停车场、旅客集散、走廊等
单个落客区面积（m^2）	540	3150	
单个上客区面积（m^2）	1380	6300	
查验车场总使用面积（m^2）	11370		出入境合计，使用面积
查验车场总建筑面积（m^2）	16720		建筑面积，使用率按 68%

根据分析测算，并与深圳湾口岸相应指标对比分析，新皇岗口岸客车查验公共场地总面积与深圳湾口岸基本相当，单位通关能力的面积指标约为深圳湾口岸的 75%，在技术进步、通关流程优化、通关效率提升的背景下，新皇岗口岸实现了空间资源的更充分利用。车检公共查验场地指标对比如表 6.8-5 所示。

车检公共查验场地指标对比表 表 6.8-5

项目	单位	新皇岗口岸	深圳湾口岸	备注
旅客设计通行能力	人次/d	300000	60000	按 2035 年
小客车设计通行能力	车次/d	16700	13900	
大客车设计通行能力	车次/d	4300	1500	
客车总通行能力	车次/d	21000	15400	
客车总通行能力	pcu/d	25300	16150	大客车按 2.0pcu
客车查验公共场地	m^2	81170	72200	仅限深方旅检区
单位面积指标	m^2/pcu	3.21	4.27	
指标对比		75%	100%	

(3) 交通接驳设施需求

根据交通需求预测中的皇岗口岸长途汽车客运量需求，按照《汽车客运站级别划分和建设要求》核算确定皇岗口岸汽车客运站空间需求。

皇岗口岸汽车客运站日发量为 7500 人次、属于一级客运站；同时将生活辅助用房及其他设施纳入本项目综合考虑，不在汽车客运站单独配置；根据皇岗口岸汽车客运站运营规划安排，本站将作为罗湖、福田汽车站等其他枢纽站的配客站、可不单独设置相应规模的停车场。

除长途客运站外，皇岗口岸交通接驳设施还包括轨道、公交车、出租车、送客私家车（含网约车）、旅游巴士等。按照交通需求预测的结论，可以采用高峰小时交通量分别测算落客位、上客位和排队区需求，其中排队区需求按照高峰小时 15min 总人数或总车数确定；其中，轨道接驳空间按双向交通量空间需求计算，其他均按单向交通量空间需求计算；公共配套设施空间，包括公共设备房、公共厕所等，其需求按前述各项功能需求空间总和的15%计取。粤港澳口岸停车位配置对比如表6.8-6所示。

粤港澳口岸停车位配置对比表　　　　　　表6.8-6

城市、地区	口岸名称	功能	设计通行能力		停车位数量	
			旅客（万人次/d）	车辆（辆次/d）	社会停车	口岸工作人员
深圳市	新皇岗口岸	客运	40	22000	3600	
	皇岗口岸	客、货运	5	50000	3200	659
	沙头角口岸	客、货运	0.15	1500	0	37
	莲塘口岸	客、货运	3	17850	310	130
	文锦渡口岸	客、货运	3	3000	386	150
	罗湖口岸	客运	40	—	332	305
	福田口岸	客运	25	—	180	104
	深圳湾口岸	客、货运	6	58400	921	425
珠海市	拱北口岸	客、货运	50	8000	1100	
	新横琴口岸	客、货运	22.2	7000	600	新横琴口岸
	珠澳跨境工业区专用口岸	客、货运	0.64	108	无	珠澳跨境工业区专用口岸
	港珠澳大桥珠海口岸	客、货运	15.33	40450	4200	670 港珠澳大桥珠海口岸
澳门	港珠澳大桥澳门口岸	客、货运	8.06	11140	6800	
香港	港珠澳大桥香港口岸	客、货运	23.38	51590	650	

（4）配套功能用房有以下需求：

1）停车需求。社会停车位。从口岸交通特性来看，根据相关调查，口岸通关早高峰为9:00～10:00，晚高峰为15:00～16:00，口岸交通时间段与城市交通的高峰时间段并不重合，口岸交通对城市交通的影响相对较低。基于类似原因，近年新建的港珠澳大桥珠海口岸和澳门口岸、珠海横琴口岸等均配置了较大规模的社会停车场。口岸交通接驳在坚持以公共交通出行为主体的前提下，提供更多可选择的交通出行方式，以满足不同人群差异化的跨界交通出行需要是十分必要的。皇岗口岸直接对接高速公路网络，道路交通条件最为优越，考虑口岸差异化发展、为旅客提供更多交通出行选择，利用皇岗口岸重建的契机，优先在皇岗口岸配置一定规模的社会车辆停车位。口岸公共停车位的规模，可按照私家车接驳交通量的30%考虑，即为约3300个泊位。

结合新皇岗口岸"站城一体"设计需要，停车位单位面积指标采用$45m^2$/车位，停车空间约为3300车位×$45m^2$/车位＝$148500m^2$。

工作人员停车位。根据40万人次/d的设计通关量，结合查验通道配置、重点查验的工作人员需求等，测算口岸监管工作的总业务量（总工时）；按照口岸监管单位"六班人四班倒"的人员安排要求，每个班次的有效执法工作时间按6h计，并考虑案件审理、综合业务、支援指挥等人员需求，初步测算皇岗口岸联检大楼一线人员总需求约为1600人。

按每日工作人员最大数量一般约为工作人员总数的1/3，每日最大同时在岗人员数量初步估算约为550人。考虑按在岗人员的40%配置工作人员停车位，则联检大楼深方工作人员停车位需求约为220个。

2）安检空间需求。根据口岸查验单位有关要求，旅客进入口岸区域需进行必要的安全检查。考虑口岸安检的特殊性和口岸的交通行为特征，单位面积取值按$1.2m^2/人$；考虑口岸排队时间的合理目标值为15min，取年高峰日高峰小时15min客流量为最高聚集人数；根据深圳口岸历年统计数据，年高峰日通关量约为年平均日通关量的1.4~1.6倍、本次取值为1.4，且高峰日的高峰小时聚集效应更为明显、高峰小时系数相应取值为0.12，则未来新皇岗口岸的最大聚集人数为$400000×1.4×0.12÷4=16800$人；建筑使用率取68%，据此测算建筑面积需求；安检区建筑面积$=16800×1.2×105\%÷68\%=31100m^2$。

考虑到实际配置的安检场所数量、安检通道数量等对安检空间需求有不同的影响，新皇岗口岸安检设施面积暂定为$30000m^2$，具体以联检大楼建筑设计实际设计指标为准。

3）其他公共用房。包括消防疏散层、公共设备用房等。

4. 口岸区域布置

结合莲塘口岸工程对口岸查验设施和配套基础设施进行研究。

莲塘口岸工程主要由五大部分组成：旅客联检楼、货检办公楼、查验缓冲场地、交通接驳场地以及其他的配套建筑。

（1）旅客联检楼

旅客联检楼主要包含联检大厅、旅客服务用房、驻站单位服务用房、建筑设备房等。联检大厅按照旅客目的分为入境、出境联检大厅两个区域，是为出入境人员提供办理和等候办理出入境检查手续以及其他相关辅助活动的场所。联检大厅除了必要的人员、行李查验区域及其运营管理用房外，还需配备厕所、盥洗室、退件仓库、药房等辅助用房。在出入境大厅均设置有口岸负压隔离留验设施，满足对染疫人进行诊察、检验，以及对染疫人或染疫嫌疑人采集样本和留验等措施所需条件的场所及设备。莲塘海关旅检通道是深圳首个应用智慧旅检技术实现无纸化通关的陆路口岸，通过采用"大数据分析"等多种先进技术，实现"指尖申报、扫码验证、红外测温"的全流程电子化，让您出行更便捷。

（2）货检业务用房

货检业务用房是对出入境的交通工具实行检查检验的建筑空间，主要开设的查验通道包括海关、边检和检验检疫，其查验机关种类与旅检相似，但查验方式和内容是针对交通工具特定的，近年来发展了"一站式"车辆查验技术以提升交通工具查验工作的现代化和便捷性。针对传统口岸H986海关查验中存在的问题，应用智能查验设备和人工智能技术，少干预、不中断物流为原则，莲塘口岸建设了国内首台超大型"CT型H986"监管设备，通过"CT"技术对集装箱实现不开箱查验，建立了自动化口岸智能监管新模式，从而实现"监管到位、规范透明、高效运作"的海关智能监管目标，不仅能精准打击违法违禁物品，而且极大地提高了通关效率。

（3）查验缓冲场地

查验缓冲场地主要包括出入境缓冲车场、出入境大客车上客区等。入境缓冲车场是连接出境方口岸与入境方城市道路的缓冲带，其主要的功能是避免过多车辆同时涌入境内，给入境方城市道路带来巨大的交通压力,因此通过缓冲车场进行调节、过渡高峰车流,此外,入境缓冲车场也可以在出现异常情况时临时停放车辆;上客区是乘客经联检大厅检查后等候上车的场所。出境缓冲车场是连接出境方城市道路与入境方口岸的缓冲带,其主要的功能与入境缓冲车场类似。为保护国家生态安全,防止动植物疫区的疫病疫情通过入境运输工具轮胎及其附着物,如泥土,动物粪便等媒介物传入我国,根据《中华人民共和国动植物检疫法》,在国境陆路通关口岸必须设置入境车辆轮胎消毒池,该设施是口岸建设通关所必需的基础设施和条件。

(4) 交通接驳区

随着交通技术的飞速发展,本就汇集大量人流物流的口岸,愈来愈呈现出成为多种交通方式聚集点的状态,为了科学有效地处理各种交通流线的转折换乘关系,口岸交通接驳场地应运而生。其主要组成部分为公交接驳站场、出租车上落客区、私家车上落客区、社会停车场、旅游巴士停车场、长途客运车场等。主要功能为集散口岸旅客,设置原则是社会车辆需与公交车辆分离,进而提高运行效率。

(5) 其他配套建筑

其他配套建筑,如检疫熏蒸处理、熏蒸平台、热处理仓库、喷洒平台等。

为保障国门卫生和生态环境安全,入境交通工具需进行辐射监测、核生化有害因子监测、车辆轮胎消毒等,并提供特殊情况下车辆处置、人员登临检疫、公共卫生突发事件的场地及设施,符合入境安全准入条件方可进入口岸。

检疫熏蒸处理是指为防止检疫性有害生物传入传出、定植和(或)扩散,或降低管制的非检疫性有害生物的经济影响程度而实施的熏蒸处理。

检疫熏蒸场地应尽量选择在避风、地面平整的场所,且能与周边环境有效隔离;熏蒸场周围应有足够的安全缓冲区,其安全距离应满足相关标准或规定要求。尽量避免在高压线、水渠和雷击多发地区实施检疫熏蒸处理;熏蒸操作时应当设置明显的警示标记,避免无防护人员进入危险区域。

检疫熏蒸库、帷幕、集装箱等检疫熏蒸设施应具有良好的气密性,保证熏蒸过程中熏蒸气体浓度达到相关技术要求;暴露于熏蒸剂的部分应采用耐腐蚀材料,保证检疫熏蒸可多次使用,必要时应对检疫熏蒸设施进行气密性检测。设置有封闭式熏蒸仓库2套(含熏蒸库、设备间、控制室、维修间等),封闭式热处理库2套(含处理库、设备间、控制室等),入境货车检验检疫现场稽查设施,包括熏蒸平台5个、检验检疫现场喷洒平台3个、稽查查验台4个;检验检疫查验场地建设项目;检验检疫查验用房遮雨篷。

第7章 口岸工程设计

口岸规划设计过程中，应统筹兼顾，合理布局。在充分考虑口岸交通需求的同时，兼顾口岸现有情况及限制条件；尊重海关、边检、检验检疫等查验单位和使用单位的合理需求，分配查验车场用地，结合口岸出入境查验流程及查验车场用地需求，科学布设功能布局；处理好口岸内交通组织与口岸外部路网的衔接，保障口岸进出交通的顺畅。本章主要从口岸的设计原则、设计目标、场地及道路设计等方面进行阐述，并结合具体的工程案例进行分析。

7.1 口岸设计的主要原则

1. 人性化原则

口岸的设计应充分考虑人性化原则，人性化原则要求口岸内功能合理、指示清晰、交通顺畅、步行距离短、环境优美、设置无障碍设施、遮阳避雨设施、人行广场等。

具体而言，人性化原则的具体要求如下：

1) 莲塘口岸在设计时，应将港深口岸旅检区尽量靠近，减少旅客旅检时的步行距离；
2) 客运接驳区尽量靠近旅检区，减少接驳旅客的步行距离；
3) 口岸内合理设置厕所、电话亭、小商店等便利设施，方便旅客和司机的需求；
4) 结合人行交通组织，设置无障碍系统以及雨篷，构筑全天候无障碍的人行环境；
5) 结合边角用地设置绿化景观，在净化口岸空气的同时，美化口岸通关环境；
6) 旅检区的大巴上落客区应设置座椅，方便旅客等候。

2. 人车分流原则

口岸设计应严格遵循人车分流的原则。

人流与车流的混杂不仅会降低车辆行驶速度，从而影响通关效率，同时也存在交通安全隐患，不利于保障人员、货物、车辆的安全。因此，口岸的规划设计过程中，应尽可能地采用人车分流的设计原则，通过绿化分隔、竖向空间的设计将人流和车流设置在不同的空间或层面，避免人流和车流的交织混杂。

莲塘口岸在设计时，将车辆设置于地面层或高架层，人流则通过人行连廊来组织，形成人流与车流的立体交叉，避免两者的混杂。

3. 客货分流原则

口岸设计应严格遵循客货分流的原则。

由于客车与货车的特性不同、运行速度不同、查验地点不同、查验的流程不同，客车与货车的混杂既影响车辆运行速度、降低通关效率，同时也存在偷渡、走私等隐患，因此，口岸的规划设计过程中，应通过功能区的划分、绿化带的分割将客车与货车进行空间上的分流。

莲塘口岸由于用地限制，设计时采用客货分层的设置模式：货检区位于地面层，旅检区位于高架层。因此在与外部衔接时，可通过匝道进行分流，匝道由东部过境通道引出后，分别引至旅检区和货检区，形成客货分流的交通组织方案。

4. 优先原则

莲塘口岸设计过程中采用区别对待的原则，充分考虑各种优先，具体包括主要交通优先于次要交通；旅客交通优先于车辆交通；大容量客运交通优先于小汽车交通等。

（1）主要交通优先于次要交通

莲塘口岸内部交通分为主要交通和次要交通，客运交通中主要交通为直接通往东部过境通道连接线或罗沙路的车辆，次要交通为通往接驳区的车辆，根据优先原则，直接通往东部过境通道连接线或罗沙路的车辆必须保障交通顺畅，而通往接驳区的车辆则允许存在一定绕行；货运交通中主要交通为正常查验的车辆，次要交通为手续不齐全、查验未通过，需要进入查验场地进一步检查的车辆，根据优先原则，正常查验车辆必须保障交通顺畅，而需要进入查验场地进一步检查的车辆可存在一定的迂回绕行。

（2）旅客交通优先于车辆交通

将为旅客和工作人员提供安全、舒适、便利的通关环境作为准则，系统性的流线设计可以串联起口岸联检大厅繁杂的功能布局，进而可以此动线作为出发点形成空间序列轴线，并巧妙布置立体分层通关，这些不仅丰富了联检大厅的空间层次，也符合旅客对于便捷明了地完成查验流程的心理需求，方便查验工作人员的管理。

口岸设计时应严格遵循人车分流的原则，但在旅检区大巴上落客区，人流车流必须混同时，旅客交通应优先于车辆交通，保障人员的安全优先于保障车辆的安全。

（3）大容量客运交通优先于小汽车交通

莲塘口岸内部客运车辆包括直通巴士、两地牌照小汽车、非过境公交巴士、社会车辆、出租车等，应保障大容量客运交通优先于小汽车交通，旅检区的交通优先次序依次为：流量最大的过境直通巴士乘客→流量较大的非过境公交巴士和出租车乘客→社会车辆→过境小汽车。

7.2 设计的主要目标

旅检大楼作为口岸工程的最重要组成部分，每日面对巨大的人流量压力，汇聚着各种法规政策的严格要求，为了查验工作的便捷展开，建立在功能基础上的流线安排、空间组合和空间形式必然要合情合理。

1. 保障系统稳定运行

口岸联检大厅作为由多种查验活动空间有序编排而组成的系统，其系统稳定性是指流量高峰期和低谷期的旅客对空间的使用效果达到平衡，即在高峰期不产生旅客拥堵、轮候时间过长、通关效率下降等状况，在低谷期不出现轮候空间闲置、通关管理人力浪费等现象，这也是口岸安全的基础要求。

2. 缩短通关等待时间

口岸联检大厅与交通性建筑类似，非常重要的特性之一为便捷性，即将旅客在通关过程中的行走距离和轮候时间尽量缩短，提高旅客过关的速度与联检人员的工作效率。缩短通关等待时间，可直接避免过多人流滞留在联检大厅中，降低旅客等待过久而产生烦躁情绪的可能性，有效减少意外事故发生的概率。在联检大厅的设计中，应通过合理的空间排布和流线组织，科学计算过关通道的开放数量和优化通关程序，力求以最节约的场地、最高的通关效率完成联检工作。

3. 塑造复合功能空间

口岸联检大厅呈现出功能多样化、复合化的样貌，兼具交通、休闲、体验、观景、消费等空间需求，即向"城市综合服务中心"演变的趋势。商业经济的蓬勃发展和人们对生活质量的不懈追求，使得口岸联检大厅空间的舒适性一方面要求其将外在形象、运营效率与旅客好感结合，另一方面要求其完善商业开发潜能，既包含多重复合功能，又强调空间的完整性。塑造复合功能空间，除了显而易见的经济收益，也有利于增加弹性空间以提供功能可变性。

4. 提升通关旅客体验

口岸联检大厅作为一个地区对外开放的窗口和城市名片，作为除本地人口外还有大量外来游客必经的空间，优越的通关体验无疑是城市形象的加分项。口岸联检大厅为旅客提供优良通关体验的主要载体有：地域文化的形象表达、舒适宜人的空间环境、清晰简明的标识系统、完善体贴的无障碍设施等。总结为两条思路，一是建立人与环境之间的归属感和认同感，二是充分考虑弱势群体的诉求。

5. 具备改扩适应能力

建筑的改扩适应能力是指空间和结构的形式能够满足动态功能需求，其目标是事先预留改扩可能需要的体系和接口，当空间体系的功能和流线产生新的需求时，使空间具备可改扩的基础条件。口岸查验大厅空间的改扩适应性并非某种需要单独实行的设计策略，而是应当纳入建筑全生命周期的设计中，将时间作为空间设计的维度因素之一。空间的改扩适应能力与建筑的可持续发展观是一致的，对于口岸查验大厅空间来说，这是实现其可持续发展的有力物质保障。

7.3 场地及道路设计

口岸内场地及道路应能满足重载货车的通行和停车。口岸内的查验场地主要指各查验车场的场地，场地的等级为次干道Ⅱ级，设计车速为30km/h，路面标准设计轴载BZZ-100，路面结构为沥青混凝土路面。莲塘口岸内部道路的等级为次干道Ⅱ级，设计车速为30km/h，标准断面的车道数为单向3车道（不包括查验通道及拓宽段），路面标准设计轴载BZZ-100，路面结构为沥青混凝土路面。

港深口岸跨深圳河通过4座车行桥、1座人行桥相连。4座车行桥分别为设置在地面层的入境货车桥和出境货车桥，设置在高架2层的入境客车桥和出境客车桥，1座两层的人行桥将港深两地口岸的旅检区的旅检大楼相连。港深口岸衔接地面层示意如图7.3-1所示。

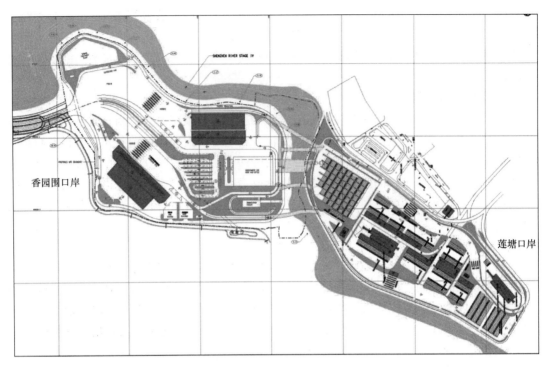

图 7.3-1　港深口岸衔接地面层示意图

7.4 案例分析

1. 项目概况

莲塘口岸项目是构筑深圳和香港跨境交通"东进东出、西进西出"重大格局的东部重要口岸,主要功能为承担过境货运交通兼顾客运的综合性客货口岸。以深圳河为界,深圳一侧口岸建筑总面积约 13 万 m^2,主要包括旅检大楼及货检区建筑等。涉及的旅检大楼是口岸项目最主要的建筑,地上主体 5 层,其中 2 层及 3 层局部有夹层,结构主屋面高度为 30.850m,采用钢筋混凝土框架结构,主要功能为旅检出入境大厅及相关人员办公场所。地下室 2 层主要为公交车停车场、地下停车库及设备用房,设置有人防防护单元。工程结构设计使用年限为 50 年,安全等级为一级,关键构件的重要性系数为 1.1,其余构件为 1.0。抗震设防类别为乙类,抗震设防烈度为 7 度 0.10g,设计地震分组为第一组,建筑场地类别为Ⅱ类,特征周期 $T_g=0.35s$。

2. 结构的主要特点和难点

旅检大楼采用框架结构,主要结构特点和难点如下:

(1) 大型货柜车在楼内通行引起的等效荷载和振动问题。因场地所限,旅检大楼首层(即地下室顶板)为缓冲车场,有 22 条车道,通行来往深圳、香港两地的大型货柜车。框架柱网尺寸大,最大柱网跨度达 16m×19m;货柜车载重大,车辆启动、刹车及行走过程均会引起大楼结构振动,首层缓冲车场上方就是出境大厅和入境大厅,如车辆振动过大,会产生比较严重的影响。货柜车的等效荷载如何确定,如何采取针对性的减振隔振技术,特别是货柜车在主体结构上通行过程中引起的整体结构振动如何分析,是这个项目面临的最大难点。

(2) 主入口大角度斜柱。主入口一侧及相邻两侧外排框架柱从 2 层屋顶均为向外倾斜的斜柱,其中主入口一侧倾斜角度为 65°,倾斜较大,其余两侧倾斜角度为 82°。斜柱轴力的水平分量在梁板内产生比较大的拉应力,同时对其他柱产生了较大的剪力。因 4 层存在楼板大开洞,使倾斜的不利效应大大放大。采取合理有效的技术措施,在确保斜柱轴力长期可靠传递的前提下,梁板在较大拉应力作用下不开裂,是面临的又一重要难点。

(3) 大跨度转换和大跨度屋面。部分框架柱在 2 层转换,转换梁跨度为 12.5~18m;5 层大跨度种植屋面,荷载大,跨度大(32m×62.5m)。

(4) 结构超长。旅检大楼地下室部分的长宽约为 160m×113m,2 层高架平台的长宽约为 225m×180m,2 层以上长宽约为 120m×74m。受建筑立面效果制约,不能设缝,对此超长结构的温度应力和混凝土收缩应力进行量化分析并采取适当的措施是必须的。

3. 结构超限及性能分析

旅检大楼各楼层功能变化大,受平面功能所限,很难找到合适位置布置足够的剪力墙。考虑到主屋面高度在 30m 左右,最终采用了框架结构。楼梯梯板低端均设置滑动支座支承在梯梁上,不考虑楼梯参与结构整体抗震计算。

2 层部分大跨转换部位的转换柱、转换梁采用了钢骨混凝土,转换柱截面尺寸为 1500mm×1500mm(钢骨 H1200×1200×25×40),转换梁截面为 900mm×2000mm~1200mm×2000mm、1500mm×2000mm(钢骨 H1500×1200×25×40)。5 层大跨度种植屋面采用了单向后张预应力混凝土主梁,跨度为 32m,主梁截面尺寸为 1000mm×1800mm,混凝土强度等级为 C40,预应力筋采用低松弛钢绞线,规格为 $1×7\Phi_s15.2$,$f_{ptk}=1860\text{N}/\text{mm}^2$。

本工程的超限项目如表 7.4-1 所示,针对工程结构特点及超限情况,拟定结构抗震性能目标为 C 级,具体如表 7.4-2 所示,其中转换柱、转换梁、主入口一侧斜柱及相邻两跨框架柱为关键构件。

工程超限项目 表 7.4-1

不规则类型	规范要求	超限判别
扭转不规则	考虑偶然偏心的扭转位移比大于 1.2	1.42>1.2
凹凸不规则	平面凹凸尺寸大于相应边长 30%等	屋顶层 78%>30%
楼板不连续	有效宽度小于 50%,开洞面积大于 30%,错层大于梁高	4 层开洞面积 33%,有效宽度 38%
刚度突变	相邻层刚度变化大于 70%或连续三层变化大于 80%	4 层刚度比为 0.68
尺寸突变	竖向构件位置缩进大于 25%,或外挑大于 10%和 4m,多塔	3 层竖向构件位置缩进 49%
构件间断	上下墙、柱、支撑不连续,含加强层、连体类	2 层以上部分柱在 2 层转换

结构抗震性能目标 表 7.4-2

地震烈度	多遇地震	设防地震	罕遇地震
性能水准	性能水准 1	性能水准 3	性能水准 4
宏观损坏程度	完好	轻度损坏	中度损坏

续表

地震烈度	多遇地震	设防地震	罕遇地震
层间位移角限值	1/550	—	1/50
转换柱、转换梁、主入口一侧斜柱及相邻两跨框架柱	弹性	弹性	不屈服
其余框架柱	弹性	不屈服	部分抗弯屈服，抗剪不屈服
框架梁	弹性	部分抗弯屈服，抗剪不屈服	多数抗弯屈服，抗剪不屈服
弱连接楼板	弹性	弹性	抗剪不屈服
普通楼板	弹性	不屈服	满足抗剪截面

（1）结构产生的拉应力分析

旅检大楼主入口及两侧外排框架柱从2层至屋顶均为向外倾斜的斜柱，其中主入口处向外倾角为65°，其余两侧倾角为82°。两侧斜柱倾角较小，各层梁拉力介于100～250kN之间，对结构构件承载力影响相对较小。主入口一侧斜柱倾角大，对梁板产生的拉力也较大，其影响应予以重点考虑。

利用PKPM软件进行中震弹性计算，提取各斜柱对框架梁产生的拉力设计值，4层、5层拉力较大。由柱倾斜引起的梁内拉力的分布规律：从3～5层拉力设计值逐层增大，例如中部框架梁由3层约824kN，上升至5层约2585kN。而屋面层则相对5层有所减小，主要原因是屋面层及以上的屋架层的荷载累计相对较小。

选取楼层刚度较薄弱、拉力较为突出的4层为例，分析斜柱产生的拉力在框架结构内的传力途径。梁的轴力有着明显的变化规律，该段框架可以视为水平卧置的工字形梁：以楼板为腹板、两侧的梁为翼缘、中间的梁为加劲肋，其受力类似于桁架，上弦杆（即上翼缘）受压，下弦杆（下翼缘）受拉。因此，应确保楼盖的整体性，让拉力可靠地传递至两侧，由整个框架共同承担斜柱产生的拉力。

斜柱产生的拉力对整个结构体系有较大影响，设计中采取以下加强措施处理：

1）在各层拉力较大的框架梁中，增设直线形预应力钢筋，其余存在轴力的框架梁均按拉（压）弯构件复核配筋，确保相关范围内楼盖的整体性，并将拉力可靠地传递至整个框架。

2）按楼板应力分析结果复核楼板配筋，加强斜柱拉力较大处板的配筋，严格控制板的有害裂缝的出现。

3）3层至屋面层斜柱拉力较大区域，采用考虑楼板作用、不考虑楼板作用两种情况计算框架承载力，主入口一侧斜柱及相关范围框架柱在两种情况下取包络设计。

（2）超长混凝土收缩及温度应力分析

旅检大楼地下室部分的平面尺寸约为160m×113m，2层高架平台的平面尺寸约为225m×180m，塔楼部分的平面尺寸约为120m×74m。无论地上地下，旅检大楼长度均超出国家标准《混凝土结构设计规范》GB 50010—2010（2015年版）规定的不设伸缩缝的最大限值，但为了满足建筑功能要求，建筑物不允许留永久性伸缩缝。基于上述建筑功能和结构设计矛盾，有必要研究采用相应的技术措施取消永久性伸缩缝。

1) 温度工况

室内、室外部分考虑月平均温度。根据深圳市近年来的气象资料，月平均最高气温为8月份的31.6℃，月平均最低气温为1月份的11.1℃，则混凝土终凝温度的变化范围可以取11.1~31.6℃之间的中间值，后浇带混凝土入槽至终凝温度区间在17~20℃，可知最大负温差为－8.9℃，最大正温差为14.6℃，故室内、室外降温温差为8.9℃，升温温差为14.6℃。此外，室外部分还考虑昼夜温差，根据深圳气候资料，板顶和板底同处室外时，昼夜升温温差取6℃，降温温差取10℃；板顶和板底一面室外、一面室内时，偏保守取昼夜升温温差4℃，降温温差6℃。昼夜温差与月平均温差作用时长不同，采用不同的折减系数。

混凝土收缩应变的形成和发展与混凝土龄期密切相关，混凝土龄期与收缩应变计算公式要求90d后封闭后浇带，取1825d（5年）的混凝土收缩应变作为最终收缩应变，则混凝土收缩当量温差可由下式求得，按上式计算得到不同等级混凝土不同板厚收缩当量温差见表7.4-3。

不同等级混凝土不同板厚收缩当量温差 表7.4-3

板厚 （mm）	混凝土 强度等级	90d混凝土收缩应变 （×10^{-4}）	（5年）1825d混凝土 收缩应变（×10^{-4}）	收缩当量温差 （℃）
120	C35	1.6	3.6	－20
200	C35	1.1	3.1	－20
250	C35	0.94	2.9	－19.6
180	C40	1.1	3.0	－19
120	C30	1.7	3.6	－19
130	C30	1.6	3.6	－20

季节温差和混凝土收缩都是随时间变化比较缓慢的作用，是一个长期效应。由于混凝土徐变的存在，结构中实际应力会远远小于弹性分析结果；徐变应力松弛折减系数一般取0.3~0.4，本工程徐变折减系数取0.35。昼夜温差作用时间短，不考虑徐变折减。

控制工况是负温差，计算方法如下：

① 室内：计算温差＝（温差和）×0.35×0.85（0.35为徐变折减系数，0.85为混凝土刚度折减系数，余同）。

② 室外：计算温差＝（温差和）×0.35×0.85＋10×0.85；一面室内、一面室外：计算温差＝（温差和）×0.35×0.85＋6×0.85；温差和＝季节温差＋收缩当量温差。

2) 温度效应计算结果

采用SAP2000、MIDAS/Gen、PMSAP、YJK进行温度应力分析，结果高度吻合。同时采用SAP2000建立了独立校验模型，分析规律完全一致，说明分析结果可靠。因降温工况更为不利，温度应力分布有以下规律：

地下室楼板应力水平普遍比较高。地下1层大部分楼板应力在3.3MPa以下；1层大部分楼板应力在 2.0MPa 以下；地下 1 层及 1 层局部应力较大位置均主要位于外墙阳角、阴角及洞口角部。

地上结构楼板应力水平普遍比较低。2 层大部分楼板应力小于 0.8MPa，应力分布呈现中间大四周小的格局，中间室内区域楼板应力稍大，其应力在 1.0~1.4MPa；3 层至屋面层大部分楼板应力均在 0.9MPa 以下，仅局部洞口、弱连接部位出现了楼板应力稍大的情况，其应力在 0.9~1.3MPa。

上述分析结果曾经受到质疑，主要原因是 2 层高架平台单层面积达到 4 万 m^2，最大长度达 225m，而分析结果显示温度应力水平并不高，与想象的不一致。因此对此分析结果，采用了多个权威软件进行复核，同时又采用 SAP2000 建了独立校验模型，应力分布规律完全一致。根本原因是水平构件受到约束的大小决定其温度应力水平：地下 1 层和 1 层由于楼板受地下室外墙的约束较大，其楼板应力也较大；地上部分是框架结构，本身侧向刚度就不大，加之除局部夹层外，各层层高普遍较高，主要层高均超过 7m，框架刚度更弱，水平构件受到的约束小，其温度应力也较小。由于楼板总长度大，边柱水平位移大，产生的附加弯矩的最大值超过了 1000kN·m，一方面从侧面印证了楼板的应力分析结果，另一方面说明必须在竖向构件设计时考虑温度应力。

4. 结构舒适度分析

在旅检大楼内部同时存在大型货柜车、大客车、公交巴士、出入境人流、小汽车等多种车流、人流，对结构舒适度产生不同程度的影响。尤其是大型货车在启动、运行、制动、刹车等操作时对建筑物内部会产生较大振动，同时因大型货车运行需要较大的空间，柱网布置导致楼盖结构刚度较柔，主体上部框架结构振动易于传播并且难以衰减，带来了一系列问题。出入境人员在办理出入境手续、排队等候、通关过境过程中感到建筑物的振动，可能会产生不舒适的感觉，严重时会产生恐慌心理；振动可能会导致附属结构（砌体结构、装修工程）的破坏，会引起屋面漏水、墙体开裂等质量问题，引发负面社会影响，影响整个口岸的正常运行。如何确保莲塘口岸这一类大型立体口岸交通枢纽使用状态下各种人员的舒适度是工程建设面临的一大难题。

(1) 实测项目概况

为准确分析与莲塘口岸工程相类似的已建成项目的特点，选取深圳市盐田港现代物流中心进行楼板振动测试及荷载识别分析。

深圳市盐田港现代物流中心位于盐田港保税物流园区北片区，占地面积 20 万 m^2，总建筑面积达 50 万 m^2，由七栋四至五层仓库及三座盘道联体合一，所有集卡均可通过盘道驶入物流中心各层，24h 运作，满足物流操作高效的要求。

该项目分为 A、B 和 C 三区，其中 A 区仓库共有 4 层，测点将布置于 A 区的行车道处，由于地上第 2、3 层行车道处楼板结构的跨度较大且竖向刚度较小，在大型货车等车辆荷载作用下，其竖向振动加速度较大，因此对其进行振动测试，并进行相应的车辆荷载识别工作。

(2) 模型建立与测试

通过对有限元软件分析，建立盐田港现代物流中心三维有限元模拟示意图，如图 7.4-1 所示。初步计算结构的楼板竖向自振频率如表 7.4-4 所示，在荷载识别时采用基于振型叠加原理的移动荷载识别方法。

 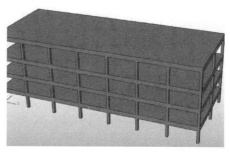

SATWE模型　　　　　　　　　　　　ABAQUS模型

图 7.4-1　盐田港现代物流中心三维有限元模拟示意图

不同模型结构的自振频率　　　　　　　　　表 7.4-4

阶数	SATWE		ABAQUS	
	周期（s）	频率（Hz）	周期（s）	频率（Hz）
1	0.2407	4.1545	0.2398	4.1701
2	0.1255	7.9681	0.1247	8.0214

测试结构上共设有 13 个位置，每个位置安装有 1 个加速度传感器，共有 13 个传感器，测点位置分布在仓库的 2、3 层，加速度测点根据现场情况布置，加速度传感器及测试系统见图 7.4-2，采用压电式加速度传感器和信号采集分析仪，其采样频率为 100Hz。

数据采集　　　　　　　　　　　　计算机与振动测试系统

图 7.4-2　加速度传感器及测试系统

第三篇 项目建设管理

第8章 口岸查验通关模式

通关是一个涉及海关、边检、检验检疫、进出口货物申报人、承运人以及所有人在内的多角色的复杂运作过程。通关环境作为一个口岸城市整体投资环境的重要组成部分，对城市的综合竞争力有着举足轻重的作用。

随着全球经济一体化和贸易自由化进程的加速发展，口岸管理体制是否顺畅、通关活动是否高效，成为衡量一个企业、一个城市乃至一个国家经济水平和竞争能力的重要指标，对国际资本的流入和我国对外经贸乃至整个国民经济的发展都将产生深远的影响。本章节主要从粤港澳口岸查验模式、口岸通关便利化、"一站式"查验模式等方面进行阐述，并结合具体的工程案例应用情况进行分析。

8.1 口岸查验通关

通关模式是指两国（方）在双方监管边（关）境地区，依据自有的标准或两国（方）统一的标准执行联检查验。通关模式的选择具体取决于两国（方）的行政政策及双边关系，并且必须保证两国（方）在法律方面和海关监管分区合作领域不存在障碍这一前提。

口岸通关模式的优越与否对口岸通关效率与资源集约利用率起决定性作用，而且通关模式与口岸工程空间具有相互匹配的内在逻辑要求。口岸的用地规模主要取决于交通需求以及查验模式的选择这两个因素，在交通需求已确定的情况下，选择合适的查验模式，可以提高土地的利用率、节约车辆通关时间、提高口岸运行效率。

通过创新口岸通关便利化模式，实施通关便利化模式具体策略，推进区域一体化高水平互联互通，破除长期各自发展形成的"制度壁垒"，降低进出境旅客、货物和物品在通关过程中由于履行国家有关法律法规以及海关监督管理规定义务而形成的制度性社会成本，实现人员、货物、物品和运输工具等在内地与港澳之间跨境高效、便捷流通。

2021年9月，国家"十四五"口岸发展规划提出推进粤港澳口岸监管部门间"信息互换、监管互认、执法互助"，推动在粤港、粤澳口岸实施更加便利的通关模式。2019年2月，《粤港澳大湾区发展规划纲要》正式出台，提出实施更加便利的通关模式。创新监管模式、优化通关服务，提升口岸通关便利化水平。

口岸"十四五"发展规划提出加强内地与港澳口岸部门协作，进一步完善和扩展口岸功能，推进粤港澳口岸监管部门间"信息互换、监管互认、执法互助"，推动在粤港、粤澳口岸实施更加便利的通关模式。港深间首个实现客、货运采用"一站式"通关模式的口岸在莲塘口岸实现，"合作查验，一次放行"新型查验模式率先在港珠澳大桥珠海公路口岸珠澳通道落地实施。

粤港澳口岸在国家口岸发展大局中有特殊重要的地位，《国家口岸发展"十三五"规划》明确提出"将支持和推动涉港澳台口岸发展置于口岸对外合作的优先领域，积极支持涉港澳口岸有序开放，加强口岸基础设施建设，提高口岸通行效率"；2019年2月，《粤港澳大湾区发展规划纲要》正式出台，提出了创新通关模式，提升粤港澳通关能力和通关便利化水平，促进人员、物资高效便捷流动。

粤港澳大湾区总面积5.6万km^2，2017年末总人口约7000万，是我国开放程度最高、经济活力最强的区域之一，在国家发展大局中具有重要战略地位。内地与港澳作为相互毗邻的独立关税区，相互衔接往来的口岸数量众多，截至2018年底，湾区中内地九市设有一类口岸46个，二类口岸56个；其中之间相连的陆路一类口岸粤港有7个、粤澳有5个。随着粤港澳大湾区建设的深入推进，未来粤港澳口岸出入境旅客及货物仍将保持较快增长。

在粤港澳大湾区"一个国家、两种制度、三个关税区、四个核心城市"的特殊格局下，通过创新口岸通关便利化模式，实施通关便利化模式具体策略，推进区域一体化高水平互联互通，破除"三地"社会长期各自发展形成的"制度壁垒"，降低进出境旅客、货物和物品在通关过程中由于履行国家有关法律法规以及海关监督管理规定义务而形成的制度性社会成本，实现人员、货物、物品和运输工具等在内地与港澳之间跨境高效、便捷流通，有着举足轻重的巨大作用。

1. 口岸通关模式

国内现状口岸内的查验通关模式有："两地两检""一地两检""自由通关"和"境内关外"。

现有跨境车辆进出香港口岸一般需要经过四道查验，以深圳出境为例，分别要经过深方海关通道→深方边检通道→港方海关通道→港方入境处通道才能进入香港（深方入境相反），四道查验通道之间为各检查单位的查验场地。目前粤港两地口岸查验模式可分为"两地两检""一地两检"两种。

（1）"两地两检"模式

"两地两检"方式是在国境或关境界线双边各择地设立检查区，双方按各自法律法规制定的通关联合查验标准，独立自主地对出入境人员和其随行物品进行查验。出入境人员和其随行物品必须在边境界线两侧相继接受共两次的检查，检查过程中出现任何意外或违规现象都由当地管理人员进行处理。

两地两检是目前应用最广泛的查验通关方式，粤港澳通关口岸大多采取在粤港两地边境分别设立边境管制站并分别进行出入境查验的标准模式，其特点是双方分立两地、独立执法、各自为政。优点是两地边境管制站分别设立在各自境内，两地分别按照各自的管制政策设立管制站，有效回避了司法管辖争议。缺点是两地分别进行各自的出入境检查，互不干涉，各司其职，双方不进行资料的共享，也不实行互认；边境两边同时需要交通换乘，旅客需要接受两次基本重复的检查，耗时耗力。

就粤港、粤澳陆路口岸而言，两地两检指两地在各自辖区分别建设两个独立的口岸，按各自的法律和监管要求分别对过境车辆、旅客查验；两口岸之间以过境道路或桥梁连接。除港深西部通道口岸（深圳湾口岸）外，现粤港、粤澳之间的口岸（包括新建的皇岗—落马洲地铁口岸，即福田口岸）都采用两地两检的模式。详情见图8.1-1和图8.1-2。

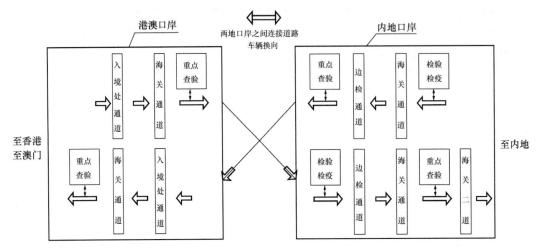

图8.1-1 粤港"两地两检"口岸的车辆联检模式

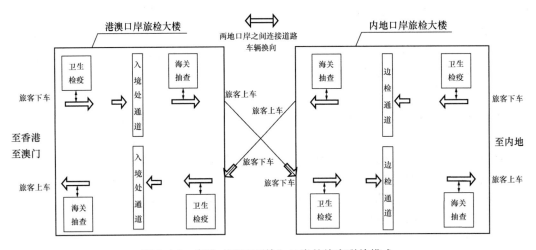

图8.1-2 粤港"两地两检"口岸的旅客联检模式

如罗湖口岸，内地旅客前往香港，乘车到达罗湖口岸后，进入内地出境大厅进行出境检查，跨过连接两地口岸的罗湖桥后，进入香港入境检查大厅完成香港入境检查，最后再换乘东铁线前往香港目的地；从香港入境内地也是如此程序。两地的边检部门分别在各自的管辖区域，按照各自的法律权限进行出入境检查，因为没有实现旅客资料的共享和交换使用，因此不涉及对方的法律问题。以大桥相连接的两地边检站相隔大约有数百米的距离，中间没有其他交通工具，只能步行。加上两地边检及中间步行时间，完成整个通关通常需要45min左右，节假日和高峰期的通关时间会更长。

（2）"一地两检"模式

"一地两检"，也称为"两地一检"，此方式是国（关）境双方在政策层面达成一致后，选定一个共同控制区域，由各自的出入境管理机构主导，在此区域内联合执行查验管理。须注意的是虽然双方工作人员在同一区域合署办公，但一般以边（关）境线为界，区域管辖权、人员管理权是分别归属于双方的，管辖范围必须划分清晰，所谓合署办公、各自管理。对于通关旅客而言，其仅需在口岸区域进行一次边（关）境双方的联合查验，双方管理机关内部通过软硬件设备进行单证协调与流程互认，为旅客及其随行物品办理"一站式"通关手续。

西部通道深圳湾口岸于2007年7月开通，在国内首次采用"一地两检"模式。西部通道"一地两检"的联检模式为：两地的口岸从空间位置上合设在一处（设在深圳一侧），双向监管查验，但港深用地基本独立，各自的口岸管区独立、监管查验独立；旅检大楼集中设置；港深双方在各自管区内按各自法律进行管理，按各自的查验模式，各自对出入境旅客、车辆检查；双方各自负责本管区的维修、运营管理。"一地两检"联检模式示意如图8.1-3所示。

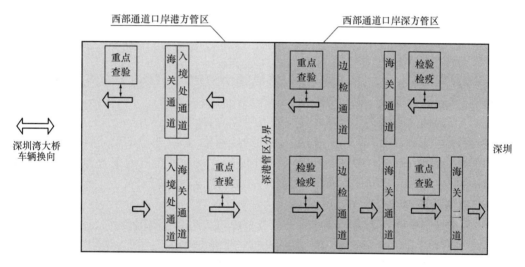

图 8.1-3 "一地两检"联检模式示意图

虽然查验内容与"两地两检"相比并没有实质地减少，但两地旅检大楼合设为一栋，极大方便了过境旅客。"两地两检"旅客过境流程为：旅客下车→通过香港查验→上车→通过港深连接大桥→下车→通过深圳查验→上车；"一地两检"旅客过境流程为：旅客下车→通过同一栋楼内的两地查验→上车。

"一地两检"的口岸总用地比两地口岸分设小，减少投资、方便通关；但需在深圳行政区内设立香港特定管理区，口岸内及大桥深圳段建设和管理复杂。

"一地两检"通关方案有如下特性：对于缩短通关时间，节约人力资源，提高口岸查验效率起到有效作用；对于土地利用集约化、空间占用节约化有显著作用；"一地两检"通关查验模式的联合检查内容与"两地两检"别无二致，但更适合采用自助查验、自主申报等新的技术手段，有助于充分地发挥科技的作用；"一地两检"模式下国（关）境双方查验部门在同一控制区域合署办公，这促成了工作流程的简化提高了双方的合作深度。

根据查验技术的差异，"一地两检"模式可再次划分为：单边验放、查验通道合并设置与查验通道分别设置。其中，"单边验放"指两国（边）在共同控制区内，制定统一的通关查验标准，双方工作人员共同完成查验流程，对通关人员及其行李、车辆等进行一次联合检查，对旅客来讲即为过一次关只接受一次检查。而后两者仍需两国（边）各进行一次检查，对旅客来讲即为过一次关接受两次检查。口岸建筑最为旅客和查验工作人员看中的无疑是通关的便捷性，单从此方面衡量，"单边验放"是最理想的通关模式，而且其用地最集约，投资需求最少，但其在建设中需要妥善地解决两种体制下的建设管理、行政审批、技术标准等领域问题。

深圳湾口岸是国内首个实施"一地两检"的口岸，港深查验用地之间有明确的分界线。港方查验用地由香港管辖，在港方管辖范围内适用香港的法律。

（3）合作查验、一次放行

所谓"合作查验、一次放行"就是取消了两地口岸之间的缓冲区，直接把两个口岸连在一起，旅客只需要排一次队就可完成出入境手续，该种模式在港珠澳大桥珠海口岸、横琴口岸等珠澳口岸中采用。在人工查验通道上，双方边检部门，创新性地采用"台并台，肩并肩"式设计，人工柜台无缝对接，达到简化查验环节，提高通关效率的目的。

合作自助通道设计了三道闸门，第二道闸门与珠澳边界线齐平，旅客在同一查验大厅，通过一次排队，接受一次集中检查，极大地提升通关体验，可在提高口岸通关效率、便利人员往来内地与澳门、节省查验单位人力等方面发挥重要作用。

目前，我国陆路口岸通关模式普遍采用"两地两检"，仅在个别新建口岸实行"一地两检"，其中，深圳湾口岸（西部通道）是首个实行"一地两检"通关查验模式的广东口岸。珠澳之间已经在逐步推广"合作查验、一次放行"通关模式。

2. 口岸查验流程

口岸的用地规模除了取决于交通需求以及查验模式两个主要因素外，还与口岸的查验流程有关，合理地布置查验流程，可有效地提高土地的利用效益。

旅客在出入境过程中，需要按有关法律法规要求办理海关查验、卫生检疫检查、携带物品报关、检疫检查等作业，如有问题，还需办理海关、边检执法办案等流程，如图8.1-4、图8.1-5所示。

为节省用地及提高通关效率，在通常查验流程的基础上，在具体通道设置上，新建的部分口岸已创新采用"一站式"车辆查验模式，以"建设现代化、通关电子化、信息网络化"为原则，按照一次申报、一次查验、一次放行"三个一"的通关模式，在车辆通道，海关和边检则是紧密配合，实现了对往来客、货车辆"一站式"通关作业模式创新，进一步提升了通关效率。

内地在口岸的查验部门有三个：海关负责货物查验和打击走私，边检负责旅客、车辆驾驶员的验放及口岸监管区内的治安管理，检验检疫局负责动植物、食品及其他商品的检验和检疫；口岸的公共交通一般设在口岸监管区外，由当地交通管理部门负责管理，各部门主要工作如下：

1）深圳海关

依法对经深圳口岸出入境的货物、运输工具、行李邮递物品等进行监管；征收关税和其他法定由海关征收的税费；查缉走私；开展贸易统计并办理其他海关业务。

第8章 口岸查验通关模式

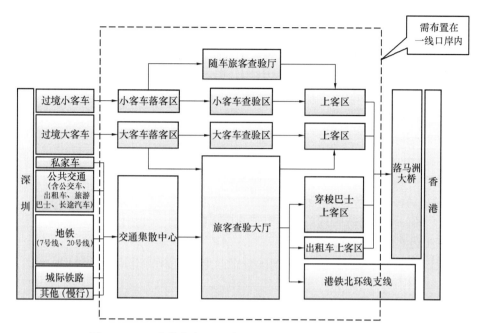

图 8.1-4 口岸旅客主要通关流程示意图（以出境方向为例）

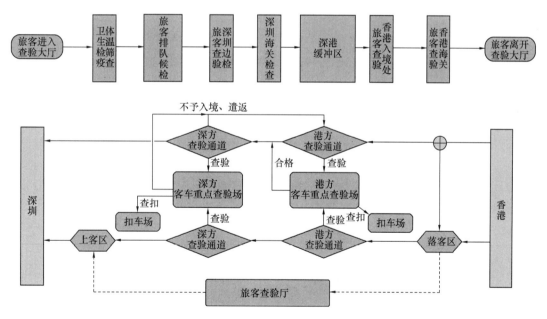

图 8.1-5 旅客通关流程示意图

2）深圳出入境边防检查总站

深圳出入境边防检查总站负责在口岸的边防检查任务，主要是对出入境人员、证件的检查；对出入境交通运输工具的检查、监护和管理；对出入境人员携带行李物品和交通运输工具载运货物的检查；对出入境枪支弹药的检查与管理；对口岸限制区域的警戒和管理；打击偷渡以及各种违法犯罪活动；对违反出入境管理法规的人员实施行

77

政处罚。

3）深圳出入境检验检疫局

深圳出入境检验检疫局主要的职责是：负责所辖区的出入境检验检疫、鉴定、认证和监督管理等行政执法工作。

4）口岸物业管理单位

口岸物业管理单位的主要职能是：承担口岸的物业场地、设施设备、供水供电、消防安全、卫生绿化和治安保卫等方面的管理工作；利用口岸环境开辟广告、商贸、物业租赁、咨询服务、装卸、停车场等经营项目，为口岸查验单位、出入境旅客以及司机、车辆提供服务。

5）公安、消防管理单位

口岸配套的公安、消防管理单位主要负责口岸区的治安和消防工作。

3. 工程实践案例

考虑到土地资源的限制，莲塘/香园围口岸两地不可能完全建设在深圳一侧，若规划建设于香港侧，则涉及复杂的法律问题。

综合考虑口岸通关的方便程度、口岸的用地及投资规模以及实施的难易程度等影响因素，港深双方决定莲塘口岸采用"两地两检"模式。

通过规划设计方面的综合考虑，莲塘/香园围口岸旅检区"两地两检"模式达到"一地两检"的便利性和快捷性，旅客只需在莲塘/香园围口岸旅检大楼内部进行一次上下客，通过出入境人行桥即可完成通关。图 8.1-6 为口岸客车及旅客查验流程，图 8.1-7 为口岸货车查验流程。

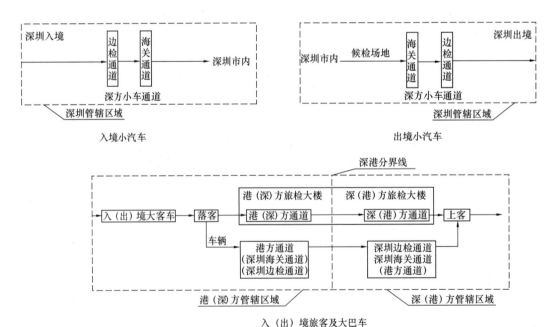

图 8.1-6　口岸客车及旅客查验流程

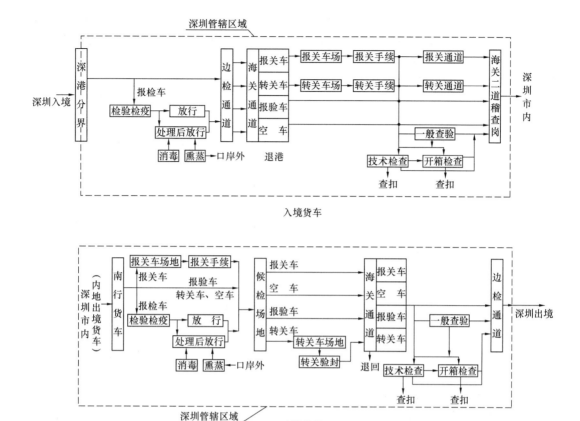

图 8.1-7 口岸货车查验流程

8.2 口岸通关便利化

口岸作为人员与货物跨界流动的通道，从通关的阶段进行理解，一般的通关程序分为从"申报"到"放行"的若干阶段；从通关的类型进行理解，可以分为一般通关程序和便利通关程序；从通关的内涵进行理解，存在广义和狭义的区别。广义的"通关"又可以称为大通关，不仅包括货物在海关的通关过程，而且还包括货物在整个通关过程中所涉及的报检、理货、装货、提货的全过程；狭义的"通关"是指"货物、物品和运输工具从进入关境边界或申请出境到办结海关手续的海关制度"。一般海关通关程序包含申报、查验、征税、放行四大流程。通关过程由于观念、制度、监管模式、技术手段等原因影响便利化进程的均可以称为通关便利化问题。

1. 口岸通关便利化

通关便利化是指通过对通关程序的简化、适用法律和规定的协调、基础设施的标准化和改善，为外贸经济创造协调、透明、可预见的环境，对外贸货物通关程序的简化与协调。

通关便利化的基本要求包括如下几个方面：

1）便捷性。通关便利化的目的在于减少和简化跨境货物贸易繁琐的手续，为贸易发展创造良好的内外环境，简化通关程序、优化通关流程、缩短通关时间、提升通关效率，降低进出境货物、物品的通关制度性社会成本，加强和改善通关监管设施，创造更加便利的通关条件，提供更加优质的通关服务，使货物、人员、资金和信息更加迅速地流通，使社会生产要素配置更加便捷。

2）高效性。高效通关是通关便利化追求的最直接目的，通关效率是否提升和通关时间是否缩短是衡量通关便利化的标准。简化通关程序、提升通关效率、缩短通关时间是实现高效通关的必然要求。物流、人流通关高效、耗时短，将大大降低企业交易的成本，提高企业竞争力，有利于资源的快速流动和通过市场进行高效配置，促进经济社会的发展。

3）协调性。货物通关便利化和安全化是世界贸易组织一直追求的目标，也是世界海关组织的愿望，协调双方海关通关监管制度，进一步转变监管理念、创新监管模式、融合法律法规、应用信息技术、协同边境合作，减少影响通关效率的各种因素，增强双方的联系配合，使人员、物品和货物跨境通关更加顺畅，维护货物贸易安全性和提升通关便利化水平。

4）透明性。通关便利化的发展与通关管理政策的开放息息相关，海关管理政策的透明度越高、越及时，就越综合，也就越有利于提高效率和促进通关便利化发展。应该采取多种措施提升通关监管制度的透明性，通过多种途径向社会公众公开海关通关法律法规、海关通关流程、海关通关所需文件资料等，使进出境旅客及进出口企业可以及时获得通关信息，及时有效了解通关程序。

5）智慧赋能。对通关基础设施进行优化，通关监管设施的智慧化发展是提升通关便利化水平的必然趋势，随着大数据、云计算、区块链、人工智能等科学技术的不断发展，新一代科技应用与智能设备的投入将推进通关监管过程更加智能化，更有利于提升通关监管水平和便利性，打破粤澳两地长期在各自发展过程中形成的制度壁垒，构建"大数据通关云平台"创新智慧通关新模式，在云平台上加强双方通关监管数据的交换，实现通关监管智慧化。使人员、物品、货物在口岸通关更加便捷高效，达到监管效能与通关体验双提升的目的，实现数据互通、信息共享、作业协同、管控有序、智能高效。

通关便利化需要对通关流程进行简化，创新两地通关作业流程，使通关流程更加高效、便捷。海关、边检等查验单位在通关监管环节集中优质资源，避免监管资源重复投入，在统一配置资源的过程中，以节约和高效为价值取向。充分发挥信息、智能、技术等科技要素的集聚效应，将两地监管作业相互独立的两段监管链条相互嵌入、无缝对接，形成一个整体链条，获取最大监管合力。

加强监管资源的集约管理和统筹配置，优化监管流程，推进统一执法，强化整体功能，实现此消彼长、集约高效，从低水平的分散到高水平的集中。以社会需求为导向，通过业务改革，进行机构整合，达到降低通关社会成本、提升通关便利化的目的。

2. 口岸通关信息化

2021年2月，习近平主席主持中国-中东欧国家领导人峰会期间，明确提出探索开展"智慧口岸、智能边境、智享联通"合作试点，其中，"智慧口岸"建设主要包括基础设施智能化、行政管理智能化和监管业务智能化；"智能边境"建设主要包括完善智能边境设施建设、优化边境管控流程设计和开展智能边境跨境合作；"智享联通"建设主要包括智能互联、治理对接和供应链合作。智慧口岸是基础，智能边境是延伸，智享联通是愿景，按照集约、高效、安全原则，在规划设计和建设口岸时，体现"三智"理念、融合"三智"要求，以更高标准推进口岸建设。

国务院 2015 年 2 月印发《落实"三互"推进大通关建设改革方案》（国发〔2014〕68号），提出打造更加高效的口岸通关模式，口岸管理相关部门在口岸通关现场仅保留必要的查验、检验检疫等执法作业环节，通过属地管理、前置服务、后续核查等方式将口岸通关现场非必要的执法作业前推后移，把口岸通关现场执法内容减到最低限度。广泛实施口岸通关无纸化和许可证件联网核查核销。加快旅客通关信息化建设，积极推进旅客自助通道建设，提高旅客自助通关人员比例。

主要体现在如下几个方面：

1) 1988 年罗湖口岸率先启用全国第一套边防检查计算机验证系统，从此出入境证件查验可由人工柜台查验转变为自动化通道查验。现今，广东各口岸均已陆续新设数量不等的旅客自助查验通道，并持续进行系统升级中。

2) 2007 年开通的深圳湾口岸（西部通道）实行了"一地两检"口岸通关查验模式，这从法律角度看尚属首例，是中央政府与特区政府有效协商的结果。新建的港珠澳大桥珠海口岸、粤澳青茂口岸，经国务院同意粤澳新通道实行"合作查验，一次放行"的新通关模式。

3) 随着粤澳、粤港跨境合作由经济向教育文化等领域的扩展，跨境学童服务数量激增，口岸需为跨境学童这样的特殊群体提供更加便利的通关措施。

4) 随着口岸旅客通关需求的增长，为了方便进出境旅客，在国家主管部门的大力支持下，多个口岸实施延关，运行时间的延长要求口岸相关配套及人员也需配合进行调整，确保口岸的正常运作。

5) 根据口岸快速通关的需求，推动各相关部门及边境双方口岸查验单位进行沟通研究，提出解决方案和措施，并协调各相关部门予以落实到口岸工程的空间设计中。全面推进口岸相关部门单位信息化、无纸化、智能化建设。

推进口岸信息化服务整合，在确保数据安全的前提下加快推进口岸数据资源的综合利用，全面推进口岸相关部门单位信息化、无纸化、智能化建设，支持大湾区区域跨境贸易和口岸信息化平台建设等。

8.3 "一站式"查验模式

2015 年 2 月，国务院印发了《关于落实"三互"推进大通关建设改革方案》，提出建设通关诚信体系及"一站式作业"通关模式。推行"联合查验、一次放行"等通关新模式。海关、检验检疫、边检、交通运输（公路）、海事（水路）需要对同一运输工具进行检查时，实施联合登临检查；需要对同一进出口货物查验时，实施联合查验；在旅检、邮递和快件监管等环节全面推行关检"一机两屏"。

1. "一站式"通关模式简介

"一站式"是指通过平台实现"一次申报、一次核放、一次查验"的通关监管集约化模式，其中"一次申报"是指车辆在单一窗口进行进出境信息填写申报，系统向联合检查单位提供信息资料；"一次核放"是指联合检查单位向单一窗口智能卡接口系统发送关于放行的信息，该系统根据联合检查组关于发放放行信息的准则提供单一控制权；"一次查验"是指海关、边检等若不止一个联合检查单位必须同时进行检查，信息平台将会把车辆引导到相应的检查平台进行单一窗口检查。

由于口岸职能管理上的纷繁复杂，各通关管理部门均有各自垂直化管理体系，容易出现各部门分别执法、"各自为政"的现象。各部门办理通关业务的侧重点不同，部门间职能范围易出现缝隙或重叠。职能缝隙和职能重叠均会导致通关业务的重复办理或无效办理，阻碍了通关便利化水平的提高。

传统的通关模式突出了报关报检手续办理的现场性，即收发货的人员需要亲自或委托代理人携带相关材料到边境口岸办理通关及出口退税等手续。传统的通关模式增加了企业通关的人力成本、时间成本，加大了出入境手续办理的难度，直接影响了企业货物进出口的积极性和进出口产业的发展。

"串联型"的通关模式手续较为繁琐，且流程环环相扣，只有前一个步骤通过审批，后一个步骤才能开始。一旦某一个环节出现问题，整个通关流程便会陷入"停摆"状态。

"一站式"通关信息平台是一个既统一又独立的口岸验放综合业务系统，其设计原理是对车辆及司机实行统一标识与登记，通过建设通关信息平台与查验单位（边检、海关、检验检疫）现有验放业务系统，在信息资源共享、安全可控、业务相互独立、各司其职的前提下，实行"一站式"并行查验工作模式，以多种技术手段辅助与保障各联检业务的顺利开展与完成，从而实现综合验放效率的提高。该系统体现了资源共享的优势，提高了查验和监管水平，简化了查验手续，降低了通关成本，改善了工作环境，整体提高通关效率。

2. "一站式"通关模式的特点

（1）运行方式

多部门"一站式"通关模式是通过部门间合署办公及电子口岸的信息对接实现的国内多部门联合检验，即通关对象在国内仅需办理一次（地）通关手续就可完成通关所需业务。多部门"一站式"通关模式是多部门协同管理模式，包括海关、边检、检验检疫、口岸管理等部门对人员、车辆及货物进行联合检查和监管。多部门"一站式"通关模式使各现场主管部门集中合署办公，通过电子口岸信息平台连接各部门电子信息系统，从而实现权限范围内的跨部门实时数据交互。

多部门"一站式"通关模式在设计上强调了"综合信息、并行处理"的思想。通过综合业务办理岗位的设立，国内多部门"一站式"通关模式实现了职能部门的合并，使得通关相关材料文件的办理综合化；同时，多部门"一站式"通关模式将原本串联的业务流程改为并联的业务流程，使业务办理同步化、环节运转内部化，提高了通关业务办理效率。以联合查验通关货物为例，通关货物的查验信息可先在电子平台上对海关及其他查验部门进行信息传递，货物如需查验，海关及其他相关部门工作人员可至查验现场对货物进行共同检查，避免两次开箱检查。多部门"一站式"通关模式通过整合业务流程、加强部门间合作及数据共享、缝合部门间执法缝隙来提高口岸的通关便利性。

（2）实现条件

建立跨部门协调机制。多部门"一站式"通关模式强调了部门间的合作。为突破通关部门间条块分割的问题，多部门"一站式"通关模式需建立跨部门协调机制，加强跨部门协同管理，打破部门间的系统封闭。由于通关涉及通关报检、审单、查验、核销等整体制度的安排，该模式应建立通关管理执法的协调机制，并建立多部门"一站式"通关议事协调机构。协调制度的制定和协调机构的设置加强了部门间的协调与沟通，避免部门间出现争权、推诿的现象。海关可作为协调机构的牵头部门，牵头部门的加入可增加协调机构的权威性及有效性。该模式还可设立部门目标与"一站式"通关目标衔接的制度，通过制度衔接推进多部门"一站式"通关模式的实施。

明确划分部门间职能。为实现多部门联合通关作业，多部门"一站式"通关模式需要对通关部门的权职范围进行明确划分，避免业务交叉及执法混乱的现象发生。明确划分部门间职能首先需要确认通关部门间的工作关系，即通过梳理组织架构明确通关部门类别，并通过建立各部门责权任务清单明晰部门的具体工作内容。其次，明确划分部门间职能需要明确部门的领导职能与协调职能，即通过牵头部门建立领导机制以协调和控制部门间的联合通关作业。此外，明确各职能部门的权职范围可促成各部门合作意见的统一，就合作意见形成书面备忘录。基于合作意见的书面备忘录，部门可将超出职权管辖范围内的业务及时移交给有权管理的部门，从而实现多部门的"一站式"通关模式。

建设"一站式"通关信息平台。国内多部门"一站式"需要通关信息能在各通关部门间流通，所以综合电子口岸平台的构建是国内多部门"一站式"通关的关键内容。国内多部门"一站式"电子口岸平台应是具有互操作性的应用平台，即部门的电子信息系统和电子口岸的信息可以交互。互操作性的电子口岸平台不仅兼容性好，还可以系统解构，即各部门系统可处理各部门的专业业务。通过建立电子口岸，货主与所有参与进出口管理的部门能实现电子数据的交换等跨部门多项业务功能，电子口岸的应用一定程度上避免了货主或贸易商在不同监管场所之间的来回奔波。同时，参与跨境通关运输的各方可选择直接向电子口岸提交通关数据，即通过单一的接入点，通关对象可一次性提交所有通关信息和单证。此外，电子口岸还需建立部门间信息共享机制。电子口岸可通过设定各通关部门的浏览权限，来保障电子口岸信息的全面性、准确性和及时性，从而实现国内多部门"一站式"部门间的协作治理。

8.4 工程案例分析

莲塘口岸通过"一站式"系统，在前端通道智能关卡层面收集、存储和共享各类通关数据，并迅速开展通道关卡统一验放作业，实现有效协同运作，做到公路运输的两头"一头施封、一头解锁"，中间其他监管环节一般情况下不进行开箱作业，最大限度减少中间作业耗时，实现"一站式"快速放行，提升口岸通关便利化水平。

依照国家关于改进口岸工作支持外贸发展和推进大通关建设改革的指导文件，结合边检、海关、检验检疫相关查验单位的监管模式和业务流程，以信息化新技术为手段，立足莲塘口岸提升通关效率、降低通关成本的实际需求，构建"一站式"通关的新模式。既满足莲塘口岸发展规划要求，又满足客车快速通关、"一站式"申报需求，最终实现莲塘口岸"一站式"通关信息平台的建设。

1. "一站式"通关建设内容

莲塘口岸"一站式"通关信息平台用于实现车辆（包括客车、小汽车、货车）"一站式"通关，建设内容包括如下：

"一站式"通关通道基础设施建设。通道、道闸、联检单位工作间、设备间、安全岛、交通信息灯、LED引导屏等。

"一站式"通关信息平台建设。

（1）"一站式"通关信息采集系统

该系统主要实现车辆查验所需通关信息的统一集中采集，通关主要信息包括：车辆信息（车牌、车载卡、司机位置、现场车辆照片、车重、货检等）；司机信息（司机卡、出入境证件、指纹信息、健康信息、体温、现场人像信息、车内图像信息等）；货箱信息（车重、货箱号、电子关锁等）。

为快速、准确采集车辆、人员、货箱等信息，"一站式"通道需配套相关采集系统。

1）卡口系统。用于采集通道车辆车牌信息。

2）车载卡/司机卡制发卡及采集系统。用于车载卡/司机卡制卡、发卡及通道智能卡信息采集。

3）视频监控系统。用于通道及周边现场监控，同时提取处理现场车辆照片信息（多角度）、司机位置信息、货车开箱信息、行人穿越检测信息、防偷渡检测信息、防尾随检测信息等以及视频信息分发给各联检单位实时查看，同时针对通道查验的需要建设视频智能应用系统。

4）智能升降采集系统。通过视频监控系统获取司机位置信息，采用升降机的方式，完成司机出入境证件、指纹、体温、健康申报、人像、车内图像等多项信息采集。

5）货箱识别。通过视频监控智能识别货箱号。

6）电子关锁。采用海关专用电子关锁设备，实现电子关锁的施封和解封。

（2）"一站式"通关信息接口系统

该系统主要实现信息平台与三家联检单位的信息传递。各家查验单位通过信息接口系统获取信息平台所采集的查验信息，经信息处理后完成查验流程，最终将查验结果及附加信息通过信息接口系统发送至通关信息平台，通关信息平台根据查验结果及附加信息做最后通关处理。主要内容包括：边检/海关/检验检疫信息接口改造（信息采集、结果和附加信息反馈等）；车载卡/电子标签系统改造；相关业务系统改造；信息平台边检/海关/检验检疫接口开发。

（3）"一站式"通关通道智能控制系统

该系统主要实现一站式通道设备的智能控制，包括信号灯、车牌识别、RFID读卡器、防尾随、防偷渡、升降机、语音引导、地磅、防车内藏人、LED引导、道闸、防冲关、防行人穿越。客车"一站式"查验流程示意如图8.4-1所示。

2. "一站式"系统总体架构

莲塘口岸"一站式"通关信息平台将实现口岸"一站式"通关服务，通过"一站式"设备实现通关信息一次性快速采集分发，各查验单位快速获取所需信息，完成通关业务处理，并将查验结果发送给通关信息平台完成最后通关操作。

莲塘口岸信息安全体系如图8.4-2所示。

莲塘口岸"一站式"通关信息平台通过基础环境建设包括车牌识别系统、视频监控系统、车载卡/司机卡系统、智能升降采集系统（包括指纹系统、升降伺机系统、体温

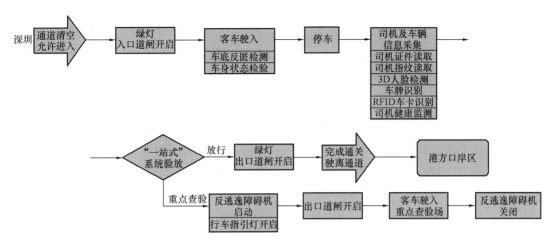

图 8.4-1 客车"一站式"查验流程示意图

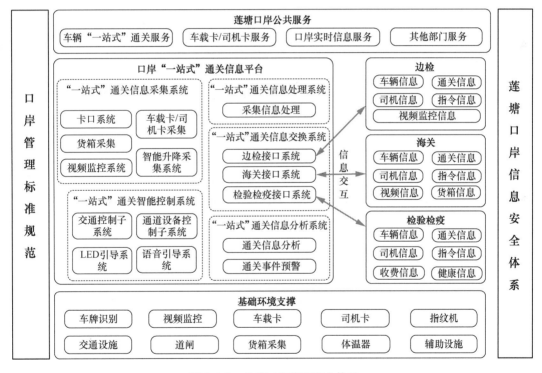

图 8.4-2 莲塘口岸信息安全体系

系统、出入境证件阅读、人像采集等)、电子关锁、箱号识别、交通设施、"一站式"道闸及辅助设施等实现信息的采集、指令信息发布、交通指引、通关提示等"一站式"通关功能。

(1) 系统网络架构

海关业务系统、检验检疫业务系统、边检业务系统、信息平台分别为相互独立、无任何网络连接关系的专用信息系统；其中信息平台为各业务系统提供现场的视频、音频信号线，相互间信息通过 RS232 接口服务器或安全边界平台进行通信，对网络中信息平台到

85

各查验单位的主服务器之间的吞吐量和响应时间要求较高。

各验放工作站通过串口线路、安全边界、视频线路和音频线路从信息平台的信息处理系统获得从"一站式"通道采集的数据,并通过信息平智能控制系统控制"一站式"通道设备动作。莲塘口岸"一站式"通关系统总体架构如图 8.4-3 所示。

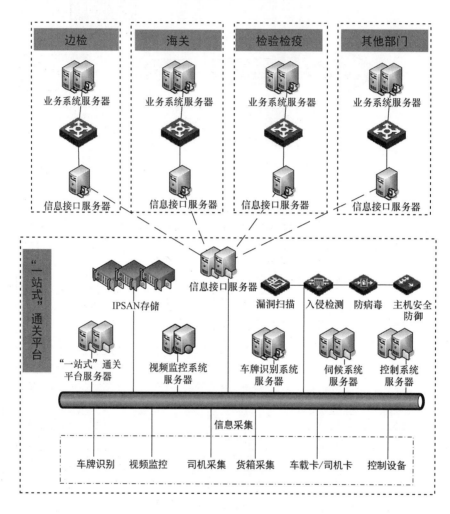

图 8.4-3　莲塘口岸"一站式"通关系统总体架构

(2) 建设技术路线

系统涉及海关、边检、检验检疫及合作公司等多家单位,设计多项子系统,验放流程复杂,自动化程度较高,所有的操作均要求在计算机上完成,实现无纸化的工作。通过安全的通信技术,分别与控制器进行连接,实现硬件的完全共享,达到车辆只停一次车,就能办理完三家单位手续的目的。

1) 机械自动数字定位技术。为适应不同高度的车辆上的司机在通道中查验时,司机都能不下车进行指纹面相的识别,使用机械自动定位技术,对升降系统上的采集箱进行的自动定位。

2) 视频监控技术。使用完善的视频监控技术,在每条通道的出入口,通道内部的车顶、车底、车侧、车头、车辆驾驶位都安装摄像头，实现远程监控。

通过完善的录像技术，记录通道中车辆过关的整个流程，对后续的调查取证非常有效，对于车底藏人、车内藏人、通道内行人穿越、通道内车辆尾随等识别采用视频智能分析。

3）RFID远程读卡技术。射频识别，RFID（Radio Frequency Identification）技术，又称无线射频识别，是一种通信技术，可通过无线电讯号识别特定目标并读写相关数据，而无需识别系统与特定目标之间建立机械或光学接触。通过远程无线读卡技术，自动获取车辆的车牌号码，免去各家单位人工输入车牌。

4）光电及传感技术。光电技术是由光子技术和电子技术结合而成的新技术，涉及光显示、光存储、激光等领域，是未来信息产业的核心技术。车道内的防砸系统，通过光幕感应，防止道闸栏杆砸到车辆及过关司机。

5）生物识别技术。生物识别技术是通过计算机与光学、声学、生物传感器和生物统计学原理等高科技手段密切结合，利用人体固有的生理特性（如指纹、脸相、虹膜等）和行为特征（如笔迹、声音、步态等）来进行个人身份的鉴定。边检使用的3D人脸识别、高速非接触式指纹识别技术能快速确定人员身份信息。

（3）旅检场地布局

入境一道车道主要设备包括摄像机、卡口系统、车载卡读卡设备、地感线圈、防尾随检测、LED显示屏、出入口红绿灯、升降机、人像采集、指纹机、出入境证件阅读设备、语音对讲设备、读卡器、体温检测、核辐射检测及其他辅助设备等。入境一道车道主要设备如图8.4-4所示。

入境二道、出境一道车道主要设备有：卡口系统（顶棚安装）、车载卡读卡设备、地感线圈、车载卡读卡设备、升降地柱（出境一道）及其他辅助设备等。其不同在于出境一道获取查验车辆和通关人员等信息后，海关、边检查验部门确定是否需进行人工查验复核，入境二道获取车辆和通关人员等信息后比对海关、边检、国检三家查验单位信息确定放行。入境二道、出境一道车道主要设备如图8.4-5所示。

出境二道车道主要设备有：摄像机（全景摄像机、车左右摄像机、车底摄像机、车后摄像机、车内识别设备等）、卡口系统、车载卡读卡设备、地感线圈、防尾随检测、LED显示屏、出入口红绿灯、采集箱（升降机、人像采集、指纹机、出入境证件阅读设备、语音对讲设备、读卡器、体温检测等）、防冲关升降柱及其他辅助设备等。出境二道车道主要设备如图8.4-6所示。

（4）货检场地布局

入境一道车道主要设备有：摄像机（全景摄像机、车左右摄像机、车底摄像机、车后摄像机、车内识别设备等）、卡口系统、车载卡读卡设备、地感线圈、防尾随检测、LED显示屏、出入口红绿灯、采集箱（升降机、人像采集、指纹机、出入境证件阅读设备、语音对讲设备、读卡器、体温检测等）、电子关锁识别、箱号识别、核辐射检测及其他辅助设备等。入境一道车道主要设备如图8.4-7所示。

入境二道、出境一道车道主要设备有：卡口系统（顶棚安装）、车载卡读卡设备、地感线圈、车载卡读卡设备、地磅（出境一道）、升降地柱（出境一道）及其他辅助设备等。入境二道、出境一道车道主要设备如图8.4-8所示。

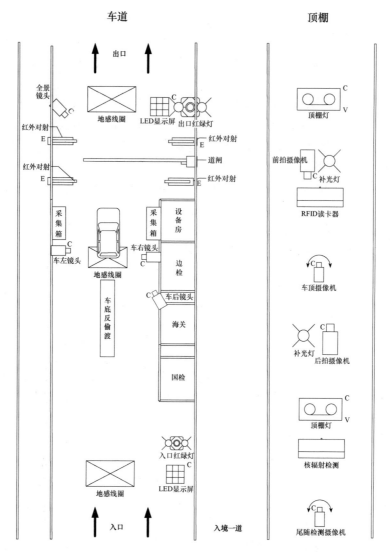

图 8.4-4 入境一道车道主要设备

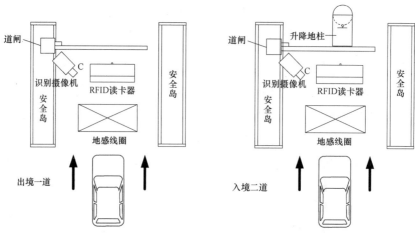

图 8.4-5 入境二道、出境一道车道主要设备

第 8 章 口岸查验通关模式

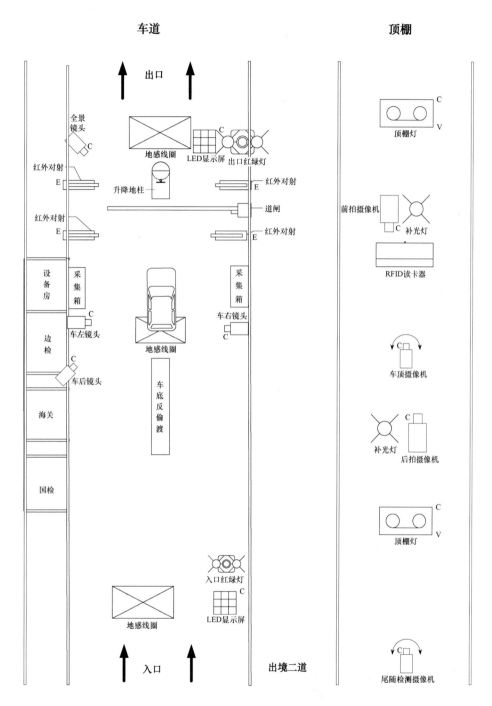

图 8.4-6 出境二道车道主要设备

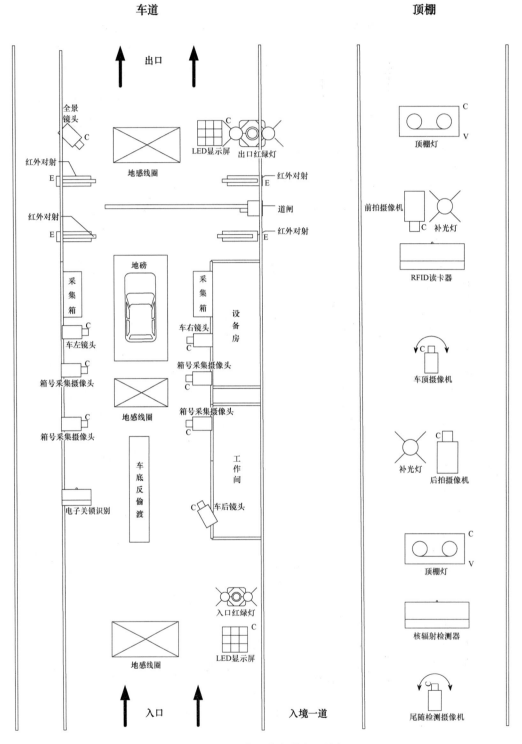

图 8.4-7 入境一道车道主要设备

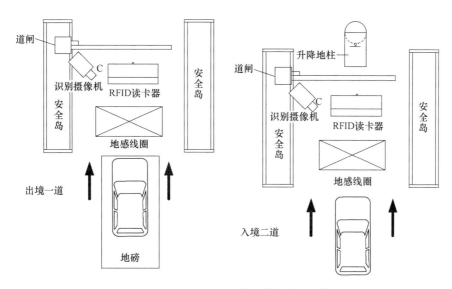

图 8.4-8　入境二道、出境一道车道主要设备

出境二道车道主要设备有：摄像机（全景摄像机、车左右摄像机、车底摄像机、车后摄像机、车内识别设备等）、卡口系统、车载卡读卡设备、地感线圈、防尾随检测、LED显示屏、出入口红绿灯、采集箱（升降机、人像采集、指纹机、出入境证件阅读设备、语音对讲设备、读卡器、体温检测等）、电子关锁识别、箱号识别、防冲撞立柱、核辐射检测及其他辅助设备等。出境二道车道主要设备如图 8.4-9 所示。

3. 卡口系统设置

卡口系统设置在一站式自助通道设置前后拍卡口系统，在放行通道和出境一道设置前拍卡口系统。系统架构如图 8.4-10 所示。

视频卡口系统主要由前端数据采集子系统、网络传输子系统、中心管理子系统等部分组成。前端数据采集子系统通过视频跟踪和分析技术获取车辆的经过时间、图片、车牌号码、车身颜色等数据。数据通过网络传输子系统传输到信息平台系统，信息平台系统对数据进行集中管理、存储、共享等处理。

（1）前段采集子系统

前端数据采集子系统对经过的所有车辆的综合信息进行采集，包括车辆特征照片、车牌号码与颜色、车身颜色等，并完成数据缓存以及通过网络向信息平台传送数据等功能。

该部分系统由 200 万像素嵌入式高清一体化摄像机、LED 频闪灯、闪光灯、地感线圈、智能交通终端管理设备、以太网交换机、光传输设备等组成。

200 万像素高清一体化摄像机系统采用的 200 万高清摄像主机，采用嵌入式一体化结构，内置高性能 DSP 芯片，支持内置智能算法、可实现车辆检测、车牌自动识别功能。

智能交通终端管理设备采用嵌入式高性能处理平台，内置大容量硬盘，可接收来自高清摄像机的 JPEG 流、H.264 视频流，并进行图片、录像的前端存储。支持 200 万像素、500 万像素高清监控摄像机的接入，具有图片录像检索等功能。内置工业级交换机。

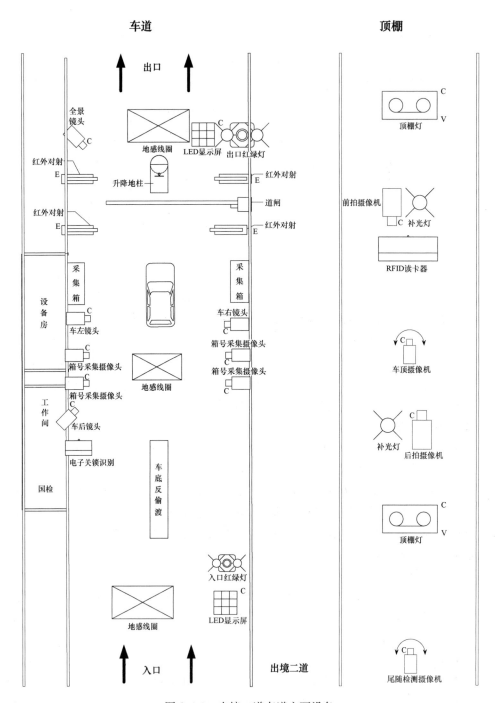

图 8.4-9　出境二道车道主要设备

补光灯卡口系统的辅助补光设备主要有闪光灯和 LED 频闪灯两种方式，可根据前端现场的实际情况选择最佳的补光方案。

LED 频闪灯采用进口封装高亮度 LED，内置灯泡全部采用原装进口的 CREE 灯泡，发光效率为普通补光灯的两倍以上，防护等级为 IP66，能够适应在室外的恶劣环境下长

第8章 口岸查验通关模式

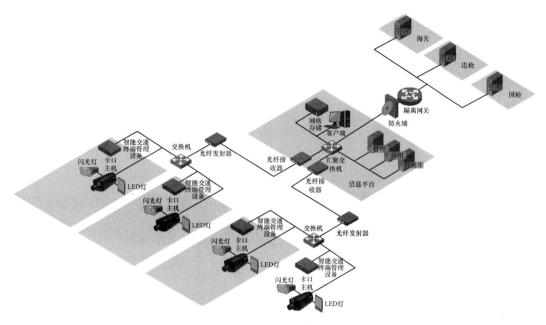

图 8.4-10 系统架构图

时间无故障作业。

闪光灯使用高亮、高性能灯管，通过散热型、便捷安装结构设计，具有过压、欠压、过流保护功能，主要用于满足看清车牌的要求。

网络传输设备由以太网交换机（内置于智能交通终端管理设备中）、光传输设备等设备组成，实现前端卡口子系统到后端中心管理平台之间数据的互联互通。

嵌入式一体化摄像机和补光设备采用棚顶安装的方案，该方案成本较低，安装实施方便。嵌入式一体机安装示意如图 8.4-11 所示：

网络传输子系统主要包括交换机、光传输设备等，实现前端采集子系统与信息系统之间的数据和图像信息传输。

平台管理子系统主要由设备接入、数据存储、集中管理和用户应用四大块组成。主要实现前端数据的接收与存储、前端设备的管理、数据的应用等功能。

在平台系统中可以查看各设备实时上传的图片信息，实现对路面的实时图片监控。通过客户端可以完成设备参数的设置，实现远程升级和系统维护。

（2）制发卡采集系统

采用海关的车载卡/司机卡制发卡数据和相应设备，沿用海关的车载卡和司机卡，由海关提供相关车辆司机与卡的对应关系数据供信息平台使用。边检和国检通过信息平台获取卡和车辆司机的数据信息，在自身的业务系统中完成相应查验业务。海关车载卡/司机卡都通过 RFID 电子标签的方式实现信息采集。

阅读器天线安装在车道前进方向顶部或右侧路边直立安装杆上，阅读器可置于直立杆下部的防护箱中，应从防护箱下部引入电源和数据传输线缆。

阅读器天线的安装高度应考虑到卡车的高度，其倾角与方位角应避免邻道干扰。读车头标签天线宜优先考虑采用顶装，读车架标签天线宜优先考虑采用侧装，顶装安装高度应

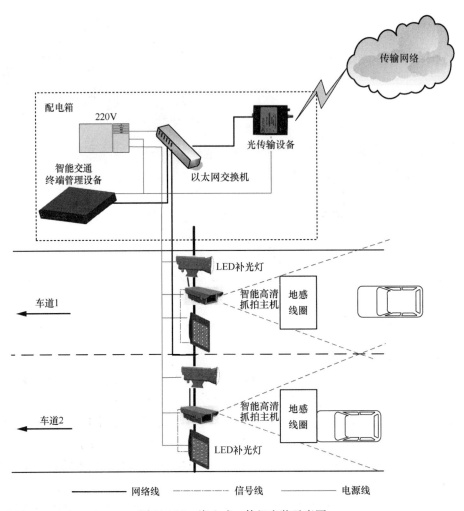

图 8.4-11 嵌入式一体机安装示意图

在 4.5~5m 的位置,侧装安装高度应在 2.5~3m 的位置。

通过视频监控系统获取司机位置信息,采用升降机的方式完成司机指纹、体温、出入境证明、健康申报、人像等多项信息采集。体温检测所需的人脸区域,由三维人脸识别系统提供,同时配备体温检测设备。

采用多功能证件阅读设备,具体功能描述有卡式港澳居民来往内地通行证(非电子证件)证件号码读取;将卡式港澳居民来往内地通行证无论正面、反面插入至阅读设备中,均能正确读取证件号码;出入境电子证件芯片信息读取功能,使用边检专用设备实现芯片信息读取;ID 卡读取功能。

在一道通过地磅采集车辆整体重量数据作为验放数据,通过左右各 2 个摄像机识别货箱编号。

通道内设置电子关锁采集设备,电子关锁及施封和解封由海关业务系统处理。

(3)视频监控系统

通道视频监控系统是查验监控系统的重要组成部分,通过通道视频监控系统,查验人员可以对整个通道实现无死角、24h、全方位地监控,能够及时观察到通道区域的情况。设置包括左右摄像机、前后摄像机、通道摄像机、车内摄像机等。

本系统能满足24h对卡口进出的业务车辆进行全天候实时监控、储存。该系统能够提供卡口通道现场业务车辆进出的实时图像信息,能清晰地记录车辆外部特征、通行车道位置、日期、时间等信息,录像资料存储时间达3个月以上。

实现高质量的流畅的视频监控;系统可灵活配置;可灵活地增加或去除监控点;可实现灵活配置,实现对监控点的备案,及控制权限管理;同时可以实现监控室人员能够实时监控本车道图像;系统能够实现对车道图像的数字化压缩存储功能,并能够实现动态录像、24h不间断录像等多种录像方式;对存储的录像按照一定的规律分段保存,工作人员可根据相关查询条件进行查询,并能够对相关视频进行回放;系统具有网络传输功能,工作人员能够通过视频监控端对视频图像进行实时监控、回放等功能。

(4) 信息接口系统

信息接口系统主要功能是将采集的车牌信息、司机基本资料、体温、视频、指纹、人像、车重(货检)、货箱信息(货检)等原始资料根据各单位的需求进行分发,同时接收各单位返回的验放结果,通过信息接口服务器与边检、海关、检验检疫前置机通信。

为满足各查验单位对数据采集的需求,按照公安部《公安信息通信网边界接入平台安全规范(试行)》的要求,结合口岸实际工作需要,设计并建设口岸信息通信网边界接入平台,为开展信息交换提供高效、安全的网络接入与交换通道。

1) 海关接口系统。海关信息接口改造包括查验信息采集接口(即信息获取)、查验结果和附加信息反馈。制定信息接口标准、数据内容、数据格式等。海关主要数据包括车辆数据、司机数据、货箱数据及其他相关数据。

海关应提供其车载卡/司机卡信息系统接口给信息平台完成车辆司机与卡关系数据共享,同时与边检和海关完成相关备案业务的调整。

海关相关业务系统改造,涉及一站式查验流程的系统都应做一定的调整。

2) 边检接口系统。边检信息接口改造包括查验信息采集接口(即信息获取)、查验结果和附加信息反馈。制定信息接口标准、数据内容、数据格式等。边检主要数据包括车辆数据、司机数据、出入境证件数据、指纹数据、人像数据、车内图像数据及其他相关数据。车载卡/电子标签系统应根据信息平台提供的标准完成边检相关系统的改造。

3) 国检接口系统。检验检疫信息接口包括查验信息采集接口(即信息获取)、查验结果和附加信息反馈。制定信息接口标准、数据内容、数据格式等。国检主要数据包括车辆数据、司机数据、健康证明数据、体温数据、核辐射检测数据、卫生数据、收费数据及其他相关数据。车载卡/电子标签系统应根据信息平台提供的标准完成边检相关系统的改造。

(5) 智能控制系统

在通道前后端增加LED显示屏,可显示通关人员的提示及欠费信息等,增强人性化。

语音引导系统主要负责对一站式通道内司机的操作引导,也包括人工的语音提示,包括引导停车、引导查验操作(指纹、人像、体温等)、道闸放行提示、查验提示等。语音引导充分考虑通道内相关的设备,采用预设语音模式为通行人员提供语音引导服务。使一站式通道更加人性化,易于操作。

通道设备包括自动照明、车道开启/关闭指示灯、车辆出/入引导交通灯、道闸、自动伺服定位系统、对讲系统、车辆检测等。为使通道内设备能做到统一控制，需将通道智能设备集成控制，综合控制系统将在预定的控制模式下完成对所有设备的预设控制。根据各单位的验放结果利用信息显示屏、信号灯和自动栏杆指挥车辆通行；系统在运行过程当中始终监控通道设备运行情况，如发现设备故障及时报警。

第9章 项目建设管理模式

项目建设管理模式是一个宽泛的概念,是一个工程项目建设的基本组织模式。工程项目的管理模式确定了工程项目在完成项目过程中各参与方所扮演的角色及合同关系管理的总体框架、项目参与各方的职责、义务和风险分担,很大程度上决定了项目的合同管理方式、建设进度、工程质量和工程造价、后期运营等。本章主要从项目建设管理模式类型特点、全过程工程咨询内容特点,并结合具体的工程案例对全过程工程咨询模式的工作进行具体阐述。

9.1 项目建设管理模式类型

从建设单位的角度来看,建设管理模式指从项目立项开始直到项目运营阶段,如何引入项目投资资金,并对资金进行有效管理,使项目在全生命周期达到投资效益最大化;如何引入设计单位、勘察单位、监理单位、施工单位及其他参建单位,使项目建设在项目成本、工期、质量、安全达到合理的均衡且满足项目建设要求,实现项目管理的各项目标。

建设管理模式有很多种,从建设单位管理角度来看,有项目自主管理模式、PM(项目管理)模式、CM模式、市场化代建制、工程总承包模式、全过程工程咨询模式;从投融资角度来看,有PPP模式、BOT(建设-经营-移交)模式、TOT模式、ABS(证券化融资)模式、专项债券等;从项目发包方式来看,有EPC(设计-采购-建设)模式、DB(设计施工一体化)模式、DBB(设计-招标-建造)模式、PMC模式等。

为促进建筑业持续健康发展,改变工程建设组织方式落后等较为突出的问题,《国务院办公厅关于促进建筑业持续健康发展的意见》(国办发〔2017〕19号)《国家发展改革委 住房和城乡建设部关于推进全过程工程咨询服务发展的指导意见》(发改投资规〔2019〕515号)《国务院办公厅转发住房和城乡建设部关于完善质量保障体系提升建筑工程品质指导意见的通知》(国办函〔2019〕92号)等文件提出完善工程建设组织模式,加快推进工程总承包,培育全过程工程咨询,推广全过程工程咨询应用,提升工程建设质量和效益。

根据目前国家的主要政策和市场成熟度,对主要的项目建设管理模式形式、主要特点等进行分析。

1. 全过程工程咨询

全过程工程咨询是指对建设项目全生命周期提供组织、管理、经济和技术等各有关方面的工程咨询服务,包括项目的全过程工程项目管理以及投资咨询、勘察、设计、造价咨询、招标代理、监理、运行维护咨询以及BIM咨询等专业咨询服务。全过程工程咨询单位是指建设项目全过程工程咨询的提供方,可以是独立咨询单位,也可是多家单位联合体。全过程工程咨询单位应具有国家现行法律规定的与工程规模和委托工作内容相适应的勘察、设计、监理、造价咨询等资质。

(1) 主要服务内容

全过程工程咨询根据建设阶段、服务内容等可划分为三部分：全过程工程项目管理、工程监理、各项专业咨询服务。

1) 全过程工程项目管理主要包括项目策划管理、报批报建、合同管理、进度管理、勘察管理、设计管理、投资管理、招标采购管理、组织协调管理、质量管理、安全生产管理、信息管理（含档案管理、公共信息管理、BIM管理及信息化应用管理）、风险管理、竣工验收收尾及移交管理、工程结算管理、后评价、运营维护管理等工作。

2) 工程监理，依据国家批准的工程项目建设文件、有关工程建设的法律、法规和工程建设监理合同及其他工程建设合同，代表甲方对乙方的工程建设实施监控的一种专业化服务活动。监理的主要依据是法律、法规、技术标准、相关合同及文件；监理的准则是守法、诚信、公正和科学，监理工作需符合现行监理规范要求。

3) 各专业咨询服务。

一是决策综合性咨询：包括项目建议书编制、可行性研究报告编制、规划咨询、设计任务书、环境影响评估、交通影响评价、勘察、节能评估、地震安全性评估、地质灾害评估、防洪评估、社会稳定风险评价、安全评价、方案设计及优化评审，初步设计及优化评审、施工图强审（精细化审查）等项目前期需要进行的各项咨询和评估工作，可以选择单项或多项服务。

二是工程设计类：包括方案设计及优化、评审，初步设计（含设计概算）及优化、评审，施工图设计及优化、评审等工程设计，可以选择单项或多项服务。

三是其他专项咨询服务：包括绿建咨询、特殊工艺咨询（含实验室工艺咨询与医疗工艺咨询等）、水土保持评估及设计、绿建及海绵城市咨询、施工图强审、施工图精细化审查等。

全过程工程咨询单位作为项目管理专业单位，具有高度的主动性和自觉性，有利于建设单位加强项目的管控能力，并通过优化资源配置，提升建设效率，满足项目精细化管理以及高质量建设的需求。

相较传统分散式的管理模式，全过程咨询建设管理模式具有下列特点：

① 有利于对项目进行集成管理。由全过程工程咨询单位进行项目的集成管理，管控责任主体明确，便于管理工作优化，保证项目管控的延续性，有效控制项目投资、项目进度及工程质量等主要目标，使建设资源的运用更加科学、合理、节约。

② 可规避传统模式碎片化管理所造成的信息孤岛现象。有效改善传统模式下片段式、碎片化的缺点，由全过程工程咨询的单位建立信息化体系，实现项目全流程信息留存，提高沟通效率，形成建设全过程完整的项目信息链，为项目建设大数据分析提供支撑。

③ 合理规避项目建设管理审计风险。政府投资及国有资金建设项目，既要高效完成建设，又要面临层层审计，项目往往面临一定的决策和审计风险。引入咨询总包方是重要的风险管理手段，业主方可将建设管理相关风险通过合同方式转移给全过程工程咨询总包方，降低自身决策和审计风险。

④ 消除临时组建项目管理机构的弊端。临时项目管理机构模式下可能存在人员专业化程度低、管理体系不健全、管理手段与管理方法落后、造价虚增、工期延长、安全风险大等诸多弊病，引入全过程工程咨询方将有效消除临时性管理机构带来的各种弊病。

⑤ 有利于进行合同管理，减少合同管理工作量，避免与多方进行合同博弈引起的合同纠纷，规避不清晰的合同界面，提高管理效率。

⑥ 有利于提高项目运转效率。全过程工程咨询模式除各业务板块具有专业团队人员外，团队核心人员也具备较高的综合素质和资源整合、协调统筹能力，可有效保证项目管理运转效率，提升管理质量。

⑦ 有利于加强投资管控。传统模式下，投资控制的完整链条被切分，投资咨询、勘察设计、造价咨询、工程监理等均参与投资控制过程。而由于各参与方诉求与责任的分裂，无法形成统一的投资控制，结果往往造成投资管控失效。全过程工程咨询模式下，各项专业咨询处于全过程工程咨询方的统一管控之下，咨询服务覆盖建设全过程，对各阶段工作进行系统整合，并可通过限额设计、优化设计、BIM全过程咨询、精细化全过程管理等多种手段降低"三超"风险，进而节省投资，提升投资效益。

（2）使用条件

作为建设单位，为了有效推进建设项目的顺利实施，完成建设任务，在自身人员数量紧张和专业技术力量不足的情况下，依托全过程工程咨询的建设管理模式，借助市场竞争下的专业技术力量，能够为项目配置最优的管理团队，辅助建设单位对工程项目进行更为专业化、精细化的管理服务，补齐专业技术能力不足的短板。

（3）全过程工程咨询与传统工程咨询服务利弊分析

通过对全过程工程咨询特点的分析可以得出全过程工程咨询与传统工程咨询服务利弊如表9.1-1所示：

全过程工程咨询与传统工程咨询服务利弊 表9.1-1

序号	主要内容	传统管理模式（项目管理＋监理包＋造价包＋招标代理包＋设计包＋勘察包＋其他专业包）	全过程工程咨询模式
1	信息管理	使用单位内部的需求不明确，不统一，不标准。各个咨询单位获取信息不全面，不完整	由全过程工程咨询单位统一负责，统一安排统筹，协调使用部门的需求信息转变为咨询服务单位信息，减少沟通协调
2	组织管理	由建设单位组织各专业的咨询服务单位参与，对接界面范围不一致，要求不一致	由全过程工程咨询单位组织，口径一致，形成一体化咨询服务总包单位，统一管理，统一组织
3	专业管理	参与项目的专项咨询服务有不同的专业，需要面对不同的咨询专业性问题，要一一对建设单位内部需求部门对接，对于专业性技术难点，无法由一家咨询单位负责解决	对于项目中碰到各专业的技术难点和困难，全过程咨询单位负责专业技术统筹，负责解决需求方提出的功能需求的技术瓶颈
4	需求定位管理	各咨询是站在各自专业的服务范围角度考虑	全过程工程咨询是项目决策阶段介入，是从业主方的顶层管理角度考虑
5	管理效果	被动参与设计、被动修改设计；被动参与合同管理；单纯控制投资、进度、质量等某一方面	主动参与功能需求转化为方案，主动以投资为主线实现功能需求最大化，主动参与合同管理，基于项目增值，目标集成管理

续表

序号	主要内容	传统管理模式（项目管理＋监理包＋造价包＋招标代理包＋设计包＋勘察包＋其他专业包）	全过程工程咨询模式
6	投资管理	传统模式下设计、造价、监理等分别多次发包的合同成本	全过程工程咨询采用单次招标方式，可使合同成本大大降低，由于咨询服务覆盖了工程建设的全过程，有利于整合各阶段工作内容，实现全过程投资控制，还能通过限额设计、优化设计和精细化管理等措施提高投资收益，确保项目投资目标的实现
7	进度管理	传统模式下冗长繁多的招标次数和期限，进度滞后责任互相推诿	全过程工程咨询可大幅度减少业主日常管理工作和人力资源投入，有效减少信息漏斗、优化管理界面；可有效优化项目组织、简化合同关系，有利于解决设计、造价、招标、监理等单位之间存在的责任分离等问题，加快建设进度
8	服务质量	建设过程中的设计、施工、监理、造价及招标等不同环节脱节，出现很多管理漏洞和缺陷	全过程工程咨询有助于促进设计、施工、监理等不同环节、不同专业的无缝衔接，提前规避和弥补传统单一服务模式下易出现的管理漏洞和缺陷，提高建筑的质量和品质。全过程工程咨询模式还有利于调动企业的主动性、积极性和创造性，促进新技术、新工艺、新方法的推广和应用
9	规避风险	建设单位不同阶段的不同需求，多部门参与，加大了项目管理的阻力，也会伴生腐败行为的风险	在全过程工程咨询中，咨询企业是项目管理的主要责任方，在全过程管理过程中，能通过强化管控有效预防责任事故，大大降低建设单位的责任风险。同时，还可避免与多重管理伴生的腐败风险，有利于规范建筑市场秩序、减少违法违规行为

2. 工程总承包

工程总承包是国际通行的工程建设项目组织实施方式。积极推行工程总承包是深化我国工程建设项目组织实施方式改革，提高工程建设管理水平，保证工程质量和投资效益，规范建筑市场秩序的重要措施；是勘察、设计、施工、监理企业调整经营结构，增强综合实力，加快与国际工程承包和管理方式接轨，适应建筑业新时代新阶段新形势的必然要求。

工程总承包是指从事工程总承包的企业受业主委托，按照合同约定对工程项目的勘察、设计、采购、施工、试运行（竣工验收）等实行全过程或若干阶段的承包。工程总承包企业按照合同约定对工程项目的质量、工期、造价等向业主负责。工程总承包企业可依法将所承包工程中的部分工作发包给具有相应资质的分包企业；分包企业按照分包合同的约定对总承包企业负责。

（1）具体方式

工程总承包的具体方式、工作内容和责任等，由业主与工程总承包企业在合同中约定。工程总承包主要有如下方式：

1) 设计采购施工（EPC）/交钥匙总承包

设计采购施工总承包是指工程总承包企业按照合同约定，承担工程项目的设计、采购、施工、试运行服务等工作，并对承包工程的质量、安全、工期、造价全面负责。

交钥匙总承包是设计采购施工总承包业务和责任的延伸，最终是向业主提交一个满足使用功能、具备使用条件的工程项目。

2) 设计-施工总承包（D-B）

设计-施工总承包是指工程总承包企业按照合同约定，承担工程项目设计和施工，并对承包工程的质量、安全、工期、造价全面负责。

根据工程项目的不同规模、类型和业主要求，工程总承包还可采用设计-采购总承包（E-P）、采购-施工总承包（P-C）等方式。

随着大型公共建筑的发展，工程总承包模式已成为大型复杂类基础设施重要的建设管理模式。

2003年，建设部发布《关于培育发展工程总承包和工程项目管理企业的指导意见》，大力推广工程总承包模式，到2017年，国务院办公厅发布《关于促进建筑业持续健康发展的意见》，工程总承包模式在各地不断地落地生根，已经逐步成为房屋建筑和市政公用工程的常见建设模式。

(2) 主要特点

工程总承包模式优势主要体现在工期节约、管理效能提升、质量提升，特别是在"急难险重"项目上，优势体现更为明显。在报批报建、建设资金下达方面需外部支持。

1) 有利于工期控制

工程总承包模式可实现设计、采购、施工各个环节紧密衔接，实施期间，图纸设计、施工基础作业、概预算审批、报批报建等工作可并行推进，有效缩短工期。工程总承包单位通过科学调配内外部资源，将设计、采购、施工（或设计、施工）进度计划充分衔接，统筹管理甲方指定分包的进度，工期控制的主观能动性更强。

2) 提升管理效能

工程总承包模式下，工程总承包单位统一管理设计、采购、施工（或设计、施工），招标工作时间缩减，项目合同关系简化，承包人内部管控增多，发包人外部协调减少，可将更多精力投入到统筹管理工作中，由此可形成"发包人统筹、全过程监管、承包人执行"的管理链条，整体提升管理效能。

以某工程总承包联合体项目的施工图设计为例，联合体承包人将设计方、施工方人员重新组合，组建设计部、造价部、工程部，施工图设计完成后，组织三部门管理人员会审，综合考虑设计方案、成本投入、施工方法三方面因素后对设计成果进行优化调整，管理方在期间发挥统筹管理优势，积极沟通，有效避免传统模式下因职能分散导致沟通效率降低，进而影响成果质量的情况出现。

3) 有助于工程质量提升

工程总承包模式下，承包人对其承包的全部建设工程质量负总责，"施工界面划分不清晰、责任界定不明确"等质量影响因素减弱，不同承包人之间的"推诿""扯皮"减少，有利于工程质量整体提升。

使用条件：投资规模大、质量要求高、工期要求紧等项目，适宜采用工程总承包模式。

（3）工程总承包模式应用中存在的困难

工程总承包项目实施过程存在的困难，主要体现在以下几个方面：

1）投资管理方面

建设周期短的项目，概算批复与工程进度不匹配，成本风险和概算批复的不确定性较大，工程总承包单位缺乏采用高标准材料、设备的积极性，影响项目设计效果的实现。

计价模式指引不足。计费方式有概算下浮率、固定单价、固定总价、综合单价等。工程总承包项目管理过程中，不同阶段、规模、发包模式下发包人无相关经验和依据选用何种计价模式，造成投资控制难度增加。例如采用"概算下浮率"招标，结算金额和概算金额直接关联，承包人出于自身利益最大化考虑，在概预算申报过程中易出现"过度优化""虚报工程量"等行为。

2）需求、变更管理方面

传统施工总承包模式下，使用需求在方案设计、初步设计、施工图设计各阶段逐级清晰、明确，但工程总承包项目在概算批复前招标，招标前使用需求不稳定，尤其是医院、场馆类需求较复杂的项目，实施过程中设计方案、功能反复修改、调整，影响项目建设进度。产生大量协调、变更的工作量，变更材料、设备定价流程复杂，对于没有信息价的材料、设备，单价确定无准确依据，结算审核过程中易产生廉政风险。承包变更手续无法及时闭合，也是变更管理的一大痛点。

3）招标管理方面

工程总承包招标方案、招标文件、合同等内容编制质量，较依赖项目组和咨询单位的管理经验和风险预判能力。

4）承包人自身管理水平待提升

工程总承包单位以"施工单位（牵头）＋设计单位"的联合体形式较多，但目前该联合模式综合实力较强的牵头单位较少，管理团队中复合型人才相对欠缺，普遍缺少工程总承包项目的管理经验，管理中前瞻性和预见性不足，采用新技术、新工艺的积极性不高。

目前工程总承包单位在项目实施过程中，尚未建立成熟的设计、施工融合组织管理架构，部分项目存在"设计、施工两张皮"情况，未充分发挥"设计指导施工，施工反馈设计"的模式优势。联合体单位在融合、沟通对接、整体配合及综合能力方面仍有较大提升空间。

5）存在外部制约因素

工程总承包通过实现"设计、报建、施工"三条主线并联推进，加快项目进度。目前，报建主线仍需按照相关部门规定流程逐级申报。受报批报建手续制约，报批进度和实施进度不匹配，大部分项目都存在"未批先建"的风险。

政府投资项目建设期资金在概算批复前无法下达，施工进度款无法按照形象进度或实际完工产值及时、足额支付，不能满足项目建设的需要，工程总承包单位为确保项目进度，承担了较大的资金压力。

3. 代建制

代建制是指政府通过招标的方式，选择专业化的项目管理单位，负责项目的投资管理和建设组织实施工作，项目建成后交付使用单位的制度。代建期间，代建单位按照合同约定代行项目建设的投资主体职责，有关行政部门对实行代建制的建设项目的审批程序不变。

(1) 主要合同形式

代建制试点中的代建合同，有三种模式：

1) 委托代理合同模式。上海、广州、海南等代建制试点采用的模式。该模式在政府投资主管部门下面，设立具有法人资格的建设工程"项目法人"，或者指定一个部门作为"项目业主"，由项目法人（或项目业主）采用招标投标方式选定一个工程管理公司作为代建单位，再由项目法人（或项目业主）作为委托方，与代建单位（受托方）签订代建合同。

委托代理合同模式的实质，是委托代建单位对项目工程建设施工进行专业化组织管理，并代理委托方采用招标方式签订建设工程承包、监理、设备采购等合同。

项目建成后的使用单位不一定是合同当事人，项目投资资金的管理权由投资人（项目法人、项目业主）负责，可以实现防止公共工程招标投标、建设过程中的腐败行为和对公共工程建设的专业化管理的政策目的，在项目工程的使用单位或者管理单位尚不存在的情形，适于采用此模式。

2) 指定代理合同模式，是重庆、宁波、厦门和贵州等代建制试点采用的模式，政府投资主管部门采用招标投标方式选定一个项目管理公司作为代建单位，由作为代理人的该代建单位，与作为被代理人的使用单位签订代建合同。

此指定代理合同模式的实质是政府投资主管部门指定代建单位作为使用单位的代理人，对项目工程建设施工进行专业化组织管理，并代理使用单位采用招标方式签订建设工程承包、监理、设备采购等合同。

投资人（政府投资主管部门）不是合同当事人，投资和资金的管理权掌握在使用单位手中，可以实现防止公共工程招标中的腐败行为和实现公共工程建设的专业化管理的政策目的。

3) 三方代建合同模式。北京、武汉、浙江等代建制试点采用的模式：政府投资管理部门与代建单位、使用单位签订三方代建合同。

北京市是由发改委（投资人）选定代建单位，并与代建单位、使用单位签订三方代建合同；武汉市是由政府指定的责任单位（投资人）选定代建单位，并与代建单位、使用单位签订三方代建合同；浙江省是由政府投资综合管理部门（投资人）选定代建单位，并与代建单位、使用单位签订三方代建合同。

三方代建合同，除规定代建单位的权利、义务和责任外，还明确规定政府主管部门的权限和义务："对代建单位（受托人）的监督权、知情权；提供建设资金的义务"。

使用单位的权利和义务：对代建单位（代理人）的监督权、知情权，对所建设完成的工程和采购设备的所有权；协助义务、自筹资金供给义务。

代建制最早出现在政府投资项目，特别是公益性项目。针对财政性投资、融资，社会事业建设工程项目法人缺位，建设项目管理中"建设、监管、使用"多位一体的缺陷，并导致建设管理水平低下、腐败多发等问题，通过招标和直接委托等方式，将一些基础设施和社会公益性的政府投资项目委托给一些具有实力和工程管理能力的专业公司实施建设，而业主则不从事具体项目建设管理工作。业主与项目管理公司/工程咨询公司通过管理服务合同来明确双方的责、权、利。

（2）主要特点

1）代建单位兼具运营管理优势和政府投资工程建设经验，实现高效管理和利益最大化；

2）可以防止公共工程招标中的腐败行为，实现对公共工程建设施工和项目投资资金的专业化管理，保证工程质量和投资计划的执行，实现政府投资体制改革的政策目的；

3）根治业主对项目管理管控力度较弱，避免设计单位与承包商之间相互推诿责任，使业主利益受到损害；

4）建设周期长，按设计-招标-施工的传统建设方式循序渐进。

（3）使用条件

涉及特定运营设施的政府投资项目一般均委托代建管理。

政府投资项目的实施将不可避免地与地铁、铁路、高速公路、机场等有特定运营管理要求的既有大型公共设施或建筑物即"特定运营设施"间存在着交叉施工的问题，拟建工程的施工很可能会威胁到这些特定运营设施的正常运营和安全。由于负责这些政府投资项目的建设单位或项目业主单位，在怎样保障特定运营设施的运营安全方面存在严重短板。为便于整个项目的顺利推进，将项目实施过程中对特定运营设施的影响降低到最低程度，将项目整体或者其中的一部分实行委托代建管理，可以有效保证特定运营设施的正常运营和安全。

（4）代建方式的选择

代建方式，一般包括全过程方式和分阶段方式。

项目涉及的特定运营设施的运营安全要求高，且可行性研究阶段未按运营管理单位要求针对该部分工程的可行性开展深入细致的研究，宜采用全过程代建管理方式，即委托代建单位对代建项目从项目建议书批复后开始，经可行性研究、设计、施工、竣工验收，直至保修期结束，实行全过程管理。

项目可行性研究阶段已充分征求涉及的特定运营设施产权单位或运营管理单位的意见，并且报告内容已得到其正式认可，为确保建设实施过程可控和整体项目的政府建设目标可控，宜采用分阶段委托代建管理方式。分阶段代建管理方式下，宜将施工图设计阶段、项目实施阶段、竣工验收阶段的建设管理工作委托给代建单位代理。

4. EPC模式

设计采购施工（EPC，Engineering-Procurement-Construction）总承包是指从事工程总承包的企业受业主委托，按照合同约定对工程项目的勘察、设计、采购、施工、试运行（竣工验收）等实行全过程或若干阶段的承包。通常在总价合同条件下，工程总承包企业对承包工程的质量、安全、工期、造价全面负责，实现项目设计、采购、施工等工作一体化。最终向业主提交一个满足使用功能、具备使用条件的工程项目。

从发包阶段来说，依据发包阶段的不同，EPC项目可划分为项目立项后、方案和可研批复后、初设和概算批复后发包三种类型。

（1）主要特点

优点有：

1）EPC总承包商负责整个项目的实施过程，不再以单独的分包商身份建设项目，有利于整个项目的统筹规划和协同运作；可以有效解决设计与施工的衔接问题、减少采购与施工的中间环节，顺利解决施工方案中的实用性、技术性、安全性之间的矛盾。

2）工作范围和责任界限清晰，建设期间的责任和风险可以最大程度地转移至总承包商。

3）合同总价和工期固定，业主的投资和工程建设期相对明确，利于费用和进度控制。

4）能够最大限度地发挥工程项目管理各方的优势，实现工程项目管理的各项目标。

5）可以将业主从具体事务中解放出来，关注影响项目的重大因素上，确保项目管理的大方向。

6）合同关系简单，有利于项目的组织管理。

7）总承包合同价较早确定，有利于控制工程造价。

8）总承包单位工期控制的主观能动性强，有利于工期控制。

9）设计与施工的组织集成使其紧密结合，提高了项目管理效率，达到项目建设增值目的。

缺点有：

1）业主主要是通过 EPC 合同对 EPC 承包商进行监管，对工程实施过程参与程度低，控制力度较低。

2）业主将项目建设风险转移给 EPC 承包商，对承包商的选择至关重要，一旦承包商的管理或财务出现重大问题，项目也将面临巨大风险。

3）EPC 承包商责任大，风险高，因此承包商在承接总包工程时会考虑管理投入成本、利润和风险等因素，所以 EPC 总包合同的工程造价水平一般偏高。

4）与传统的建设模式区别比较大，传统行业的业主比较难以理解和配合承包商的工作。

（2）使用条件

1）从项目特点来说，采用 EPC 模式的项目特点比较显著，主要以应急突发类、维修改造类、装饰装修类、展陈类、装配式建筑类项目（含保障房）和建设投资标准相对明确且工期较紧的民生类项目（如学校、医院）为主。这些项目普遍功能要求、建造标准、技术及质量要求等建设需求比较明确，同时其建造成本具有较大确定性，如占比较大的学校类、保障房类项目。特殊情况下，建设需求不明确但工期紧的项目也采用该模式。

2）有下列情况的项目不建议采用 EPC 模式：投标人没有足够的时间或资料、以仔细研究和核查"发包人要求"或进行设计、风险评估和估算的；建设内容涉及相当数量地下工程的；功能、建造标准、技术及质量要求、建造成本具有较大不确定性的。

5. 建筑师负责制

建筑师负责制是以担任民用建筑工程项目设计主持人或设计总负责人的注册建筑师为核心的设计团队，依托所在的设计企业为实施主体，依据合同约定，对民用建筑工程全过程或部分阶段提供全寿命周期设计咨询管理服务，最终将符合建设单位要求的建筑产品和服务交付给建设单位的一种工作模式。

《国家发展改革委住房和城乡建设部关于推进全过程工程咨询服务发展的指导意见》（发改投资规〔2019〕515 号）明确指出：鼓励建设单位委托咨询单位提供招标代理、勘察、设计、监理、造价、项目管理等全过程咨询服务。

《国务院办公厅关于促进建筑业持续健康发展的意见》（国办发〔2017〕19号）明确要求：政府投资工程应带头推行全过程工程咨询，鼓励非政府投资工程委托全过程工程咨询服务。在民用建筑项目中，充分发挥建筑师的主导作用，鼓励提供全过程工程咨询服务。

《深圳市建筑师负责制试点工作实施方案》（深建设〔2019〕16号）在建筑师负责制定义中明确：责任建筑师及团队可以对工程项目的规划策划、报批报建、设计及设计管理、招标管理、采购管理、施工管理和竣工验收、评先创优等项目建设提供全过程管理服务，并对质量、安全、进度、费用、合同、信息、行政审批、技术审查等承担相关责任。

推行建筑师负责制，是与国际工程建设模式接轨，通过充分发挥建筑师及其团队在工程全过程中的主导作用，引导和鼓励建筑师依据合同约定提供全过程服务，注重与规划和城市设计衔接，并在项目实施中逐步建立确保质量、安全和效率相结合的工作机制，有利于提升工程质量，打造精品工程项目。

（1）主要服务内容

参与规划。参与城市修建性详细规划和城市设计，统筹建筑设计和城市设计协调统一等。

提出策划。参与项目建议书、可行性研究报告与开发计划的制定，确认环境与规划条件、提出建筑总体要求、提供项目策划咨询报告、概念性设计方案及设计要求任务书，代理建设单位完成前期报批手续等。

完成设计。完成方案设计、初步设计、施工图技术设计和施工现场设计服务。综合协调把控幕墙、装饰、景观、照明等专项设计，审核承包商完成的施工图深化设计。建筑师负责的施工图技术设计重点解决建筑使用功能、品质价值与投资控制。承包商负责的施工图深化设计重点解决设计施工一体化，准确控制施工节点大样详图，促进建筑精细化。

监督施工。代理建设单位进行施工招投标管理和施工合同管理服务，对总承包商、分包商、供应商和指定服务商履行监管职责，监督工程建设项目按照设计文件要求进行施工，协助组织工程验收服务。

指导运维。组织编制建筑使用说明书，督促、核查承包商编制房屋维修手册，指导编制使用后维护计划。

更新改造。参与制定建筑更新改造、扩建与翻新计划，为实施城市修补、城市更新和生态修复提供设计咨询管理服务。

辅助拆除。提供建筑全寿命期提示制度，协助专业拆除公司制定建筑安全绿色拆除方案等。

（2）主要特点

1）强调工程建设过程中建筑师的作用。充分发挥建筑师的专业精神，尊重建筑师设计的产品。在建造施工过程中用建筑师团队提供的专业服务，达成建设单位建设精品工程的需求和设计团队创意的平衡。

一种形式是鼓励大设计，即将设计工作纳入全过程咨询，做大做强全过程咨询服务机构；另一种形式是设计发挥部分建设单位的作用，作为建设单位的设计管理、前期管理的补充力量。

2）强化设计总包管理，将专业顾问设计团队纳入设计总包一并管理，执行建筑师团队也作为建设单位设计管理团队的有力补充，为项目精细化设计管理提供了更强的技术力量支撑。

3）执行建筑师负责制模式收费方式为根据人员配备和服务时间确定。相对传统设计总包的设计取费，执行建筑师设计人员素养和专业要求更高，其收费亦较高。

（3）使用条件

对建筑师和设计团队要求比较高。

建筑师作为整个项目所有设计顾问的负责人，在项目自设计至建设全过程中，就项目建设方提出的需求及项目建设过程中出现的问题，协调各设计顾问解决问题，将协调成果汇报至建设方供其决策用。还需监督其内容是否在图纸及文件资料中有所体现，并最终在项目建设中实施。

目前，绝大多数的设计人员无论在校期间还是从业过程中都未接受过相关训练，对于项目全流程的大局观、沟通协调能力及合同的管理能力较弱；设计人员缺乏建筑师应当作为甲方的代言人及所有专业顾问团队的领导者的意识，易将自己的角色局限于主要专业的设计领域。

6. 工程项目管理

工程项目管理是指从事工程项目管理的企业受业主委托，按照合同约定，代表业主对工程项目的组织实施进行全过程或若干阶段的管理和服务。

工程项目管理企业不直接与该工程项目的总承包企业或勘察、设计、供货、施工等企业签订合同，但可以按合同约定，协助业主与工程项目的总承包企业或勘察、设计、供货、施工等企业签订合同，并受业主委托监督合同的履行。

工程项目管理的具体方式及服务内容、权限、取费和责任等，由业主与工程项目管理企业在合同中约定。工程项目管理主要有如下方式：

（1）管理方式

1）项目管理服务（PM）

项目管理服务是指工程项目管理企业按照合同约定，在工程项目决策阶段，为业主编制可行性研究报告，进行可行性分析和项目策划；在工程项目实施阶段，为业主提供招标代理、设计管理、采购管理、施工管理和试运行（竣工验收）等服务，代表业主对工程项目进行质量、安全、进度、费用、合同、信息等管理和控制。工程项目管理企业一般应按照合同约定承担相应的管理责任。

2）项目管理承包（PMC）

项目管理承包是指工程项目管理企业按照合同约定，除完成项目管理服务（PM）的全部工作内容外，还可以负责完成合同约定的工程初步设计（基础工程设计）等工作。对于需要完成工程初步设计（基础工程设计）工作的工程项目管理企业，应当具有相应的工程设计资质。项目管理承包企业一般应当按照合同约定承担一定的管理风险和经济责任。

根据工程项目的不同规模、类型和业主要求，还可采用其他项目管理方式。

（2）主要特点

1）避免非专业机构管理项目造成的弊端和经济损失。

2) 有利于缩减项目责任链条和业主的管理跨度，保证项目责任的连续性和一致性。

3) 可以充分发挥管理承包商在项目管理方面的专业技能，统一协调和管理项目的设计与施工，减少矛盾。

4) 通过对建设各环节系统科学地管理，可以实现项目投资效益最大化。

5) 该模式可以运用技术优势对整个项目进行全方位的技术经济分析和比较，对项目的设计进行优化，达到项目寿命期费用最低。

6) 在保证质量优良的同时，有利于承包商获得对项目未来的契股或收益分配权，可以缩短施工工期，在高风险领域，通常采用契股这种方式来稳定队伍。

7) 减少业主日常事务性管理工作，精简业主管理机构。

8) 项目管理单位通过丰富的项目融资和项目财务管理经验，并结合工程实际对整个项目的现金流进行优化。

（3）使用条件

1) 业主自身缺乏项目管理经验和管理人才，需要委托专业化的项目管理公司提供咨询服务或代表业主进行管理和控制。

2) 投资比较大，工艺复杂的项目。

9.2 全过程工程咨询

改革开放以来，我国工程咨询服务市场化快速发展，形成了投资咨询、招标代理、勘察、设计、监理、造价、项目管理等专业化的咨询服务业态，部分专业咨询服务建立了执业准入制度，促进了我国工程咨询服务专业化水平提升。随着我国固定资产投资项目建设水平逐步提高，为更好地实现投资建设意图，投资者或建设单位在固定资产投资项目决策、工程建设、项目运营过程中，对综合性、跨阶段、一体化的咨询服务需求日益增强。这种需求与现行制度造成的单项服务供给模式之间的矛盾日益突出。

随着社会的发展，工程建设项目正在承载越来越多、越来越细的使用功能，提供更多服务，专业化服务需求变得更多、更深、更细，全过程工程咨询是社会专业化分工发展的必然结果，符合建设单位日益增长的咨询服务需求，适应现阶段国家的发展趋势。为适应国际形势发展需要，培育全过程工程咨询行业健康发展，国家政策方面对全过程工程咨询的发展方式、依托工程、发展目标、服务模式等进行了要求。

2017年2月，国务院办公厅发布《国务院办公厅关于促进建筑业持续健康发展的意见》（国办发〔2017〕19号）提出鼓励投资咨询、勘察、设计、监理、招标代理、造价等企业采取联合经营、并购重组等方式发展全过程工程咨询，培育一批具有国际水平的全过程工程咨询企业。制定全过程工程咨询服务技术标准和合同范本。政府投资工程应带头推行全过程工程咨询，鼓励非政府投资工程委托全过程工程咨询服务。

2019年3月，国家发展改革委、住房和城乡建设部联合发布《关于推进全过程工程咨询服务发展的指导意见》（发改投资规〔2019〕515号），在房屋建筑、市政基础设施等工程建设中，鼓励建设单位委托咨询单位提供招标代理、勘察、设计、监理、造价、项目管理等全过程咨询服务，满足建设单位一体化服务需求，增强工程建设过程的协同性。全过程咨询单位应当以工程质量和安全为前提，帮助建设单位提高建设效率、节约建设资金。

2022年1月，住房和城乡建设部发布《"十四五"建筑业发展规划》，提出加快建立全过程工程咨询服务交付标准、工作流程、合同体系和管理体系，明确权责关系，完善服务酬金计取方式。发展涵盖投资决策、工程建设、运营等环节的全过程工程咨询服务模式，鼓励政府投资项目和国有企业投资项目带头推行。培养一批具有国际竞争力的全过程工程咨询企业和领军人才。

1. 组织管理模式

（1）工作流程

（2）服务交付标准

（3）合同体系

（4）管理体系

（5）权责关系

2. 主要工作内容

全过程工程咨询工作内容包含三部分：全过程工程项目管理、工程监理、各专业咨询服务。与项目全生命周期具体内容相结合，主要内容如下：

（1）策划管理

（2）报批报建

（3）招标采购管理

（4）进度管理

（5）勘察管理

（6）设计管理

（7）投资管理

（8）合同管理

（9）组织协调管理

（10）质量管理

（11）安全生产管理

（12）信息管理（含公共信息管理、BIM管理及信息化应用管理）

（13）档案管理

（14）风险管理

（15）竣工验收收尾及移交管理

（16）工程结算管理

（17）后评价

3. 口岸类工程全过程工程咨询的特点

口岸类工程具有其本身的复杂性和特殊性，常规的建设流程模式不适用。以深圳为例，深圳已拥有经国务院批准对外开放的一类口岸15个。包括陆路（公路）口岸7个；陆路（铁路）口岸1个；水运（海港）口岸6个；空运口岸1个。2020年受新新型冠状病毒肺炎疫情影响，经深圳口岸出入境人员较上一年下降明显，货物进出境总量则呈现高比例增长。

（1）口岸通关模式及流程

以深圳为例，近年来新建设开通的粤港澳公路口岸通关模式，主要有港深之间的深圳湾口岸（2007年）和广港深高铁西九龙总站口岸（2018年）采用的"一地两检、分别查验"；珠澳之间的港珠澳大桥珠澳口岸（2019年）和新横琴口岸（2020年）采用的"一地两检、合作查验、一次放行"（仅限于旅客通关）。港深两地政府已同意共同研究在皇岗口岸推行"合作查验、一次放行"查验模式以及其他更高效查验模式的可行性。

（2）口岸特点

1）具有创新性和前瞻性。2021年2月9日，习近平主席主持中国-中东欧国家领导人峰会期间，明确提出探索开展"智慧海关、智能边境、智享联通"合作试点。其中"智慧海关"建设主要包括基础设施智能化、行政管理智能化和监管业务智能化；"智能边境"建设主要包括完善智能边境设施建设、优化边境管控流程设计和开展智能边境跨境合作；"智享联通"建设主要包括智能互联、治理对接和供应链合作。"智慧海关"是基础、"智能边境"是延伸、"智享联通"是愿景，三者逐步发展递进。

口岸双方之间实行的通关模式，需要解决一系列境内外（含港澳地区）之间特有的法律、制度、技术等层面的复杂问题，并需要最终完成设备研发和测试等工作。在场地保障、功能划分、交通组织、外观涉及、职能引领等方面应充分考虑未来的拓展需求。

2）功能分区及交通流线复杂。口岸功能分为监管区和非监管区，其中监管区分为旅检区、货检区。旅检区和货检区又根据出入境方向不同，设置出境区和入境区。非监管区主要为非现场办公业务用房、客运接驳区及其他设施。货检出境和入境分别设置查验通道、查验车场、缓冲车场。旅检区对旅游大巴分别设置上客和落客区，客车查验及通关分为出境和入境。各功能区相对独立、封闭，防止非法入境行为和走私行为。需要科学安排查验区域、通道区域、现场工作区域和综合保障区域，既要保障通关安全、高效、便利，又要实现有效管控。

3）功能分区的复杂及海关、边检、防疫单位查验业务的复杂，导致内部交通流线的极其复杂。各区域要独立、封闭又要保持路线畅通；既要管得住，也要通得快。

4）具有明确的目标、时间要求及特殊单位专业验收。口岸项目要实现一般的项目管理目标外，还要通过各入驻单位（海关、边检、防疫等）验收及通关目标。

5）需要多个组织单位的人员进行合作。项目建设除去常规的设计、监理、施工总承包、专业分包等单位，特别需要海关、边检、防疫、交通接驳及境外口岸等单位对接，甚至需要掌握境外口岸的设计建设标准及入驻单位的需求。

6）高度统筹协调，沟通协调量极大。查验涉及边检、海关总署，移民局，香港特区政府等多个国内查验单位和境外（香港）的业务流程，需求复杂，伴随着整个工程的建设施工期，需求存在不断增加、调整的风险。

7）受政策影响大。口岸易受双方国家、地方政府政策影响。

8）口岸周边交通出行需求巨大，交通组成复杂，交通枢纽规划至关重要。涉及道路、地铁、城际铁路轨道、人行通道、慢行交通系统、公交站、长途汽车站等衔接，需要满足口岸交通需求，并考虑预留及后期改造、附属设施需求。

9）界面管理。涉及众多的入驻使用单位和服务单位，不同专业设备系统，不同信息需求，管辖区域等，工程界面划分复杂，界面管理难度大。

9.3 案例分析

在相关政府文件中要求政府类投资项目带头推进全过程工程咨询，口岸类项目作为由政府投资的大型公共建筑有责任有义务带头实施全过程工程咨询模式的推广应用。

口岸项目具有社会关注度高、使用单位多、使用需求复杂、工程施工难度大等特点，皇岗口岸重建项目作为重大政府投资工程，在策划阶段就决定采用全过程工程咨询模式。

1. 工程概况

皇岗口岸位于深圳市福田区南端、是深圳中部的客货运综合口岸。2016年，皇岗口岸重建工作列入了深圳市口岸发展"十三五"规划，口岸重建的前期工作正式启动。2019年6月11日，通过了《港深科技创新合作区深方园区空间规划》深化方案、皇岗口岸重建规划方案。皇岗口岸远景设计通关能力为40万人次/d，年旅客吞吐量即为14600万人次，属特大型口岸。

项目将对皇岗口岸实施整体重建、成为综合性客运枢纽。根据《深圳市口岸发展"十三五"规划》和本项目招标文件要求，本项目是对皇岗口岸实施旅检区整体改造；根据皇岗口岸重建专项研究结论及其相关文件和会议精神，皇岗口岸未来将关闭货运功能、仅保留客运功能。口岸重建用地范围包括现状旅检区、公交接驳区等。项目建设范围包括以下两大部分：

（1）建筑工程：包括新皇岗口岸联检大楼及毗邻的轨道接驳空间，设计范围总面积约12hm^2，其中联检大楼用地红线面积约为8.75hm^2。作为新皇岗口岸主体工程的联检大楼地上5层、地下4层，总建筑面积约67.48万m^2，地上37.54万m^2，地下约29.94万m^2。新皇岗口岸联检大楼项目内容包括基坑、建筑结构、装饰、给水排水、燃气、电气、通风、电梯、室外配套、查验通道等。

（2）市政工程：新联检大楼与落马洲大桥的衔接匝道，新联检大楼与深圳市道路网的衔接道路等。

项目总投资估算为1160576.51万元，包含建筑及市政两部分，建筑投资估算为1075033.50万元，其中：建安工程费用942308.52万元；工程建设其他费用81532.91万元；预备费51192.07万元；项目单方造价指标15932.32元/m^2；建安单方造价指标13965元/m^2。市政部分投资估算为85543.01万元，其中：建安工程费用72152.21万元；工程建设其他费用7054.27万元；预备费6336.52万元。皇岗口岸建筑方案如图9.3-1所示。

新皇岗口岸联检大楼将采用立体空间布局的模式，主要建设内容包括查验基础设施（客车公共查验场地）、交通接驳设施、港方口岸区设施、配套功能用房等。

2. 全过程工程咨询工作

（1）策划管理

深圳皇岗口岸重建项目，作为粤港澳大湾区重大基础设施建设项目之一，分为临时旅检场地建设工程、皇岗口岸新建工程（综合业务楼及新建口岸）两部分。根据建设时序，将先行实施临时旅检场地建设工程，临时旅检项目开通后，进行综合业务楼及新建口岸的建设。

皇岗口岸临时旅检场地建设工程：设计通关能力为旅客3万人次/d，客车3000车次/d。总投资约3.1168亿元，总建筑面积约14500m^2。

图 9.3-1 皇岗口岸建筑方案

皇岗口岸新建工程综合业务楼：地上 53 层，地下 5 层。计划总投资约 16 亿元，总建筑面积约 16.65 万 m^2。

皇岗口岸新建工程：地上 4 层、地下 2 层，占地面积约 5.2 万 m^2。计划总投资 36 亿元，总建筑面积约 48 万 m^2。

1）编制项目实施策划文件，制定项目管理具体工作目标，建立项目管理的组织机构与组织模式，明确各部门及岗位工作职责。

2）项目管理目标见表 9.3-1。

项目管理目标　　　　表 9.3-1

项目愿景	打造全球标杆，登峰之作
进度目标	2020 年 7 月—2025 年 12 月
设计质量管理目标	获得广东省优秀设计奖； 打造绿色建筑二星设计标识； 省级以上 BIM 实施和咨询相关奖项
质量目标	临时旅检场地：满足工务署合格工程标准； 综合业务楼：中国建设工程鲁班奖； 新建口岸：国家优质工程奖，争创中国建设工程鲁班奖
投资目标	项目投资严格控制在总概算内
安全目标	临时旅检工程： 1）深圳市建设工程安全生产与文明施工优良工地； 2）杜绝重特大安全事故
	皇岗口岸新建口岸、综合业务楼： 1）争创国家 AAA 级安全文明标准化工地； 2）杜绝重特大安全事故； 3）创建花园式工地
BIM 目标	省级以上奖项

3）管理组织机构见图 9.3-2。

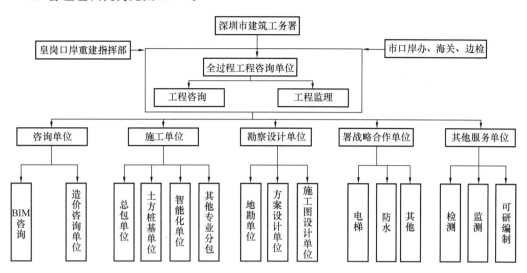

图 9.3-2 管理组织机构

4）建立健全项目管理制度体系。

5）编制项目总体进度计划，根据项目实施情况进行动态调整。

6）组织编制项目建议书、可行性研究报告、环境影响评价、节能评估、安全评价、社会稳定风险评价、地质灾害危险性评估、水土保持评价、交通影响评价、绿色建筑评价等报告，并配合业主报送相应的政府各主管部门进行审批。

7）前期文件审核。

8）编制创优计划。

（2）报批报建

1）工程项目立项。

2）项目建议书审查。

3）可行性研究报告审批。

4）项目概算备案或审批。

5）节能审查。

6）建设项目选址意见书、用地预审意见及设计要点申请。

7）建设用地规划许可证与国有土地划拨决定书办理。

8）建设工程规划许可证办理。

9）建设用地批准手续办理。

10）地名批复。

11）环境影响评价报告书（表）审查。

12）项目配套建设手续审查，包括交通、地灾、人防、超限抗震设防、水土保持方案、用水节水、用电许可、用气许可、排水许可、地铁安全评估、文物保护、社会稳定风险等手续审查。

13）占用、挖掘道路审批。

14）使用林地审核审批。

15) 占用城市绿地和砍伐、迁移城市树木审批。
16) 消防设计审核。
17) 建设工程质量安全监督手续办理。
18) 获取建设工程施工许可证。
19) 组织建筑工程竣工联合验收和办理竣工验收备案。

(3) 招标采购管理

1) 开展招标策划工作。

新建口岸和综合业务大楼已完成项目方案设计+建筑专业初步设计国际招标，根据设计出图计划及工期要求，采用非常规招标模式，缩短工期。

2) 招标方案见表9.3-2。

招标方案　　　　表9.3-2

工程名称	招标方案
临时旅检场地建设工程	设计施工一体化EPC招标
新建口岸	基坑专业工程（主要含基坑支护、地基基础、土石方等内容）+总包（主要含市政、土建、机电等内容）+装饰装修专业工程包（主要含室内装饰装修、幕墙）+室外景观工程+信息化专业工程+署战采
综合业务楼	土建施工总包（主要含基坑支护、土石方、主体结构、钢结构等内容）+机电包（机电、给水排水、信息化工程等内容）+装饰装修专业包（室内装饰装修、幕墙、室外景观工程等内容）+署战采

3) 招标内容见表9.3-3。

招标内容　　　　表9.3-3

序号	招标项目	序号		招标项目
1	全过程工程咨询	1	工程类	工程施工总承包
2	方案设计和建筑专业初步设计	2		机电总包
3	其他专业初步设计和施工图设计	3		装修工程
4	桩基检测、基坑监测	4		幕墙工程
5	造价咨询	1	货物类	电梯采购及安装
6	融合通信	2		防水工程
7	室内空气质量检测	3		电梯设备
8	防雷检测	4		人防工程
9	工程保险	5		木门
10	安全巡查	6		钢质门
11	环境影响评价	7		卫浴产品
12	影像摄制服务	8		电缆
13	防洪评价报告编制	9		变压器
14	交通影响评估	10		外墙涂料
15	电梯第三方监管	11		防火门

4)协助落实招标采购条件。
5)组织编制或审核招标采购计划。
6)组织招标采购相关考察管理。
7)协助编制招标采购前期准备文件。
8)协助编制招标文件。
9)协助管理招标采购实施过程。
10)参与合同谈判和签订工作。
11)当采用EPC模式时组织编制交付标准。

(4)进度管理

本项目工期极其紧迫。临时旅检场地建设工程工期165d,远低于正常工期,新建工程实际施工工期同样远低于正常工期。临时旅检场地建设工程、如图9.3-3所示。

1)建立进度计划管理控制体系。
2)协助分析和论证项目总进度,提交项目进度管理策划书。

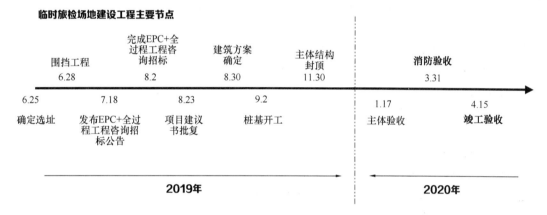

图9.3-3 临时旅检场地建设工程主要节点

3)编制项目总控计划及控制措施并下发参建各方。
4)审核施工总进度计划和年/月/周等阶段性进度计划。
5)定期进行进度偏差分析,分析影响进度的主要因素,编写进度分析报告,根据需要采取进度偏差纠偏措施并督促落实。
6)判断进度偏差影响,调整和优化项目总控计划。
7)审批、处理工程停工、复工及工期变更事宜。
8)协调各参建单位的施工进度矛盾。

(5)勘察管理

1)协助确定勘察单位。
2)审查勘察单位资质。
3)协助编制勘察要求(勘察任务书)。
4)审查勘察方案。
5)检查勘察工作质量、安全及进度。
6)审查勘察报告。

7）制定勘察专项进度管理制度并组织监督和落实。

(6) 设计管理

1) 总体要求：

① 制定设计管理工作大纲，明确设计管理的工作目标、管理模式、设计管理工作制度、管理方法等；

② 开展日常设计管理工作，编制设计进度管理计划，跟进各专业专项设计进度、设计质量与投资控制，并定时以周报和月度报告形式汇报设计进度；

③ 检查设计单位质量保证体系文件，并出具检查结论；

④ 根据各方审图意见、评审意见、会议要求等，建立设计问题销项表，跟进落实设计问题处理进度；

⑤ 如项目组认为全过程工程咨询团队不具备合同范围内的相关特殊专项审查能力，需聘请相关行业专家或团队解决技术问题，由全过程工程咨询团队提供相关资金支持；

⑥ 搜集并整理深圳市地方标准以及工务署相关规定标准并监督设计单位是否按照标准设计；

⑦ 组织对新工艺、新材料考察调研，方案比选，并出具咨询报告；

⑧ 争创国家级、省级优秀工程勘察设计奖项。

2) 决策阶段：

① 协助招标及确定设计单位；

② 审查设计单位资质；

③ 协助编制设计任务书。

3) 方案设计阶段：

① 调研使用方需求，并跟踪落实，做好需求管理台账；

② 明确设计范围；

③ 划分设计界面；

④ 督促设计单位完成方案设计任务；

⑤ 对各专业专项方案设计进行审查，并提出合理化意见，出具设计方案审查报告；

⑥ 提供文件专项审核报告或审核成果，对阶段内容进行闭环。

4) 初步设计阶段：

① 督促设计单位完成初步设计任务；

② 配合完成设计概算；

③ 组织评审初步设计内容；

④ 对各专业专项初步设计成果进行审查，出具审查报告，跟踪审查意见的落实修改情况，对修改后的设计文件进行复审；

⑤ 提供专项审核报告或审核成果文件，对阶段内容进行闭环。

5) 施工图设计阶段：

① 组织施工图审查工作，并提出图纸优化意见；

② 对各专业专项施工图设计进行全面审查（包括设计深度、质量、品质、功能、造价、可实施性等），并出具全面审查报告，跟踪审查意见的落实修改情况，对修改后的图

纸进行复审；

③ 提供专项审核报告或审核成果文件，对阶段内容进行闭环。

6）施工阶段：

① 督促各专项服务单位及时为施工现场提供技术服务；

② 组织设计交底和图纸会审；

③ 进行施工现场的技术协调和界面管理；

④ 进行工程材料设备选型和技术管理；

⑤ 审核、处理设计变更、工程洽商、签证的技术问题，并督促设计单位及时提交变更图纸；

⑥ 根据施工需求组织或实施设计优化工作；

⑦ 组织关键施工部位的设计验收管理。

7）竣工验收阶段：

① 组织项目竣工验收，组织审核竣工图；

② 监督设计单位对设计文件进行整理和归档。

8）后评价阶段：

① 组织实施工作总结；

② 对设计管理绩效开展后评价。

(7) 投资管理

投资管理是全过程的动态管理。建设工程周期长、规模大、造价高，因此按基本建设程序要分阶段进行，相应地也要在不同阶段进行多次性计价，以保证工程造价确定与控制的科学性。多次性计价是个逐步深化、逐步细化和逐步接近实际造价的过程。各环节相互衔接，前者制约后者，后者补充前者。合理地确定目标，才能做到上一阶段控制下一阶段；实施中加强控制管理，才能做到管理目标的实现。投资管理是全过程的动态管理，如图 9.3-4 所示。

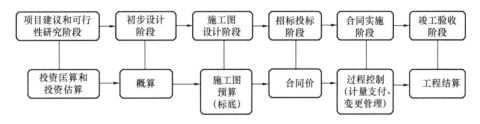

图 9.3-4　投资管理是全过程的动态管理

1）总体要求：

① 确定投资控制目标，制订投资管理制度、措施和工作程序，做好决策、设计、招标、施工、结算及各阶段的投资控制；

② 在确保设计安全性的前提下，在各不同设计阶段，审查设计单位设计文件及图纸的经济性和合理性；

③ 负责估算及设计概算的审核，配合发改委、评审中心评审工作，以批复的建安工程投资为依据，监督设计单位限额设计；

④ 定期组织召开造价专题会议,解决造价问题争议,建立投资控制台账,变更台账等,督促完善设计变更时效、质量以及程序等;

⑤ 负责督促各方在指定的时间内进行工程结算的申报,并在约定时间内完成工程结算的审核,配合报送深圳市财政评审中心或审计部门审定。

2) 决策阶段:

① 组织审查项目投资估算;

② 开展建设项目经济评价。

3) 设计阶段:

① 协助组织审查方案设计估算;

② 协助组织审查设计概算;

③ 协助组织审查施工图预算;

④ 参与限额设计。

4) 招标采购阶段:

① 组织审核工程量清单等文件;

② 组织审核招标控制价;

③ 协助开展清标工作。

5) 施工阶段:

① 编制项目资金使用计划并动态调整;

② 审核工程计量与合同价款;

③ 协助进行甲供材料和设备的询价与核价工作;

④ 审核工程变更、工程索赔和工程签证;

⑤ 动态管理项目投资工作,提供分析报告。

6) 竣工阶段:

① 组织审核竣工结算;

② 开展工程技术经济指标分析;

③ 配合竣工结算审计工作;

④ 组织审核竣工决算报告。

7) 后评价阶段:

分析项目建设投资,提供项目投资评估报告。

(8) 合同管理

1) 策划项目合同总体结构;

2) 协助拟定合同文件;

3) 协助开展合同谈判和合同签订;

4) 监督检查各参建单位合同履约情况;

5) 协助合同款支付;

6) 处理合同纠纷与索赔事宜;

7) 合同中止后开展合同评价,编制合同管理总结报告;

8) 编制整理合同台账、支付台账等工作内容;

9) 对合同风险进行分析并制定风险防范措施。

(9) 组织协调管理

1) 建立组织管理协调体系；
2) 建立项目各参建单位，并建立其与使用单位之间的沟通机制，协调各参建单位之间工作配合；
3) 协调参建各方及外部单位关系；
4) 主持各种工程管理会议，保证参建各方沟通顺畅；
5) 明确对总包单位和分包单位的管理要求；
6) 协助建设单位与使用单位之间沟通。

(10) 质量管理

1) 根据项目管理需要，组织建立整个项目的质量管理体系，设立项目质量管理部门，配置质量管理人员。
2) 结合项目特点开展质量策划，制定质量目标并规定必要的运行过程，进行质量控制，实施质量改进，最终实现项目质量目标。
3) 质量控制包括对设计质量、招标（采购）质量、施工质量等的控制。全过程工程咨询单位应督促施工单位建立完善自身质量管理体系，以事前、事中控制为主，通过对原材料、施工工艺过程等管理保证工程质量。
4) 质量改进包括对事先设置的设计、施工质量控制点进行检查与监测，对质量不符合要求的情况进行持续跟踪，组织分析原因，研究提出包括方案、工序、工艺等在内的改进措施，督促施工单位予以落实，确保最终质量满足合同要求。
5) 协助完成施工场地条件准备工作。
6) 协助进行场地（包括坐标、高程、临电、临水、毗邻建筑物和地下管线等）移交和规划验线。
7) 组织召开第一次工地会议。
8) 审核施工组织设计等文件，参与重大技术方案评审。
9) 协助开展材料（设备）的采购管理和验收工作。
10) 组织开展工程样板评审工作。
11) 开展对重点工序、关键环节的质量检查。
12) 参与处理质量缺陷和质量事故。
13) 参与阶段性验收工作。

(11) 安全生产管理

1) 监督检查安全专项施工方案的编审和执行情况。
2) 对项目的安全生产管理工作进行策划，设定基本的安全管理准则。
3) 统筹组织统一的安全管理网络与沟通协调机制，确保所有参建单位纳入现场统一安全管理。
4) 审核设计文件是否符合公共利益、公众安全和工程建设强制性标准的要求；审核设计文件是否符合施工安全操作和防护的需要。
5) 审查并监督施工单位安全生产责任制的落实情况及安全生产管理体系的建立与运行情况。
6) 审查并监督监理单位安全生产责任制的落实情况及安全监理制度的建立与运行

情况。

7) 针对多标段项目或同一标段内存在多个合同施工单位的,要加强安全生产工作的统一协调管理与统筹组织;对于施工界面交叉的不同合同主体是否明确并落实各自安全职责的情况,进行监督检查。

8) 针对项目实施过程中的重大安全风险,组织建立项目层面的风险辨识与评估机制,推动参建各方落实风险防范措施。

9) 督促施工单位加强现场的隐患排查整治工作,跟踪重大安全隐患的整改落实情况,并在授权范围内采取必要措施推动隐患的及时整改。对监理单位汇报的安全隐患问题及时予以处置并反馈。

10) 组织检查和评估安全生产标准化建设实施情况。

11) 审核、监管安全文明措施费专款专用情况。

12) 参与事故应急救援工作,配合现场事故调查活动。

13) 每月至少汇报一次项目现场的总体安全生产工作情况,并提交书面报告。

(12) 信息管理(含公共信息管理、BIM管理及信息化应用管理)

1) 公共信息管理。

组织建设过程照片和视频等资料的形成、整理和归类,项目管理模式、招投标、质量安全管理、技术创新、信息化等亮点工作归纳总结。

2) BIM管理。

根据国家、省、市BIM实施相关要求开展BIM技术应用及管理工作,实行纵向贯穿工程设计、施工和运维,横向聚焦工程质量、安全、投资、进度等管理业务的工作方式。以"共建共享、一码聚合"的思路,对项目设计、施工、运维准备阶段的BIM实施工作进行管理。

设计阶段:

① 配合提出基于BIM的设计质量、投资管理、进度管理及模型深度要求,编制工程项目《设计阶段BIM实施细则》《设计阶段BIM工作管理制度》等BIM实施管理文件;

② 负责向设计单位宣贯建设单位相关BIM实施要求、指导设计单位编制项目《设计BIM实施方案》,并负责审核《设计BIM实施方案》的完整性、科学性;

③ 对设计BIM实施流程、实施进度、成果质量进行管理;

④ 负责审核设计BIM实施最终成果,指导设计单位完成设计BIM实施成果归档工作;

⑤ 负责组织设计单位向施工单位进行BIM技术应用交底,确保设计阶段BIM应用向施工阶段有效沿用;

⑥ 负责设计阶段BIM实施管理经验的总结与推广。

施工阶段:

① 配合提出基于BIM的工程质量、施工安全管理、施工进度管理及工程成本管理要求,编制工程项目《施工阶段BIM实施细则》《施工阶段BIM工作管理制度》等BIM实施管理文件;

② 负责向施工总包、专项工程施工单位宣贯BIM实施要求、指导相关参建单位编制所承接服务范围的BIM实施方案,并负责审核相关BIM实施方案的完整性、科学性;

③ 负责对施工阶段 BIM 实施流程、实施进度、成果质量进行管理，确保最终建筑实体与竣工 BIM 模型一致；

④ 组织施工总包单位提供 BIM 数据，协助工程验收；

⑤ 负责审核 BIM 实施最终成果，指导施工单位完成施工阶段 BIM 实施成果归档工作；

⑥ 积极与运维单位进行业务对接，协助建设单位向运维单位移交竣工 BIM 成果；

⑦ 组织并指导设计、施工单位开展数字资产移交；

⑧ 负责施工阶段 BIM 实施管理经验的总结与推广。

3）信息化应用管理：

① 开展信息管理策划；

② 合理分类和识别项目信息；

③ 制定信息管理制度并组织实施；

④ 建立项目信息沟通渠道；

⑤ 完成项目咨询报表和记录；

⑥ 督促、检查各参建单位做好信息管理；

⑦ 基于互联网开展信息技术应用（包括大数据等）管理；

⑧ 督促相关参建单位落实发包人关于"智慧工地建设"的有关规定，确保智慧工地设备相关监测数据按要求接入工务署智慧工地系统；

⑨ 借助先进的信息管理软件或信息技术平台，对工程建设过程中如质量、安全、文明施工等信息进行高效地分享、传递、监督、反馈、管理；

⑩ 开发和利用建筑信息模型（BIM）、大数据、物联网等现代信息技术和资源，努力提高信息化管理与应用水平，为开展全过程工程咨询业务提供保障。

（13）档案管理

1）项目前期阶段：

① 建立工程项目信息与档案管理体系，统一文档管理制度与具体业务标准；

② 借助信息管理软件或信息技术平台，建立信息沟通机制；

③ 对勘察设计文件及时进行整理、分发；

④ 定期提交工作报告，工作报告包含但不限于：日志、周报、月报、专家评审报告等；

⑤ 配合工务署各类信息化系统的应用。

2）项目实施阶段：

① 统筹各参建单位档案资料管理工作，建立项目组档案资料管理制度、体系；

② 统筹各参建单位资料员管理，落实参建单位资料员培训、开户、报备等；

③ 指导、审核参建单位分部分项设置的科学性、规范性、完整性；

④ 督促检查项目各参建方档案资料及信息化的完整性、同步性、规范性；

⑤ 做好自身单位档案资料的完整性、同步性、规范性；

⑥ 组织项目档案预验收并取得认可文件或备案。

3）项目保修阶段：

① 配备专职档案资料员，并且能及时协调和组织项目各参建单位开展档案移交归档

工作；

② 负责项目组甲方文件资料的整理，满足进馆、交使用方、交建设方的要求；

③ 认真审核项目各参建单位的应进馆移交的档案，并完成进馆工作；

④ 及时组织项目各参建单位的档案移交使用方，并完成移交工作；

⑤ 组织和审核参建单位的档案移交建设方；

⑥ 及时完成本单位自身档案资料的整理移交。

(14) 风险管理

风险是不确定性对目标的影响，为"某一特定危害事件发生的可能性和后果的组合"，强调的是损失的不确定性，包括发生与否的不确定性、发生时间的不确定性和导致结果的不确定性等。风险管理的根本目的在于尽可能将风险损失控制在可以接受的范围内。管理者在进行风险衡量后，可以分析风险是否在控制之中，风险发生的概率是否可以进一步降低。

做好风险管理应"坚持三个优先"，即坚持预防预警和应急处置相结合，优先加强预防工作；坚持消除风险和控制风险相结合，优先采取消除风险措施，加强源头治理；坚持风险全面治理和重点治理相结合，优先治理高风险，减少存量风险，控制增量风险。

1) 风险识别。

质量风险识别是指在质量风险发生之前，人们运用各种方法系统地、连续地认识所面临的各种风险以及分析风险发生的潜在原因，确保及时发现并准确研判风险，为风险防控提供依据。按专业、分部分项风险识别，即"层层识别"。"层层识别"从明确防范的风险对象开始，分专业逐层识别，通过"短板"分析的方法查找引起风险的重点部位、关键环节，应用技术确定风险防范的监控手段和风险控制的现场措施。

2) 风险分析。

在进行风险分析时应该特别关注两个方面的问题：一是风险发生的可能性是多少；二是风险产生的后果是什么。对于风险衡量，重点监控工艺质量，吸收各方面专业人士组成评估团队，团队的负责人应对质量风险管理的概念有很好的理解，并能够协调各专业的工作。对于已经识别的风险进行风险性评估，应采取定性与定量相结合的方法进行。

按风险责任单位和项目实施阶段分别进行，如施工阶段的质量风险识别、施工单位在施工阶段的质量风险识别等。识别可分三步进行：

① 采用层次分析法画出质量风险结构层次图。可以按风险的种类列出各类风险因素可能造成的质量风险；也可以按项目结构图列出各个子项目可能存在的质量风险；还可以按工作流程图列出各个实施步骤（或工序）可能存在的质量风险。不要轻易否定或排除某些风险，对于不能排除但又不能确认存在的风险，宁可信其有不可信其无。

② 分析每种风险的促发因素。分析的方法可以采用头脑风暴法、专家调查（访谈）法、经验判断法和因果分析图等。

③ 将风险识别结果汇总成为质量风险识别标准表。具体参照附件，内容包括：风险级别、风险源类型、风险源名称、风险源描述、影响程度、判定结果等。

3) 风险评估。

通常根据该风险事件的严重性、发生概率和检测概率进行汇总分析。针对不同的情况进行评价，进而确定其风险等级。风险识别等级评价由建设单位组织施工、监理等单位按以上步骤在项目开工前完成,并在开工后每月更新。

① 重大风险,用红色表示,风险识别等级最高。现场的工程质量风险管控难度很大,风险后果很严重,极易引发较大及以上质量事故、造成较大经济损失或造成恶劣社会影响。

② 较大风险,用橙色表示,风险识别等级较高。现场的工程质量风险管控难度较大,风险后果严重,极易引发一般质量事故或造成一般经济损失。

③ 一般风险,用黄色表示,风险识别等级一般。现场的工程质量风险管控难度一般,风险后果一般,可能引发数量较多人员重伤或造成一定的经济损失。

④ 较低风险,用蓝色表示,风险识别等级低。现场的工程质量风险管控难度较小,风险后果较轻,可能引发数量较少人员重伤或经济损失较少。

4)风险应对。

风险控制的四种基本方法是:风险回避、损失控制、风险转移和风险承担。风险应对具体内容见表9.3-4。

风险应对具体内容　　　　　　　表9.3-4

风险级别（颜色）	参建单位分级检查
重大风险（红）	全过程咨询单位（监理单位）至少每月应对施工单位的工程质量风险管控制度执行和管控措施落实情况进行检查。施工单位应按照不同层级、不同频次组织对风险管控措施落实情况进行专项检查,施工单位主要负责人至少每半年一次;施工单位分管质量负责人至少每季度一次;施工单位质量部门至少每月一次;施工单位项目负责人应定期和不定期组织检查。以上检查发现的问题应该及时进行整改复核,形成检查记录。施工过程中出现重大风险质量事故的,须按规定向所辖建设行政主管部门报告
较大风险（橙）	全过程咨询单位（监理单位）至少每月应对施工单位的工程质量风险管控制度执行和管控措施落实情况进行检查。施工单位应按照不同层级、不同频次组织对风险管控措施落实情况进行专项检查,施工单位主要负责人至少每半年一次;施工单位分管质量负责人至少每季度一次;施工单位质量部门至少每月一次;施工单位项目负责人应定期和不定期组织检查。以上检查发现的问题应该及时进行整改复核,形成检查记录。施工过程中出现较大风险质量事故的,须按规定向所辖工程质量监督机构报告
一般风险（黄）	全过程咨询单位（监理单位）至少每月应对施工单位的工程质量风险管控制度执行和管控措施落实情况进行检查,并对问题的整改情况进行复核,形成检查记录。施工单位项目负责人应定期和不定期组织检查,形成检查记录,对发现的问题制定整改措施,整改完成后报建设单位（监理单位）复核。施工过程中出现一般风险质量问题的,须向所辖工程质量安全监督机构报告
较低风险（蓝）	全过程咨询单位（监理单位）至少每月应对施工单位的工程质量风险管控制度执行和管控措施落实情况进行检查,并对问题的整改情况进行复核,形成检查记录。施工单位项目负责人应定期和不定期组织检查,形成检查记录,对发现的问题制定整改措施,整改完成后报建设单位（监理单位）复核

5）风险动态管理。

在分级管理的基础上,对风险识别等级实行动态管理。存在以下情况的,应对风险识别等级进行提级管理:

① 出现极端天气（大风、雷电、暴雨、高温等）;

② 项目参建单位质量管理责任制不落实,质量意识淡薄,管理能力低下;

③ 项目经理经常不到位;

④ 建筑材料进场检验或工程实体检测造假；

⑤ 分包管理不到位；

⑥ 项目多次被建设行政主管及质量监督机构给予扣分，或记录不良及不规范行为；

⑦ 其他影响风险识别等级的情况。

(15) 竣工验收收尾及移交管理

工程验收包括中间验收、专项验收、初步验收、预验收、竣工验收等。

1) 组织各类专项验收，做好项目竣工验收准备。

专项验收由项目组向相关行政主管部门报送申请，由监理单位组织，项目组、施工单位、设计单位及相关政府职能部门参加。专项验收包括消防验收、电梯验收、燃气验收、建筑节能验收、雷电防护装置验收、高低压变配电及10kV外线系统验收、人防验收、环保验收、规划验收、档案专项验收等。工程完工后1个月内应启动竣工验收工作，项目组组织设计、监理、施工和使用（管理）等有关单位开展竣工验收工作。

2) 协助建设单位组织项目竣工验收。

3) 协助办理项目移交，督促人员撤离。

工程竣工验收合格后，作好人员及机械设备等的撤离计划，并做好移交的准备工作。工程具备移交条件后，及时协助建设单位组织施工单位、和接收（管理）单位进行工程实物的移交。

4) 项目保修管理。

督促保修责任单位制定质量保修方案。在竣工移交后半年内，总包单位、主要的分包单位和供应商应安排保修负责人常驻项目，及时处理发现的质量缺陷。至少每季度组织其他保修责任单位进行一次质量回访工作。

5) 审核重要设施、设备的清单、使用及维护手册。施工单位应提供完整的《工程实物移交清单》，工程各主要部位、各主要设备等应详细列明具体名称、数量及其状况，必要时提供项目使用手册。

6) 组织对项目运行、维护人员的培训。

7) 协助办理规定资产权属登记工作。

(16) 工程结算管理

1) 配合造价咨询单位的工程结算管理，送审、跟踪审计进度，反馈审计意见、归档审计报告，配合决算审计。

2) 负责通知及督促工程各方上交结算资料，审核结算资料的完整性，查缺补漏。

3) 负责办理工程量清单复核报告、设计变更、现场签证、补充合同等结算资料的审批手续。

4) 及时办理设备开箱检查及移交记录、合同外单价分析资料、主材设备价格确定依据、图纸会审纪要、实物移交清单、相关验收证明资料等审批手续。

5) 审核竣工结算报告资料。

6) 协助竣工决算工作。

3. 酬金计取

全过程工程咨询服务酬金一般采取"全过程工程项目管理费＋监理费＋各专业咨询服务费"叠加计费方式。

（1）全过程工程项目管理费在招标中未设置为可竞价项，招标控制价取费上限的计算方法宜为：全过程工程项目管理费(上限)＝监理费×A＋(勘察费＋设计费)×B。可根据项目实际情况采取中标价包干，或者其他方式。

（2）项目监理费按国家及地方有关文件的取费标准计算。

（3）各专业咨询（如投资咨询、设计咨询、其他专项咨询服务等）的服务费，其服务费率及计算方法可参考相关收费依据或市场收费标准执行。

政府投资项目全过程工程咨询服务酬金一般情况下受到项目投资可行性研究批复或者概算批复限制，建议在申报可行性研究和概算时提前考虑相应费用，避免超过概算批复的相应资金，造成结算麻烦。

4. 全过程咨询服务单位及负责人要求

（1）承担全过程工程咨询服务的单位（或联合体）资质，要求需具有对应类型的工程监理资质。服务工作内容中含有专项咨询服务的，应具有相应的资质，例如设计资质等。

（2）全过程工程咨询项目负责人建议具有工程类或工程经济类高级职称，取得工程建设类注册执业资格（注册建筑师、注册结构工程师、勘察设计注册工程师、注册造价工程师、注册监理工程师、注册建造师、注册咨询工程师等一个或多个执业资格），具有类似工程管理经验者优先。

（3）承担决策综合咨询、设计、监理等工作的专项咨询负责人，应具有法律法规规定的相应执业资格。

（4）全过程工程咨询企业、全过程工程咨询项目负责人、专业咨询负责人及相关咨询人员，不得与本项目的施工单位、材料设备供应商之间有任何利益关系。

（5）鼓励试行设计牵头的全过程工程咨询，充分发挥设计团队的主导作用。

（6）全过程工程咨询原则上采用公开招标，综合考察投标单位的企业实力、人员配备、项目经验、服务方案、可竞价项报价以及答辩等情况。目前，全过程咨询服务做法是2019年后推广的，市场还不够成熟，企业服务水平、专业能力难以评判，应慎重选择综合实力较强的服务单位。

第10章 政府投资公共工程管理

政府投资建设项目是指政府采用直接投资、资本金注入、投资补助、发行国债或利用国外贷款融资等方式投入资金新建或改建等建设项目。政府投资建设项目主要集中在关系国计民生、促进地区经济发展的基础设施领域，具有投资规模巨大、参建单位多、投资回收期长等特征。本章主要针对政府投资项目的定义及特点、政府投资项目监管要求、政府投资项目集中管理模式的实践案例进行阐述。

10.1 政府投资项目的定义及特点

政府投资应当遵循科学、规范、效率、公开的原则，量入为出、综合平衡。口岸类工程多由当地政府财政进行投资，需要对政府投资相关要求进行全面分析。

2016年《中共中央 国务院关于深化投融资体制改革的意见》指出政府投资项目资金安排，以直接投资方式为主。对确需支持的经营性项目，主要采取资本金注入方式投入，也可适当采取投资补助、贷款贴息等方式进行引导。安排政府投资资金应当在明确各方权益的基础上平等对待各类投资主体，不得设置歧视性条件。根据发展需要，依法发起设立基础设施建设基金、公共服务发展基金、住房保障发展基金、政府出资产业投资基金等各类基金，充分发挥政府资金的引导作用和放大效应。

政府投资项目按照经济特点分为经营性、准经营性和非经营性三种项目。经营性项目是项目在建成投入使用后能够带来稳定的经济收入，形成投资收益的项目。这类项目与日常生活息息相关，分布在能源供应、交通出行、食品供应等能带来收益的领域；准经营性项目是通过项目运营能带来的经济收益较少，投资较大且建设周期较长，投资风险较大的项目；非经营性项目是完全追求社会效益，不带来经营收入的项目，这类项目关系到人民生活水平、社会稳定、国家职能正常运行，例如教育、文化、体育、医疗、口岸和国家政府机关办公等社会公共性项目，政府投资项目大部分是公益性、非营利性的公共属性的工程。政府投资资金只投向市场不能有效配置资源的社会公益服务、公共基础设施、农业农村、生态环境保护和修复、重大科技进步、社会管理、国家安全等公共领域的项目，以非经营性项目为主，原则上不支持经营性项目。

（1）政府投资项目特点

政府投资项目因资金来源、评价标准、项目属性、社会效益等方面的特殊性，与其他社会投资类项目有明显的区别，政府投资项目有如下特点。

1）项目的公益性。政府投资主要用于公益性项目的建设。公益性项目的投资并非完全没有回报，从环境角度讲公益性项目可以促进社会稳定、保护生态环境、稳定金融秩序，促进低碳发展，有利于"碳达峰、碳中和"目标的实现，有利于"绿水青山就是金山银山"理念的落地；从社会的角度讲，公益性项目有效降低人民工作生活成本、提高出行便捷性、促进社会创造价值、促进区域的交流合作，提高市民的幸福指数和满意度；从经济的角度来讲，政府投资项目能够持续稳定地产生社会效应，有利于提高社会抗经济动荡的能力，提高社会竞争力，间接产生远高于投入的经济价值。

2）社会关注度高。政府投资工程多为重要民生工程，受社会舆论关注度高，政府投资项目的资金源头是财政税收，社会各界会更加关注纳税人的钱是否被合理、正当、高效地使用。政府投资项目会影响到市民生活中的方方面面，如学校、医院等民生项目的规划选址、建设运行等情况关系到每个人的切身利益。项目前期论证科学、合理，推进顺利有利于提升政府形象，扩大政府影响力和信用度。反之项目选择得不妥，建设速度缓慢，会影响社会对政府的信任，影响政府的执行力。

3）决策风险大。随着我国社会经济发展迅速，各类城市基础设施建设工程需求量大、建设规模大、资金投入多，大型工程投资额动辄十几亿、几十亿元，这些工程决策合理、科学，将会带来巨大的社会效益，促进多种行业发展，社会效益良好。决策失误也会对国有资金造成巨大损失，造成生态破坏、环境污染、行业发展失衡、社会负担加重等问题，政府投资项目决策失败风险的损失程度相对一般项目更大。

（2）政府投资项目存在的问题

各地政府投资项目一般由各地政府部门负责建设管理，由于不同地区的现实情况差异较大，政府投资项目在进行投资管理的时候，地方政府投资项目遇到的问题各不相同。主要是投资决策机制、项目建设管理、监督体制机制、信息披露和监管机制等方面的问题。

我国政府投资项目在国民经济建设中发挥了举足轻重的作用，但是不可否认，投资过程中存在投资决策、建设管理等方面的问题。

1）投资决策不健全。决策程序的要素包含主体、过程以及决策内容。现阶段政府投资决策审批主体为各地的投资主管部门或发改部门，其他职能部门在职责范围内对项目进行管理和监督，由于同一个项目会涉及众多的政府职能部门，如对具体职责分工不明确，容易导致决策项目的归属不清，利益分配模糊，决策责任无法落实，造成部门之间因为利益争抢项目，当项目出现问题却无人承担责任。决策过程较为随意，缺少科学、有效的政府投资决策程序。决策内容边界不清。

2）建设管理不专业。政府投资建设管理包括项目管理与资金管理两个维度。我国政府投资中的非经营性项目多采用的是"代建制"，在经营性项目中多采用的是"项目法人制"，目的都是为了解决政府投资项目在建设过程中遇到的各种问题。由于我国政府投资属于条块分割的分散管理模式，使部门之间难以建立起有效的联动机制，无法就项目运行的整体情况做出准确的判断，如超预算投资、招标投标不规范、项目单位资质管理欠缺、非法转包挂靠、工程合同签订随意、工程管理缺位等问题。不少地方政府投资资金缺乏有效的预算约束，政府投资资金并没有完全纳入预算进行管理，部分渠道的资金在拨付使用的过程中也并没有完全受到预算的限制。

传统政府投资项目的管理模式，一般采用的是一种业主"自建制"的管理模式，即政府出资，由使用方、建设方为一体担任业主，临时搭建工程指挥部或基建办，对外发包工程并负责对建设项目的全过程进行管理。

这种管理模式带来的严重问题主要体现为一次性业主缺乏专业能力，管理水平难以提高。同位一体化现象严重，政府投资部门、政府管理部门、建设单位三者之间职责不清，投资与建设、建设与管理职能混淆。缺乏有效的风险防范机制,致使大量的业主不规范行为和"三超"现象存在。

3) 监督体制不够完善。我国政府投资项目监督存在内部监督主体分散且缺乏配合,监督主体过多会导致监督秩序紊乱和监督职责不清,可能造成监督重复,也可能导致监管存在盲区;外部监督力度薄弱,目前,外部监督主体多为政府内部权力机关;监督时效性存在漏洞,现阶段的政府投资监督更多为事后监督,事前和事中监督明显欠缺。前期监督和外部监督明显不足,监督主要集中在内部监督和事后监督,不利于推进政府投资的市场化运作,也妨碍了监督体系的完善。

4) 信息公开度不够。政府投资领域本就是腐败的重灾区,各种层出不穷的政府投资违法事件更是表明了提高政府投资透明度的紧迫性。公开的内容和范围不规范,对项目实施的具体情况、评价检查、资金使用等情况公开较少;形式化公开较为严重,有不少地方政府仍然存在形式化公开、为了公开而公开的情况,很多地区缺乏系统性的信息公开程序,具体的制度保障也有待落实。部分政府习惯使用传统信息传播模式,忽视微博、微信等"新媒体"渠道的使用。

10.2 政府投资项目监管要求

由于受到各方面因素的影响,政府投资仍然存在投资范围不清晰、资金使用不规范、投资行为缺乏监督、监督不明确等问题,为合理界定政府投资职能,提高投资决策的科学化、民主化水平,建立投资决策责任追究制度。

《国务院关于投资体制改革的决定》(国发〔2004〕20号)于2004年7月颁布,对完善政府投资体制,规范政府投资行为做了具体明确。

合理界定政府投资范围。政府投资主要用于关系国家安全和市场不能有效配置资源的经济和社会领域,包括加强公益性和公共基础设施建设,保护和改善生态环境,促进欠发达地区的经济和社会发展,推进科技进步和高新技术产业化。能够由社会投资建设的项目,尽可能利用社会资金建设。合理划分中央政府与地方政府的投资事权。中央政府投资除本级政权等建设外,主要安排跨地区、跨流域以及对经济和社会发展全局有重大影响的项目。

健全政府投资项目决策机制。进一步完善和坚持科学的决策规则和程序,提高政府投资项目决策的科学化、民主化水平;政府投资项目一般都要经过符合资质要求的咨询中介机构的评估论证,咨询评估要引入竞争机制,并制定合理的竞争规则;特别重大的项目还应实行专家评议制度;逐步实行政府投资项目公示制度,广泛听取各方面的意见和建议。

规范政府投资资金管理。编制政府投资的中长期规划和年度计划,统筹安排、合理使用各类政府投资资金,包括预算内投资、各类专项建设基金、统借国外贷款等。政府投资资金按项目安排,根据资金来源、项目性质和调控需要,可分别采取直接投资、资本金注入、投资补助、转贷和贷款贴息等方式。以资本金注入方式投入的,要确定出资人代表。要针对不同的资金类型和资金运用方式,确定相应的管理办法,逐步实现政府投资的决策程序和资金管理的科学化、制度化和规范化。

简化和规范政府投资项目审批程序,合理划分审批权限。按照项目性质、资金来源和事权划分，合理确定中央政府与地方政府之间、国务院投资主管部门与有关部门之间的项目审批权限。对于政府投资项目，采用直接投资和资本金注入方式的，从投资决策角度只审批项目建议书和可行性研究报告，除特殊情况外不再审批开工报告，同时应严格政府投资项目的初步设计、概算审批工作；采用投资补助、转贷和贷款贴息方式的，只审批资金申请报告。具体的权限划分和审批程序由国务院投资主管部门会同有关方面研究制定，报国务院批准后颁布实施。

加强政府投资项目管理，改进建设实施方式。规范政府投资项目的建设标准，并根据情况变化及时修订完善。按项目建设进度下达投资资金计划。加强政府投资项目的中介服务管理，对咨询评估、招标代理等中介机构实行资质管理，提高中介服务质量。对非经营性政府投资项目加快推行"代建制"，即通过招标等方式，选择专业化的项目管理单位负责建设实施，严格控制项目投资、质量和工期，竣工验收后移交给使用单位。增强投资风险意识，建立和完善政府投资项目的风险管理机制。

引入市场机制，充分发挥政府投资的效益。各级政府要创造条件，利用特许经营、投资补助等多种方式，吸引社会资本参与有合理回报和一定投资回收能力的公益事业和公共基础设施项目建设。对于具有垄断性的项目，试行特许经营，通过业主招标制度，开展公平竞争，保护公众利益。已经建成的政府投资项目，具备条件的经过批准可以依法转让产权或经营权，以回收的资金滚动投资于社会公益等各类基础设施建设。

为了充分发挥政府投资作用，提高政府投资效益，规范政府投资行为，激发社会投资活力，国务院于2018年12月通过《政府投资条例》（国务院第712号令）。对政府投资的相关概念、政府投资决策、政府投资年度计划、政府投资项目实施、监督管理和法律责任等进行了约定。

政府投资项目实施。政府投资项目开工建设，应当符合有关法律、行政法规规定的建设条件；不符合规定建设条件的，不得开工建设。

政府投资项目应当按照投资主管部门或者其他有关部门批准的建设地点、建设规模和建设内容实施；拟变更建设地点或者拟对建设规模、建设内容等做较大变更的，应当按照规定的程序报原审批部门审批。

政府投资项目所需资金应当按照国家有关规定确保落实到位，政府投资项目不得由施工单位垫资建设。

政府投资项目建设投资原则上不得超过经核定的投资概算。因国家政策调整、价格上涨、地质条件发生重大变化等原因确需增加投资概算的，项目单位应当提出调整方案及资金来源，按照规定的程序报原初步设计审批部门或者投资概算核定部门核定；涉及预算调整或者调剂的，依照有关预算的法律、行政法规和国家有关规定办理。

政府投资项目应当按照国家有关规定合理确定并严格执行建设工期，任何单位和个人不得非法干预。

政府投资项目建成后，应当按照国家有关规定进行竣工验收，并在竣工验收合格后及时办理竣工财务决算。

投资主管部门或者其他有关部门应当按照国家有关规定选择有代表性的已建成政府投资项目，委托中介服务机构对所选项目进行后评价。后评价应当根据项目建成后的实际效果，对项目审批和实施进行全面评价并提出明确意见。

2000年，深圳市政府经市人大常委会批准颁布了《深圳市政府投资项目管理条例》，这是我国第一部关于政府投资的地方性法规。

10.3　政府投资项目集中管理模式

2022年1月住房和城乡建设部发布《"十四五"建筑业发展规划》，鼓励有条件的地区政府投资工程按照建设、使用分离的原则，实施相对集中专业化管理，对政府工程集中专业化管理指明了方向。

为了破解政府投资项目管理中存在的"三超"现象、腐败等难题，深圳市政府借鉴香港特区政府工程集中管理经验，先行探索政府工程集中建设管理，深圳市建筑工务局于2002年7月正式成立，主要职能是负责市政府投资建设工程项目（水务和交通工程项目除外）的资金管理、前期审批事项报批、招标投标管理、预决算和投资控制管理，政府公共房屋本体结构性维修工程的监督管理，对部分适合的建设项目组织实施"代建制"。2004年升级为深圳市建筑工务署，作为深圳市政府直属正局级行政管理类事业单位。2014年深圳市建筑工务署体制架构进行调整，设置机关和直属单位两层架构，成立市工务署设计管理中心，从源头加强政府工程设计管理工作。

深圳市建筑工务署秉承"廉洁、高效、专业、精品"的宗旨和理念，基本建立了设计品质管理、招标择优、材料设备管理、质量安全管控、履约评价、新技术应用、廉政风险防控等基础性制度，充分发挥集中管理统一建设的规模优势、专业优势、长期业主优势和制度优势，形成了一套行之有效的项目管理体系，培养了一批专业的工程管理人才，建成了一批代表城市品质形象的公共建筑，提高了政府工程的质量、品质和效率，降低了投资成本和廉政风险，很好地解决了政府工程超投资、超标准、超规模、拖工期的顽疾。与此同时，"深圳90"改革措施提高了用地、投资、规划、施工审批效率，为深圳政府工程实现高质量发展打下了坚实基础，更为政府工程集中建设管理模式进行了有效的探索和尝试。

设署机关和直属单位两层架构，包括招标合约处、材料设备处等八个机关处室，深圳市建筑工务署工程设计管理中心、深圳市建筑工务署工程管理中心、深圳市建筑工务署文体工程管理中心和深圳市建筑工务署教育工程管理中心四个直属事业单位。

1. 集中管理模式的优势和特点

工务署作为政府工程建设实施和管理的主体，代表政府履行投资建设方的市场职能，与项目各参与方签订建设项目相关合同，并管理和监督项目的建设过程。主要职责是：负责组织编制可行性研究报告、组织勘察、组织编制初步设计及项目概算并报审、设计管理、组织编制项目预算、组织招标投标、工程管理、变更管理、办理工程款支付手续、结算及决算审核、竣工验收、工程交付、组织报修等。主要优势体现在如下方面：

（1）政府工程政府管。建筑工务署作为政府工程集中建设管理机构，始终把讲政治摆在首位，在建设要求高、工程量大、工期紧张等情况下，不讲条件、不打折扣完成市委市政府交办的各项建设任务。社会化企业自身逐利性和政府工程公共特性天然对立。社会化企业作为政府工程建设主体，很难统筹好投资造价、质量安全、工期进度等方面工作，难以承担起政府工程建设管理角色。

(2) 政府工程集中管。规模优势、长期业主优势、专业优势、制度优势，解决了"超投资、超规模、超标准"问题，全面科学地确定建设需求、内容、规模、标准等，对工程建设质量、投资和安全等进行有效控制。

(3) 政府工程全过程管控。建设全过程可分为五个阶段，即前期阶段、开工准备阶段、施工阶段、竣工验收和移交阶段、保修阶段。将建设职能延伸至项目投资决策，解决了审核标准和决策体制不合理、效率低等问题；工程项目实施方面，统筹好工期进度、质量安全、投资造价等方面的管控，统筹好项目全生命周期各阶段各环节的工作，统筹好项目各部门、各参建单位的协同推进，通过科学化、精细化、智能化管理促进政府工程提质增效；工程项目使用阶段，整合项目建设和后期运维，延长建筑使用寿命，实现投资决策、项目实施、运行维护等项目全生命周期管理统筹和政府工程保值增值。

(4) 集中管理模式的特点。作为工程项目的建设单位，需要在我国既有法律框架内，按照基本建设程序，接受政府各专业部门的监督。政府工程集中管理模式的主要特点如下：

1) 探索全方位、多样化的新型建管模式。全面推广全过程工程咨询模式，试点适应不同类型、规模、复杂程度的工程总承包模式，先行试点推进建筑师负责制，探索加强社会代建管理制度改进措施。

全面推行全过程工程咨询服务，推动将全过程工程咨询费用列入项目概算，全面整合工程建设过程中所需的投资咨询、勘察、设计、监理、招标代理、造价咨询、项目管理等第三方咨询服务，对工程全过程进行精细化管理，增强建设单位项目管控能力；加快推进设计施工一体化的工程总承包模式，推动完善相关的招标投标、施工许可、计量计价、竣工验收等制度，通过设计、生产、施工、采购的一体化集约管理，发挥工程总承包企业的技术和管理优势，促进建筑业企业转型升级，提高管理水平，增强国际竞争力；先行试点推进建筑师负责制，研究借鉴国外经验，发挥设计师在建设过程中的主导作用，打造更符合设计目标的高品质建筑产品；开展港澳建筑业专业人士内地执业试点，探索允许港澳建设工程建筑业企业（或注册人士）承接政府工程相关业务；规范政府工程社会化代建。制定社会代建管理办法及配套管理细则，规范运作，发挥社会代建的补充作用。

2) 完善全面、专业、精准择优的招标管控机制。

① 坚持择优兼顾公平，建立诚信激励的招标体系。

承包商分类分级评估体系。以"资格条件、履约能力、诚信记录"为主要标准，对承包商量化评级建立公平竞争、优胜劣汰、守正创优的招标投标管理平台。

清单式招标标准体系。为规范各类招标行为，持续推动招标标准化，提高招标质量和效率，针对设计、施工和货物招标的不同类型，分别制定标准化的招标方案。

履约评价诚信体系。分类建立履约评价标准，将评价结果作为承包商分类分级和择优定标的重要依据，实现"招标委托"与"履约评价"的闭环管理。

② 规范自由裁量权，完善廉政风险防控机制。

权力分段制衡，深化评定分离制度。精准择优、定量化清标、不确定化定标；坚持信息全公开，杜绝信息寻租。公开为惯例，不公开为特例；加强预警监控，落实抓早抓小。加强过程管控，全链条网上流转；业务全上网、信息全留痕、过程全追溯。

③ 实行严管重罚，强化失信惩戒的监督保障机制。加强实名制管理，严防转包挂靠，人脸识别、实名认证、刷脸考勤，杜绝"投标、进场两套人马"。

健全不良行为处理制度，实行严管重罚。发生严重违约行为，拒绝行为主体中标，违反廉洁规定，一票否决。

坚持"全链条择优、良性循环、全面及时评价、科学客观定标"招标理念，拓展招标方式，完善招标投标管理机制，提升评标定标的专业性、权威性和公正性。扩大货物类、施工类和服务类的预选招标范围，提高招标定标效率。进一步完善承包商分类分级制度，科学、客观、动态地对承包商进行评价，在分类分级的基础上，实现精准择优、系统择优。加大招标投标全过程信息公开力度，参建各方相互监督和社会监督相结合，实现阳光透明招标、科学客观定标。

3）完善材料设备采购和监控机制。

① 对重要材料实行战略合作采购。对产品要求高、使用量大以及对工程质量有重要影响的材料设备实行战略合作采购（甲供材料设备或专业工程委托），即由建设单位直接开展采购招标，与供应商直接签订战略合作协议，真正做到品质优良、价格优惠、服务保证。如电梯、电缆、瓷砖、卫浴等。

② 建立材料设备品牌库。对材料设备供应商规模和业绩、生产和研发能力、质量检测体系和售后服务等情况进行评估，评估后择优入库。涉及建筑、结构、强电、弱电、暖通和给水排水等六大类，110多个品种，950多个品牌。

③ 加强材料设备动态管理。推行第三方检测机构抽查制度，不合格产品及时清库。

④ 研究成立材料设备采购联盟。

与国企、各区工务署发起成立政府材料设备采购联盟，扩大"甲供"材料的选择范围，发挥规模优势。

扩大材料设备预选供应范围，加强品牌库动态管理，逐步建立项目推荐品牌清单，将政府工程主要材料设备全面纳入管范围。完善材料设备信息化平台，实现从采购到维保全流程覆盖、从工厂到现场全链条贯通。推行材料设备供应商分级管理制度，加大项目现场材料设备的抽检数量及频次，全面提高材料设备管控水平。

4）强化质量安全管控机制。

① 建立履约评价指标体系。根据合同履约评价管理办法，优化评价指标体系、评价程序，使履约评价结果更科学、客观、精准、即时。建立深圳政府工程监管公共服务平台，加强信息归集，推动与国家和深圳市信用信息共享平台进行数据共享交换，结合政府工程履约风险黑名单制度及红黑榜公示制度，引导承包商诚信履约。

② 建立独立的第三方检测和巡查制度。通过聘请第三方对在建项目在质量观感、实测实量、材料设备、文明施工、安全生产等方面，采用常态化巡查、专项检查、交付前检查三种模式，对承包商管理行为、施工安全、工程质量进行评价，为承包商诚信履约评价提供真实的一手数据。

通过第三方日常巡查和专家抽查的监督检查制度，全面推行"双随机一公开"的检查方式和"互联网＋监管"模式，加强服务引导，加强考核标准建设，加强抽查评估，强化履约评价结果的应用，促使施工单位切实履行工程质量安全主体责任，实现对项目现场的全过程动态管理。

③ 强化评价结果的应用。

2. 集中管理模式的运行机制

（1）投资决策机制

深圳市的政府公共工程在投资决策方面，主要涉及使用单位、工务部门和发改部门三大主体。

在政府工程的项目发起阶段，需求描述一般由使用单位首先提出，并编制项目建议书报发改部门审批。当项目建议书由发改部门批复后，项目就得以立项。此时，使用单位需要根据项目建议书批准的建设性质、建设规模和总投资额，提出项目使用功能配置和建设标准，而工务部门则据此组织开展可行性研究，并在发改部门批复的总投资额范围内确定项目总概算。

当工务部门组织完成初步设计后，将向发改部门申报项目总概算。之后再根据发改部门批准的概算标准，进一步组织后续的实施。初步设计概算则将成为后续的设计、施工招标投标的项目投资控制依据。

从上述项目投资决策管理流程来看，深圳市政府工程决策机制与传统政府工程决策机制无实质性不同。工务部门不是提出项目需求的单位，也不是投资决策部门，特别是在项目立项前工务部门仅是辅助角色。

（2）实施阶段管理机制

在项目实施阶段，工务部门的主要工作包括项目采购管理及设计、施工管理。其中，项目采购管理是实现其业主方项目管理工作的主要依托手段，其过程是与整个项目实施完全重叠的。而设计、施工管理也需要借助由招标投标所确立的合同，在合同范围内进行。

对于采购管理，工务部门项目实施阶段的几乎所有合同，只要是达到公开招标法定门槛的，都是在交易中心通过招标投标而签订的。工务部门也陆续推进批量招标和捆绑招标采购模式。

1）批量招标：将未来一段时间内所有需要招标的同类服务项目，经过一次招标程序，明确服务项目的定价方式，确定若干个入围单位后，后续通过抽签方式确定中标单位的一种采购模式，主要有全过程咨询、监理、勘察、小型工程设计、工程保险，施工图审查等服务类项目。

2）捆绑招标：将若干个不同项目的同类材料、设备或工程，一次性捆绑打包，经过一次招标程序，完成多个项目同类材料、设备或工程的采购，提高采购效率，降低采购价格。

对于设计和施工，工务部门通过招标投标分别选聘具有资质和能力的设计及施工单位来具体实施，并实施严格的合同管理。除了传统的设计、施工相分离的模式，工务部门也逐步推进EPC模式。此外，工务部门也在全面推进全过程咨询模式，选聘全过程咨询公司，对项目管理、监理、造价、招标代理等提供全过程服务。

在施工阶段，由于施工合同是经公开招标所确定，所以合同变更也不能随意而为。从工程建设经验上说，工程变更是影响投资控制目标的重大因素，为了严格控制变更，工务署实施的项目，设计变更和现场签证执行严格的分级审批控制。

整个项目实施过程还受到审计部门、规划、住建、环保等部门的外部监督。

(3) 项目管理的主要内容

工务部门负责的建设项目，建设全过程可分为五个阶段，即前期阶段、开工准备阶段、施工阶段、竣工验收和移交阶段、保修阶段。其中前期阶段从项目接收开始至初步设计或概算完成期间的项目管理；从施工图设计开始，项目管理工作由项目组负责。项目管理的主要内容包括：

项目接收管理；

项目策划管理；

项目前期工作及设计管理；

开工准备管理；

招标管理；

进度管理；

质量管理；

投资管理；

合同管理；

变更及签证管理；

安全文明施工管理；

材料设备管理；

文件档案管理；

工程验收及移交管理；

保修管理；

建筑信息模型管理；

工程档案数据管理平台。政府集中管理模式下项目管理全流程如图10.3-1所示。

3. 政府工程集中管理模式的配套制度措施

为推进政府工程集中管理模式的制度化、规范化、标准化，为行业发展提供先行示范作用，在分级分类管理、材料设备品牌库、履约评价管理等方面制定相关规章制度，根据实际情况进行动态调整管理，见图10.3-1。

(1) 分级分类管理制度

为完善政府工程承包商诚信管理体系，提高建设工程质量，实现政府投资项目招标择优、项目创优目标，制定政府工程承包商分类分级管理办法，对政府工程承包商按承包资质类别，建立评价体系，划定资信等级的管理制度。

政府工程承包商分类分级管理坚持公开、公平、公正原则，评分体系应当满足客观、系统、动态、开放的要求，即指标因素客观、评价系统健全、级别动态管理、自愿公平开放。

企业分级按不同的企业类别进行。每个企业类别应确定实施细则，对分级体系、评分因素、评价标准、评审程序、分级管理等内容进行明确规定。

定量计分为主要评级方式，通过按得分区段、得分顺序等方式对政府工程承包商进行等级或组别的确定。

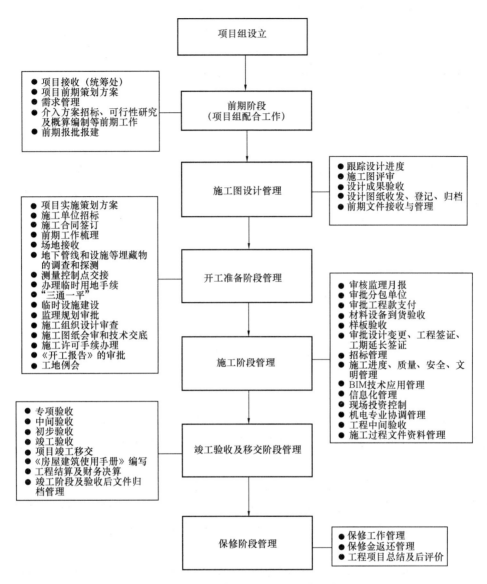

图 10.3-1 政府集中管理模式下项目管理全流程图

评分因素中涉及动态数据的，需确定数据更新周期。时效性要求高的数据信息宜采用信息化方式采集汇总，以保持数据的动态和准确。

选择评分因素或设置评价标准，应以有利于甄别优质企业，有利于鼓励承包人诚信履约，有利于促进建筑市场良性发展，有利于提升政府工程品质为价值导向。

政府工程承包商分类分级管理的信息采集一般包含企业申报与工务署收集两种方式。

由企业申报的信息项目应由授权人员登录信息系统进行信息登记或申报，企业登陆工务署信息系统使用的 CA 密钥、系统提交的联络方式等应做好管理和维护工作，完全采用自助的方式通过网络自助填报申请、并按规定上传相关资料信息。

企业登记或申报的信息，由工务署按照相关实施细则组织专业人员进行复核，复核通过后分级管理系统按照计分标准进行计分。

评分评级较高的企业，在招标择优、建设监管等方面享有相应权利。

截至 2022 年 3 月份，已建立建筑工程施工总承包、建筑装修装饰工程专业承包、电子与智能化工程专业承包三个类别的分类分级管理，分为 A＋级承包商、A 级承包商、B 级承包商等多个级别。图 10.3-2 为 2021 年 7 月 26 日数据。

建筑工程施工总承包 | 建筑装修装饰工程专业承包 | 电子与智能化工程专业承包

A+级承包商　A级承包商　B级承包商　C级承包商　暂不纳入排名承包商

排名	企业名称	综合分数	基础分	调级分	详细
1	中国建筑第八工程局有限公司	157.30	96.00	61.30	查看详情
2	深圳市建工集团股份有限公司	156.50	85.50	71.00	查看详情
3	中建三局第一建设工程有限责任公司	154.90	95.00	59.90	查看详情
4	上海宝冶集团有限公司	146.80	92.00	54.80	查看详情
5	中国建筑第二工程局有限公司	144.30	90.00	54.30	查看详情
6	中国建筑一局(集团)有限公司	142.50	91.00	51.50	查看详情
7	江苏省华建建设股份有限公司	133.60	90.00	43.60	查看详情
8	中建一局集团建设发展有限公司	132.10	74.50	57.60	查看详情
9	中建三局第二建设工程有限责任公司	130.80	80.00	50.80	查看详情
10	中建二局第三建筑工程有限公司	129.80	83.00	46.80	查看详情
	中海建筑有限公司/中国建筑工程（香港）有限公司				查看详情

图 10.3-2　2021 年 7 月 26 日数据

（2）材料设备参考品牌制度

为规范建筑项目材料设备的品牌选择和使用管理，探索将材料设备的品牌、档次、定位有效应用到项目实际当中去，以确保不同档次定位项目选择到相应档次的材料设备，实行材料设备参考品牌管理。

参考品牌是指在制造商自愿的基础上，通过既定的入库评价流程，筛选出品质优良、行业内知名度高、信誉好、服务水平一流的品牌。筛选出的各类材料设备参考品牌形成参考品牌库。参考品牌库的管理原则为：公开征集、择优入库、科学应用、动态评价、优胜劣汰。

入库基本要求。申请入库的品牌制造商应具备以下基本条件：合法经营、具有良好的信誉；品牌知名度高；取得专业机构颁发的质量管理体系认证证书；具有先进的生产设备及必要的生产场所；在珠三角地区设有售后服务机构。具体报名条件根据实际情况设定，并在指定官方网站或相关网站发布。

参考品牌分档原则。根据具体情况，从材料设备的生产工艺先进性、质量管理水平、产品品质、品牌知名度、售后服务体系等方面综合评价，对材料设备品牌进行合理分档设置。品牌档次可不分档，或按 A 档、B 档、C 档分档，顺序递减。每种材料设备每档入库品牌数量应与工务署项目材料设备使用总量相匹配，原则上不少于三个。

参考品牌动态管理。参考品牌入库满一年，品牌制造商或代理商应根据需要提交年度综合报告，其内容包括：经营状况及研发生产能力等重大变更情况；与项目签订合同、项目配合、售后服务等情况。

参考品牌的应用。具体项目选用材料设备品牌档次和技术性能要求，需经相关程序批准,根据具体项目招标文件和设计文件的设计要求、选定的参考品牌档次和技术性能要求,合理编制预算,所有项目原则上均应在参考品牌库内选择材料设备。

(3) 履约评价管理制度

为提高建设工程承包商履约水平,规范履约评价行为,推进建筑市场诚信体系建设,营造公平竞争、诚实守信的市场环境,制定履约评价管理办法。履约评价依据建设工程相关法律法规规章以及规范性文件、建设单位依法编制的招标文件、建设工程承包商的投标文件、合法有效的工程合同及补充协议等进行。

履约评价内容应当包括人员设备配置、技术经济实力、质量与安全、工期与造价、配合与服务等要素。建设单位应当根据建设工程承包商的职责范围、特点,结合自身实际,制定评分细则,分类编制评价指标。

评价方法与规则。履约评价分阶段实施,具体包括合同节点履约评价、合同年度履约评价和合同完成履约评价。合同节点履约评价是建设单位在合同约定的工程款支付节点,对合同阶段性履约情况的评价。合同年度履约评价是以合同节点履约评价结果为数据来源,通过对建设工程承包商年度内在建设单位承接的全部同类型合同节点履约评价结果的加权求和,计算得出建设工程承包商该年度在该建设单位的同类型合同履约情况的年度评价。合同完成履约评价是建设单位在工程合同结算完成后,以该工程合同的所有合同节点履约评价结果为数据来源,通过加权求和,计算得出该合同履约情况的最终评价。

评价等级。合同履约评价细则是对履约评价办法在各类型合同上进一步落实的实施性文件,包括考核评价指标、考核要素、考核标准、分值权重、计分规则、否决性清单等内容。考核评价主体依据合同履约评价细则对承包商开展履约评价活动。履约评价应当采用定量计分方式,满分为 100 分,评价结果(用字母"N"表示)按得分划分为优秀、良好、一般、不合格四个等级。当 $N \geqslant 90$ 分时为优秀;当 $75 \leqslant N < 90$ 分时为良好;当 $60 \leqslant N < 75$ 分时为一般;当 $N < 60$ 分时为不合格。

建设单位应当在相应履约评价工作完成时限要求内,将评价结果书面告知建设工程承包商。建设工程承包商应当签字确认;建设工程承包商拒绝签字确认的,建设单位可在书面通知上注明情况后将书面通知留置现场送达。

建设单位可以根据合同节点履约评价结果分析承包商履约程度,找出薄弱环节,提出整改要求,并及时约谈建设工程承包商进行整改。整改情况作为下次合同节点履约评价的评价要素之一。

合同年度履约评价结果作为建设工程承包商入选对其进行评价的建设单位的优质企业名录的评分要素之一。建设单位应当以年度为单位,根据工程合同类型对合同年度履约评价结果排名靠前的建设工程承包商给予通报表扬,并通报合同年度履约评价不合格的承包商。建设单位应当慎重选择合同年度履约评价不合格的承包商。建设单位可以根据合同完成履约评价结果对建设工程承包商是否参与该建设单位未来的招标项目进行限制。

(4) 工程质量安全第三方评价制度

为进一步规范政府公共工程管理工作,提升工程项目质量安全管理水平,引入第三方评价单位对在建项目的工程质量安全进行第三方评价,对项目质量安全实施监督管理,不免除施工单位、监理单位和代建单位应负的主体责任。

第三方对在建项目进行工程质量安全第三方评价，主要是对项目的主体责任落实情况，包含实体质量、观感质量、安全管理行为、安全管理状态、文明施工（含生态文明）、质量安全风险程度等内容进行定性与定量的评定。

1）评价工作内容。

施工合同标段质量方面评价内容：施工合同标段分为实体评价和管理行为评价；实体评价包含实体质量、观感质量的检查评价；管理行为评价包含人员在岗考评、质量培训、优秀工艺、质量负面清单、加减分核查等。

施工合同标段安全方面评价内容：施工现场安全生产状态，事故风险的控制措施落实情况；安全文明施工标准化及生态文明要求的实施情况；施工合同标段安全管理行为。

监理合同标段评价内容：监理合同标段检查内容为监理管理行为检查、资料检查、质量安全负面清单、加减分核查等。

2）评价分类。第三方评价分为日常评价和专项检查。

日常评价由第三方评价单位进行评价，日常质量安全评价每季度不得低于两次。

专项检查由第三方评价单位或质量安全专家库专家进行检查。专项检查根据工程管理需要不定期进行，采用飞行检查的模式，事先不通知被检查单位。

第三方评价单位需结合被评价对象数量及分布编制详细的评价实施方案，经审核通过后开展评价工作。

巡查及评价工作由第三方评价单位独立完成，应以公平公正为前提，注重巡查评价活动的专业性和规范性。具体操作时需编制并发布工程安全第三方评价实施细则、第三方工程质量评价实施方案等制度性文件。

第三方评价单位编制评价报告，评价报告至少应包括被评价对象的形象进度、各指标的量化表格、综合排名、图片及处理建议等。

质量安全评价时，如对现场的评价结果有争议，被评价单位可在三个工作日内提出申诉，经相关部门审核同意后成立调查小组，组织开展调查处理工作，并拟定处理意见。

第三方评价时发现的质量安全问题，分为两个等级进行处理：一般问题由第三方巡查直接发送通知至被巡查单位，被巡查单位按照要求进行整改回复；重大问题发放《督导通知书》或《警示通报》，发出的14个日历天内予以回复，需复查的在5个工作日内组织进行复查。

3）排名分档和评价结果。质量安全第三方评价分为四档：优秀、良好、合格和不合格。施工单位质量评价按照工程承包类型分别进行排名，施工单位安全评价按照房屋建筑工程、市政工程施工单位分别进行排名；监理单位质量安全综合评价按照房屋建筑工程、市政工程监理单位分别进行排名。参与排名的单位在良好及以上时，不列入排名靠后的单位。

评价工作完成后，需对巡查情况进行分析和总结，编制季、年度第三方巡查总结报告。评价报告充分利用巡查数据，进行多维度的横向和纵向分析，以寻找现场最需要关注的质量安全问题、共性的问题，分析其根本原因，提供解决方案。

第三方质量安全评价工作完成后,根据各合同标段的得分情况进行排名,并在质量安全大会上通报排名,并在相关内网和外网上予以公布。合同标段质量安全评价为优秀时,可优先申报质量安全文明样板工地观摩;合同标段质量安全评价得分为不合格时,对该被评价单位进行约谈。清单及评价表详见表 10.3-1～表 10.3-7。

工程质量负面清单(建筑工程)　　　　　　表 10.3-1

分部工程	检查项		负面清单具体情形(以检查样本为准)
地基与基础工程	地基与基础工程	桩基	灌注桩无检查验孔记录及浇灌记录
			入岩深度、桩长、桩身混凝土强度不符合设计要求;桩基单桩承载力及桩身质量检测报告结论为不合格
主体结构	混凝土结构	模板工程	未独立搭设后浇带支撑,后浇带支撑提前拆除;后浇带支撑大面积不稳固
			未达拆模强度擅自拆模
			高支模方案未进行审查
		钢筋工程	现场使用的钢筋规格、型号、数量低于国家标准及设计要求
		混凝土	梁、柱构件存在贯穿性裂缝
			楼板、屋面板存在贯穿性裂缝(裂缝覆盖面积>30%板面)
	钢结构工程	钢结构焊接	要求全焊透的一、二级焊缝在构件安装报验时无超声波或射线探伤记录
		高强度螺栓	高强度大六角头螺栓、梅花头未拧掉的扭剪型高强度螺栓连接副终拧完成 1h 后、48h 内未进行终拧扭矩检查
	砌体工程		大量构造柱间距大于 5m;大量构造柱未浇筑到顶
			砌体存在大面积通缝
			大量过梁、窗台压顶、构造柱未按设计及规范要求设置
装饰装修工程	室内装修工程	抹灰工程	抹灰层空鼓合格率低于 60%
		地面	地砖(石材)空鼓合格率低于 60%
		墙砖	墙砖空鼓合格率低于 60%
		石材	泛碱的石材超过石材面积的 30%
		吊顶	高度大于 2.0m 吊顶未设置转换层
		防火材料	防火材料无复检报告,材料防火等级低于设计要求
	幕墙工程	后置埋件	无锚栓的拉拔试验报告;拉拔试验报告结论为不合格
		石材面板	厚度负偏差超过规范要求的石材面积达 30%;厚度出现负偏差的石材面积达 80%以上
	质量管理行为		复查实测实量总合格率低于 60%
			因存在严重工程质量问题或工程质量风险,工程督导处发出质量警示通报,超过整改期限仍未有效整改处理;对督导通知书拒不回复
			对警示通报不及时回复,超过期限后经提醒仍不回复的情形
			同一施工单位不同项目因为本质量专篇在同一自然年内出现提出"三个月书面严重警告"累计达两次及以上的情形

主体结构工程结构质量观感评价表　　　　　表 10.3-2

检查项目			检查内容及标准	计算点	检测分项
主体工程	混凝土结构工程	钢筋分项工程	绑扎钢筋网网眼尺寸（-20，20）mm	10	绑扎钢筋网网眼尺寸
			纵向受力钢筋锚固长度≥-20mm	10	纵向受力钢筋锚固长度
			纵向受力钢筋混凝土保护层厚度（柱、梁）（-5，5）mm	20	纵向受力钢筋混凝土保护层厚度
			纵向受力钢筋混凝土保护层厚度（板、墙、壳）（-3，3）mm	20	纵向受力钢筋混凝土保护层厚度
			绑扎钢筋、横向钢筋间距（-20，20）mm	10	绑扎钢筋、横向钢筋间距
			钢筋分项工程	70	
		模板分项工程	预留洞尺寸（0，10）mm	10	预留洞尺寸
			模板内部尺寸（柱、墙、梁）（-5，5）mm	20	模板内部尺寸（柱、墙、梁）
			模板分项工程	30	
		混凝土分项工程	表面平整度（0，8）mm	20	表面平整度
			垂直度：柱、墙≤6m；（0，10）mm	20	垂直度（柱、墙）
			柱、墙>6m；（0，12）mm	20	
			截面尺寸（柱、梁、墙）（-5，10）mm	10	截面尺寸（柱、梁、墙）
			楼板厚度（-5，10）mm	10	楼板厚度
			主体观感1：露筋、蜂窝、孔洞、烂根、夹渣、存在≥300×300（mm）的修补	12	主体观感1
			主体观感2：胀模、缺棱、掉角、楼板开裂、存在≥300×300（mm）的修补	12	主体观感2
			混凝土分项工程	104	
	砌筑工程	ALC墙板	表面平整度允许偏差：（0，3）mm	20	表面平整度
			立面垂直度：（0，3）mm	20	立面垂直度
			接缝高低差：（0，2）mm	10	接缝高低差
			阴阳角方正：（0，3）mm	10	阴阳角方正
			门窗洞口尺寸：（0，4）mm	10	门窗洞口尺寸
	砌筑工程	填充墙砌体工程	墙面垂直度≤3m；（0，5）mm；	20	墙面垂直度
			墙面垂直度>3m；（0，10）mm		
			表面平整度（0，8）mm	20	表面平整度
			门窗洞口高、宽（后塞口）（-10，10）mm	20	门窗洞口高、宽
			砌筑节点： (1) 门窗框预制块：采用预制混凝土块、实心砖；空心砖墙体则在门洞边200mm内的孔洞须用细石混凝土填实；预制块或实心砖的宽度同墙厚，长度不小于200mm；高度应与砌块同高或砌块高度的1/2且不小于100mm；最上部（或最下部）的混凝土块中心距洞上下边的距离为150～200mm，其余部位的中心距不大于600mm，且均匀分布。	12	重要预制或现浇构件

续表

检查项目			检查内容及标准	计算点	检测分项
主体工程	砌筑工程	填充墙砌体工程	(2) 现浇窗台板：宽同墙厚，高度≥100mm，每边入墙内≥200mm（不足 200mm 通长设置）。 (3) 洞口（大于 300mm）的过梁：同墙宽，入墙不少于 250mm。 (4) 过梁、窗台压顶为预制时，若因结构位置原因无法满足入墙长度，则必须植筋现浇	12	重要预制或现浇构件
主体工程	砌筑工程	填充墙砌体工程	砌筑节点 2： (1) 无断砖、通缝、瞎缝。 (2) 墙顶空隙的补砌挤紧或灌缝间隔不少于 14d。 (3) 不同基体（含各类线槽）镀锌钢丝网规格为 10×10×0.7(mm)，基体搭接不小于 150mm；挂网前墙体高低差部分采用水泥砂浆填补。 (4) 砌体墙灰缝须双面勾缝	12	重要预制或现浇构件
		填充墙砌体工程		84	
	砌筑工程				
主体工程					

地基基础质量观感评价表 表 10.3-3

检查项目			检查内容及标准	扣分原则
地基与基础工程	基础	桩基础-预应力管桩	外观	外观：管桩无蜂窝、露筋、裂缝、色感均匀、桩顶处无孔隙	现场所有管桩全检，每个桩均作为一个实测区，一个桩不合格扣 2 分
地基与基础工程	基础	桩基础-预应力管桩	桩位偏差	桩位偏差 1. 盖有基础梁的桩： (1) 垂直基础梁的中心线：$100+0.01H$； (2) 沿基础梁的中心线：$150+0.01H$。 2. 桩数为 1~3 根桩基中的桩：100mm。 3. 桩数为 4~16 根桩基中的桩：1/2 桩径或边长。 4. 桩数大于 16 根桩基中的桩： (1) 最外边的桩：1/3 桩径或边长； (2) 中间桩：1/2 桩径或边长（H 为施工现场地面标高与桩顶设计标高的距离）	根据基础垫层上的轴线，测设出桩的设计位置与实际成桩位置的距离得出桩位偏差值，每一处不合格扣 2 分
地基与基础工程	基础	桩基础-预应力管桩	成品桩质量：桩径	成品桩质量：桩径（-5，5）mm	用钢卷尺在两个互相垂直的方向上进行测量，取其平均值，精确至 1mm，每一处不合格扣 2 分
地基与基础工程	基础	桩基础-预应力管桩	成品桩质量：管壁厚度	成品桩质量：管壁厚度（-5，5）mm	用钢直尺在同一断面相互垂直的两直径上测定四处壁厚，取其平均值，精确至 1mm，每一处不合格扣 2 分
地基与基础工程	基础	桩基础-预应力管桩	桩顶标高	桩顶标高：（-50，50）mm	用钢直尺在同一断面相互垂直的两直径上测定四处壁厚，取其平均值，精确至 1mm，每一处不合格扣 2 分

续表

检查项目			检查内容及标准	扣分原则
地基与基础工程	基础	焊接质量 / 焊接基层处理	接桩时入土部分桩身外露地面0.5~1.0m；焊接前检查桩头处是否干净，上下端板应采用铁刷子清理干净，坡口处应刷至露出金属光泽	每出现一处扣3分
		焊接质量 / 焊接质量	焊接分两层完成，内层焊渣清理干净方可焊接外层，焊缝应饱满、连续，且根部必须焊透，电焊焊接停歇时间大于1.0min，焊接完成后冷却时间不小于8min，严禁用水冷却或立即沉桩	每出现一处扣3分
		焊条质量 / 焊条质量	焊接应参照设计图选取焊接材料，焊条宜采用E43或CO_2保护焊丝，焊条应不低于规范要求	每出现一处扣3分
			焊条应做好防雨、防潮措施；雨天焊接作业，在接桩焊接部位应设置防雨措施	每出现一处扣2分
		桩基础-桩头表面质量	桩头顶部应剔凿规整；桩头顶面和侧面裸露处应涂刷水泥基渗透结晶型防水涂料，并延伸至结构底板垫层150mm处；桩头周围300mm范围内应抹聚合物水泥防水砂浆过渡层；桩顶中心线、桩顶平整度	现场所有管桩全检，每个桩均作为一个实测区，一个桩不合格扣2分
		试块	混凝土强度；是否留置试块、送检及相关资料	每批混凝土均作为一个实测区，一批混凝土未按要求留置试块或相关送检及资料扣2分
		钢筋笼质量 / 质量保证	钢筋的出厂合格证和质量保证书以及送检资料	每出现一处扣3分
			按规格、型号、批量堆放	每出现一处扣2分
		钢筋笼锈蚀	检查制作完成的钢筋笼是否大面积锈蚀	每出现一处扣2分
		吊筋的长度、规格及焊接	吊筋的长度、规格及焊接符合设计要求	每出现一处扣3分
		钢筋笼安装	搬运和吊装钢筋笼时应防止变形，安放应对准孔位，避免碰撞孔壁和自由落下，就位后应立即固定，运输到孔位时检查钢筋笼是否完整、是否存在松散、脱焊及钢筋笼变形现象	每出现一处扣3分
		灌注桩主筋的保护层	灌注桩主筋的保护层厚度不应小于35mm，水下灌注桩的主筋混凝土保护层厚度不得小于50mm，耳筋或混凝土垫块应设置稳固、均匀、无漏垫且符合设计规范要求	每出现一处扣3分
		绑扎、焊接 / 焊缝宽度	主筋焊接：单面焊$10d$；焊缝厚度$\geq 0.3d$；焊缝宽度$\geq 0.8d$（d为主筋直径）	每出现一处扣2分
		绑扎、焊接 / 焊接质量	焊接时不得烧伤主筋；焊接地线与钢筋应接触紧密；焊缝表面应光滑且弧坑应填满，焊接时主筋轴线偏差$\leq 0.1d$；焊缝表面不得有凹陷或焊瘤；接头区域不得有肉眼可见的裂纹；咬边、气孔、夹渣等缺陷不得出现，且满足设计要求，箍筋严禁跳绑或漏焊	每出现一处扣1分

续表

检查项目			检查内容及标准	扣分原则
地基与基础工程	基础	机械连接 加工质量	钢筋端部应切平或镦平后加工螺纹,丝头端部应无毛刺、斜边、防锈蚀	每出现一处扣2分
		机械连接 连接质量	标准型接头安装后的外露螺纹不宜超过2P,钢筋旋入长度达到要求	每出现一处扣1分
		护筒埋设 护筒埋设质量	坚固耐用,不应变形、破损,不漏水不倾斜,内径比钻孔直径大约200~400mm,护筒埋设应准确、稳固,上部宜开设1~2个溢浆孔	每出现一处扣2分
		护筒埋设 护筒中心与桩位偏差	护筒中心与桩位偏差不得大于50mm	每出现一处扣3分
		护筒埋设 护筒埋设高度	顶面高出地面0.4~0.6m或满足方案要求高度,护筒的埋设深度:在黏性土中≥1m,砂土中≥1.5m	每出现一处扣2分
		成桩质量 灌注高度	桩头超灌高度应符合设计要求,设计无要求时应不低于500mm	每出现一处扣2分
		成桩质量 锚固钢筋	锚固钢筋长度应符合设计要求;开挖、破桩施工不应折断锚固钢筋;绑扎作业前应调直锚固钢筋	每出现一处扣2分
		成桩质量 桩头破除	破除面标高符合设计要求(一般高于垫层标高30~50mm);破除面应无夹渣、夹泥缺陷;平整	每出现一处扣2分
	土方	开挖质量 开挖质量	柱基基坑基槽-50mm;人工挖/填方场地平整:(-30,30)mm;机械挖/填方场地平整:(-50,50)mm;挖填方工程的施工应满足设计和规范要求	以30m²为一个测区,选取10个测区,按水准点用水准仪测量实际标高和设计标高对比;每出现一处扣2分
		回填质量 回填质量	分层回填,回填土的含水率、压实系数符合图纸及规范要求	以30m²为一个测区,选取10个测区,每出现一处扣3分
	边坡	放坡系数 放坡系数	边坡放坡系数达到设计要求	目测边坡不符合要求的部位再进行实测,实测值与设计值对比,不合格扣3分
		边坡质量 边坡质量	土质边坡顺直,岩质边坡无孤石安全隐患	每个边坡均作为一个实测区,一个边坡不合格扣2分
		喷锚质量 喷锚质量	喷锚面坡度应符合设计要求,混凝土喷射均匀,不应有漏喷、露筋、吐岩	抽检4个边坡,每处扣2分
	地下水控制	降水与排水 降水与排水	基坑明排水应设置排水沟及集水井,排水沟纵坡度宜控制在1/1000~2/1000;坑内不积水,沟内排水畅通	无排水设施扣10分,排水设置不到位,有积水扣2分
	基坑支护	冠梁、连系梁、腰梁 冠梁、连系梁、腰梁	冠梁、连系梁、腰梁有无孔洞、不露受力钢筋、无表面露筋、漏浆、烂根、麻面、错台吊脚、胀模、弯曲	全数检查,每处扣2分

续表

检查项目			检查内容及标准	扣分原则
地基与基础工程	基坑支护	冠梁、连系梁、腰梁	模板安装质量：模板的接缝应严密；模板无缺棱掉角，模板接缝高低差，模板表面是否涂刷脱模剂，使用前表面浮浆是否清理干净	全数检查，每处扣1分
		冠梁、连系梁、腰梁	钢筋观感质量：箍筋、拉筋的末端应符合设计和规范要求，无要求时应做135°弯钩；箍筋、拉筋应按图集要求绑扎；钢筋搭接长度、接头错位、钢筋连接质量（满足设计及规范要求），纵筋连接位置不符合设计要求； 箍筋间距及加密区，主筋布置位置。 钢筋损伤：钢筋应平直、无损伤，表面不得有裂纹、油污等污染物、颗粒状或片状老锈；不合格的焊接损伤及弯曲损伤； 机械连接：钢筋端部应切平或镦平后加工螺纹，标准型接头安装后的外露螺纹不宜超过2P，钢筋旋入长度达到要求； 钢筋的保护层厚度：垫块、内撑条的数量不足，垫块、内撑条尺寸不符合保护层要求，垫块、内撑条绑扎不牢固、脱落；钢筋偏位	全数检查，每处扣2分
		基坑支护	基坑支护按要求制定监测方案及进行监测，有完整检测报告	抽检所有检测报告，无检测报告或不全的扣4分
		锚索、锚杆	锚固段强度未达到设计强度已开始进行张拉；锚索张拉预留工作长度与设计不符	全数检查，每处扣2分
		预应力锚索	沿杆体轴线方向每隔2.0~3.0m应设置1个对中支架，注浆管、排气管应与锚杆杆体绑扎牢固，钢绞线或高强钢丝应平直排列，沿杆体轴线方向每隔1.5~2.0m设置1个隔离架	全数检查，每处扣1分
			钻孔记录应详细、完整，对岩石锚杆应有对岩屑鉴定或依进尺软硬判断岩层的记录，以确定入岩的长度，钻孔深度应大于锚杆长度300~500mm	全数检查，每处扣1分
		抗浮锚杆	锚杆位置、形式与设计要求不一致；锚杆成孔、安装、注浆等施工与试锚工法不一致，不满足设计要求	全数检查，每处扣1分
			锚杆制作、安装不符合设计要求	全数检查，每处扣1分
			抗浮锚杆与基础底板连接节点应满足基础底板整体防水等级及构造要求	全数检查，每处扣1分
			抗浮锚杆防腐应满足设计及规范要求	全数检查，每处扣1分
		基坑开挖	当支护结构构件强度达到开挖阶段的设计强度时，方可下挖基坑；对采用预应力锚杆的支护结构，应在锚杆施加预加力后，方可下挖基坑；对土钉墙，应在土钉、喷射混凝土面层的养护时间大于2d后，方可下挖基坑	全数检查，每处扣2分
			开挖时，挖土机械不得碰撞或损害锚杆、腰梁、土钉墙面、内支撑及其连接件等构件，不得损害已施工的基础桩	全数检查，每处扣1分
	水泥土桩墙	水泥土桩墙	型钢长度（−10，10)mm	型钢在未施工前选取5个型钢用钢卷尺量长度并与设计值比较，每一处不合格扣2分

续表

检查项目			检查内容及标准	扣分原则
削坡处理	边坡监测	边坡监测	1. 监测方案；2. 监测开始时间是否符合方案要求；3. 监测频率；4. 监测数据报警，是否及时按要求采取相应措施	未制定监测方案扣10分；未按方案要求时间节点开始监测或监测频率不足扣5分；监测数据报警处理流程不符合要求扣3分；监测报告记录不全每次扣2分
	放坡系数	放坡系数	边坡放坡系数达到设计要求	目测边坡不符合要求的部位再进行实测，实测值与设计值对比，不合格扣3分
	削坡处理	边坡质量	土质边坡顺直，岩质边坡无孤石安全隐患	每20m边坡作为一个实测区，一处边坡不合格扣2分
	防护质量	防护质量	边坡防护加固工程施工质量	普通质量缺陷每处扣1分；严重质量缺陷每处扣2分
	边坡复绿	边坡复绿	边坡复绿严格按设计要求及有关部门要求组织施工、保障施工质量	复绿方式、时间节点与设计及有关部门要求不符的，一处边坡扣3分；施工质量通病，每处扣1分

施工总承包主体责任落实评价表　　　　　　　　　　表10.3-4

检查项目		检查内容及评判标准
指令执行	整改落实情况	同一问题多次（查验周期内两次以上）发指令仍未整改落实的扣10分；对指令所提问题未进行回复的扣5分；指令所提问题未按要求整改完成扣3分；指令所提问题未整改完成或整改不符合要求进行回复的扣2分
验收资料	真实性	施工质量达不到验收标准的但实际验收资料却显示合格的，或验收资料早于实际施工进度的扣3分；分项隐蔽验收资料缺失的扣2分
	及时性	资料滞后工程实际进度扣 $N-1$ 分
	填写	验收记录内容填写不完整扣3分；签字手续不全扣2分
管理行为	方案编制及审批	施工组织设计及施工方案未及时上报，不够合理可行、针对性不强，未编制质量通病防治措施，施工前未完成施工方案审批的扣5分；对方案审批不严扣2分
		未对重要部位、特殊工艺等在施工前单独编制专项方案的扣5分
		施工方案应包括：1. 目录；2. 工程概况；3. 编制依据；4. 施工组织框架图；5. 施工安排；6. 施工准备与资源配备计划；7. 施工方法及工艺要求；8. 质量标准及保证措施；9. 质量通病控制措施；10. 成品保护。扣分标准：以上内容缺项的扣3分，内容编制不全的扣2分，不规范及不符合工程特点的扣2分，编制依据过期未及时更新施工方案的扣2分
		1. 施工计划：包括施工进度计划、材料与设备计划；2. 施工工艺技术：技术参数、工艺流程、施工方法、查验验收等；3. 劳动力计划：特种作业人员等；4. 计算书及相关图纸。扣分标准：以上内容缺项扣3分，内容编制不全扣2分，内容不符合设计、规范及工程特点要求扣1分，方案已审批但不符合要求的扣5分
	方案执行	现场未按照已审批的专项施工方案要求施工的扣5分，现场未严格按审批的专项施工方案要求组织的扣3分，现场施工与已审批的专项方案存在局部差异的扣2分

续表

检查项目		检查内容及评判标准
管理行为	交底记录及执行	各分项工程施工前无交底记录（质量）扣5分；交底记录与设计、规范及方案不符扣3分；现场未按照交底要求施工扣2分；未对相关作业人员进行全员交底，缺一人扣2分；交底记录内容不全扣2分；交底记录签字不全（要求班组，交底人及被交底班组长和作业工人签字）扣1分
	材料检查	进场材料、半成品、成品、设备等检查、抽检复验符合规范及建设单位要求，不使用不合格或非合同指定的建筑材料、设备等，材料进场报告应与台账相符，以上内容每一项不符合要求扣2分
	工作面移交	上道工序未验收或验收不合格就进行下道工序施工（如涂料、面砖、铝合金、防水、电梯、装修等），其上道工序施工及验收完成后，未做工作面的书面移交会签单就进入下道工序施工，工作移交单三方未签字或相应内容填写不完整，以上内容每缺一项扣2分
	施工管理	上一道工序存在较突出施工质量问题直接移交或进入下一道工序施工的扣2分；未经质量技术部门、监理部许可对上一道工序内容进行拆除或变更的扣3分
试验	施工试验记录	未建立标养室及建立未启用扣5分；现场试块留置情况与台账或检验批不符，存在缺漏情况，扣5分；复试报告不符合要求扣3分；资料收集整理不及时扣2分。 地基强度或承载力检验结果符合设计要求，检验报告不符合要求扣3分；资料收集整理不及时扣2分。 复合地基的承载力检验结果符合设计要求，检验报告不符合要求扣3分；资料收集整理不及时扣2分。 桩基础承载力检验结果符合设计要求。检验报告不符合要求扣3分；资料收集整理不及时扣2分
内业	台账管理	未建立材料进场台账扣2分；缺记、漏记扣1分。 未建立隐蔽及检验批台账扣2分；缺记、漏记扣1分。 未建立试验台账扣2分；缺记、漏记扣1分
	施工日志	一、基本内容： 1. 日期、星期、气象、平均温度。平均温度可记为××℃～××℃，气象按上午和下午分别记录。 2. 施工部位。施工部位应将分部、分项工程名称和轴线、楼层等写清楚。 3. 出勤人数、操作负责人。出勤人数一定要分工种记录，并记录工人的总人数，以及工人和机械的工程量。 二、工作内容： 1. 当日施工内容及实际完成情况。 2. 施工现场有关会议的主要内容。 3. 有关领导、主管部门或各种检查组对工程施工技术、质量、安全方面的检查意见和决定。 4. 建设单位、监理单位对工程施工提出的技术、质量要求、意见及采纳实施情况。 三、检验内容： 1. 隐蔽工程验收情况。应写明隐蔽的内容、楼层、轴线、分项工程、验收人员、验收结论等。 2. 试块制作情况。应写明试块名称、楼层、轴线、试块组数。 3. 材料进场、送检情况。应写明批号、数量、生产厂家以及进场材料的验收情况，以后补上送检后的检验结果。

续表

检查项目		检查内容及评判标准
内业	施工日志	四、检查内容： 1. 质量检查情况：当日混凝土浇注及成型、钢筋安装及焊接、砖砌体、模板安拆、抹灰、屋面工程、楼地面工程、装饰工程等的质量检查和处理记录；混凝土养护记录，砂浆、混凝土外加剂掺用量；质量事故原因及处理方法，质量事故处理后的效果验证。 2. 质量检查记录是否齐全（周、月度检查）。 3. 其他检查情况，如文明施工及场容场貌管理情况等。 五、其他内容 1. 设计变更、技术核定通知及执行情况。 2. 施工任务交底、技术交底情况。 3. 停电、停水、停工情况。 4. 施工机械故障及处理情况。 5. 雨期施工准备及措施执行情况。 6. 施工中涉及的特殊措施和施工方法、新技术、新材料的推广使用情况 扣分标准：以上为施工日志应记录的内容，大项内容未记录扣5分，小项内容未记录扣3分；小项记录内容，记录不全或漏记的扣2分；无日志扣5分；记录不及时（前一天的施工情况未记录）扣5分；与实际情况不吻合、记录问题不交圈发现一处扣5分；记录潦草不便查阅扣1分

质量观感关键指标检查表　　　　　　　　　　表 10.3-5

质量观感关键指标检查表

总包单位：　　　　　　　　　监理单位：　　　　　　　　　检查日期：

1. 本评分表所列举的质量缺陷都按单测区出现的最多次数扣分。A：属于系统性质量问题，在测区内普遍发生或测区内出现次数≥10处；B：4处≤在测区内出现次数≤9处；C：1处≤在测区内出现次数≤3处。
2. 本评分表中的"施工方案"，是指已通过审批的施工方案。
3. 质量重点关注项内容，各项评分等级为A级时则加扣本次周期性质量综合分2.0，各项评分等级为B级时则加扣本次周期性质量综合分1.5，各项评分等级为C级时则加扣本次周期性质量综合分1.0

检查分布	检查项	检查子项	子项标准	A	B	C	扣分值
模板工程	2.10 后浇带、悬臂构件支撑	★是否独立搭设、支撑不能提前拆除	未独立搭设、后浇带支撑提前拆除，后浇带支撑不稳固。（分沉降后浇带和温度后浇带，沉降后浇带在主体施工完成后28～45d进行浇筑，温度后浇带在结构施工完成60d后进行浇筑）				0.00%
钢筋工程	3.2 钢筋连接	直螺纹连接	钢筋直螺纹接头端是否平整，套丝长度是否满足要求，连接是否到位。丝扣外露是否超过2个				0.00%
		★切割破坏	出现切断受力钢筋的现象				0.00%
混凝土	4.6 裂缝	★屋面板混凝土裂缝	屋面板混凝土裂缝（缝宽0.2mm、渗水、龟裂）				0.00%
		楼板混凝土裂缝	楼板混凝土裂缝（裂缝覆盖面积≤30%板面）				0.00%
		★梁、墙混凝土构件裂缝	梁、墙混凝土构件裂缝				0.00%

第三方安全评价施工单位评分汇总表　　　　表 10.3-6

评价类别	管理类			现场类								
评价项目	安全管理	6S管理	6微机制	基坑工程	模板支架	起重吊装	脚手架	拆除工程	暗挖工程	其他危大工程	高处作业	施工用电	施工机械
评价项目得分（满分100分）													
评价类别得分（满分100分）													
总计得分（满分100分）													

注：施工单位第三方安全评价中管理类权重为30%，现场类权重为70%。

模板工程及支撑体系分项评分表　　　　表 10.3-7

序号	评价子项		评价要素	权重	评分	实得分	应得分
1	保证项目	施工方案	未编制专项施工方案或结构设计未经计算； 专项施工方案未经审核、审批； 超规模模板支架专项施工方案未按规定组织专家论证	5			
2		支架基础	基础不坚实平整、承载力不符合专项施工方案要求； 支架底部未设置垫板或垫板的规格不符合规范要求； 支架底部未按规范要求设置底座、未按规范要求设置扫地杆； 未采取排水措施； 支架设在楼面结构上时，未对楼面结构的承载力进行验算或楼面结构下方未采取加固措施	5			
3		支架构造	立杆纵、横间距大于设计和规范要求，水平杆步距大于设计和规范要求； 水平杆未连续设置； 未按规范要求设置竖向剪刀撑或专用斜杆； 未按规范要求设置水平剪刀撑或专用水平斜杆； 剪刀撑或斜杆设置不符合规范要求	5			
4		支架稳定	支架高宽比超过规范要求未采取与建筑结构刚性连接或增加架体宽度等措施； 立杆伸出顶层水平杆的长度超过规范要求； 浇筑混凝土未对支架的基础沉降、架体变形采取监测措施	5			
5		施工荷载	荷载堆放不均匀； 施工荷载超过设计规定； 浇筑混凝土未对混凝土堆积高度进行控制	5			
6		交底与验收	支架搭设、拆除前未进行交底或无文字记录； 架体搭设完毕未办理验收手续； 验收内容未进行量化，或未经责任人签字确认	5			

第10章 政府投资公共工程管理

续表

序号	评价子项	评价要素	权重	评分	实得分	应得分
7	杆件连接	立杆连接不符合规范要求； 水平杆连接不符合规范要求； 剪刀撑斜杆接长不符合规范要求； 杆件各连接点的紧固不符合规范要求	3			
8	底座与托撑	螺杆直径与立杆内径不匹配； 螺杆旋入螺母内的长度或外伸长度不符合规范要求	3			
9	构配件材质	钢管、构配件的规格、型号、材质不符合规范要求； 杆件弯曲、变形、锈蚀严重	3			
10	一般项目 支架拆除	支架拆除前未确认混凝土强度达到设计要求； 未按规定设置警戒区或未设置专人监护	3			
11	6S管理	整理：是否将工作现场的所有物品区分为有用品和无用品，除了有用的留下来，其他的都清理掉； 整顿：是否把留下来的必要的物品依规定位置摆放，并放置整齐加以标识。 清扫：是否将工作场所内看得见与看不见的地方清扫干净，保持工作场所干净、亮丽，创造良好的工作环境； 清洁：是否将整理、整顿、清扫进行到底，并且制度化，经常保持环境处在整洁美观的状态	3			
12	其他	此表中未涉及存在不符合国家、行业、地方等标准要求的其他情况	3			
小计						
评价项目得分						

第11章 项目策划管理

项目策划是决定一个项目建设成败的全局性、纲领性文件，应贯穿工程项目建设的全过程、指导工程建设各阶段工作的落地。

项目策划要坚持目标导向、需求导向、问题导向、结果导向，从项目前期阶段、设计阶段、实施阶段、运维阶段入手，策划先行，以时间轴为主线，系统梳理分析工程建设各个阶段的重点、难点、弱点，找出问题，分析问题，寻找解决问题的思路，落实解决问题的方法，以过程的管控实现结果的可控。

本章主要从项目策划的概念分类、项目策划的主要内容等方面，并结合具体的工程案例对项目策划的开展进行了分析阐述。

11.1 项目策划的概念和分类

建设项目策划是指在项目建设前期，通过调查研究和收集建设项目的相关资料，在充分占有信息的基础上，运用组织、管理、经济和技术等工具，对建设项目产品的形成和建设项目产品的实施，进行全面系统的分析，定义、估计和计划安排。

项目策划阶段的主要活动包括：确定项目目标和范围；定义项目阶段、里程碑；估算项目规模、成本、时间、资源；建立项目组织结构；项目工作结构分解；识别项目风险；制定项目综合计划。项目计划是提供执行及控制项目活动的基础，以完成对项目客户的承诺。项目策划一般是在需求明确后制定，项目策划是对项目进行全面的策划，其输出成果是"项目实施策划方案"。

建设项目策划是确定项目目标及项目管理目标的一项重要工作，是项目建设成功的基本前提，其根本目的是为建设项目的决策和实施增值。通过项目实施策划，可以使项目建设者的工作有正确的方向和明确的目标。

建设项目策划是在项目前期所做的一种预测性工作，其成果不是一成不变的，随着项目的深入，应随着项目实际情况和需要不断丰富和完善。

按项目建设程序、工程项目策划可分为建设工程项目前期策划和工程项目实施策划。由于各类策划的对象和性质不同，所以策划的依据、内容和深度要求也不同。

工程项目实施策划是指为使构思策划成为现实可能性和可操作性，而提出的带有策略性和指导性的设想。实施策划一般包括以下几种：

1. 工程项目组织策划

根据国家规定，对大中型工程项目应实行项目法人责任制。这就要求按照现代企业制度的规则设置组织结构，即按照现代企业组织模式组建管理机构和进行人事安排。这既是项目总体构思策划的内容，也是对项目实施过程产生重要影响的实施策划内容。

2. 工程项目控制策划

项目控制策划是指对项目实施系统及项目全过程的控制策划。包括项目目标体系的确定、控制系统的建立和运行的策划。

3. 项目管理策划

项目管理策划是指对项目实施的任务分解和分项任务组织工作的策划。它主要包括合同结构策划、项目招标策划、项目管理机构设置和运行机制策划、项目组织协调策划、信息管理策划等。项目管理策划应根据项目的规模和复杂程度，分阶段分层次地展开，从总体的概略性策划到局部的实施性、详细性策划逐步进行。项目管理策划重点在提出行动方案和管理界面设计。

为了确保建设项目产品目标的实现，在工程建设项目开始实施之前，对项目的实施进行项目组织管理、成本管理、进度管理、合同管理、造价管理、勘察设计管理、技术管理、工程现场管理和信息资料管理等方面的策划，建立一整套针对项目建设实施期的系统的、科学的、规范的管理模式和方法措施，为建设项目产品目标的顺利实现提供支撑和保障。

（1）工程基本情况

1）对项目建设地点、使用单位、项目性质及特点（或功能定位）、项目场地及周边状况等进行概要描述。

2）还应当包括项目效果图、项目立项批文等。

3）项目大事记作为可选内容，一般用于重大项目，说明项目之前的重大节点，如政府签约、领导批示等。

4）资料收集充分的情况下，可以列出项目建设背景。

（2）项目建设内容及规模

1）项目概算批准的建设内容、功能分区、建设规模。其中建设规模包括总用地面积、总建筑面积、总投资额等。

2）口岸类工程需明确口岸定位（客运口岸、货运口岸），设计交通量（旅客、车辆）等。

（3）项目现状

通常包括项目所处位置，场地地质情况，征地拆迁进展，对外交通接驳，已开展工作进展情况，外部协调情况等。

（4）项目分析

1）项目分析要结合项目的外部环境、场地情况、工程特点、使用需求等方面，对存在的问题、项目的难点、重点和后续的解决思路等进行概要描述。

2）项目分析是体现项目管理部前期工作成果的重要内容，不同类型的项目有独特的特点，如口岸类工程的外部环境和使用需求都极其复杂，需要采取针对性措施，在策划初期进行专门的分析研究。

3）项目分析的成果是针对项目重难点和特点，提供针对性的应对措施，采取有效的应对方案，这些内容是指导后续工程建设顺利推进的关键内容。

11.2 项目策划管理内容

根据项目的规模定位、项目特点等，项目策划管理包括的内容不尽相同，目标策划、

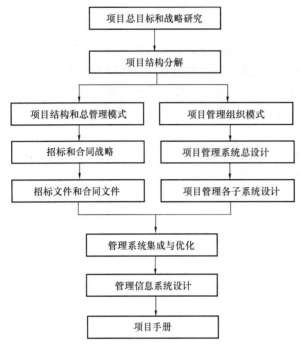

图 11.2-1 项目管理总体策划流程

组织策划、招标采购策划、合同管理策划、进度管理策划，设计与技术管理策划等内容属于各项目策划管理包括的内容，还有一些与日常工作紧密联系的、或有关效率提高的、或具有区域特性等的策划内容，如：信息档案管理策划、党团建设策划、宣传策划、风险管理策划、验收移交管理策划、后评价管理策划等。

项目管理总体策划采用两条线路同时进行。一条线路是对于整个项目管理系统的设计；另一条是各个工作子系统的具体设计，最后在总的系统的基础上对各个子系统进行集成和整合，保证系统的整体性和统一性。项目管理总体策划流程如图 11.2-1 所示：

1. 目标策划

（1）目标策划的主要内容

项目总体目标：体现项目地位和功能定位。

分解目标：质量目标、安全目标、投资目标、工期目标、环境目标、廉洁目标、绿色建筑、BIM 技术等。

（2）目标策划的参考格式

质量目标：应当包括设计成果质量、工程施工质量、工程创优目标等。

建设工期目标：应当包括主要里程碑的时间节点，如主体结构封顶、消防验收通过、工程竣工验收等。

投资控制目标：一般以批准的概算为准，原则上分项工程不超分项概算，严控变更金额等。

安全文明生产目标：主要指安全生产、绿色施工、6S 管理等方面。

其他目标：包括绿色建筑、海绵城市、BIM 技术、装配式技术、党建廉洁、科技创新等。

2. 前期策划

建设项目前期策划是确定项目目标及项目管理目标的一项重要工作，是项目建设成功的基本前提，其根本目的是为建设项目的决策和实施增值。使项目建设者的工作有正确的方向和明确的目标。建设项目实施策划的目的包括：

（1）建立制度：规范管理团队人员的行为；

（2）明确流程：引领各参建单位，保证工作步骤顺次清晰；

（3）统一思想：保持各参建单位目标明确，行动一致；

（4）提高效率：促使复杂的问题简单化、简单的问题程序化。

3. 组织策划

(1) 选用的管理模式：是否采用全过程工程咨询管理模式；选择施工总承包、工程总承包或 EPC 总承包等模式；是否采用常规建设工程管理模式。

(2) 组织结构包括项目建设总体组织架构图、参建各方关系图、建设单位内部管理组织结构图等。通过总体组织机构图理清参建单位的管理界面，通过内部组织机构图明确项目组内部的职责分工。

(3) 各部门主要职责：

1) 全过程咨询项目部全权代表全过程咨询单位负责项目的全过程咨询服务内容（一般包括项目管理、工程监理、造价咨询等）。在项目策划书中应当明确各部门的主要职责内容。

2) 各部门的主要职责内容必须以全过程咨询合同的服务内容为基础，主要职责不宜少于合同明确的责任和义务，同时也不宜过于增加项目管理部的责任。

(4) 制度流程：

1) 明确拟推行的管理工作制度清单，如：参加方的履约考评制度；设计管理制度；工程技术管理制度；施工安全文明管理制度；招标采购管理制度；工程投资管理制度等。

2) 明确后期拟编制的管理文件，如项目管理手册、监理规划、监理细则等。

4. 设计管理策划

依据项目的具体特点、重难点，并结合前期的调研分析，明确后续设计管理重难点，采取针对性措施。

(1) 设计管理的工作任务，主要从工程质量安全、工期进度、项目投资等方面进行阐述。

(2) 针对项目特点，提出新技术应用的要求。新技术应用可以包括绿色建造、智慧工地、海绵城市、装配式技术、信息化技术（DIS 项目数据集成系统、智能巡检、大数据等）。

(3) 设计管理目标：

1) 方案设计。符合《建筑工程设计文件编制深度规定》及设计合同约定，满足投资估算编制要求，满足报批要求。

2) 初步设计。符合《建筑工程设计文件编制深度规定》及设计合同约定，主要技术方案确定，满足设计概算编制要求。

3) 施工图设计。符合《建筑工程设计文件编制深度规定》及设计合同约定，满足编制施工图预算及施工招标要求，施工期间无重大技术变更、无重大平面布局调整、无重大功能调整。

(4) 方案设计阶段管理工作重难点及对策大纲（表 11.2-1）。

方案设计阶段管理工作重难点及对策大纲　　　　表 11.2-1

方案设计阶段管理工作重难点及对策大纲	
内容	对策
建设规模确定	充分论证需求并预留潜在发展空间
建设功能确定	

续表

内容	对策
总平面确定	充分论证、科学决策
外立面效果确定	
投资规模确定	

（5）初步设计阶段管理工作重难点及对策大纲（表11.2-2）。

初步设计阶段管理工作重难点及对策大纲　　　　表 11.2-2

初步设计阶段管理工作重难点及对策大纲	
内容	对策
使用需求及平面功能确认	组织设计单位和业主单位对接探讨
市政配套条件如给水排水、电力、燃气供应能力与项目实际需求复核落实	与设计单位各专业对接复核落实情况
装饰标准、机电材料选用标准确定	组织设计院汇报
设计进度控制受功能、投资变化影响存在不确定性	1. 与业主单位确认功能、标准； 2. 积极协助设计单位解决相关技术问题
提高设计质量标准	加强图纸审核力量，积极沟通落实，具体见文字部分详细描述
概算存在不确定性	早日确定材料、设备选型
报批报建进度难以控制	1. 提前准备相关资料； 2. 建设方加大协调力度

1）平面功能确定。

与相关单位一起确定平面布局，督促设计单位落实合理需求，最终对平面功能确认。

2）设计专业范围齐全。

初步设计范围应该涵盖红线范围内全部专业，复查初步设计文件专业齐全性，避免出现特殊专业如燃气、电力、特殊排污设施等遗漏设计内容，造成概算无法计取或概算缺项，影响工程报建。

3）市政配套对接到位。

初步设计阶段要充分调研地块周边市政配套条件，清楚掌握给水、供电、燃气、排水、通信等资源情况。一方面核查上述资源实际接驳点位，另一方面核查上述资源是否满足项目需求。如不能满足，则研究解决方案，避免设计完成后出现相应市政配套条件不能满足使用需求现象。

4）重大技术方案得以解决。

初步设计是解决工程技术方案可行性的关键阶段，项目所有技术方案必须在初步设计阶段充分分析、论证，确保技术可行、经济合理，不能将悬而未决的技术方案留到施工图阶段处理。重点从结构安全性、经济性、新技术应用成熟性、后期运行便利性等方面进行审核。

5)设计深度满足规定。

对照《建筑工程设计文件编制深度规定》和工务署管理手册、指引等规定,核查设计文件深度是否满足要求。初步设计阶段设计单位对建筑工程设计往往比较重视,设计深度大多都能满足要求,但对于室外总图专业一般重视不够,设计仅有意向性方案,对总图中的道路、广场无定位或坐标,建筑物或构筑物与各类控制线距离标注不清,主要道路、地面、水面等关键性竖向标高标注不清。

(6)施工图设计阶段管理工作重难点及对策大纲(表11.2-3)。

施工图设计阶段管理工作重难点及对策大纲　　　　表 11.2-3

施工图阶段管理工作重难点及对策大纲	
内容	对策
使用需求反复变化	施工图开始前二次征求使用部门意见
专业间设计界面存在错、漏	组织专业间条件确认,对界面进行专项检查
专业间位置、标高冲突	启用 BIM 技术,加强冲突碰撞检测
施工图与初步设计内容、标准变化	对比检查、分析原因
专业设计深度不满足规定	对照标准重点检查
管线综合排布不合理	启用 BIM 技术,加强冲突碰撞检测
引用废止规范、标准、图集	加强检查
报批报建进度难以控制	1. 提前准备相关资料; 2. 加大协调力度

1)使用需求反复变化。

初步设计阶段需求论证不充分,在施工图设计阶段甚至施工阶段,使用部门往往会提出反复调整功能及平面布局要求,这会给施工图设计带来很大困扰,直接影响设计进度及工程投资。为避免这种情形发生,将在施工图开始前先行就平面功能再次征求使用部门意见,最大限度将需求在施工图设计开始前落实。

2)专业设计界面检查。

项目中各类查验设施、查验用房等建筑,涉及专业范围广,功能要求全。施工图阶段将对各专业之间界面、设计条件作为管理重点。

3)专业间交叉互审,防止冲突。

工程各专业图纸要通过施工活动实施到位,形成最终建筑物。各专业实物是相互依托、相辅相成的关系。在施工图阶段,不仅要就单专业图纸质量进行审查,还要对与其相关专业进行交叉互审,以免出现工程施工期间位置冲突、标高冲突、空间不足等无法实施的现象。

4)施工图与初步设计发生重大变化。

因初步设计阶段考虑不周或外部条件发生变化,施工图设计阶段就某些技术方案、材料选用、结构形式等较初步设计文件发生重大变化,进而带来投资变化。此时要认真复核变化原因、因变化带来的投资变化调整情况,充分论证变化的科学性、可行性及经济性,并根据情况适时上报发展改革委等有关主管部门备案。

5)部分专业设计深度不满足要求。

工程中智能化、幕墙、室内装饰装修等专业经常出现施工图设计深度不满足要求的现象。此阶段审查图纸将上述类似专业容易出现的问题作为检查重点。

6) 管线综合排布不合理。

管线综合排布是公共建筑的难点之一。管线排布不合理会导致浪费材料、挤压空间、不利于施工及后期维护。采用BIM技术启动管线排布将会有效解决上述困扰。

7) 标准、规范、图集的适用性及时效性。

标准、图集、规范作为设计依据，编制发行部门会根据技术发展适时更新标准，某些地方也会根据当地气候、水文、材料等因素发布当地地方标准。设计单位在设计阶段要注意相关标准引用，一方面要有针对性，即所引用的标准等文件适用当地要求及项目要求，另一方面注意时效性，避免引用废止的标准、规范。

（7）施工期间设计管理：

1) 图纸管理。

为保证图纸管理口径一致，所有设计图纸及变更全部经建设单位统一收发、归档，保证所有参建单位获取的设计文件同步、同版，避免图纸混乱造成现场施工与设计不能有效衔接。所有蓝图均保证由设计单位提供，严格禁止施工单位私自晒图。

2) 设计交底。

监理单位和施工单位进场后，应在第一时间组织相关专业设计师对各自专业设计图纸进行详细交底，以利于监理工程师和施工单位技术人员快速准确理解设计意图，合理组织专业人员审查图纸，必要时可分阶段多次进行设计交底。

3) 图纸会审。

正式施工前，组织监理单位、施工单位进行图纸会审，图纸会审要打破常规思路，一方面要充分调动监理单位、施工单位审图的积极性，充分审图；另一方面要调动造价咨询单位、设计管理工程师参与图纸会审，多方位、多角度审核图纸，保证图纸会审质量和成效。

4) 设计变更。

严格控制设计变更提出和审批程序，对任何设计变更都要求在提出设计变更的同时说明变更原因、对相关专业影响、变更预算、是否会发生连锁签证及其费用等，组织初步审核评估并提出意见上报建设单位审定。杜绝先施工后补手续。

（8）竣工验收阶段设计管理：

1) 竣工图编制及审核。

竣工图一般采用施工图加变更标注方式，由施工单位负责编制。如果施工期间部分图纸出现设计变更量较大，不宜用施工图作为竣工图时，则需要重新绘制竣工图。重新绘制竣工图由施工单位负责，监理单位负责对施工单位重新出具的竣工图进行审核。

2) 竣工验收。

设计工作的最后环节是竣工验收，设计单位要在竣工验收记录单签字盖章。

5. 进度管理策划

项目管理在进度控制方面必须认真谋划、科学统筹，各项工作合理交叉与搭接，做到各类工作面不留盲区或空白。

从建设单位、设计单位、施工单位、监理单位等角度分析，对进度管理的重难点进行分别描述，分析进度影响因素。

通过预先控制，在总进度时限内，设计进度控制在设计合同规定的范围之内，设计施工图满足预先确定的施工条件；施工工期控制在施工合同规定的范围之内，在合同约定的时间完成工程施工任务，准时竣工交付使用。设计和施工总进度控制在建设单位预定的范围之内。

(1) 设计阶段工期管理。

设计阶段进度控制的效果对今后项目的实施会产生重要的影响，过度强调缩短设计工期，会造成设计质量低下，影响工程招标、施工阶段工作的顺利进行等，力求合理安排设计工期。

组织审查设计单位所编制的进度计划的合理性和可行性，考虑各种不利因素，以作为设计总进度计划。及时提供设计需要的基础资料，如规划红线、地形图、测量图、地质资料、各种设计依据的批文。定期召开进度控制专题会议，检查设计工作的实际完成情况，并与设计进度进行比较分析。

(2) 设备和材料采购工期管理。

1) 保证设备和材料供应进度的事前控制。

对大宗设备和材料供应商投入检测力量的控制目的是要避免材料供应商因试验设备投入不足影响材料正常投产及影响材料供应质量的稳定。

2) 保证大宗设备和材料供应进度的事中控制。

大宗设备和材料供应商形成生产能力的控制；对供应商运输、装卸能力的控制；材料采购的检查与调整；突发事件的应急措施。在运输途中，车辆及船只可能出现不可预料的机械故障或交通管制，在紧急运输任务下，材料供应商应立即安排动用备用车辆或船只支援，先满足施工单位需要，再处理故障车辆或船只；对材料供应商投入管理人员的控制。

(3) 施工工期计划管理。

针对工程项目管理的特点、进度计划编制主体及进度计划涉及内容的范围和时段等具体情况，分多个大层次进行进度管理，即建设单位项目组、工程监理部和施工总承包商等层。这里面施工总承包商在编制分标段进度计划时，受其自身利益及职责范围的限制，除原则上按合同规定实施并保证实现合同确定的阶段目标和工程项目完工时间外，在具体作业安排上、公共资源使用上是不会考虑对其他承包商的影响的。也就是说各承包商的工程进度计划尚不能完全、彻底地解决工程进度计划在空间上、时间上和资源使用上的交叉和冲突矛盾。

1) 进度预控措施。

针对可能影响进度的因素，依次制定针对性的预控措施，如：组织措施、技术措施、经济措施、信息化措施、工期追补措施。

2) 进度计划的编制。

3) 进度计划的执行与监督。

4) 进度计划的调整。

5) 进度预警机制。

① 在项目审批环节，应督促设计等相关服务单位积极与审批部门沟通解释，及时解决技术层面的问题。如审批时限超出规定时限，应及时分析原因，报告分管处室领导，寻

求解决办法。

② 建设单位应当对季度计划滞后的项目进行预警信号登记，及时采取针对性措施。进度预警可分为黄色预警、橙色预警、红色预警三种。

6. 招标采购策划

（1）项目招标采购总体计划安排。

从三个方面做好招标策划工作，一是合约规划，即从项目总体的技术服务需求、施工、材料设备供货三个方面策划合同结构、发包范围、发包金额、合同界面等；二是招标总体进度策划，明确各子项招标采购起止时间、前置条件（如报建批件、设计文件、市场调研等）；三是招标组织策划，即按照招标采购目标要求，如何组建招标代理团队、建立招标代理工作制度和方法、预判招标风险和制订纠偏应对措施等。

招标采购按照采购内容可分为专业分包采购、机械设备采购、工程材料采购三类，针对各项各类别采购需分别明确具体管控措施。

在项目实施前30日内，总承包单位需完善施工组织设计，确定分包单位实施策划，材料、设备采购实施策划。对采购方式、分包单位资质要求、分项工程名称、估算工程量、预计工程造价、预计进场时间、预计工期、工程质量、工程进度、安全等做详细要求。供应商的选择标准、供应材料（设备）名称、估算材料（设备）总用量、材料（设备）单价、预计材料（设备）总造价、预计进场时间、预计工期、采购方式、材料（设备）质量要求等进行重点关注。

（2）标段划分（合同结构）。

包括工程监理、造价咨询、工程勘察设计、工程施工承包、材料设备供应等标段划分原则与划分情况。

7. 合同管理策划

（1）明确合同管理的目标。

（2）为确保工程整体目标的实现，对整个项目工程招标、合同的合理规划，如合同范围和标段的划分、招标方式、合同类型及核心条款选用等。涉及重大调整时，须报相应决策机构审议。

（3）合同分类：按合同性质分类梳理合同。

（4）项目策划时可以说明合同管理的主要任务。

（5）大型项目可以考虑编制《合同管理白皮书》，对合同签订情况进行汇总分析；通过合同对概算及结算对比分析；对合同履约情况进行分析，如合同履行进展情况、合同履约评价、支付情况分析、存在问题分析等。

8. 设计与技术管理策划

（1）设计与技术管理的重难点分析。依据项目的具体特点及前期的调查分析的结果，明确设计管理重难点。

（2）设计与技术管理的工作任务，重点从质量安全、工期进度、造价投资、品质效果等方面进行阐述。

（3）针对项目特点，提出新技术应用的要求。新技术应用可以包括绿色建造、智慧工地、海绵城市、BIM技术、无人机应用、信息化（DIS项目数据集成系统、智能巡检、大数据）等。

9. 质量管理策划

(1) 明确质量目标。

明确质量管理的基本目标，以及明确是否有评杯评奖的特殊要求。

(2) 评杯创优的策划。

1) 建立创优组织机构。

2) 明确参建各方创优职责。

3) 确定创优工作机制。

4) 制定的安全、质量、文明施工、资金方面创优管理方案。

(3) 依据质量目标梳理各阶段质量管控重难点，并明确预防措施。

1) 不同项目的质量管控重点各不相同，质量管理的措施也不相同，项目负责人应当与工程管理部负责人组织编制相关策划文件。

2) 编制时可以考虑先从阶段划分，如可分为前期策划阶段、设计阶段、招标阶段、实施阶段、竣工阶段。对于项目策划而言，更应当重视前期策划阶段和设计阶段的内容，因为这是项目前期业主最关心的内容。

3) 管控措施一般从组织措施、经济措施、技术措施、合同措施等方面着手，考虑到项目策划的深度，管控措施点到为止即可。

(4) 设计质量方面。

在开展项目策划时，设计质量是业主关心的重点，根据项目特点和业主的实际需求，有的项目在项目的质量策划时可以侧重在设计质量方面的策划。

(5) 质量预警机制。

当工程出现重大质量风险或发生重大质量事故时，全过程咨询项目部应当及时上报业主，由业主及时启动质量预警。质量预警分为黄色预警、橙色预警、红色预警三种。

(6) 其他内容。

必要时，还可以对以下内容进行简单的描述：

1) 材料设备的品牌报审及进场验收原则；

2) 第三方巡查；

3) 第三方检测；

4) 样板管理；

5) 质量问题（事故）处理。

10. 投资管理策划

(1) 明确投资控制总体目标和全过程咨询的控制目标。

1) 投资控制总体目标参考目标策划的内容。

2) 明确全过程咨询单位的造价控制目标，如果咨询服务内容包括全过程造价控制（或清单编制，或跟踪审计等），应当在项目策划中明确该项的控制目标，具体内容在参考《全过程工程咨询合同》的基础上与业主单位沟通后确定。

3) 制定详细投资控制制度、规范程序。详细明确各项制度的原则、上报审批流程、时限要求等具体内容，使投资控制工作能够制度化、规范化、程序化。

(2) 实行限额设计。采用价值工程原理优化设计方案、主动秉承限额设计的指导思想开展工作，控制造价、减少返工，实现技术先进与经济合理的统一。根据投资控制目标，进行目标分解。将投资目标按专业或分项工程确定投资分配比例，并进行目标价值与实际值的对比和分析、论证，以确定各专业和分项工程设计限额控制目标，通过目标分解，实现投资限额的控制和管理，实现对设计规模、设计标准、工程数量与概预算指标等各个方面的控制。

材料、设备价格确认方式科学、严谨。大型公共建筑类结构体系复杂，无价材料众多，认价工作艰巨、进展缓慢。项目实施策划阶段须对材料认价办法、程序予以明确，确保认价工作高效、合规。

（3）年度资金计划。

依据工程安排对项目投资进行分解，管理投资造价，形成年度资金计划表，通过制定年度资金计划，依据该计划严格控制项目投资。

（4）梳理各阶段投资控制策划。

11. 安全管理与文明施工管理策划

（1）明确安全与文明施工管理的目标与原则。

（2）明确安全与文明施工管理的要求。

（3）工作要点及管控措施。

（4）其他内容：

1）安全预案监管；

2）安全专项方案和措施检查；

3）重大节日安全工作管理原则；

4）灾害性天气防御原则；

5）安全事故处理；

6）安全工作与智慧工地的融合。

12. 专项咨询策划

包括环境影响评价、可行性研究、地质灾害危险性评估、地震安全性评价、工程勘察、水土保持方案设计、施工图审查及勘察专项文件审查、用水节水评估、雷电灾害风险评估、绿色建筑认证、交通影响评价、社会稳定风险评估等技术服务管理。

应参照建设单位的工作制度，编制适合项目的主要专项审批流程图；应注意审批流程中审批环节的时效性以及相互之间的逻辑关系。依据工程进度主要节点，倒排各项审批工作的时间，在后续的工作中编制审批计划安排，避免因审批流程问题延误工期。

各地专项的内容有所不同，且目前政策变化较大，前期管理工作应当实时关注政策变化而进行调整。同时，各项技术服务与报批报建直接相关。

13. 绿色建造与环境管理

（1）绿色建造管理方针；

（2）绿色建筑目标；

（3）绿色建筑评价体系；

（4）绿色建造管理策划；

（5）绿色工地策划内容；

（6）绿色建筑的一些参考措施：

"三新""三化""三控""三循环""四节一环保""永临相结合""七个百分百"。

14. 先进建造体系策划

通过不断提升工程建设和选材用材标准、深化招标投标制度改革、加强前期策划和工期科学管理、强化材料设备质量管理、完善施工质量控制和质量监管体系、积极推进建管模式创新、加大新技术创新和应用、提高工程建设信息化管理水平，形成一套完整的先进建造理论体系。

（1）绿色建造体系

绿色建造系统，是指以人、建筑和自然环境的协调发展为目标，通过科学合理的设计、管理和技术进步，在建设项目的全寿命周期内，通过最大限度地实现"四节一环保"，即建筑节地、建筑节水、建筑节材、建筑节能、保护环境，尽可能地控制和减少对自然资源的使用和破坏，并实现项目可持续发展的建造体系。主要特色为环境友好、低能耗、可持续。

实施要点为"三新和三化，三控三循环，永临一体化，永临相结合，七个百分百"，具体包括以下几个方面：

1）"三新"：指推广新型模板、新型脚手架、新型围挡的使用。推广铝模板等新型模板体系的应用，重点在住宅、学校等空间、结构相对标准化的项目；推广外升爬架、智能爬架的应用，重点在住宅、学校等空间、结构相对标准化的项目。

2）"三化"：指办公区/生活区临设实现标准化、物业化和花园化。

3）"三控"：指扬尘、噪声、振动控制，在我署所有在建项目和所有新建项目上强制实施。

4）"三循环"：工地雨水、废水、可利用水的收集及循环使用（绿色浇灌、车辆冲洗、厕所冲洗、喷雾降尘等）；建筑垃圾（包括建筑废弃物、碎石土方类建筑垃圾、建筑拆迁废弃物）源头减量减排和回收再利用；工地围挡、临时板房、临时道路预制块、安全体验馆等在下一个项目循环使用。

5）"永临一体化"：指通过提前施工项目部分永久建筑物、构筑物，在施工期间使用，减少建筑垃圾并节能减排，节省投资。如工期比较富余、分期开工的项目，可采用永久道路作为施工临时道路使用，永久绿化景观作为工地绿化景观，小型附属建筑作为工地办公室或工人宿舍等方式。

6）"七个百分百"：指严格按照建设主管部门的要求，在所有工地落实：施工围挡及外架100%全封闭、出入口及车行道100%硬底化、出入口100%安装冲洗设施、易起尘作业面100%湿法施工、裸露土及易起尘物料100%覆盖、出入口100%安装TSP在线监测设备。

（2）快速建造体系

快速建造体系，是指在项目前期设计、报建、招标、施工、验收等各个建造阶段，通过科学合理地组织、管理，采取先进技术和经济措施，确保工程能够得到快速、连续、高效地建设，在保证工程安全、质量的前提下，合理地缩减建设周期的建造体系。主要特色为"环环相扣、高效建设、工期合理"。

实施要点为"四化四先行"即"设计标准化，构件预制化，施工工业化、建设并联化、统筹四先行"，具体包括以下几个方面：

1）"设计标准化"：指卫生间、教室、宿舍等空间的设计标准化、模块化，重点在住宅、学校类项目推广。

2)"构件预制化":指预制装配式墙板、楼梯等构件应用,重点在住宅、学校类项目推广。

3)"施工工业化":是指采用构配件定型生产的装配施工方式,在工厂内成批生产各种构件,然后运到工地,在现场以机械化的方法装配施工。

4)"建设并联化":各参建单位进行深入、细致地组织策划设计和施工方案优化,做实、做好设计施工一体化、穿插施工、不同施工段工序并联等先进生产模式。

5)"统筹四先行":指各项目扎实地做好策划先行工作,要预先进行项目策划、统筹,特别是土方、市政、绿化三个方面,尽量设计先行施工。

(3) 优质建造体系

优质建造体系,是指通过提升工程建设和选材用材标准,完善工程建设技术标准体系,积极采用新技术、新工艺、新材料、新设备,消除质量通病,减少安全隐患,实现高度共享的优质公共项目建造,打造精品工程的建造体系。主要特色为"高标准、重创新、高质量、创精品"。

实施要点为"标准严要求,设计高品质,选材有品牌,样板先引路,治病选良方",具体包括以下几个方面:

1)"标准严要求":指从设计、材料、工艺、验收等各个环节,全面采用标准体系。全面贯彻一系列质量管理标准化制度,包括各类技术标准和工作指引;同时,要进一步完善、提升相关标准。

2)"选材有品牌":指加强重要部位的建筑材料选用和材料设备管理体系,包括材料设备品牌库、重要材料设备战略合作、非品牌库材料设备黑名单、第三方材料设备抽检、专家库制度等。

3)"设计高品质":指建立优秀设计团队库,同时提升设计取费标准。对重大项目开展设计方案国际招标,推行室内装饰和园林景观灯专业设计。通过运用BIM技术,提升设计质量。同时,加大方案管控力度,严控设计方案变更,确保设计意图得到深度贯彻。

4)"样板先引路":指强化"样板引路"制度。对各个项目,对所有关键工艺全面要求样板先行。

5)"治病选良方"指针对质量通病实施一系列包括"薄贴墙地砖","预制卫生间","全现浇外墙","高精度楼面"等施工工法。

(4) 智慧建造体系

智慧建造体系,是指结合"智慧城市"的建设,依托先进信息技术、先进的信息化建造系统以及先进工程建造技术的融合,促进工程建设管理全过程安全可控、可追溯,提速、提质、提效、提廉,实现系统化协同管理的建造体系。主要特色为数字化、信息化、智能化、精细化。

实施要点为"数字化建造、信息化管理、智能化监控、智慧化运维",具体包括以下几个方面:

1)"数字化建造":指对所有项目,全面推广BIM+GIS+视频技术应用,进行虚拟数字建造(Virtual Construction)、可视化设计与施工,推行基于BIM的4D、5D管理。

2)"信息化管理":指在"互联网+"工程建设管理系统的基础上,全面建成共享互联互通的工程建设管理平台,将政府工程设计管理、招标管理、进度管理、质量管理、合同管理、变更管理、验收管理、档案管理全过程管理与 BIM 模型深度关联融,实现 BIM 的项目级管理应用向协同化、集约化、规模化管理应用转变。

3)"智能化监控":指运用物联网、智慧终端、可穿戴智慧设备等科技手段,对工程项目进行远程监控。基于深圳市"智慧工地监管云平台"及腾讯云等多种技术,将所辖工地的实时状况、风险预警及相关视频传输到云平台,实现工地数据"全面监控、实时采集、智慧分析、预警联动"。

4)"智慧化运维":指基于工程建设管理平台的运维管理,通过将工程项目管理和 BIM 等前沿技术相结合,在设计、招标、施工阶段大量采用 BIM 等信息化技术进行项目的建设管理,为项目运营期更加安全、高效、绿色的运营打下坚实的软硬件基础,为建(构)筑物的安全监测和能源管理、智慧运行、维护维修提供 BIM 等数字化模型支撑,为智慧城市建设和建筑信息智慧化分析应用等延伸服务贡献数据资源。

15. BIM 管理策划

在目前 BIM 技术全面推广的形势下,要将 BIM 技术与工程实际密切结合,实现 BIM 技术落地应用,承担从规划设计、施工建造到运营管理全过程 BIM 应用的示范和验证作用,体现 BIM 技术在项目全生命周期中的应用价值。

通过项目 BIM 实施规划的制定保证项目实施过程中 BIM 应用的延续性,可用性,便于管理性。采用统一软件、统一版本,保证协同操作。

(1)BIM 管理目标。
(2)BIM 管理的工作要点。
(3)BIM 管理措施。

16. 信息与档案管理策划

(1)明确信息与档案管理目标。

在项目管理中,建设工程信息与档案管理是一项重要工作。它是实施工程建设管理,进行目标控制的基础性工作。信息与档案管理的目标就是:通过有组织的信息流通,使决策者能及时、准确地获得相应的信息。

(2)梳理信息与档案管理的特点。
(3)信息与档案管理的难点分析。
(4)信息与档案管理的基本原则及主要流程。

17. 党团建设策划

(1)党建活动策划。

1)支部建在项目上,党旗飘在工地上:
发挥党员领导干部的头雁作用;
发挥临时党支部战斗堡垒作用;
发挥党员的先锋模范带头作用。

2)按照联合党建工作标准布局:
坚持理论学习;
推动项目建设;
推动品质提升。

(2) 党建＋网格化管理。

施工过程实施以党员为网格员，对现场的质量、安全、内部组织及廉政等进行监督管理，力保党员身边无事故。

(3) 党建＋文化活动共建。

通过项目党支部职能，组织各类型体育比赛，播放爱国主义题材影片，开展"夏送清凉冬送暖"活动。

(4) 党建＋防疫。

发挥党建引领筑牢防疫堡垒，要充分发挥共产党员在疫情防控工作中的先锋模范作用。

(5) 党建＋宣传。

坚持政治学习、理论学习，典型事迹宣传，开展"我身边的共产党员"活动，增强荣誉使命感。

(6) 廉政建设策划。

18. 宣传策划

通过各种传媒手段，结合区域优势，运用新思维，突破常规，以"影像＋BIM"、新闻媒介等多方位表现形式，展示项目形象，提高项目关注度，体现各级管理单位管理水平。

(1) 宣传平台：新闻媒体、微信公众号、美篇 APP、参建单位媒介平台、信息公示牌、宣传册。

(2) 宣传内容：里程碑节点大事记宣传，重要领导视察、项目经验交流宣传，重要活动宣传，新技术、新工艺、革新宣传，民工之家、民工学校宣传等。

19. 风险管理策划

建设工程风险因素有很多，可从不同角度进行分类。按照风险来源进行划分，风险因素包括自然风险、社会风险、经济风险、法律风险和政治风险。按照风险涉及的当事人划分，风险因素包括建设单位风险、设计单位风险、施工单位风险、工程监理单位风险等。按风险可否管理划分，可分为可管理风险和不可管理风险。按风险影响范围划分，可分为局部风险和总体风险。

(1) 风险识别（以风险类型划分）；

(2) 风险转移措施；

(3) 风险源识别。

20. 验收移交管理策划

根据项目的特点及后期实际建设标段划分情况，具体的工作内容制定不同的验收工作计划。根据项目管理工作经验及实际工作情况，验收和移交工作计划按以下步骤进行：

当项目进行到一定阶段，如土建、装修、设备安装工作基本完成后，项目负责人就应该组织各参建单位相关人员编制剩余工作完成计划表，设备安装调试、各专项验收计划，并落实相关的责任人，对剩余工作量进行现场核实，进行销项处理等工作。使各项计划有序进行。

同时可以着手处理竣工验收资料整理归档移交计划，要明确移交的对象，部门，如城建档案馆、质监站、建设单位、业主物业管理部门等，同时，应根据各部门要求进行整理，做好资产移交工作。

21. 后评价管理策划

项目后评价，是体现项目完成成效的反思和检验，总结经验，为后续类似项目实施提供经验。项目后评价工作见表 11.2-4。

项目后评价工作表　　　　　　　　　　　　　　　表 11.2-4

序号	评价阶段	评价内容
1	设计工作完成交付后评价	设计工作
2	招标工作完成后评价	招标工作
3	精装修实施完成后评价	精装修成效
4	园林景观实施完成后评价	园林景观成效
5	项目交工后评价	项目整体
6	全项目实施完成对功能后评价	功能运营

11.3　工程策划案例

莲塘/香园围口岸作为港深合作的重点交通枢纽工程，涉及的使用单位众多、专业工程复杂、建设内容繁杂，需要港深间统筹合作，要实现全面系统有序推进建设，安全高效高质量完成建设任务，在项目构思策划阶段，针对莲塘/香园围口岸项目的特殊性，开展针对性工程策划。

1. 项目区位

港深之间现有 6 个国家一类陆路口岸，即罗湖口岸、皇岗/落马洲口岸、文锦渡口岸、沙头角口岸、深圳湾口岸和福田口岸，项目周边港深陆路口岸分布区位示意如图 11.3-1 所示。

莲塘口岸片区现状为预留用地，有较多临时建筑，包括口岸交警大队扣车场、波尔亚太（深圳）金属容器有限公司临时仓库、广州本田汽车展销厅、美特大厦等，除美特大厦为 8 层外，其余建筑基本为 2 层左右。

预留用地北侧为西岭下村，现状均为 4~6 层的民用建筑，用地性质为居住用地，现状卫星影像示意详见图 11.3-2。

2. 项目定位

莲塘口岸作为粤港澳大湾区重要的交通枢纽工程，港深间规划的第七座综合陆路口岸，承担香港与深圳东部、惠州以及粤东、赣南、闽南之间的跨界货运兼客运，是构筑深港跨界交通"东进东出、西进西出"重大格局的东部重要口岸。项目列入《中华人民共和国国民经济和社会发展第十二个五年规划纲要》《珠江三角洲地区改革发展规划纲要（2008—2020 年）》《粤港合作框架协议》《粤港澳大湾区发展规划纲要》等重要规划，是粤港合作的重点建设项目。项目的建设将强化内地与香港的交流合作，对于香港参与国家发展战略、提升竞争力、保持长期繁荣稳定具有重要意义。

口岸定位为客货运综合口岸，设计交通量为旅客 3 万人次/d，车辆 17850 自然车/d，其中货车为 15000 自然车/d、小汽车为 2000 自然车/d、大巴为 850 自然车/d。

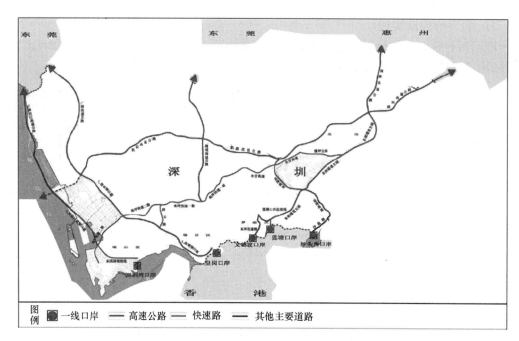

图 11.3-1　项目周边港深陆路口岸分布区位示意图

图 11.3-2　现状卫生影像示意图

3. 管控目标

（1）工程质量控制目标

设计力争获得全国优秀工程勘察设计奖，工程确保中国建设工程鲁班奖（国家优质工程）。

确保设计"技术、功能"质量的实现；实现建筑物使用功能最优化；保证各分段、分项工程一次性达到国家相关验收合格标准；打造节能环保建筑，确保二星级绿色建筑设计标识；各分部分项工程质量检验合格率100%；确保广东省建设工程金匠奖、市建设工程金牛奖等各级奖项。

(2) 总工期目标

工程建设进度符合港深两地政府的相关进度要求,确保港深两地同步开工、同时完工。

2018年11月30日完成方案设计;2019年3月30日完成初步设计;2015年6月30日前港深跨境桥工程开工;2019年9月30日莲塘口岸具备开通条件。

在竣工验收后,督促工程承建方及时按照审计部门要求完成工程结算资料的收集、整改、汇总工作,并将工程结算资料提交审计部门。

竣工验收3个月内完成本工程建设行政主管部门备案。

(3) 投资控制目标

精细化管控,保证投资与项目品质匹配,设计阶段实行限额设计。

项目实际结算总造价应控制在批复概算内,在满足整体使用需求的前提下,确保竣工决算控制在经批准的初步设计概算内;初步设计概算不超投资估算,项目竣工决算不超批复概算,单项工程结算不超对应概算分解限额;实施限额设计、限额招标;资金使用有计划,资金支付严格依约审核;确保不超付,保障项目顺利推进。

(4) 安全目标

获得省安全生产文明施工示范工地,争创国家AAA级安全文明建筑工地。

严格按照国家《建设工程安全生产管理条例》和地方有关安全法规、安全规范作业,对整个项目安全负责;杜绝人身伤亡事故及重伤事故;未造成人员伤亡但造成严重经济损失的"一般"以上安全事故为零;轻伤事故率控制在3‰以内;现场安全文明施工合格率达100%;危险源辨识与风险控制达100%。

(5) 环境保护目标

符合国家和地方有关建设工地环境保护的法律、法规的要求,对于损害自然生态、扰民、噪声、粉尘污染等危害环境的因素将严格控制。

噪声排放达标:结构施工,昼间<70dB,夜间<55dB;装修施工,昼间<65dB,夜间<55dB;防大气污染达标:施工现场扬尘、烟尘的排放符合要求(扬尘达到国家二级排放规定,烟尘排放浓度<400mg/nm);生活及生产污水达标:污水排放符合当地政府的有关规定;施工垃圾分类处理,尽量回收利用;减少水、电、纸张等资源消耗,节约资源,保护环境。

4. 功能需求

陆路口岸对外辐射范围广,交通需求复杂;内部查验部门多,客货需求集中,流程繁多。为使口岸能够满足日益增长的通关需求,必须进行科学的交通预测和规划设计。

随着区域一体化进程的提速,口岸客流、货流需求继续增加。为满足跨界交通需求,提供快速、安全、准确的客、货运服务,其需求规模为口岸规划的基础,跨境交通是口岸客、货运集散的重要发展方式,口岸需求规模是口岸规划设计的重要基础。分析和研究口岸区域相关规划及跨界交通现状特征,构建区域宏观交通模型,预测口岸跨界交通量和口岸对外交通量;以口岸交通量和对外交通量为边界条件,预测口岸交通总量及各种交通方式。

5. 建管模式及组织架构

(1) 口岸合作建造模式

深圳与香港仅一河之隔，香港是中华人民共和国特别行政区，深圳是国家经济特区；两地有着完全不同的政治制度，深圳实行的是社会主义制度，香港实行的是资本主义制度；截然不同的经济运行模式，不同的管理办法，深圳实行的是计划经济向市场经济过渡的模式，香港实行的是完全市场经济模式。

1) 西部通道的建设意义重大，也是国家重点工程，双方各级政府都对此予以高度关注和支持，上至国务院、原国家计委、国务院港澳办，下至市人民政府及各有关单位。2003年市政府还专门成立了以市常务副市长为组长的深港西部通道工程建设领导小组，在领导小组下设西部通道工程建设办公室，落实建设领导小组的决策，承担西部通道建设的领导、组织和协调工作。

2) 双方的紧密合作集中体现在"一地两检"口岸设施的建造，港方口岸设施由深方按照香港标准设计和施工。为此，以"设计委托协议"和"建造委托协议"规范了合作的内容、方式、要求和标准，这既体现了对另一方的高度信任，也以协议的形式明确了各自的责、权、利，为工程的顺利开展奠定了坚实的基础。

3) 港深双方都已成立相应的组织机构落实协议，双方成立了联合工作小组和联合技术小组，深方的港深西部通道工程建设办公室和港方的路政署主要工程管理处负责项目管理，统一协调合作建造中遇到的各项法律、技术和管理问题，从运作层面上对项目的合作设计和施工发挥了关键作用。

4) 在工程管理机构设置上，市政府与香港特别行政区政府共同成立了"港深西部通道联合工作小组"。联合工作小组作为港深西部通道港方口岸设施工程的决策机构，其主要职责是对港方口岸设施的建设管理过程进行宏观监督，包括解释"设计委托协议"及"建造委托协议"的内容，并就委托协议中的差异事项做出最终裁决。联合工作小组下设由港深双方委派人员组建的联合技术小组，在联合工作小组的授权下执行联合工作小组职权范围内的有关工作，作为港方口岸设施建设过程中有关工程技术、财务等各项事宜的协调机构。港深西部通道工程建设办公室负责落实委托范围内的一切工作，履行国家规定的项目法人职责，根据委托协议及港方工程技术要求及规范，以及深圳区域适用的有关工程建设及管理的法律、法规、规章和规范性文件，对口岸设施的设计及建造工作进行全程管理，协调并组织实施西部通道大桥、口岸、接线和填海等工程建设，协调与港方合作事宜。

（2）项目组织架构

结合口岸工程的特点，"项目采用项目组＋工程监理＋工程施工总承包"的建设管理模式。利用矩阵式扁平化管理优势，化串联为并联，快速传递管理信息，避免信息传递链过长、造成信息梗塞或丢失的情况，助推项目快速推进。

与口岸管理部门、查验单位共同组建督办小组，通过督办小组加强事项督办，及时销项，切实提高执行力。项目组织架构如图11.3-3所示。

项目采用构建高配、集成、完善的三维组织体系。"三维"是指决策指挥、协调调度、监督考核组织体系。"高配"是指高规格配置干部人选和项目岗位，保证各单位资源投入。"集成"是指从组织设计的角度充分考虑决策与实施集成，建设单位、监理单位与使用单位合署办公，充分发挥各自技术与管理优势。项目建设过程中在明确各方主体责任的基础上集成各方资源，针对项目的重难点，集中精力、集中资源打攻坚战。"完善"是指构建决策指挥、协调调度、监督考核三大组织体系。

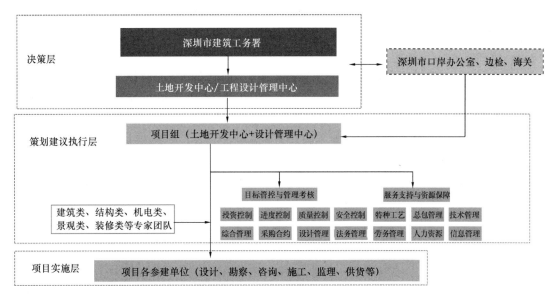

图 11.3-3　项目组织架构图

为解决组织协调难问题,加强项目统筹管理。项目建立由联席会议等多层级问题协调机制。作为项目建设的联合协商决策机构,联席会议由深圳市建筑工务署分管领导、深圳市口岸办公室主要负责人牵头,深圳海关、深圳边检等查验单位,深圳市交通局、罗湖区、水务局等主要部门负责人参与。主要职能是及时协调解决项目建设的重大事项和问题,为项目快速推进保驾护航。

重大事项研判机制。针对项目建设需求、社会维稳、通关模式、征地拆迁等重大问题,及时预判项目推进可能存在的困难,专人专班跟进协调解决,创造有利的外部施工环境,保证项目高效顺利推进。专人专班提前预判需求问题、验收问题和审批问题。相关负责人员牵头提前应对,及时跟进协调,确保项目高效顺畅推进。抓住设计主线,严格按照各专业工程施工招标计划倒逼设计进度,确保设计进度满足专业工程招标要求和现场施工要求。

(3) 港深合作组织架构

为应对莲塘/香园围口岸建设规模大、工期紧、技术难度高等特点,项目建立三个层次的合作组织架构,分别为港深边界区发展联合专责小组、莲塘/香园围口岸工程实施工作小组、莲塘/香园围口岸工程设计及运作技术小组,分别简称为专责小组、实施小组、技术小组,这种分级协调分类沟通的港深协调架构既能够最大限度地调动项目的协调资源,提高问题的解决效率,又能够通过高级首长定期会晤解决涉及彼此关切的重大问题,协调机制的多样性满足项目在不同发展阶段的协调需求。

港深两地紧密合作,大胆创新管理模式,形成一整套协调机制,组织架构分为"专责小组-实施小组-技术小组"三个层次,根据问题的轻重缓急、复杂程度、决策层级等分层级协调沟通,确保问题的有效沟通和快速协调。

(4) 投资管理策划

1) 项目投资分析。

项目总投资规模较大,超 15 亿元,建设内容复杂,包括房建工程、市政工程和复杂智能化系统,对比深圳概算批复的造价指标,投资额及单方造价指标尚可。但本项目建设现代化口岸工程,建设标准高。

2)全过程全方位控制投资。

可研阶段:方案设计稳定并具有一定深度后报可研,尽量保证可研批复的精准度。

概算阶段:①概算不得超出可研批复10%;②分部分项造价指标横向比对校核;③严格把关缺漏项。

限额设计:①专项选型的经济型比选;②提高设计质量,严格审核设计成果;③建立设计单项超额投资处理机制。

限额招标:①清标、澄清环节对中标候选人不平衡报价的澄清约定和条款补充;②工程量清单、招标控制价的精细化审核。

控制变更:①变更方案比选与造价核算同步进行;②严控过度设计。

(5)质量管理策划

1)质量目标。

本项目定位国际化、现代化的新型口岸工程,高定位带来高期待、高标准,要求高质量,着力打造精品工程。

2)质量管理思路。

需求提出:①咨询顾问单位配合查验单位的查验需求,并将需求转化为设计任务书;②结合场地限制的规划条件,充分考虑垂直立体口岸的实现路径。

需求管理:①编写详尽的方案阶段设计任务书,使设计单位更好地理解、满足和实现查验需求;②专项评审、特征方法保障查验功能和旅客快捷舒适的通关需求体验。

3)质量管理措施。

① 严把设计质量关。抓牢设计龙头,强化设计管理,从源头控制工程品质,提高设计质量。

② 严把履约质量关。对施工单位的施工质量和咨询单位的质量管理行为,在合同中明确相应奖罚条款,加大质量奖罚力度,做到严管重罚;探索"优质优价",对各方质量行为进行强有力的激励和约束。

③ 严把过程质量关。项目组、工程监理单位和第三方机构加强过程质量检查,做到事前控制,旨在减少质量缺陷,消除质量通病,减轻后期维保压力。

④ 严把交付质量关。创新竣工移交模式,清晰界定工程维保和物业运维责任。移交前,聘请第三方机构开展预验收;邀请海关、边检和口岸物业公司扫楼验收和整改移交,并做好相关记录台账,作为后期质量责任认定依据;编制详细的项目移交和使用手册。

⑤ 严把维保质量关。成立维保小组,提高维保服务质量,切实做到响应及时、反馈及时、整改及时。

4)优质建造体系。

① 样板先行。施工阶段切实履行样板先行原则,材料样板、工艺样板、实体样板,经确认后施工过程严格对标实施,过程监控,结果检验,切实保证施工质量。

② 采用最新施工技术。如基坑在线监测系统、钢结构数控加工、大面积混凝土金刚砂耐磨地坪激光整平等相关新兴技术的使用,站稳技术最前沿,推动质量质的飞跃。

(6)进度管理策划

根据项目工期要求,科学制定进度计划,强化项目进度管理,严格要求进度过程管理,落实关键工作节点计划。

1) 加强预判协调,做好统筹管理。

建立重大问题研判预警机制。每天对影响项目进展的重大问题进行及时研判,提前预警、提前协调、提前准备、提前解决。

2) 建立扁平化组织架构。优化资源配置,做好统筹管理和计划执行。

3) 日报清单机制。及时报告现场事项,确保项目组负责人及时掌握项目建设进度、质量、安全等全面情况。

(7) 招标管理策划

招标采购总控进度计划

1) 根据投资限额、招标采购类型和项目总控进度计划时间节点等要求,明确施工界面、招标限额、招标采购方式、牵头单位或部门、倒排招标采购开始及完成时间等项目总控策划。

2) 根据项目总控策划安排、单项采购工作开始前,针对性编制招标采购实施方案,进一步明确施工具体范围、界面细化以及招标采购工作时间。招标管理策划内容见表 11.3-1。

招标管理策划内容　　　　表 11.3-1

序号		招标项目
1	服务类	工程施工监理
2		全过程设计
3		社会稳定性评价
4		桩基检测、基坑监测
5		全过程造价咨询
6		室内空气质量检测
7		防雷检测
8		工程保险
9		安全巡查
10		环境影响评价
11		影像摄制服务
12		防洪评价报告编制
13		交通影响评估
1	施工类	房建工程施工总承包单位
2		出入境桥梁工程
3		市政工程总承包
4		装饰装修工程
5		幕墙工程
6		景观绿化工程
7		智能化专业工程

续表

序号		招标项目
1	货物类	电梯采购及安装
2		防水工程
3		人防工程
4		电缆
5		外墙涂料
6		防火门

（8）安全管理策划

1）安全目标。

贯彻"安全第一、预防为主"的方针，重在现场、强化标准、文明施工，保障项目安全生产零伤亡事故，确保省市级安全文明施工工地，创国家 AAA 级安全文明工地。

质量安全生产方面须坚守的三条底线：一是总体的底线，即"零死亡"的安全目标和"杜绝结构隐患"的质量目标；二是消除现场可能导致死亡事故和结构隐患的质量安全重大风险隐患；三是所有在建项目在任何一次的随机检查评估活动中，质量安全评分均达到 85 分以上。

2）建立完善的项目安全管理体系。

建立项目安全管理制度，制定各级安全管理制度，从制度上保证安全生产的稳步推进。强化风险防控意识，始终保持高度警觉，完善风险防控机制，建立健全风险研判机制、决策风险评估机制、风险防控协同机制、风险防控责任机制，一级抓一级、层层抓落实，科学化、精细化推进风险防控工作。

3）组建安全管理架构、落实安全管理责任。

① 建立项目各级安全相关的管理组织机构，明确安全生产职责，与各级管理人员签订安全生产责任书，层层落实安全生产责任。

② 加强项目管理人员、施工人员安全和技术的教育培训，提高一线人员的安全意识和技能，保障对应急及突发事件的处理能力。

③ 制定安全事故应急处理预案和事故处理规定，保障安全事故处理及时、有序和高效地运行，有效地预防各种安全事故的发生，最大限度地降低事故造成的损失。

④ 制定各种安全会议制度，及时认真分析项目安全生产形势和研究安全生产中存在的安全隐患，总结安全管理经验，指导安全生产工作。

4）落实"六微机制"。

① 落实每天岗前培训教育机制。组织班组、工人安全教育，提前对当天的危险源进行识别、分析，并提出相应防范措施，对关键部位的施工技术和质量要求进行交底。

② 落实每两周的项目风险隐患排查机制。开展安全风险隐患大排查，定整改措施，限时间、落实到具体责任人。

③ 落实项目定期专题学习制度．进行全员安全教育，定期召开安全质量生产专题研讨会，并组织开展相关安全应急演练。

④ 施工组织设计和技术制度的具体化、可视化、可操作落实机制。建立安全管理公

示栏,将安全责任制、重大危险源、安全管理条文、安全标准化等安全管理内容,实时向施工人员展示、教育,强化施工人员安全意识。

⑤ 各参建单位要将制度的落实情况纳入奖惩范围。开展项目安全评比活动,建立安全生产奖惩制度,以季、月、周等周期对项目安全生产工作进行检查、评比,烘托安全生产氛围,激励现场施工人员安全生产积极性,营造出工友人人讲安全,主动要安全的氛围。

⑥ 安全管理和责任制度落实的把脉问诊服务机制。项目安全巡查,检查项目安全生产管理和责任制度落实情况,制定相关问责制度,严格保障安全管理机制切实有效、常态、有机地运转。

5) 建立 6S 管理体系。

6) 安全文明管控要点。

防疫工作常态化,着重落实好现场 6S 管理、工务署安全文明施工 3.0 标准、6 微机制、重大安全隐患判定导则、施工安全检查标准《建筑施工安全检查标准》JGJ 59—2011 及安全生产标准化等各项要求。通过精细化管理,让技术方案落地,做好技术方案的流程化,流程清单化,清单可视化,标准化、智能化、智慧化。

(9) 先进建造体系策划

1) 全合同、全过程、全方位履约评价机制;

2) 全链条质量安全监管机制,分级管理、快速销项、严管重罚;

3) 全系统精细化实测实量机制,评估方案公开、评估工作公平、评估结果公示;

4) 全员培训与共同成长机制;

5) 全过程廉政监督机制,择优奖优严管重罚。

(10) 材料设备管理策划

1) 材料现场进场验收制度。

严格落实建设单位及住建局要求,做好材料设备品牌报审、资料审核、封样、抽检、日常巡检及进场验收制度。

2) 材料设备工厂抽查及驻场制。

根据承包商选定材料品牌,落实材料设备生产工厂并对其不定期抽查,部分重大材料安排监理工程师现场驻场监造。

3) 材料设备第三方抽检制度。

全力配合职能部门相关检查工作,严厉打击承包商虚报造假行为。

(11) 文化建设与宣传策划

本项目作为国家"十二五"规划纲要粤港澳合作重大项目,建设意义重大、社会关注度高,项目建设过程中的各类重大事件和关键节点应向社会予以公布和宣传。

项目具体举措如下:加强各参建单位企业文化融合建设;通过美篇 APP 和微信公众号等方式宣传项目建设;积极推动学术期刊论文发表;现场建立"沙盘模型"及影音介绍宣传陈列室;专业公司全程记录项目建设过程,宣传专业化;组织参与类似项目建设及行业经验交流。

(12) 项目党建策划

1) 以项目组和总承包单位为主体,各参建单位共同组建莲塘口岸工程项目临时党小组。

2）建立健康党建学习氛围，共创党风廉政环境。

3）党建引领生产，开启生产劳动竞赛。

4）发挥党员带头作用，联合流动党员，共同营造党员先锋模范作用氛围。

5）联合周边社区、街道，共同开展党建活动。

6）建立党群服务中心，加强党建文化宣传，共建工友服务之家。

第 12 章 投 资 控 制 管 理

投资控制是指项目建设全过程的工程造价管控工作，包括投资决策阶段、设计阶段、招投标阶段、施工阶段及竣工阶段。工程造价文件类型包括投资估算、设计概算、施工图预算或招标控制价、合同结算和竣工决算等。

12.1 投资控制目标和原则

项目建设全过程分为两大主要阶段：项目前期阶段包括投资决策阶段、方案及初步设计阶段；项目实施阶段包括施工图设计阶段、招标投标阶段、施工阶段及竣工阶段。投资控制的核心是合理确定和有效控制工程造价，实行以设计阶段为重点的建设全过程动态投资控制；目标是依据批准投资估算控制初步设计、依据批复概算控制项目实施阶段的工程造价（包括工程结算、项目决算等）。

严控超概算建设。批复的设计概算是项目投资的最高限额，是项目投资管理的总目标。设计各阶段均需进行限额设计，方案或初步设计均以发改部门批复可行性研究报告中的建安工程投资（若批复可行性研究报告中建安工程投资不明确的，可暂按批复可研总投资乘以 0.9）作为限额设计的依据；施工图设计以批复概算的建安工程费作为限额设计的依据。

满足需求，实现价值。作为大型公共类建设项目，必须通过满足社会需求，实现便捷的通关体验和高效通关效率，实现项目投资价值，获得社会对投资项目价值的肯定，使建设项目"物有所需"和"物有所值"，甚至"物超所值"。

投资控制应当遵循科学、规范、效率、公开的原则，量入为出、适度平衡。既满足该工程高质量发展需要，又符合精打细算、厉行节约的总体要求。

按照概算控制预算、决算的原则，建立健全项目责任制，严格执行基本建设程序。不得擅自突破投资概算。

不得擅自变更政府投资项目已批复文件内容。应严格按照投资主管部门批准的建设规模、建设内容和建设标准实施。建设地点、建设规模、建设内容等拟作较大变更的，应当事先按照规定的程序报原审批部门审批同意。

前期设计管理是有效控制投资的前置条件和关键环节。应建立健全以设计精细化管理为核心、标准化为基础、数字化为支撑、制度化为保障的全过程动态投资控制管理体系。

当工程投资出现超概算风险时，应及时启动投资预警。投资预警分为黄色预警、橙色预警、红色预警三种。一般项目预警启动标准设定如下：

（1）当动态投资额达到概算投资额的 95% 时，启动黄色预警。项目组应报告直属单位领导，并组织设计、监理、造价咨询等相关单位对投资进行全面梳理，分析工程建设过程中可能引起投资增加的各种因素，评估投资超概算的风险，并采取针对性措施严格控制投资。

（2）当动态投资额达到概算投资额的98%时，启动橙色预警。项目组应报告直属单位领导、工务署分管领导，组织相关单位对投资进行详细分析，评估投资超概算的风险，并从严控制建设标准及工程变更，必要时应与使用单位协商，采取优化设计、调整建设标准等措施控制投资。

（3）当动态投资额达到概算投资额的100%时，启动红色预警。项目组应报告直属单位领导、工务署分管领导。同时，项目组应组织相关单位对投资进行详细分析，与使用单位协商，采取优化设计、调整建设标准等措施，力争把投资控制在概算投资以内。需要调整建设标准或建设内容的，应与市发改部门沟通。

12.2　投资控制的重点难点分析

针对口岸类工程建设规模大、功能需求变化多、质量标准要求高、设计条件复杂、建设周期长、施工难度大等特点，建设标准的确定、质量目标的设定、建筑材料的选用、设备与工艺的选型等，都将对投资控制产生重要影响，基于该类工程的特点，各阶段投资控制的重点及难点，可以归纳为以下几个方面：

1. 初步设计概算阶段投资控制

经发改等部门批复的设计概算作为建设项目投资的最高限额。设计概算是在初步设计阶段，由设计单位根据初步设计或扩大初步设计图纸及说明、概算定额或概算指标、综合预算定额、取费标准、设备材料预算价格等资料，编制确定建设项目从筹建至竣工交付生产或使用所需全部费用的经济文件。设计概算可分为单位工程概算、单项工程综合概算和工程项目总概算三级。单位工程概算是确定各单位工程建设费用的文件，它是根据初步设计或扩大初步设计图纸和概算指标以及市场价格信息等资料编制而成的。单项工程综合概算是确定一个单项工程所需建设费用的文件，是由单项工程中的各单位工程概算汇总编制而成的，是工程项目总概算的组成部分。工程项目总概算是确定整个工程项目从筹建开始到竣工验收、交付使用所需的全部费用的文件，它由各单项工程综合概算、工程建设其他费用概算、预备费等汇总编制而成。

（1）编制要求

做好初步设计概算与可研报告投资估算指标的对比和分析，初步设计概算申报原则上不应超过批复的可行性研究报告投资估算的10%。

提高初步设计图纸的深度和内容的全面性，严格按照初步设计图纸和有关工程造价管理规定编制，既要防止少算、漏算，又要避免多算、重复计算，切实保证项目投资概算的完整、准确。

充分考虑项目自身特点、建设条件（包括自然条件、施工条件）等影响工程造价的各种因素。

结合项目建设期限，合理预测建设期间物价上涨因素和市场供求情况对工程造价的影响。

（2）管理要点

优选初步设计概算编制单位及团队成员。

全面收集项目基础资料及相关政策文件，充分了解项目定位、功能、特点、建设标准、设计意图等。

组织现场踏勘,帮助各参与单位深入了解项目周边场地条件及工程施工组织计划等。

组织召开概算启动会,明确各参与单位的工作职责及要求,层层把关,确保初步设计及概算编制质量和进度。审核概算编制依据的合法性、时效性与适用范围。审核概算编制说明是否完整、是否有三级概算文件、是否预留发展空间等。重点核查概算漏项,组织专家评审会议,根据项目特点参考同类工程经济指标提出修改意见。

抓好初步设计质量和进度管理,保证图纸深度,按时向概算编制单位提交各专业初步设计图纸。尽量按照施工图设计的深度进行概算编报,可确保项目概算的准确性。

及时按审核意见修改完善设计图纸和概算成果。

积极与深圳市发改部门沟通汇报,配合深圳市政府投资项目评审中心开展评审工作,并按评审意见及时补充相关资料。

2. 设计阶段投资控制

设计阶段是控制投资实现经济效益最直接、最重要的环节。设计功能定位可锁定可控成本的 90% 以上,参照国内外工程实践相关资料统计描述的不同建设阶段影响建设工程投资程度折线图,在初步设计阶段对投资的影响程度为 $75\%\sim95\%$;在技术设计阶段对投资的影响程度为 $35\%\sim75\%$;在初步设计阶段对投资的影响程度为 $5\%\sim35\%$,项目投资控制的重点在于设计阶段。

提前与建设单位和使用单位做好沟通,在满足项目的使用功能的前提下,设计要力求经济、合理、适用。

利用正向 BIM 技术进行全专业、全过程、全链条的设计和校核,对施工图纸全面审核,尽可能多地发现招标施工图中存在的错、漏、碰、缺等问题;引入设计管理团队,对设计单位图纸进行针对性检查,提出专项意见,把图纸缺陷问题消灭在招标图纸阶段,避免返工增加造价、延误工期。外立面效果、交通流线组织、查验模式标准、立面幕墙做法、绿化景观、精装修等前期方案设计图纸设计深度不够对后期投资控制影响很大,且施工过程中深化设计、设计变更等在所难免,加强前期设计阶段对设计深度的把控及图纸的审核。

推行标准化设计,优先选用标准化材料与设备,尽量避免采用特殊型号的材料与设备,以避免投资增加的风险。针对查验单位有特殊要求的监管设施设备,各设备市场价格不透明,竞争性不强,可能涉及专利权等各种因素,使投资测算难度加大。

推行限额设计减少或避免"三超"现象的发生及设计方案的变化。

根据已有的方案设计成果,进一步优化功能布局,合理利用空间,减少浪费。

设计方案需经过深入讨论,听取各方意见(尤其是使用单位意见)后,最终定稿须经各方签字确认。一经确认,不得随意变更。

对机电设备的选型、装修材料品牌、档次以及查验设备等的确定,需要组织各方对市场进行充分调研,遵循适用、合理、经济的原则进行控制。

清单编制前需对设计图的深度进行审核并提出设计中存在的问题,将设计中的问题在清单编制阶段解决,以防由于设计原因引起变更过大。

加强设计图纸审查,确保工程量计量及清单描述的准确性,以减少后期由于清单描述与设计图纸做法不一致而引起的变更、签证费用。

设计单位完成初步设计概算后，及时组织力量对概算进行审查，并提出修改意见反馈设计单位。由设计、建设双方共同核实取得一致，并确认项目内容完整无意见后，由设计单位进行修改，再随同初步设计一并报送主管部门审批，最终确定项目总体概算投资。

3. 招标采购阶段投资控制

招标采购阶段重点做好招标策划和标段划分，编制招标文件、计量计价约定、控制价等，招标控制价要对照投资总的控制目标进行核算，并留有一定的纠偏空间。

项目招标采购工作，涉及合同标段划分（界面管理），承包商履约能力分析，潜在承包商调研，限价的合理性分析，工期进度计划等因素。做好招标前的准备是招标采购工作的前提条件，招标文件中需要对业绩资信要求、技术要求、材料设备品牌、投标报价规定、结算条款等进行明确约定。

在这个过程中，需做好工程量清单和招标控制价编审，核查清单是否漏项，项目特征描述是否准确，计量依据是否充分，措施费的计取是否合理，材料单价的确定是否科学，是否体现设计功能和市场因素，是投资控制的重点。工程量清单项目特征描述准确、全面，工程量清单作为投标人报价的依据，项目特征描述有误，会导致投标人报价不准确，也给投标人不平衡报价的机会，清单项目特征描述须严格执行清单计价、计算规范的相关要求。

（1）招标文件的编制

在招标文件中约定招标范围、工作界面、工程量价的风险范围、主要材料/设备、甲供材料/设备的供应方式及计价方式、暂估价、暂列金及包干价的结算方式。

合理确定材料/设备价格、在招标文件中明确品牌、规格和技术要求。

工程量清单编制、控制价编制应与招标文件的相关条款一致。

招标文件评标办法。制定商务标评标办法主要应考虑三个方面的问题：

评标办法应有效防范投标单位相互串通、高价围标；有效防范投标单位低于成本价、恶意竞标；有效抑制投标单位的不平衡报价策略。

（2）合同类型和合同条款的确定

合同类型的确定。工程建设项目施工合同类型的选择依据其计价方式的不同分为总价合同、固定综合单价合同。

合同条款的选用。对合同中涉及工程价款支付条款、调整价格条款、变更条款、竣工结算条款、索赔条款等内容应详细审查，防范、转移或化解合同风险。

合同条款中工程价款分期支付结合工程实际，可采用如下两种方式。

按月计量支付，按月计量支付通常的操作程序是每月按合同约定日期由承包单位上报完成工程量，经建设单位、监理单位、造价咨询等各方共同认证后按已完部分工作量支付工程款。

按形象进度里程碑节点计量支付，按工程进度计划设置里程碑控制点（如幕墙系统工程等）。

在合同条款中必须明确安全防护、文明施工措施项目总费用，以及费用预付、支付计划，使用要求、调整方式等条款。

① 在合同条款中必须对安全防护、文明施工措施费用预付、支付计划进行约定。合同工期在一年以内的，建设单位预付安全防护、文明施工措施项目费用不得低于该费用总

额的 50%；合同工期在一年以上的（含一年），预付安全防护、文明施工措施费用不得低于该费用总额的 30%，其余费用应当按照施工进度支付。

② 实行工程总承包的，总承包单位依法将建筑工程分包给其他单位的，总承包单位与分包单位应当在分包合同中明确安全防护、文明施工措施费用由总承包单位统一管理，安全防护、文明施工措施由分包单位实施的，由分包单位提出专项安全防护措施及施工方案，经总承包单位批准后及时支付所需费用。

③ 对总包管理费的支付，实行总承包管理的，在每期中间支付时，由项目管理或监理单位根据实际配合情况支付相应的总包服务费或配合费。

合同条款法律法规和物价波动引起的价格调整。

① 法律法规引起的价格调整，指合同签订日后法律法规变化引起的工程费用发生增减时，合同有约定的按合同约定执行；合同没有明确约定的，由造价人员、合同当事人协商确定并经建设单位批准后执行。

② 物价波动引起的价格调整，有两种调整方式。即按价格指数调整，或是按造价信息调整。

③ 建设单位在专用合同条款中明确详细的调值公式，价格信息来源，调价周期，需调整的主要材料种类等。

④ 建设单位与承包单位在合同中约定调整因素，即设定主要材料价格涨（跌）幅超过±5%的风险幅度范围，超过部分扣除合同中风险比例后进行调整，或工程造价管理机构有调价文件时，按调价文件规定调整等。

⑤ 调整价款可以与工程进度款同期支付，也可以竣工后一次支付，支付时间应在合同中明确约定。

合同中变更条款（变更、索赔及现场签证），在拟定合同条款时，应明确变更条款（变更、索赔及现场签证）计价方式。其中变更的计价应遵循以下原则：

① 已标价的工程量清单有适用于变更工程（变更、索赔及现场签证）项目的，应采用该项目的单价。

② 已标价的工程量清单中没有适用的但有类似变更工程（变更、索赔及现场签证）项目的，可在合理范围内参照类似项目的单价。

③ 已标价的工程量清单中没有适用的也没有类似变更工程（变更、索赔及现场签证）项目单价的，应由承包商根据变更工程资料、计量规则和计价办法、工程造价管理机构发布的信息价格和承包人报价浮动比率提出变更工程项目的单价，并应报发包人确认后调整。

④ 已标价的工程量清单中没有适用的也没有类似变更工程（变更、索赔及现场签证）项目单价的，且工程造价管理机构发布的信息价格缺失的，应由承包商根据变更工程资料、计量规则和计价办法和通过建设、项目管理、造价咨询等单位进行市场调查，取得合法依据的市场价格提出变更工程项目的单价，并应报发包人确认后调整。

工程变更引起施工方案改变并使措施项目发生变化时，如果承包人未事先将拟实施的方案提交给发包人确认，则应视为工程变更不引起措施项目费的调整或承包人放弃调整措施项目费的权利。承包人提出调整措施项目费的，应事先将拟实施的方案提交发包人确认，并应详细说明与原措施项目相比的变化情况。拟实施方案经发承包双方确认后执行，并应按下列规定调整措施项目费：

① 安全文明施工费应按照实际发生变化的措施项目，按国家、省级、行业建设主管部门的规定计算。

② 采用单价计算的措施项目费，应按照实际发生变化的措施项目，按照本节"变更的计价应遵循原则"确定单价。

③ 按照总价（系数）计算的措施项目费，按照实际发生变化的措施项目调整，但应考虑承包人报价浮动因素，及调整金额按照实际调整金额乘以本节"变更的计价应遵循原则"规定的承包人报价浮动率计算。

发生合同工程工期延误的，应按照下列规定确定合同履行期间的价格调整。

① 因非承包人原因导致工期延误的，计划进度日期后续工程的价格，应采用计划进度与实际进度日期两者的高者。

② 因承包人原因导致工期延误的，计划进度日期后续工程的价格，应采用计划进度与实际进度日期两者的低者。

（3）清单及招标控制价编制

准确把握清单、招标控制价编制及审核的工作量。统筹安排建筑、装饰、给水排水、消防、通风空调、电气、弱电、通信、安防等各专业工程造价人员，保证满足清单及招标控制价的编制进度、满足招标工作的时间要求。

保证清单及招标控制价编制的质量要求。正确理解图纸设计要求，技术要求、准确把握清单编制规范及相应计价要求，严格保证清单及招标控制价的编制质量。

注意清单项目的特征描述。按照《建设工程工程量清单计价规范》GB 50500—2013要求，清单项目特征描述必须与图纸内容相符，体现设计要求。清单项目特征必须全面准确，清单项目特征中必须清楚描述的内容分四方面：涉及正确计量和计价的内容必须描述；涉及结构要求的必须描述；涉及材质要求的内容必须描述；涉及安装方式的内容必须描述。

清单中要有详尽的编制说明，在工程量清单的编制及招标控制价的确定过程中，造价专业人员应做到以下几点：

1）造价文件初稿编制完成后，应经过审核与审定两道程序才能出具最终造价文件。

2）造价文件的审核必须采用全面审查法，也就是按照清单顺序或是施工的先后顺序逐一地全部进行审查，具体内容如下条所述。

3）审查编制依据的合法性、有效性，工程项目清单无漏项、专业工程间无重复计算项，工程量计算准确。

4）招标控制价审核，审查定额套用正确性，主要材料市场价格合理性，同时必须结合工程项目自身的技术特性，考虑施工现场实际情况，并根据合理的施工组织设计编制。

5）造价文件的最终审定可以根据工程项目的实际情况采用分组审查法，对比审查法，筛选审查法，重点审查法，或是几种方法结合使用，但不管使用何种方法，一定要考核其主要材料的每平方米用量，包括混凝土、钢筋等，超出合理范围应交咨询成果原编制人员修改，修改后进行复核。

6）造价文件的最终审定出具文件前应核算其单项工程每平方米造价的合理性及各专业工程间每平方米造价的均衡性。

4. 施工阶段投资控制

由于建设工程具有工期长、复杂多变等特点，施工阶段往往会发生一些难以预测的费用，重点做好合同签订、工程款支付、工程签证、工程变更审核等工作，加强合同管理，加强现场的投资管控，确保投资处于可控状态。

动态投资控制。以限额投资、合约规则为底线，强化价值工程体现，以全过程、全方位视角进行项目投资区块分解控制，实行全过程动态管控与纠偏，按概算批复将资金分解落实到地基基础、总包、精装修、安装工程、专项工艺等分项预签合同中，再根据各合同分配金额，组织限额设计与招标。例如针对某项目精装修初步方案组织优化与投资测算，对各功能房间装修标准、装修材料进行市场调研与询价，根据各功能区域划分确定装修标准，确保各分项投资不超概算。

（1）施工合同的审核。对施工合同的相关计价条款的表述的准确性及完整性进行审核，以防结算时产生对合同条款理解的歧义。

（2）隐蔽工程（正负零以下土方、基础、主体、防水、管线、吊顶内龙骨，预埋等）。针对隐蔽工程的特点，在隐蔽阶段进行现场跟踪，通过测量，拍照，录像等现场取证保留最原始第一手资料，作为现场签证及结算时的依据。

（3）签证单的合理性、规范性及定额计价因素的完整性。首先要确定变更的主体，工程变更一般是由建设单位、监理单位、承包单位及设计单位提出的，不管变更主体是谁要分清变更的范围，分析变更是否含在合同价内，另外还要分清变更类型是属经济签证或是技术签证，对属于合同范围内或承包方自身原因引起的变更不予认可，对正常合理的变更签证，要对签证的内容是否清楚，计价相关的要素是否完整进行审核，对不规范的签证单提出合理的修改建议。

（4）严把签证审核关。审核签证程序是否合法，是否有总监及业主的签字确认；是否在规定时限内提出索赔，依据是否充分；签证完工要进行确认，并附前后对比照片；按照事项及费用两个模块审批签证。对签证单要求进行统一编号，并建立收发明细台账，结算时要对承包方的送审资料进行真实性及完整性复核，以防施工方在资料送审过程中修改原始数据或将故意变更减少部分签证不放入结算资料。

（5）合同价包干价内的材料进场及材料价格的确定。招标合同价内的材料如钢材、水泥、商品混凝土、门窗、设备、管线、各种装修材料等进场需核实是否与施工图纸及招标文件合同约定的品牌规格相符，对不符的材料高于约定品牌的按原投标价执行，低于原投标品牌的要提醒建设单位责令承包方予以更换，对合同中约定按施工期间平均市场价或信息价的材料，必须跟踪记录每笔大宗材料进场时间、数量及当时的价格，作为结算的依据。

（6）暂估价材料/设备的定价。对于招标时暂估价材料/设备，实际施工时根据选用材料/设备的品牌、规格有针对性地进行市场询价，记录下所咨询厂家、联系方式、所询价格等情况，并以书面咨询函的形式提交建设单位，供建设单位定价提供参考依据。对暂估价项目的价格确定要配合建设单位做好价格确定的相关工作。

（7）索赔。首先要预防索赔的产生，对施工现场有可能产生索赔的因素要提前告知建设单位以防索赔事件的发生，对已发生的索赔要分清索赔的主要原因，对属于建设单位原因造成的索赔要记录下索赔的实际时间、工期及费用等，以便索赔费用的计算，对于施工方引起的索赔也要记录下索赔的实际时间、工期及费用等以便帮助建设单位向施工方提出反索赔。

（8）注重资金使用计划，严格审批工程款。依据项目进度计划，编制施工阶段各年度、季度、月度资金使用计划，提前做好资金筹划与准备。每月进行现场形象进度核验，依据合同按实审批工程款，为工程顺利推进提供资金保障。制定进度款支付管理细则，进度款按合同约定的支付比例进行支付，结合工程的变更、清单工程量修正等，避免超付，遵循按形象进度，产值统计的原则，不超付，不冒付。

5. 工程竣工结算阶段投资控制

工程结算是施工单位完成合同约定的工作内容并经验收合格向建设单位申请对工程价格清算的一种经济活动。竣工验收是工程项目建设的最后阶段，竣工结算全面考核项目投资控制的关键环节，要严把工程结算控制关。

工程结算应具备的条件包括：合同承包范围内的工程内容完成，工程验收合格，并取得竣工验收证明或单项工程验收证明；具备完整有效的工程竣工档案（资料）或结算资料，包括（不限于）：经审核确认的设计文件（如施工图、竣工图、图纸会审纪要等）、经审批确认的工程变更（如设计变更、现场签证等）及工程验收资料等。结算文件资料清单见表12.2-1。

结算文件资料清单　　　　　　　　　　　　　　　表12.2-1

资料	文件组成及装订顺序	备注
结算原始资料文件	封面	—
	竣工结算报审表	签章扫描件
	竣工结算资料清单及目录	签章扫描件
	授权委托书	签章扫描件
	结算资料真实有效性承诺书	签章扫描件
	工程进度款支付情况汇总表	签章扫描件
	工程进度款审定表（原件）	签章扫描件
	甲供材、供货记录（原件）	签章扫描件
	有关结算界面类证明文件（原件）	签章扫描件
结算书及结算报表（包括调差部分）	封面	—
	结算报表（整套）	同步提供电子版
结算书及结算报表（新增单价、签证）	封面	—
	新增单价部分	同步提供电子版
	签证部分（原件）	同步提供电子版
结算依据文件（竣工图及设计变更）	封面	—
	施工图目录	同步提供电子版
	施工图/竣工图（原件）	同步提供电子版
	图纸会审记录目录	同步提供电子版
	图纸会审记录（原件）	同步提供电子版
	工程变更目录	同步提供电子版
	工程变更（原件）	同步提供电子版

续表

资料	文件组成及装订顺序	备注
结算依据文件 （主设计单位工作联系单）	封面	—
	主设计单位工作联系单目录	同步提供电子版
	主设计单位工作联系单（原件）	同步提供电子版
结算依据文件 （施工组织设计/专项施工方案）	封面	—
	施工组织设计/专项方案目录	同步提供电子版
	施工组织设计/专项方案（原件）	同步提供电子版
开工、竣工、移交	封面	—
	开工、竣工报告书，验收证明	签章扫描件
	向使用（或接收）单位移交记录	签章扫描件
招标投标文件	封面	—
	招标文件、投标文件、合同协议书、补遗答疑、中标澄清会议纪要	同步提供电子版

工程结算的办理应符合合同约定要求，只有按合同要求完成全部工程并验收合格才能办理竣工结算，竣工结算审查主要是对合同内价款进行审查、合同外变更洽商签证费用进行审查、暂估价价格调整费用进行审查、索赔费用进行审查、价格调整费用进行审查及工期奖惩、质量奖惩的审查。

（1）结算书的构成

根据不同的合同类型，结算的方式存在不同，主要包括：

综合单价包干合同。一般情况下，按施工图＋变更＋签证＋其他（调差、奖罚等）的原则办理结算，工程结算书的构成：

1) 合同工程量清单结算造价；

2) 工程变更、现场签证造价（一单一算）；

3) 新增工程结算造价；

4) 其他。

合同总价包干的工程，应按合同约定办理结算。

（2）结算资料

结算资料应按结算审计部门有关要求整理；承包单位应提供工程结算资料的主要内容：

1) 合同（组成包括：协议书、中标通知书或委托书、投标文件澄清纪要、投标文件及其附件、合同专用条件、合同通用条件、招标文件及补遗书、其他）；

2) 结算书及电子文档；

3) 施工图、竣工图纸；

4) 图纸会审（交底）的会议纪要；

5) 工程量计算书（或钢筋抽料表）及电子文档；

6) 工程变更图纸、变更令及工程变更申报审批表；

7) 施工现场变更签证及工程变更申报审批表；

8）工程竣工验收证明；

9）开工、竣工报告；

10）中间计量资料；

11）向使用（或接收）单位移交的记录；

12）甲供材、供货记录；

13）工期延期资料（如有）；

14）其他资料。

结算资料的内容、格式应符合有关规定，并具有完整性和合法性。资料不完整的，要求承包单位限期整改。逾期未提交合格资料的，按已有的合格资料办理结算。

因资料不齐而影响结算审核工作的，由承包单位负责。

（3）结算审核要点

程序合法性。审核招标投标过程的合法性、合同签订及履行的合法性、工程款支付的合法性等。

资料完整性。核查结算资料是否完整、有效、实事求是，结算计量计价资料是否真实有效。

申报时限性。推行过程结算，及时处理解决索赔争议，保证项目竣工验收与结算同步完成。审核结算合同是否按要求的工期完成，是否存在工期、质量奖罚。具体审核报送的工程范围、执行的建设标准、签认的各种资料等完善性和有效性。

费用准确性。审核造价费率的符合性、工程量及造价计算的准确性、采用的价格信息的时效性等。结算是否是根据招标文件及合同的约定计算，新增材料设备的结算价格是否按合同规定计价，无信息价格的，是否按程序询价定价，结算价格是否在合理范围内。对于引起造价减少的工程变更（设计变更、现场签证等）结算时是否已计算。在工程量审核过程中，明确清单计价规范的计算原则及相关要求，对施工图纸要理解透彻，加强对施工现场实际情况的了解，确保工程量的计算符合招标文件规定。

12.3 投资风险管理

口岸类工程项目建设周期长、投资额度大、后期管理复杂、维护费用高、运营成本高，具有极大的投资风险。为适应大型陆路口岸的投资管理要求，很多口岸类工程在前期决策分析、规划设计阶段并没有充分考虑后期的通关运行能力、外围交通流线组织、配套交通接驳等，导致部分口岸在通关之后严重超负荷，造成周边道路严重拥堵，影响城市交通运行；部分口岸由于周边配套设施不足，人流、车流远低于设计流量，造成严重的投资浪费。

（1）决策风险。可行性研究是项目在充分的需求调研分析和未来经济社会发展预测后对项目的建设投资进行的全面技术、经济论证，以确定该项目是否需要建设。由于可行性研究需要完备的需求信息、未来预测，但由于我国对外产业、货运、人流等信息不完备；周边国家环境的不确定性；新型冠状病毒肺炎等国际流行性病毒因素的影响，市场分析结果可能不准确，给可行性研究带来风险，并最终给项目投资决策带来风险。

（2）勘察、设计对工程进度和质量有重大影响。勘察、设计工作质量不高，必然会导致工期延长、投资增加、质量下降，甚至发生质量事故。对于口岸类工程项目，在设计过程就要充分考虑设计的便利性、快捷性，最大可能提高通关的效率，同时满足货物监管、人流监控，防止偷渡、走私等事件发生，确保安全的前提下，最大化提高便利性。

（3）口岸类工程作为国门形象，除满足交通建筑的便利性外，需要体现建筑的庄重性，工程项目设计复杂，存在大量的超高及大跨度、复杂异形等空间结构，对工程的可实施性和工程质量控制提出了较高的要求。

（4）设计变更带来的投资风险，由于口岸工程项目涉及的使用单位众多，监管要求高，功能需求复杂，建设规模大等特性，设计阶段图纸设计深度不够，设计单位经验不足，考虑不周全等因素，施工时设计变更量大，造成返工签证，引起建设成本增加的风险。可在前期设计阶段，主动做好需求管理，加强对图纸进行审核把关，减少后期设计变更。

（5）价格变更风险。由于涉及的建设内容多，口岸类项目建设周期长，要充分考虑在施工期间，项目人工、材料、机械的价格涨落所发生的价差。在招标时，针对此类投资风险，可按公平合理、共担风险的原则，设置合理的风险范围，由建设单位及施工单位分别承担部分涨落价差。

12.4 工程变更管理

工程变更是指工程自签订施工合同后，在实施过程中所发生的工程变更，包括设计变更、因不可抗力影响或特殊情况下非施工单位原因造成的现场签证。设计变更是指工程完成施工招标后，对比招标图纸，由设计单位发出的所有施工图纸调整文件（包括修改、增补、废除等）。原则上禁止设计单位以新版图纸替换的形式，对招标图纸进行调整。

工程变更是影响政府投资建设项目成本的重要因素，作为保障工程建设顺利推进的重要环节，对政府公共工程更为关键。在确保审批效率和工程质量的前提下，如何规避工程变更中产生腐败，也是变更管理考虑的重要因素。主要原则如下：

（1）工程变更管理应遵循"高效透明、合理合规、严格审核、先批后建、责任明确"的原则。严禁弄虚作假、拆解变更规避审批、未经批准擅自实施等行为。

（2）变更管理主体责任单位为工程建设实施单位，实行分级审批。涉及主要功能重大调整、主要建筑立面及室内主要公共空间（如大堂、主要交通空间）观感效果的变更事项，应由设计管理部门提出设计方面的专业意见。

（3）为加快审批效率，工程变更实行分步审批，先进行变更事项审批（应提出变更预估金额），再进行变更费用审核，变更事项审批后即可组织实施。原则上变更事项审批中的变更预估金额应为变更费用上限，如最终变更费用超过变更预估金额，且对应审批权限已发生改变时，应重新履行审批手续。

（4）为减少工程变更，应加强工程施工招标前各阶段、各环节管控，减少可预判、可预查、可避免的工程变更。

（5）鼓励优化设计、优化施工方案以提高工程质量、缩短工期、节约政府投资。

（6）为适应信息化建设的需要，增加工程变更的公开性、透明性，工程变更实行信息化管理，变更审批通过工程管理等业务平台办理。

政府投资建设项目在实施时会产生各种各样的工程变更，而这些变更又由各种各样的原因触发。在这些工程变更原因中，有些变更原因对成本影响程度较大，有些则影响程度较小；有部分变更原因发生概率较高，有部分发生概率较低。

为更好地进行政府公共工程的投资控制，对工程变更的主要原因进行区分，主要分为：

1）政策、规范或规划调整。因政策、工程技术规范或规划调整等导致的工程变更。

2）建设单位需求变化。因项目实施过程中建设单位（或应上级部门、使用单位要求等）提高或降低建设标准，增加或减少建设内容，改变功能等导致的工程变更。

3）现场条件变化。现场条件较勘察设计阶段发生变化导致的工程变更。

4）勘察原因。因勘察工作缺陷导致的工程变更。

5）设计完善。因设计缺陷或施工专业分包要求补充深化设计导致的工程变更。

6）施工不当。因施工单位自身原因导致的工程变更。

7）不可预见因素。自然现象、社会现象、不可抗力或事先无法预计的因素导致的工程变更。

8）其他。上述以外的其他原因导致的工程变更。

根据变更引起的金额增减或对工期的影响，实现变更分类管理。针对不同类别的变更，实行分级审批制度，审批后实施。

12.5 投资控制的建议

1. 加强勘察、设计阶段投资控制管理

项目体量较大、工种多，建筑使用功能多。因此，包括绿化、幕墙、装修、智能化等设计大多需要二次设计或者进行优化、细化设计，当设计图纸不能及时提供时，不仅对工程进度造成影响，同时也会使现场增加额外开支而产生费用索赔。为此，根据以往类似经验做好以下几方面工作：

（1）协助建设方优选勘察和设计单位。通过设计招标，选择最优的设计方案。促使设计单位改进管理，采用先进技术，降低工程造价，缩短工期，提高投资效益。

（2）在设计招标文件中对降低工程造价要有明确要求，有相应的降低工程造价的具体措施。在签订设计合同时，要有专项条款写明控制投资的要求。

（3）根据投资规模，确定建设标准，确保设计按照工程建设标准规范和标准设计进行。

（4）通过技术经济分析，确定工程造价的影响因素，提出降低造价的措施。

（5）对工程项目重要部位、设计方案进行技术经济比较，通过比较寻求在设计上挖潜的可能性，控制项目投资。

（6）运用价值工程进行设计方案的选择，优化工程设计，争取以最低的总成本，可靠地实现建设产品的必要功能。

（7）采用限额设计，将工程投资科学地分配于各专业各单位工程和各分部工程，在各专业达到使用功能的前提下，按分配的限额控制设计，严格控制施工图设计的不合理变更，保证总投资额不被突破。

(8) 做好设计概算审查工作。重点审查概算编制依据的合法性、时效性和选用范围；审查概算内容中工程量、采用的定额、材料预算价格、各项费用选取的正确与否等。

(9) 进行控制项目投资和节约费用时，运用现代管理手段，做好与设计人员之间的协调工作，激励设计人员对控制投资的主动性。

2. 加强现场施工中的图纸设计变更管理

项目规模较大，工种复杂，施工图纸不可避免地会出现诸多问题，同时由于局部功能调整等原因，现场也会出现大量的工程变更，这些变更不仅可能造成造价的增加，也对工程进度产生较大影响，对此，应采取相应的处理措施：

(1) 加强图纸审核，重视图纸交底及图纸会审，预先控制。并要求设计单位派驻现场设计代表，及时解决现场矛盾。

(2) 安装专业预先进行投影布线，发现矛盾及时通过现场设计代表加强各专业之间的相互协调。

(3) 确定工程变更流程，严格变更制度，避免不必要的工程变更，并专人负责跟踪工程变更落实。

(4) 平时加强图纸的研读工作，及时发现包括功能、布局、图纸标注尺寸等图纸中的问题，并联系业主、设计以及施工单位对发现的问题及时处理，使问题在施工前就得到解决。

3. 加强对深基坑围护、主体结构施工方案的优化选择工作

保证项目在可靠、安全施工前提下尽可能地节省工程施工费用。

4. 加强材料设备供货管理

工程中使用包含铝材、石材、钢筋等大量材料设备，材料设备的供货及时与否，直接影响到工程施工进度，加强对材料设备的供货管理，保证材料设备能及时跟上施工进度，是保证施工进度的重要措施，同时也减少因采购不及时造成的进度索赔和由此产生的费用索赔。对材料设备的管理包括：

(1) 根据施工进度计划，督促施工单位编制相应的材料设备供应计划，对供货计划进行可行性分析，并以此作为提醒施工方、业主方进行设备定购的依据。

(2) 编制材料设备质量控制要求，对质量检测中的注意点提前在会议中或通过书面形式通知采购方，避免采购过程中由于质量问题导致现场供货的不及时。

(3) 利用公司信息库，为业主选购材料、设备提供厂家信息、单价等资料，供业主选购时候参考。同时针对不同的材料、设备，提供给业主更合理的采购方式建议。

(4) 做好现场设备、材料的进场管理工作，保证工程所使用的材料、设备合格。

(5) 做好台账工作，为可能产生的索赔提供依据。

5. 做好工程索赔与反索赔的处理和预防措施

对于工程体量较大、建筑功能较多、同时施工工期相对紧张的项目，不可避免会产生各种索赔和反索赔。加强索赔管理，可以有效控制工程造价。项目中可能出现索赔反索赔的几个方面包括：

(1) 因地质原因（包括障碍物、地下文物、地下管线等）可能造成的索赔；

(2) 因设计不完善、图纸提供不及时造成的工期索赔以及费用索赔；

(3) 因工程需要，业主单独分包，由于分包单位工期拖延而造成的索赔；

(4) 由于材料、设备采购拖延，不能及时提供造成的索赔；

(5) 施工方拖延工期引起的反索赔；

(6) 施工方施工质量问题导致的反索赔等。

6. 严控进度款拨付

严格按照下列程序，进行工程计量和工程款支付工作：

(1) 承包单位统计经专业监理工程师质量验收合格的工程量，按施工合同的约定填报工程量清单和工程款支付申请表；

(2) 专业监理工程师进行现场计量，按施工合同约定的工程量计算规则审核工程量和工程款支付申请表，并报总监理工程师审定；

(3) 未经监理工程师质量验收合格的工程量，或不符合施工合同约定的工程量，监理人员应拒绝计量，并拒绝该部分工程款的支付申请；

(4) 总监理工程师签署工程款支付证书，并报建设单位；

(5) 专业监理工程师及时建立月完成工程量和工作量统计报表，对实际完成量与计划完成量进行比较分析，制定调整措施，并在监理月报中向建设单位报告；

(6) 施工当期发生的变更费用经双方确认后应于发生当月按合同约定条款在进度款中拨付；工程预付款也应根据合同条款约定予以扣回。

7. 加强投资控制信息管理，保证投资控制透明化、可控化

在投资控制过程中，积极做好投资控制的分析报告整理工作。按节点、按周期、按工种，对投资控制的结果、出现偏差情况、出现偏差原因等，进行定期、不定期汇报，同时就偏差处理措施提出意见以供业主参考。

第13章 招标合约管理

招标采购管理是项目管理中的一个重要环节,为保障工程实施进度、质量、安全,有效控制工程造价提供可靠的基础。招标投标是在市场经济条件下进行工程建设、货物买卖、财产出租、中介服务等经济活动的一种竞争形式和交易方式,是引入竞争机制订立合同(契约)的一种法律形式。本章主要从工程招标采购定义、工程招标采购管理等方面进行阐述,并结合具体的工程案例进行分析。

13.1 工程招标采购定义

招标采购是指采购方作为招标方,事先提出采购的条件和要求,邀请众多企业参加投标,然后由采购方按照规定的程序和标准一次性地从中择优选择交易对象,并与提出最有利条件的投标方签订协议的过程。整个过程要求公开、公正和择优,招标采购是政府采购最通用的方法之一。

招标分为公开招标和邀请招标。公开招标,是指招标人以招标公告的方式邀请不特定的法人或者其他组织投标。邀请招标,是指招标人以投标邀请书的方式邀请特定的法人或者其他组织投标。

招标人采用公开招标方式的,应当发布招标公告。依法必须进行招标的项目的招标公告,应当通过国家指定的报刊、信息网络或者其他媒介发布。

依法必须进行招标的项目,其招标投标活动不受地区或者部门的限制。任何单位和个人不得违法限制或者排斥本地区、本系统以外的法人或者其他组织参加投标,不得以任何方式非法干涉招标投标活动。

招标人可以根据招标项目本身的要求,在招标公告或者投标邀请书中,要求潜在投标人提供有关资质证明文件和业绩情况,并对潜在投标人进行资格审查;国家对投标人的资格条件有规定的,依照其规定。

招标人不得以不合理的条件限制或者排斥潜在投标人,不得对潜在投标人实行歧视待遇。

项目在建设过程中应严格执行《中华人民共和国招标投标法》《工程建设项目勘察设计招标投标办法》《工程建设项目施工招标投标办法》《工程建设项目招标范围和规模规定》等有关规定。

通过对项目的科学策划,精心组织和严格管理招标采购工作,择优选择勘察、设计、施工和材料设备供货单位,保证参建单位及参建人员的质量,从而确保实现项目总体建设目标。同时,通过协调组织,保证招标采购工作关联单位,如招标代理机构、建设单位、设计单位、造价咨询单位等保持及时良好的沟通与联系,极大加快项目招标采购工作进度。

条件具备的情况下,应安排前置招标,避免"工程进度"等待"承包商"现象;科学运用"合同网络图",进行系统性招标策划和管理,避免遗漏、滞后、无序等情形。

根据投资限额、招标采购类型、总体标段划分和项目总控进度计划时间节点等要求，明确标段范围、标段界面、标段限额、招标采购方式，确定牵头单位或部门，完成倒排招标采购开始及完成时间等项目总控策划。

根据项目总控策划和工期总进度计划，针对性编制各专项招标采购时间节点和实施方案。进一步明确各单项标段划分、标段具体范围、细化标段界面，以及招标采购工作各阶段工作内容；完成各种方案优劣对比、潜在投标人市场调研（如需要调研）、招标文件编制及讨论（含资格审查方式、合同条款、评标办法等主要条款讨论）；确定招标图纸完成时间、招标定标计划时间节点；落实工程量清单及预算编制情况、拟采用品牌情况。

13.2　工程招标采购管理

招标采购管理坚持三大目标：招标进度管理、招标质量管理、招标投资管理，动态、持续贯穿项目建设全过程。

1. 招标采购类型策划

根据参与项目建设各实施方的组织结构，确定项目招标采购类型划分，招标采购类型宜按工作量、专业内容等进行分解；确定项目各招标采购类型之间的工作范围，工作内容及工期的相互衔接。参与项目建设各实施方的组织结构如图 13.2-1 所示。

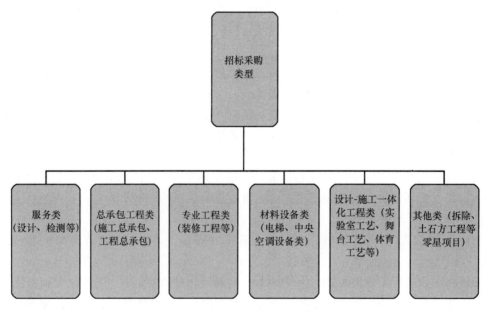

图 13.2-1　参与项目建设各实施方的组织结构

2. 招标采购总控进度计划

招标时间以保障工程施工总控进度为基础，结合对应单位进场需开展深化设计的时间、排产时间、进场准备时间等，预留一定的机动时间，原则上保证施工的前提下，宜早不宜迟，同时尚需结合设计出图时间，保证项目招标图纸深度，最大限度避免招标后引发争议及索赔。

（1）根据投资限额、招标采购类型、总体标段划分和项目总控进度计划时间节点等要求,明确标段范围、标段界面、标段限额、招标采购方式、牵头单位或部门、倒排招标采购开始及完成时间等项目总控策划。

(2) 根据项目总控策划,针对性编制单项招标采购实施方案,进一步明确单项标段划分、标段具体范围、标段界面细化,时间节点等。

3. 招标方式策划

口岸类工程项目多为政府投资,所有采购项目无特殊情况,一律采用公开招标选定;特殊采购项目经上级主管部门批准后,采取邀请招标、竞争性谈判、单一来源采购等方式完成。

(1) 施工总承包招标策划

1) 为满足港深合作有效对接和应对两地不确定性因素,对出入境桥梁工程先行启动招标;充分考虑社会维稳等外围因素的影响,市政工程总承包工程在具备条件的前提下开始启动;在建筑施工图设计时间允许的前提下,在施工总承包范围内,建议采用大总包的公开招标方式,以吸引实力强、业绩好、有类似建筑施工经验的优秀施工项目管理团队的大型施工企业参与竞争。

2) 资格审查方式建议优先采用:资格后审方式,以利于选择真正有实力、有类似项目丰富管理经验的团队和企业参与竞争。

(2) 专业工程施工招标策划

室内精装修工程、幕墙工程、智能化工程、供配电工程,对专业性、施工工艺、材料设备选型以及专业间协调能力要求高,选择具有丰富施工经验的专业施工单位来实施,更能确保施工质量和进度。

(3) 战略采购招标策划

各类验收检测服务、电梯及空调设备等重要材料设备,建议采用战略采购招标方式。通过项目考察、市场调研和履约能力评价而长期积累形成的战略采购库单位,相对履约能力和品质更能保证;同时也能适当缩短招标采购周期。

4. 招标采购风险管理策划

(1) 时间风险管理策划

所有招标采购标段时间节点,以项目总控计划为基础倒排并适度提前预留出合理机动时间,确定关键线路招标采购标段(如消防工程、智能化工程、装修工程、电梯、空调设备、厨房设备等),提前启动招标采购前置条件准备工作。

(2) 招标采购实施风险管理策划

周密分析招标采购实施中,各阶段或节点存在的流标、投诉及质疑、中标候选人弃标等发生意外情况的风险,制定应急预案和应对措施,最大程度地控制招标采购风险。

5. 界面划分原则及影响因素

建设工程界面划分是指对一个整体工程按实施过程和工程范围切割成若干工程段落,并把各个段落或单个或组合起来进行招标的招标客体。合理划分工程界面是建设单位面临的重大决策,其对于有效控制工程建设的进度、质量、投资等,至关重要。

建设单位划分工程界面坚持以下原则:

系统性原则。建设工程是一个综合而复杂的系统工程,故其标段划分应着重从工程建设的全局考虑,某个或几个标段划分就局部而言可能不是最优的,但一定要符合总体最优的要求。

利于项目管理原则。建设工程是一个大项目，所划定的每个标段都是一个子项目，标段划分要符合项目管理特点，综合考虑项目特点、工期安排、实施区域和专业分工等各种情况，要有利于统一管理，有利于相互的衔接，有利于项目的整体建设。

经济性原则。投资控制是建设单位进行项目管理控制的重要因素，追求以合理的投资，高效、高质量完成工程项目建设，合理的标段划分能充分地利用各种资源，提高项目抗风险的能力。

工期质量原则。作为建设单位，应深入地分析研究工程项目的特点、难点，工期进度，质量目标等因素，避免将标段过度细化，尽可能减少标段间的衔接环节，剔除标段划分中的不合理因素，以利于各标段单位高效组织实施。

13.3 工程案例分析

下面以莲塘口岸工程施工招标为例，介绍招标采购管理的有关工作内容。

口岸用地面积 17.74 万 m^2，货检区面积 16.1 万 m^2，是深圳湾口岸的 1/4，皇岗口岸的 1/6，但设计通行能力是深圳湾口岸的 1/3，皇岗口岸的 1/3。由于场地面积小，且呈长条形，查验场地布局和交通组织难度极大。设计方案打破常规，创新性地将货检区和旅检区垂直布置，在有限的区域内实现了货车出入境（含回程）、客车出入境（含回程）、工作人员、消防救援以及旅游巴士、公交车、出租车、社会车辆等接驳的交通组织。

招标准备阶段编制的招标策划文件应包含的内容有：项目概况、招标范围和内容、招标采购的时间、施工开始和完成的时间、施工总承包与专业分包的工作内容与工作界面等。

1. 工程招标策划

本项目共初步划分为 55 个标包。划分较多，部分小额标包计划打包招标，如检测类、小型采购类等。实际实施过程中将根据需要实行微调和改进。

由于口岸类工程涉及市政工程、桥梁工程和房建工程等多个专业工种，施工阶段计划采用"3＋N"标段划分模式。

"3"，由于项目场地面积大、专业工程多、外部衔接复杂，拟划分为建筑工程总承包、市政工程总承包、出入境桥梁工程总承包三个施工总承包单位。

"N"，专业工程如幕墙工程、精装修工程、智能化工程、电梯工程、防水工程等专业承包工程另行招标，其余材料设备采用战略合作形式，按相关规定进行招标。

招标策划阶段，策划内容除各合同包承包内容外，还需要确定总分包和专业分包之间的工作界面，以便组织招标时有清晰的工作范围，便于编制工作量清单和工程计价，亦便于现场检查验收等。

2. 工程招标风险管理

工程招标风险伴随于工程实施全过程。招标投标过程中，影响工程招标工作的各种偶然因素，以及其产生的结果可能会与前期策划的预期存在差异，这种差异往往会带来某种程度的损失或影响项目目标的顺利实施。有经验的建设单位，在工程启动前，便对防范工程招标风险提前进行整体策划；每一项工程内容招标采购前，再次对招标风险进行充分分析与评估；做好风险管理，把不可规避的风险及其可能造成的不良影响降至最低。

(1) 口岸类工程招标风险的成因

1) 外部环境。

口岸工程施工场地大、作业范围广、露天作业多，受到征地拆迁、社会稳定、环境影响评价、防洪评价等因素制约，项目实施受到自然环境变化和社会环境变化等多方面影响，施工现场的地形地貌状况也会对施工等造成一定的影响。

莲塘口岸项目包括与东部过境隧道工程、罗沙路、西岭下路相衔接的市政配套工程，施工内容有若干匝道桥、新建市政道路、管线工程及相关配套设施。

如何将该部分内容纳入口岸项目是前期的重要考虑因素之一。本项目前期重要协调难点是口岸北侧存在居民小区，与东部过境隧道连接的匝道桥平面位置冲突，需要对该小区进行拆迁。为保证项目的总体进度，该部分匝道桥与相关市政配套工程内容先行设计并组织招标，一旦具备拆迁条件，立即组织施工单位进行该位置的桩基工程施工。

2) 政策变化。

口岸工程的规划建设受国家政策影响大，由于口岸工程建设周期比较长，在建设期间会出现很多变化，相关政策的变化对工程的建设会造成很大影响。

3) 人为因素。

工程的建设离不开人，人的主观能动性发挥程度和对过程中有关问题的判定或处理，其不正当结果所造成的影响也十分常见。

4) 工程本身的因素。

一般口岸建筑工程都有着体量相对比较大、建设周期长的特点。建设周期内恶劣的气候条件（如台风、暴雨、连续高温、地震等），不同作业班组的进场、退场，大型设备的使用等，造成工程施工本身就是一种风险产生的因素。

(2) 建筑工程招标中存在的风险类型

招标风险的总体可以分成技术性风险和非技术性风险两大类。其中技术性风险主要包含有与工程勘察、设计技术、查验模式有关的风险，标段划分的风险，施工技术的风险，技术方案评审的风险，新材料、新技术、新工艺应用方面的风险等；非技术性风险又包含了法律法规风险、经济风险、合同风险、市场风险等。风险的产生必然会带来各种成本的增加，往往会使建设单位的经济效益受到影响。

1) 设计技术和施工技术的风险。

口岸工程招标时，工程建设的设计是十分重要的。完善的设计可以增加招标成功的几率。若在招标时设计方案还没有确定会增加招标的风险，也可能会造成工程施工无法进行下去，在工程进行的时候也会出现资源浪费等问题。在施工前，施工单位要首先根据前期的设计方案来制定完善可行的施工方案，选定施工技术和方法等，若采取了不适用的施工技术，将会增加索赔的风险。

出入境桥梁作为莲塘口岸项目的重要组成部分，是港深口岸间的连接纽带，在施工作业上与港方直接发生关系，如何对该工程进行标段划分是前期策划的重要考量因素。

首先从空间上进行划分，出入境桥梁位于深圳河上方，大部分施工区域位于河道中，与口岸旅检大楼及货检区场地相对隔离，与其他标段交叉施工的情况较少，符合单独进行招标的空间条件。

其次该部分工程与港方直接衔接,项目前期及过程中与港方的沟通配合极为重要,港方口岸出入境桥梁部分已经完成初步设计即将进入设计及施工招标阶段,亟待先行进行招标,方便与港方先行沟通及同步施工。

将出入境桥梁单独作为本项目的一个施工标段在完工后看来是合理的,正是因为项目前期将其单独招标,才能在前期沟通上让施工单位提前介入,在材料采购、厂家确定、施工图问题反馈及与港方协调上起到了关键作用,避免了后期的若干修改,并且在进度上实现了与港方同步对接,过程问题得到了及时的解决。

2) 投标人带来的风险。

在建筑工程投标的过程中,经常遇到投标人为了中标想方设法钻法治的空子。利用相关法制的不健全,利用招标文件或者合同中存在的漏洞,采取先低于成本价中标的方式,在施工过程中再实行高价索赔,这种方式给招标人带来巨大损失。若招标方不同意赔款,承包人将可能不按照合同上的协议内容进行施工,便会造成更大的损失。由于合同方面的关系,在没有完善的社会信用和个人信用体系的情况下,相关法律法规不完善就很容易造成类似的问题出现,给招标带来很大的风险。

在建筑工程招标时,招标人往往希望形成良性的竞争局面,从中选择较优的承包人。但在这一环节可能会存在这样的风险,多个投标人为了谋取利益,达成共识,联手抬高报价,商议好后进行投标,中标后在内部进行又一次的招标,来达到获取更多利润的目的,或者几个投标人合作完成项目。另一种是某些投标人为了中标,去寻找其他单位进行合作,进行围标,增加自己的中标可能性,这些情况很容易造成一种市场垄断,使招标的自由竞争完全失去了意义,原本由自由竞争带来的优势将不复存在,这时会给招标人造成一定的损失。

在投标中过程中,一些投标人为了能够中标,可能会只展现对自己有利的一面,把对自己不利的方面隐藏起来,造成表面的假象,欺骗招标人。由于这些信息一般难以获取认证,最终导致招标人认不清真相,施工单位进场施工后引发一系列的问题,造成难以挽回的局面。这种道德缺失、诚信缺失也是一种比较常见的,由投标人带来的风险。

3) 自然环境以及社会环境风险。

建筑工程施工本身就是存在风险的。由于建筑工程的周期长,也加剧了其他环境因素的不确定性。在长期的工程建设施工过程中,一些材料的市场价格、政府政策、用人的薪酬等都会发生变化。

建筑工程施工受到自然环境的影响是比较大的,并且这种影响通常是无法预先得知的。比如洪水、火灾、台风甚至是地震,这些自然灾害都可能突然发生。施工现场的地质条件、水文条件、气候以及施工地的外部环境等,都存在着一定的风险。建筑工程建设的过程中存在着诸多不确定因素,由此而产生许多我们不可预控的潜在风险。

4) 招标方法存在风险。

在口岸类建筑工程的招标中,并不是所有使用的招标方法都一样,市场外部条件经常发生变化,还有所处地区的情况不同,如果招标方法没有随之及时进行改变,可能会造成招标失败。招标方法在初步进行设计时可能会存在一些漏洞,在具体操作时这种缺失将会逐渐地表现出来,不适应市场和当地情况的招标方法最终会失去效用。不合适的招标方法会大大地增加招标人的风险,也可能会对工程进度以及工程质量造成一定影响。任何看似完美的招标方法我们都必须与市场、当地情况进行联系，结合相关管理手段以及技术尽量将招标方法做到最好。

3. 工程界面划分

界面划分应结合招标工程量清单、工作界面划分、工作内容及招标文件中其他相关内容综合理解。由于莲塘口岸场地复杂，涉及多个工程标段和施工内容，为规范各施工标段施工内容，在招标策划阶段对工程招标界面划分、清晰工程量清单编制界面，避免因界面划分不合理而引发的现场管理协调工作量增加，减少由此产生的工程签证，就施工总承包与相关专业工程界面作如下划分建议。

（1）总承包单位与基坑支护和桩基工程承包人施工界面的划分

1）总承包单位负责：

桩基础（旅检大楼基坑内桩基除外），基坑土石方回填，除旅检大楼基坑支护和桩基工程、室外配套工程施工范围以外的全部土石方工程（包括基坑内预留的300mm厚度的土石方）。

基坑内支撑及冠梁的拆除及外弃。

2）旅检大楼基坑支护和桩基工程承包商负责：

旅检大楼基坑支护和桩基工程设计全部图纸工作量，包括基坑内土石方挖运（按设计要求开挖至基底标高预留300mm不挖）。

本工程桩为旋挖孔灌注桩，由桩基单位负责旅检大楼基坑内的桩基施工（包括桩头钢筋调直，截桩等）、检测及验收工作，移交给施工总包单位，并办理书面移交手续。

（2）土建工程总承包单位与精装专业承包人施工范围界面划分

1）总承包单位负责：

完成地下室、1层缓冲车场（食堂及厨房精装修除外）、货检区内各单体建筑、图纸全部工程内容。

2层高架平台的室外铺装。

所有设备机房（智能化专业工程负责的机房除外）；消防控制中心、管道井、强弱电井、楼梯间、屋面等的图纸全部工程内容。

精装修区域内（如食堂及厨房、旅检大楼2层及以上室内、出入境人行桥、旅检大楼与西岭下村连廊）所有墙体砌筑、抹灰、楼地面找平。

完成预留与预埋工作以及所有预留管和洞口安装后的封堵，施工中相关末端设施的位置的标高均要符合精装修的深化设计要求。

门窗工程：防火门窗采购及安装；防火卷帘采购及安装；门窗制安（仅对地下室、1层缓冲车场及货检区的各单体建筑，且幕墙上的门窗除外）；百叶窗制安（幕墙上的除外）。门窗安装的防水封堵、塞缝及收边收口。

2）精装修工程专业承包单位负责：

完成精装修区域内（如食堂及厨房、旅检大楼2层及以上室内、出入境人行桥、旅检大楼与西岭下村连廊）的施工，包括吊顶，墙面装饰（涂饰、块料），地面铺装，室内的门窗、玻璃隔断、轻质隔墙等。

电梯门套（不含电梯小门套）的采购、安装及塞缝、收边收口（包括地下室电梯门套）；扶梯底、侧的外装饰。

(3) 电气工程

1) 总承包单位负责：

负责完成施工图纸中总包装修范围内电缆（除矿物绝缘电缆外均为甲供）、电线、线槽、桥架、线管、底盒、三箱、灯具（含消防疏散、应急照明灯具）、光源、开关、插座、母线槽、EPS、防雷接地、等电位联接等设备材料的采购、安装、敷设、预留预埋等。负责精装范围内的消防疏散、应急照明灯具的安装。

负责精装范围内的三箱、线槽、桥架的采购安装，采购时要参考精装的深化设计，同时要经设计单位认可。负责完成结构中线管预留预埋工作以及洞口安装后的封堵。

负责完成智能照明系统的配管、底盒等的预留预埋工作。

2) 精装修专业承包单位负责：

精装范围内自配电箱之后的电线、明装线管、金属软管、底盒、灯具（不含消防疏散、应急照明灯具）、光源、开关、插座、防雷接地、等电位末端联接（含卫生间等）等设备材料的采购、安装、敷设等。

(4) 给水排水工程

1) 总承包单位负责：

完成精装修区域内（如食堂及厨房、旅检大楼2层及以上室内、出入境人行桥、旅检大楼与西岭下村连廊），按图纸施工至所有用水房间的给水排水点，给水点安装堵头，排水点做出地面完成面300mm。

完成招标范围内室内外给水排水系统（含空调冷凝水系统、补水系统）、室内外雨水系统、污水系统、虹吸雨水排水系统、中水系统、水泵，以及总包装修范围内的末端设备（如洁具、龙头等）、阀门等的采购、安装、调试与验收。

2) 精装修专业承包单位负责：

完成精装修区域内（如食堂及厨房、旅检大楼2层及以上室内、出入境人行桥、旅检大楼与西岭下村连廊）末端设备采购及安装（包括洁具、龙头、地漏等）；配合总包单位完成调试、验收。

提供末端定位图给总包单位，并配合具体定位、开口开洞、收边收口、修补等工作。

(5) 通风与空调安装工程

1) 总承包单位负责：

全部由总承包单位完成（除网络机房精密空调的采购及安装、厨房专业通风系统），空调末端设备、风管和风口的施工须按照精装修单位提供的末端定位图实施。

2) 精装修专业承包单位负责：

完成装饰部位空调系统末端开口开洞、收边收口、修补等工作。

提供末端定位图给总包单位。

(6) 消防工程

1) 总承包单位负责：

全部由总承包单位完成。消防系统的管道、喷淋头、风口等的施工须按照精装修单位提供的末端定位图安装。

2) 精装修专业承包单位负责：

提供末端定位图给总包单位。

完成装饰部位空调系统末端开口开洞、收边收口、修补等工作。

配合总包单位消防验收。

(7) 总承包单位与幕墙专业承包人施工范围界面划分

1) 总承包单位负责：

配合幕墙预埋件的预埋工作。

脚手架搭设时需充分考虑建筑物外立面三个面倾斜角度不同，并需综合考虑满足后续幕墙施工的使用要求，投标人应根据自身条件综合考虑脚手架的拆、改费用。如总承包人脚手架的拆、改无法满足幕墙施工使用要求，招标人有权外请第三方进行拆、改或重新搭设，费用由总承包人承担。

2) 幕墙施工单位负责：

包括玻璃幕墙、金属幕墙、钢结构、与幕墙相连的门窗、预埋件加工制作及预埋、电动开启窗（包括接线及电控开关）等。

总承包单位配合幕墙的收边收口等工作。

幕墙与结构的防火封堵。

(8) 总承包单位与10kV外线及高低压变配电工程专业承包人施工范围界面划分

1) 总承包单位负责：

高低压配电房：完成高低压变配电室内桥架、照明、开关、插座、门窗、装饰装修及预留预埋等土建及配合（包括电缆沟盖板制作安装）等工作。接地线柱、测试板、等电位接地端子箱等的预留预埋及制作安装工作；负责智能电力监测系统工程配管、底盒等的预留预埋工作。

柴油发电机组及机房环保工程：按图纸完成给水管至机房内第一个阀门，完成全部排水工程；完成机房照明、开关、插座、门窗及普通装饰（墙面抹灰压光、地面按图施工到位）、预留预埋等土建及配合工作。

变配电室、发电机房所有通风系统设备及风管安装、系统调试由总承包单位完成。

2) 10kV外线及高低压变配电指定专业承包单位负责：

完成高压电缆（室内外）敷设；高低压变配电室的设备供货、安装（包括基础型钢）、调试工作；包括高压柜、低压柜、发电机组（含人防发电机组）、母线槽、变压器、直流屏、有源滤波柜等设备的采购安装；包括高低压柜间母线安装，联络柜间母线安装，变压器及变压器与高、低压柜之间母线、电缆敷设安装，配电室内接地母线的安装，继电保护控制柜及与其相关柜连接。

完成机房内环保工程、柴油发电机组供货、安装、调试工作，并完成柴油发电机至切换开关之间的电缆敷设，包括控制电缆及接线；完成室内给水系统并负责与总承包预留阀门接驳。

负责智能电力监测系统工程的设备采购、安装及系统调试验收。

(9) 总承包单位与电梯安装专业承包人施工范围界面划分

1) 总承包单位负责：

电梯机房、井道、底坑及各楼层安装孔洞预留及电梯安装后所有孔洞的封堵、收口。

提供井道照明、插座的电源至指定位置。

电梯机房照明、排气扇安装，电梯机房检修吊装挂钩安装。

从低压开关柜到电梯配电箱的电缆敷设及电梯配电箱的供货安装。

从各电梯机房（或控制柜）到消防及安保控制室五方对讲的线管安装和线缆敷设及五方对讲设备的供货和安装。

为电梯设备接地提供点位。

配合电梯工程专项验收工作。

2）电梯施工单位负责：

电梯采购与安装，电梯内的装饰施工（扶梯外装饰由精装单位负责）。

配合建筑智能化接线与调试。

配合消防系统的联动调试及验收。

井道照明及插座配线敷设，灯具、开关、插座的采购及安装。

提供电梯土建技术条件图纸。

井道内安装用脚手架的搭拆。

电梯机房至轿厢、轿顶、底坑的五方对讲系统的线管、线缆采购与安装。

电梯机房至轿厢的监控系统的线管、线缆采购及安装（不包括摄像头）。

(10) 总承包单位与智能建筑专业承包人施工范围界面划分

1）总承包人负责：

完成智能建筑工程施工范围的网络机房、监控机房等室内墙体砌筑、顶棚、墙面的结构层至抹灰层、地面找平层施工；普通弱电机房不属于智能建筑工程区域一次装修到位，详见建筑施工图之建筑构造做法表、室内装修表。

完成智能建筑工程所有预埋在结构层、承重墙、柱的线管、底盒的采购安装。

完成弱电井及弱电机房的接地端子预留、总等电位箱的预留及安装。

穿墙（板）预埋套管（含外线进出地下室的套管等）、预留孔洞的施工。

负责将电源电缆敷设至智能建筑机房、弱电井的电源箱进线端（包括进线电缆的敷设、接线，电源箱安装。具体数量和位置以强电图纸为准。）。

设备混凝土基础及预制构件的施工。

配合智能建筑各系统的安装和调试。

配电箱有 BA 控制的，必须在配电箱预留 BA 线管的孔位及提供满足 BA 控制要求的干接点和接线端子；提供并安装楼宇控制系统的执行调节器；免费提供各机电系统的通信接口和通信协议给智能建筑工程承包商。

总承包人负责接地网和接地干线的敷设，总等电位箱和分等电位箱的安装，并负责承包范围内的管线、线槽、设备和系统的工作接地和保护接地的接地线敷设，为智能建筑系统提供独立的接地端。

2）总承包单位与建筑智能化系统工程指定专业承包人关于网络中心机房的界面划分见表 13.3-1。

旅检区智能化专业承包范围的机房详表   表 13.3-1

序号	单体名称	楼层	房间名称	备注
1	1号旅检大楼	4层	旅检楼恒温设备机房（一）	
2	1号旅检大楼	4层	旅检楼恒温设备机房（二）	
3	1号旅检大楼	5层	旅检楼恒温设备机房（三）	

续表

序号	单体名称	楼层	房间名称	备注
4	1号旅检大楼	5层	旅检楼恒温设备机房（四）	
5	1号旅检大楼	5层	电话机房	

机房装饰工程：总承包单位负责机房内墙面施工至抹灰面，地面施工至水泥砂浆压光，并负责门、窗的供货及安装。智能化系统承包人负责机房内所有的装饰工程，包括墙面、地面、顶棚等的装饰工程，同时负责机房的深化设计及施工。建筑智能化系统工程指定专业承包人必须与承包人密切配合与协调，并负责完成与相邻区域的装饰收边收口工作。

机房配电系统：总承包单位负责从低压柜至配电箱进线端的配电工程（包括配电箱、配电箱进线端的线槽、线缆、线管的供货与安装、配电箱进线接线等工作）。建筑智能化系统工程指定专业承包人负责机房内自配电箱之后的所有配电工程（线管、线缆、灯具、插座、开关的供货、安装和接线等工作）。

机房接地系统：总承包单位负责提供机房接地系统的接地端子板，负责接地测试。建筑智能化系统工程指定专业承包人负责机房内接地工程（包括等电位端子箱、防雷器、接地铜排、专用等电位端子排、接地线、线管的供货与安装），负责机房内所有设备与总接地端子板的连接，并配合承包人接地电阻的测试，以满足测试值的要求。

机房UPS配电系统：总承包单位负责低压柜至双电源配电箱进线端的线缆、线槽、线管的供货与安装（包括双电源配电箱的进线接线）。建筑智能化系统工程指定专业承包人负责自双电源配电箱的所有UPS配电工程（包括机房内双电源配电箱、UPS专用配电箱、UPS电源、线缆、线槽、线管、插座的供货与安装、UPS电源出线的接线等工作）。

机房内所有的线槽、线管、桥架、底盒由建筑智能化系统工程指定专业承包人负责供货和安装，但需暗埋在结构层、承重墙、柱内的线管、底盒仍由总承包人负责供货和安装，总承包人负责将线槽、桥架接至机房。

机房内消防工程由总承包人负责，精密空调工程由建筑智能化工程指定专业承包人负责。

3）智能建筑工程专业分包单位负责：

依据智能化工程的施工图纸，完成全部非承重墙线管、明配管和所有线槽、桥架、线缆及各种设备的供货及安装。

完成自总包提供的配电箱至智能化系统设备的供电系统供货及安装。

完成管槽孔洞的封堵，并负责接收弱电井（间）成品保护。

(11) 总承包单位与人防专业承包单位施工范围界面划分

1）总承包单位负责：

人防区域的结构施工、装饰施工，配合人防工程承包商预留预埋。

负责人防区照明系统、平时动力系统、弱电系统的管线预埋预留，负责灯具、开关、插座、平时配电箱及通风系统、消防系统的施工。

负责干厕给水排水管线及防爆地漏排水管的预留预埋。

负责人防图纸内平战结合强弱电的全部内容。

2）人防工程战略合作伙伴负责供货安装：

人防建筑：所有人防门、战时封堵及预埋件、密闭观察窗、防爆波活门、人防地下室标识标牌。

人防水：防爆地漏（不含排水管）。

人防通风：战时防化通风系统。

人防电气：战时通风系统配电工程中从配电箱出线端接线引出开始至末端的所有设备（含控制系统）、电线电缆、抗爆门铃和按钮。

人防工程承包商负责人防工程的专项验收。

3）人防区域建筑、水、电、风专业以人防战略合作的内容为准，人防战略合作合同有清单价的内容由人防承包商完成，其他由总包单位完成。

（12）总承包单位与防水专业承包单位施工范围界面划分

1）总承包单位负责：

按设计单位图纸及工务署《房屋工程防水构造图集》完成所涉及防水部位的基层、保护层。

配合防水工程的报备、验收、验收资料的收集、整理及交档。

2）防水专业指定承包商负责：

按设计单位图纸及工务署《房屋工程防水构造图集》完成防水层施工。

完成防水工程施工许可办理、报备、验收资料的收集、验收、整理及交档等工作。

负责防水工程质量并承担因质量问题引起的一切返工费用。

桩头部位的防水处理。

（13）总承包单位和外墙涂料专业承包单位施工范围界面划分

1）总承包商负责：

总承包单位负责完成至外墙面抹灰层，经验收合格后移交给专业分包单位施工。

总承包单位为外墙面涂料施工单位提供材料堆放场地；提供垂直运输机械（塔吊、施工电梯等）、外架、外架通道等设施，并保证施工道路畅通。

总承包单位配合外墙面涂料施工单位做好成品保护，经验收合格后方可进行下道工序的施工。

2）外墙涂料指定承包商负责：

负责外墙腻子、涂料供货与施工。

（14）总承包单位与室外配套工程承包单位施工范围界面划分

1层入境缓冲停车场：总承包单位负责2层高架平台投影线内的车行道、硬质铺装及1-X轴/1-16～1-25轴中2层高架平台投影线外的部分消防车道。2层高架平台投影线内的绿化工程及场地围网由室外配套工程承包单位负责。

室外污水管：室外污水管网接驳入第一个检查井（不含检查井），厨房污水接驳入隔油池（不含隔油池），其余（包括检查井的修补等）为室外配套承包单位负责。

室外雨水管：室外雨水接驳入出户第一个检查井（不含检查井）。其余（包括检查井的修补等）为室外配套承包单位负责。

室外给水管（含消防水）：给水做到出外墙2m，其余为室外配套承包单位负责。

强弱电：进出建筑物强弱电配管以电井为分界点，电井（不包括电井）至室内由总承单位包负责，电井以外由室外配套承包单位负责；2层高架平台上方由总包负责；建（构）筑物之间属于总承包范围的强弱电工程的线缆均由总承包单位负责实施。

地下室：地下室范围外与西岭下路连接的车道、挡土墙、花池等，由总承包单位负责施工。

（15）总承包单位与出入境桥梁工程施工范围界面划分

1）总承包单位负责：

人行桥与旅检大楼的变形缝施工，人行桥的消防、通风空调、屋面绿化、给水排水、电气等。

车行客车桥伸缩缝配合施工。

车行货车桥除台背回填（石粉渣）外的土方填筑施工。

2）出入境桥梁工程施工单位负责：

人行桥和旅检大楼变形缝空间的预留与配合，人行桥的消防、智能化、给水排水、电气、通风空调洞口及管线的预留与预埋。

车行客车桥伸缩缝及预埋件的施工。

车行货车桥台背回填及桥头搭桥施工。

（16）总承包单位与市政配套工程施工范围界面划分

1）总承包单位负责：

桥梁伸缩缝配合施工。

预留桥梁张拉空间及配合施工。

2）市政配套工程施工单位负责：

桥梁伸缩缝及预埋件的施工。

第 14 章 粤港跨界工程合作

跨界工程是跨越多个地区的区域性公共基础设施工程项目。在多项国家重大政策的支持和推动下，粤港澳合作建设项目呈现出更广阔的空间和前景，呈现多元化、多渠道的发展模式，为我国企业参与重大国际工程合作提供了重要参考和借鉴。本章主要讲述跨界工程的类型特征，并结合具体跨界工程在设计、施工等合作模式与实践方面进行具体分析和阐述。

14.1 跨界工程的类型与特征

2003 年，中央政府分别与香港特区政府、澳门特区政府签署《内地与香港关于建立更紧密经贸关系的安排》《内地与澳门关于建立更紧密经贸关系的安排》，并在此后陆续签署了一系列补充协议。2010 年、2011 年广东省人民政府分别和香港、澳门特区政府签署《粤港合作框架协议》《粤澳合作框架协议》，合作框架协议的签订将粤港澳合作推向全新高度。2011 年 3 月《中华人民共和国国民经济和社会发展第十二个五年规划纲要》发布，提出深化粤港澳合作，促进区域经济共同发展，打造更具综合竞争力的世界级城市群，包括港珠澳大桥、莲塘/香园围口岸等 7 项粤港澳合作重大项目。2019 年 2 月中共中央、国务院印发《粤港澳大湾区发展规划纲要》，提出加快基础设施互联互通，畅通对外联系通道，提升内部联通水平，推动形成布局合理、功能完善、衔接顺畅、运作高效的基础设施网络，为粤港澳大湾区经济社会发展提供有力支撑。

1. 主要项目类型

（1）第一类跨境建设项目是通关口岸综合体的建设，口岸通常横跨两地边界，需要对接的不光是建设标准、技术规范等，还有更复杂的通关模式、两地的法律、制度等问题，两地政府主管部门、边检、海关、各专业运营公司等的对接，可谓纷繁复杂，属于最具挑战性的跨界基础项目，例如港深西部通道工程、莲塘/香园围口岸工程。

（2）第二类是跨界基础设施建设项目，包括跨界高速公路、轨道交通及配套工程等基础设施项目。例如港珠澳大桥、广港深高速铁路等，这一类线性工程的跨界工作界面相对比较好划分，对接部分的节点工程也会出现两地不同标准。

（3）第三类更为特殊的跨境建设项目，是通过中央政府划拨土地，港澳政府出资建设的项目，此类项目建设期间受内地政府管辖，项目建成后整体移交给港澳政府，并执行港澳地区的法律法规。比较有代表性的项目是澳门大学横琴校区、港珠澳大桥澳门口岸等项目。

（4）第四类是两地政府合作开发项目，通常项目位于内地，亦有少部分为横跨两地。由两地政府共同出资，或由代表两地政府的企业共同出资，项目所在地方政府以土地入股，大部分资金来源于港澳政府投资。此类项目以商业开发项目为主，比较有代表性的项目有粤澳合作中医药科技产业园区、港深创新及科技园等。

2. 主要项目特征

跨界工程项目均涉及三地或两地管理思维、技术标准、法律规范等，对接最为典型和复杂，对项目建设过程中出现的文化、思维、标准、法律差异，以及处理建议等，有必要在此做系统介绍并分析其特征。

(1) 莲塘/香园围口岸属于典型的第一类项目，项目由港深双方共同投资，以粤港分界线为界、同步开工、共同建设、同时开通、各自拥有、各自管理的建设管理模式，在决策、设计、建造过程中面临诸多技术、管理、法律等方面的挑战。要求港深连接处的跨境桥梁工程需满足港深双方的设计、建造、验收和使用标准。

(2) 港珠澳大桥属于典型的第二类项目，其由粤港澳三地合作共建，是"一国两制"框架下首次合作超大型跨海交通集群基础设施。在"一国两制"的国策体制下，港珠澳大桥的建设技术标准与规范需要同时满足三地标准（即同时满足英标、欧标和国标），实行"就高不就低"的原则，如设计使用寿命120年等。同时，还涉及工程管理法律法规、基建程序、管理模式，以及文化、思维方式与工作方法等方面的差异。

14.2 莲塘/香园围口岸工程合作模式与实践

莲塘/香园围口岸是连接深圳和香港的重大跨界合作工程，整个工程由港深双方共同投资建造。该工程体现了双方高度互信合作，两地政府首次联合举办建筑方案国际竞赛，以设计委托协议规范出入境桥梁工程合作建造模式，成立了联合专责小组和工程实施小组等专业协调机构，确保合作工程的顺利开展，为大型跨界工程合作提供了重要参考。

1. 项目概况

莲塘/香园围口岸及香园围公路位于深圳市罗湖区和香港特别行政区香园围交界处，是连接港深的第七座陆路口岸，国家"十二五"规划纲要中粤港合作重大项目之一。口岸占地面积约35.3万 m^2，总建筑面积31.6万 m^2。香园围公路全长11km，南接香港香园围公路、粉岭公路和龙山隧道，北连深圳罗沙公路和东部过境高速，将港深与粤东、赣南、闽南之间的跨境运输连为一体，推动跨境"东进东出，西进西出"整体交通联系的实现。

香园围公路是一条双程双线分隔的道路。香园围公路包括长约4.8km的龙山隧道、约0.7km的长山隧道及约4.5km的高架桥和约1km的地面道路。此外，公路共有四个交汇处，包括粉岭公路交汇处、沙头角公路交汇处、坪洋交汇处及莲麻坑路交汇处。方便沿路一带的居民经香园围公路更便捷地来往香港九龙其他地区，有助于改善香港北区交通，对该区的经济及民生长远发展有很大帮助。

莲塘/香园围口岸分为深圳侧和香港侧，深圳侧主要包括出入境桥梁工程（深圳侧）、旅检区工程、货检区工程、东部过境高速连接线工程等；香港侧主要包括出入境桥梁工程（香港侧）、联检大楼、香园围公路工程等。

2008年9月经港深边界区发展联合专责小组会议审议，同意兴建莲塘/香园围口岸，港深双方共同建设，以粤港分界线为界，各自投资，同步开工，同时开通的建设模式。香港侧工程总投资约88亿港元，深圳侧工程总投资约为15亿元人民币。香港侧的投资方为香港特别行政区政府，工程管理机构为香港土木工程拓展署和香港建筑署，主要咨询服务机构有艾奕康有限公司、吕元祥建筑师事务所（香港）有限公司、奥雅纳工程顾问等。深圳侧的投资方为深圳市人民政府，建设单位为深圳市政府工程集中管理机构——深圳市建筑工务署，设计单位为深圳市华阳国际工程设计股份有限公司和深圳市市政设计研究院等设计单位，监理单位为深圳首嘉工程顾问有限公司，总承包单位为上海宝冶集团有限公司，专业承包单位包括：深圳广田集团、中国一冶集团、中铁二局集团、深圳路桥集团等施工企业。

莲塘/香园围口岸是港深之间的第7座大型公路口岸，项目从构想、落实、设计、建造到启用，历经12年，港深两地紧密协作，克服了种种困难。莲塘/香园围口岸交通方式如图14.2-1所示。

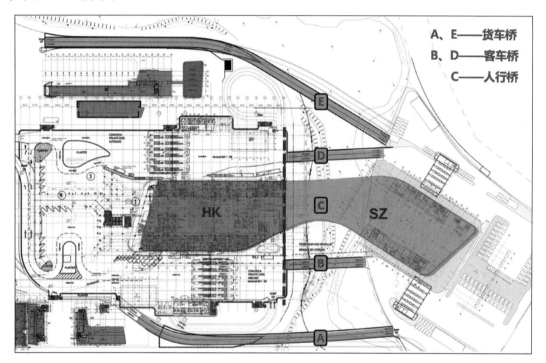

图14.2-1　莲塘/香园围口岸交通方式

2. 港深工程设计合作实践

港深双方联检大楼采用同一方案设计，由"两地两检"查验模式实现"一地两检"查验模式的通关体验和便捷感受。出入境桥梁工程横跨深圳河，分别由港深双方管辖，要求实现口岸设施同时满足港深双方的设计、建设、验收和使用标准。而港深双方在所涉法规，设计规范，材料选择、检测和施工，建筑和设备的验收标准上都存在很大差异，牵涉深圳和香港的有关管理部门达到几十个。港深双方如何紧密合作，优质高效地完成整个工程成为双方管理者和技术人员必须突破的难关。

结合莲塘/香园围口岸联检大楼概念设计国际竞赛的评选结果，港深双方就下一步联检大楼的设计方向达成以下共识：首先应确保符合双方口岸的功能、造价、工程进度及维修保养的要求，联检大楼设计应注重可建性，不以地标式建筑为目标；吸收概念设计国际竞赛专业组第一名作品（即参赛作品——光影、流、岸）的建筑语言作为联检大楼外形的设计参照，以统一外观风格；双方口岸联检大楼可各自优化或简化。楼层和楼高在满足过境通关功能需求的基础上，双方可按实际需要，在适度范围内决定口岸联检大楼的楼层和楼高，无需硬性统一；双方可自行处理室内设计，无需硬性参考得奖作品。

幕墙设计的可建性、协调性与功能性：双方同意东西幕墙的立面斜度统一为 82°；对于遮阳条板形式，双方同意采用竖向百叶，转弯位置则采用扇形百叶。双方同意外立面的幕墙条板间距为 1500mm，百叶的进深为 700mm，铝板顶部百叶突出 100mm。

（1）港深联合举行设计国际竞赛

对港深两地而言，不同的体制和历史原因所造成的物质与精神层面的差异正在逐步减弱，两地经济文化交流日益频繁，莲塘/香园围口岸将成为承载两地物质与精神层面沟通交流的载体。

1）国际设计竞赛背景

2008 年 9 月，香港特别行政区政府及深圳市人民政府联合公布在位于香港新界东北及深圳罗湖的莲塘/香园围兴建新口岸，以服务来往香港及深圳东部的跨境货运和客运交通。新口岸是国家"十二五"规划下粤港澳合作的七大项目之一，将会连接深圳东部过境通道，从而为深圳东部、惠州、粤东各市及邻近省份提供更有效率的跨境通道。

兴建莲塘/香园围口岸的目的包括：缩减来往香港及深圳东部的时间，促进港深两地的发展，以及扩大港深的经济腹地；重新分流深圳至香港新界东部的跨境交通，从而改善港深东部口岸的整体运作效率、处理能力及服务质量。

满足深圳东部城市空间布局的要求，以落实深圳市政府有关跨境车辆"东进东出"的交通规划原则。

港深两地政府在落实兴建新口岸时，已决定新口岸的设计注重"以人为本"的建设理念。因此为新口岸的联检大楼以及横跨深圳河的四座行车桥的设计概念举行国际方案竞赛，而这次竞赛更是港深两地政府第一次联合举办的设计竞赛。

这次竞赛是一个单一阶段的公开竞赛，旨在邀请建筑界、工程界、规划界的专业人士及社会各界人士，提出对莲塘/香园围口岸联检大楼（包括横跨深圳河的四座行车桥）具创意的设计概念，供香港特别行政区政府及深圳市人民政府参考及采用。

设计理念需符合下列主题：

① 与周围环境协调的建筑设计；

② 港深两地相连的联检大楼统一协调外型与风格；

③ 新颖、以人为本的优化口岸设计，令联检大楼在"两地两检"安排下，体现港深两地紧密合作。

2）竞赛策划

为征集优美、极富创意的口岸联检大楼建筑方案，将口岸联检大楼（包括横跨深圳河的四座行车桥）建筑方案设计竞赛，公开予全国及国际级别的建筑师参赛。

合办单位：香港土木工程拓展署和深圳市建筑工务署。

协办单位：香港建筑师学会。

筹备委员会，港深双方共同成立筹备委员会，统筹比赛的有关事宜（包括前期筹备工作、报名、评审、颁奖典礼至作品展览）；就比赛事宜适时安排成立评审委员会、技术委员会及委任专业顾问；适时向莲塘/香园围口岸工程实施工作小组汇报工作进度；制定相关竞赛规则及组织竞赛的前期筹备工作，成员包括：香港土木工程拓展署、香港建筑、署香港建筑师学会、深圳市建筑工务署、深圳市规划和国土资源委员会、深圳市口岸办、深圳市住房和建设局。

技术委员会，主要负责审核参赛作品是否符合本比赛的规则从而评估参赛作品能否达至比赛目的的水平。技术委员会不会参与评审过程，亦无权取消任何参赛作品的资格。成员包括以下单位提名之代表：香港土木工程拓展署、香港建筑署、莫特麦克唐纳顾问公司、深圳市建筑工务署、深圳市规划和国土资源委员会、深圳市口岸办。

专业顾问，主要工作是就筹备及监督比赛的进行、向合办单位提供独立意见及技术支持，也负责解答参赛者提问，收集参赛作品及将参赛者身份保密直至评审结果公布。专业顾问将会参与评审委员会会议及技术委员会会议，以确保比赛符合规则及要求。但不会获得授权投票或评论任何参赛作品。

评审委员会，所有参赛作品经由评审委员会裁决，评审委员会由7位评审员组成，其中评审主席由双方共同提名，另外双方各提名3位评审员。此外，为避免因特殊情况评审员无法履行评审职责，双方各提名1位后备评审员以便必要时替换。

竞赛程序，参照港方惯例，双方共同委托一位专业顾问负责组织设计竞赛，包括负责制订竞赛文件、发布信息、解答参赛者提问，收集参赛作品及将参赛者身份保密直至评审结果公布；技术委员会审核；评审委员会评审，选出获奖作品；公示及颁奖。

费用，竞赛所需费用由合办单位双方平均分摊。竞赛费用由五大部分组成，支付给专业顾问的顾问费用；竞赛宣传费用；比赛奖金（包含知识产权费用）；其他费用（包括评审委员会费用、场地租赁费用等）；应急费用。竞赛费用上限为港币400万元，未得到工作小组的同意前，费用不得超越此上限。

作品展览，合办单位有权在其选择的时间、地点展示参赛作品的全部或任何部分及有权以任何媒体、网页、书刊、广告、推广、发放、复制或出版参赛作品的全部或任何部分。

知识产权，获得优异奖和嘉许奖的参加团队（包括小组合作之所有队员）必须履行签署转让契约及承诺书，把参赛作品的所有权，包括作品所存在的一切知识产权，转让或转移予合办单位。知识产权费用已包含在奖项的金额内，合办单位不会再向得奖团队支付额外金额。

3）国际竞赛组织

竞赛组别包括专业组和公开组，专业组公开予香港、内地及世界各地注册建筑师、工程师、规划师或其学会或协会之资深会员或会员，以个人、联名或者单位/公司形式参赛。公开组公开予香港、内地及世界各地所有有兴趣人士参与，以个人、联名或者单位/公司形式参赛。

香港土木工程拓展署联同深圳市建筑工务署于2010年12月21日宣布，莲塘/香园围口岸联检大楼概念设计国际竞赛正式展开，呼吁公众积极参与，为新口岸的联检大楼以及横跨深圳河的四座行车桥提出设计概念。

2011年5月31日，香港土木工程拓展署和深圳市建筑工务署联合发布消息，莲塘/香园围口岸联检大楼概念设计国际竞赛第一轮评审结果揭晓，评审委员会从159件参赛作品中评出专业组和公开组各10件入围作品，2011年6月1日起至7月5日，入围作品将在香港及深圳进行公开巡回展览并征集社会公众意见。

专业顾问,专业顾问负责组织竞赛,包括收集竞赛者对竞赛细节的提问、就参赛者的提问向所有参赛者做适当补充、收集参赛作品及将参赛者的身份保密直至评审公布结果。协助评审工作,但没有投票权。林云峰教授担任本次竞赛专业顾问,林教授曾任香港建筑师学会会长(2005—2006年)、香港城市设计学会会长(2005—2006年)。

评审委员会,为确保评选质量,活动主办方共同组成以中国工程院何镜堂院士为主席的竞赛评审委员会,评审委员会成员还包括刘赖荍韫女士(香港特别行政区政府建筑署前任署长)、崔恺先生(中国勘察设计大师、中国建筑设计研究院有限公司总建筑师)、林光祺先生(香港建筑师学会前任会长)、沈迪先生(上海世博会事务协调局总建筑师、上海现代建筑设计集团有限公司总建筑师)、朱沛坤教授(香港工程师学会前任会长)、刘晓都(都市实践建筑事务所合伙人)等国内外知名专家。

2011年9月,时任香港特别行政区政府发展局局长的林郑月娥与深圳市常务副市长共同为获奖选手颁奖,公布竞赛结果。这次竞赛获得各界热烈的反响,总共收到超过170份来自世界十多个国家及地区的参赛作品,其中包括美国、英国、法国、希腊及荷兰等。这些作品构思独特、设计新颖。这次竞赛的评审委员会阵容强大,由香港及内地顶尖级的专家组成。

图14.2-2 时任香港特别行政区发展局局长林郑月娥

2011年12月31日,港深双方联合举办的莲塘/香园围口岸联检大楼概念设计国际竞赛圆满结束。港深双方同意将竞赛得奖作品作为联检大楼设计参照方向,并积极筹划联检大楼的详细设计工作。同时,港深双方各自推进口岸建设的各项前期工作。

时任香港特别行政区发展局局长林郑月娥在莲塘/香园围口岸联检大楼概念设计国际竞赛颁奖典礼上致辞,见图14.2-2。

4)竞赛方案专业组第一名

评审委员会于第一轮评审中在每个组别选出10件入围作品。入围作品安排在香港及深圳公开展览并在竞赛网站上收集意见。评审委员会在第二轮评审时认真考虑所收集的公众意见并选出得奖作品。

评审委员会根据竞赛作品美感及创新意念、与周围环境协调、环保意念、功能发挥、效率及可建性等评审准则评出入围作品。经过两轮评审,最终在专业组中选出3件优胜作品、3件嘉许作品及4件入围作品。其中,来自香港,以"光影·流·岸"命名的作品方案获得了专业组第一名。

专业组夺冠的设计作品《光影·流·岸》,是由香港设计师张惟诚及其匈牙利拍档DanielSantos共同设计。

设计说明:该设计以挡阳板造成的倒影,形成水流感觉。两岸的出入境大楼以天桥连接,横跨深圳河,两旁侧有行车天桥,作为客货车出入境查验与通关之用。海关给人的一般印象是要旅客停下来接受检查的一个烦人设施,但设计者认为一个高科技的海关大楼,应该给予旅客舒适而方便的通关体验,设计方案的主要构想是希望把两个联检大楼之间营造出流动的感觉,把通关的行为模式更为轻松活泼地展现,两栋大楼间相连的天桥就成为最重要的一个部分,流动的形式把联检大楼从外观到内部空间,由表及里地完美结合。

整个联检大楼的外墙都使用不同形式的挡阳板作为建筑设计的主要元素,从内到外的挡阳板,在形式上更强调"流动"的概念,光与影在挡阳板间的互动是设计的重点。图14.2-3 和图14.2-4 分别为颁发奖项现场及参赛作品。

图 14.2-3　林郑月娥颁发奖项予设计竞赛专业组第一名

图 14.2-4　欣赏概念设计竞赛的参赛作品

评委会认为作品以"光影·流·岸"为理念,见图 14.2-5 及图 14.2-6,表现比较流畅,体现了两地间的纽带关系。整体布局比较合理,基本上能够满足"两地两检"的要求,而且布局比较简洁、大方,有交通建筑的个性。但是,内部办公空间在设计上没有准确地表达,在节能环保方面有待进一步完善。

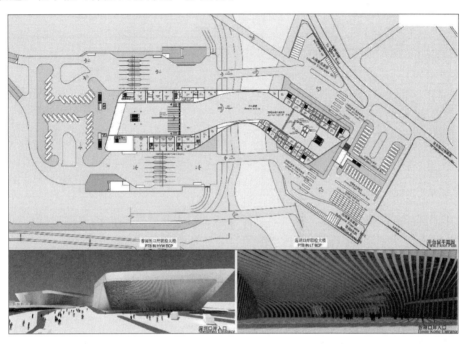

图 14.2-5 "光影·流·岸"效果图

图 14.2-6 "光影·流·岸"全景效果图

5)其他优胜作品

①"同心结"。

深圳市参数化建筑设计有限公司(EDA)的主创建筑师高洪波及其团队成员吴立东等,凭借"同心结"的作品方案获得专业组第二名。

本方案的创意来源于中国结。中国结是一种极具中华民族特色的艺术表现形式,中国结利用数学一笔画的原理,每一个结从头到尾都是用一根粗线编结而成,结的连续性特征与本项目的功能有着某些内在的联系。

结合场地分析,发现港深双方基地成一定的夹角关系,正交柱网无法妥善处理平面布局关系,需要引入一个向量,"结"形成的几何形体水平投影为正五边形,采用正五边形作为本项目的核心设计元素。

建筑表皮设计手法,是在五边体中交叉叠加的特点基础上进行数字变换,形成立体编织的视觉效果;与屋面呈一定角度的片状太阳能构件,可以提高太阳能转换效率;建筑外墙材料采用绿色建材,金色铜板和灰色钛锌板。此方案设计造型及建筑表皮相对复杂,整个设计运用数字设计的手段,从概念创作到最终成图。

通过大量的节能设计计算,例如辐射计算、对铜板、锌板角度的模拟测试等,该设计力求符合当今低碳节能的设计潮流,达到绿色建筑应有的标准。

评委会认为该作品采用"中国结"的概念,使两地有一个连接,也表现出建筑的特色,比较简洁、平实,可建性比较强。功能布局也比较合理,基本满足"两地两检"的要求。但是造型不够流畅,建筑略显封闭,交通建筑的特征不足。"同心结"效果如图14.2-7所示。

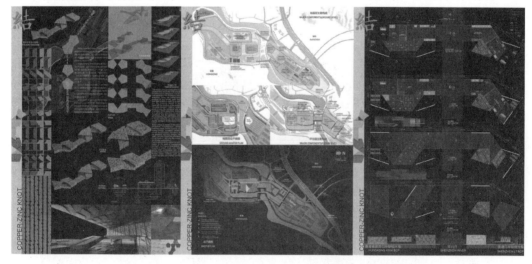

图14.2-7 "同心结"效果图

②"莲塘飘香"。

建筑外形取材自莲花叶子随风摇曳的优美姿态,曲面的双层屋顶结构及形态有如舞动中的叶子,由"环保叶茎"支撑。从室内往上看,格栅的结构及光影的交错有如莲塘中莲蓬下的空间一样,屋顶上的水池犹如莲花叶上的两滴露水,诗意无穷。双层屋顶连续折叠而成的墙身及坡道,从而围合出动态的人流空间。入境、出境大厅有如被巨大的叶子所包围，虽互不相通却相互紧扣，体现了港深两地交融汇合而成一整体的概念。"莲塘飘香"效果如图 14.2-8 所示。

图 14.2-8 "莲塘飘香"效果图

联检大楼采用了自然通风设计，并引入绿化及莲花池塘于过境大厅内，打破了建筑与大自然的界限，与自然融为一体，是真正的绿色建筑。设计亦有其他可持续发展的构思：如屋顶莲花池可用于雨水回收，再通过"环保叶茎"把雨水过滤制成水雾，夏天有助于室内降温；车道及过境大厅行人道上，均设有交通动能发电系统，通过步行或车行的动力即可产生绿色电力；太阳能发热板结合屋顶设计，充分开采绿色能源。

评委会认为该作品体现两地纽带关系，建筑宽窄变化自然，大小空间穿插流畅，整体性强。整体布局合理，基本满足"两地两检"查验的功能使用要求。但是某些设计手法不够大气，办公空间尚需优化。

(2) 设计委托协议实施

深圳市人民政府和香港特别行政区政府同意建造一座行人通道桥及四座行车通道桥横跨深圳河，连接港深莲塘/香园围口岸，供旅客及车辆往来两地。作为由港深双方共同投资建设的大型口岸工程项目，在决策、设计、建造过程中面临诸多技术、管理、法律等方面的挑战，最具挑战性的是连接港深两地的车行桥和人行桥工程。

作为直接连接深圳、香港两地的口岸工程，涉及深圳和香港的有关管理部门达数十个，在工程设计阶段，出入境车行桥和人行桥项目需要得到香港土木工程拓展署和香港建筑署的认可，仅香港建筑署的设计标准、规范就达数千页，各阶段设计文件需要由香港审批，同时满足内地的法规和规范，在两者冲突时执行更严格的标准，同时，在设计表达上须沿袭香港惯例。

双方考虑到行人桥和行车桥跨越港深两地边界，需兼顾桥梁在衔接、施工和管理方面的实际问题，为便于设计工作，同意将位于香港境内行人桥及行车桥的设计工作委托深圳市政府负责管理，由香港特区政府土木工程拓展署与深圳市建筑工务署代表双方政府签署设计委托协议。以港深口岸分界线为界，港方口岸区域按照港方要求及港方技术标准进行建设，深方口岸区域按照深方的要求及技术标准进行建设。

"设计委托协议"强调应遵循三个基本原则：首先，港方口岸设施的设计必须符合所有相关的香港管区适用的法律及内地法律，特别是有关公众卫生及安全标准的规定；第二，必须确保港方口岸设施的功能达到港方的使用要求及技术标准；第三，必须确保港方的口岸设施耐用且方便维修保养，同时将对环境的不良影响降到最低程度。

1）委托的范围

莲塘/香园围口岸跨境行人桥及行车桥（跨深圳河段）的范围界限包括行人桥、供货车使用的 2 座行车桥和供私家车/客车使用的 2 座行车桥。详细范围见表 14.2-1。

行人桥、行车桥范围　　　　　　表 14.2-1

行人桥/行车桥	委托的范围
行人桥	由治理经改善后的深圳河中心线开始，向南伸展到香港香园围口岸联检大楼的衔接处，并包括上述衔接处的支柱/支架、支座及伸缩缝
供货车使用的 2 座行车桥	由治理经改善后的深圳河中心线开始，向南伸展到在香港香园围口岸的行车桥的桥墩
供私家车/客车使用的 2 座行车桥	由治理经改善后的深圳河中心线开始，向南伸展到香港香园围口岸平台层的衔接处，并包括上述衔接处的支柱/支架、支座及伸缩缝

委托管理设计的内容是在香港境内的行车桥之桥身、桥墩、地基、建筑装饰、铺装和其他附属工程设计，包括排水系统、道路照明、交通标识和道路标记等全部设计。而在香港境内的行人桥的委托设计内容包括桥身、桥墩、地基、外墙等桥梁结构、建筑装饰、玻璃幕墙、屋宇装备工程等全部设计，但不包括行人桥内部装饰及其室内屋宇装备工程的施工图设计。行人桥外形设计，需符合港深双方联检大楼概念设计国际竞赛评选结果而达成的，统一协调的外形、风格要求及其设计方向原则，见图 14.2-9。

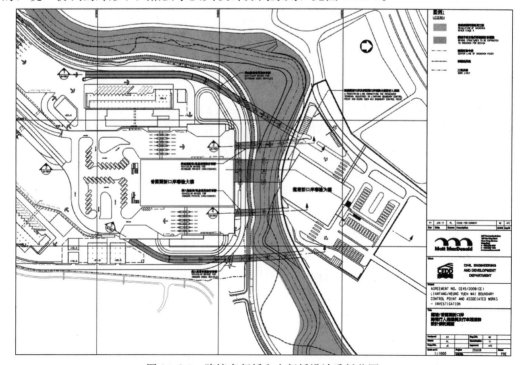

图 14.2-9　跨境车行桥和人行桥设计委托范围

委托管理设计的工作包括方案设计、初步设计、施工图设计、估算、施工期的设计修改、竣工图编制及对设计工作的管理和监督。

2）职责与义务

深圳市建筑工务署同意接受香港特区政府土木工程拓展署委托，负责牵头管理莲塘/香园围口岸工程车行桥、人行桥香港境内桥段的设计管理工作。

深方负责进行设计工作的全面管理，包括合同招标、合同管理、设计管理及工程的财务管理和控制。确保设计单位按照要求完成所有设计工作，并按阶段向港方交付设计成果，组织参加实施工作小组和跨境桥技术小组会议。按实施工作小组的决定，通过调停或仲裁以解决因设计产生的争议及处理所引起的索赔要求。

双方同意成立跨境桥技术工作小组共同监督深圳河桥段的总体设计工作，跨境桥技术小组从属于实施工作小组。实施工作小组有权查核设计工作的进度、质量和财务控制。

实施工作小组在跨境桥委托工程内的主要职权：核准设计单位及项目负责人的委托；核准设计合同的评价及定标建议；设定及在有需要时调整预算控制额及工期；审议及批准动用应急费用；审议及在有需要时调整项目总预算；批准项目负责人根据设计合同发出的完工证明书；调解有关事宜引起的纠纷或争执；考虑及决定由跨境桥技术工作小组上呈待决的事项，及其他双方认为需要由实施工作小组考虑及决定的事项；对职权范围内的事项有最终决策权。

3）设计工作要求

明确了在莲塘/香园围口岸跨境行人桥及行车桥跨深圳河段的设计需符合国家及香港有关的设计技术标准；配合港深口岸联检大楼的统一协调外形及风格的要求，以及深圳河第四期改造工程的布置和绿化设计。位于香港境内之桥梁的设计规范及标准，需要符合港方的技术标准及相关法律等要求。行人桥及行车桥的设计需充分考虑建造及维修施工作业的技术和工地等因素，包括安全及环境保护等要求。

设计单位按要求聘用一家香港注册的工程顾问公司，确保本协议委托范围内的设计方案，符合港方的技术标准及相关法规等要求。该香港注册的工程顾问公司需为香港特区政府"工程及有关顾问遴选委员会"顾问服务目录上的公司，具备土木工程、土力工程、道路结构工程、交通工程的专业知识、技术及经验，并需具备有建筑、建筑结构和屋宇装备工程的专业知识、技术及经验的顾问组成团队。设计及每次方案的修改，都需经过港深双方共同研究和审核。

设计团队组织形式和管理方法，连同聘用的香港注册的工程顾问公司名单及工作人员的编制和责任，均需提交给跨境桥技术工作小组审核。

设计单位必须联络其他同期在建工程的负责单位，这些工程包括莲塘/香园围口岸工程及深圳河第四期改善工程，以协调各工程的规划及设计。对所有设计负责，并确保香港段设计符合相关法律要求。

设施设计及建造过程中，管理程序及措施按照深方的要求执行，技术工作内容应同时满足港深双方的技术标准及法律法规要求，对于港深双方技术标准不一致的部分，执行较严格的技术标准。"设计委托协议"中针对港深双方的职责与义务、港方口岸设施的设计及建造管理工作、财务控制、纠纷解决方式等做了具体的规定。

深圳市人民政府与香港特别行政区政府签订的"跨境桥设计委托协议"，由深方按照

"委托协议"的有关要求对设计工作进行管理与协调，使港方口岸设施的设计、运作等达到港方的技术与使用要求。在设计阶段，由熟悉香港法规的顾问公司协同，全程参与设计，并提出合作设计的界面分工及设计管理策略。在工程建设阶段，提出大型跨境工程配合现场技术协调方法，并提出施工管理及现场实施指南。工程设计建设质量的管控核心，借鉴香港的合约管理体制，注重项目建设中的政府干预与配合，充分发挥建筑师负责制在设计项目中的控制作用，严格实行样板先行制度。

莲塘/香园围口岸跨境桥设计港深合作及管理体系架构见图14.2-10。

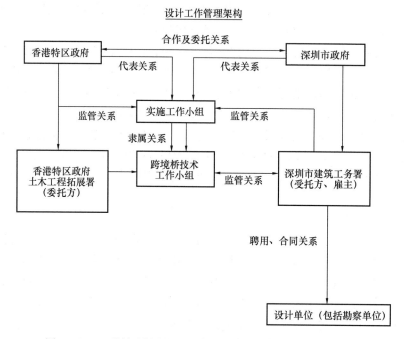

图14.2-10　莲塘/香园围口岸跨境桥设计港深合作及管理体系

"委托协议"规范了合作的内容、方式、要求和标准，这既体现了对另一方的高度信任，也以协议的形式明确了各自的责、权、利，为跨界工程的顺利开展奠定了坚实的基础。

3. 创新港深合作协调架构

在"一国两制"背景下，深圳与香港分属不同的政治体制与经济体制，建设项目前期管理决策、工程规划设计、建设验收等方面的体制、模式、方法和流程存在巨大的差异，这些差异给港深工程的合作建设带来了诸多挑战。

随着港深合作的深入推进，2007年12月，港深双方同意成立"港深边界区发展联合专责小组"，简称"专责小组"，负责统筹、督促和协调港深两地边界邻近地区土地规划发展的研究工作，莲塘/香园围口岸的前期规划研究为专责小组的重要工作内容。2008年8月港深双方同意兴建"莲塘/香园围口岸"，并立即启动"莲塘/香园围口岸工程实施工作小组"，简称"实施小组"。经专责小组同意，在实施小组辖下设立"莲塘/香园围口岸工程设计及运作技术小组"，简称"技术小组"，以论证和制订口岸整体设计及运作安排方案。在搭建的"多层次"协调框架下，工程的设计方案、技术细节等具体问题通过技术小组进行充分讨论、沟通,力争取得共识或找到解决方案;对一些存在分歧的问题、达成共识的一般性问题等通过实施小组进行沟通和确认。政策性、技术性较强或利益协调较难的重大问题通过专责小组协调。这种分级协调,分类沟通的港深协调架构,既能够最大程度地调动项目的协调资源,提高解决问题的效率;又能够通过高层首长定期会晤,解决涉及彼此关切的重大问题,协调机制的多样性,能满足项目在不同发展阶段的协调需求。

在莲塘/香园围口岸工程建设全过程中,港深两地紧密合作,大胆创新管理模式,形成一整套协调机制,组织架构分为"专责小组—实施小组—技术小组"三个层次,见图14.2-11,根据问题的轻重缓急、复杂程度、决策层级等,分层级协调沟通,确保问题的有效沟通和快速解决。

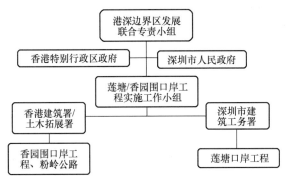

图14.2-11 港深边界区发展联合专责小组协调框架

通过有效的专项协调机制,港深在莲塘/香园围口岸工程建设过程中不断探索、沟通、交流和合作,推进问题的有效解决。

(1) 专责小组协调机制

2007年12月港深合作会议在香港召开,由香港特区政府政务司司长与深圳市市长共同主持。港深两地政府签署了《关于近期开展重要基础设施合作项目协议》等七项合作协议,同意成立"港深边界区发展联合专责小组",加速推进有关边界邻近土地规划发展研究工作。

"港深边界区发展联合专责小组"在互惠互利的基础上,共同探讨发展落马洲河套区的可行性,以及督导其他跨界事宜的研究和规划工作,负责统筹、督促和协调港深两地边界邻近地区土地规划发展的研究工作。

2008年3月10日"港深边界区发展联合专责小组"第一次会议在深圳召开,由双方组长,深圳市常务副市长与香港发展局局长共同主持。会议决定成立"莲塘/香园围口岸前期规划工作小组",在双方政府决定兴建莲塘/香园围口岸后,将启动"莲塘/香园围口岸工程实施工作小组"的工作,工作小组须定期向专责小组汇报有关的研究工作进度。双方初步同意采用"两地两检"的查验模式作为进一步的研究方向,在"以人为本"的大原则下,口岸的详细布局和设计将尽量方便两地通关检查的安排。

1) 会议审议通过了专责小组和工作小组章程,确定了相关的职责任务、组织架构及人员安排,并同意每半年召开一次专责小组会议。相关章程如下:

① 港深边界区发展联合专责小组工作章程

职责任务。统筹、协调和督促港深两地有关边界邻近地区土地规划发展的研究工作;就边界邻近地区规划发展项目成立专门工作小组进行专项研究工作,并督促工作小组的研究工作进度;就各工作小组不能解决的问题做出指导或决定;审议各工作小组完成的研究结果。

工作机制。联合专责小组原则上每半年召开一次会议,商讨港深两地关于边界邻近地区土地规划发展的研究工作;如有需要,可另行召开会议商讨专门议题。

成员构成。由港深双方主要部门组成，见表14.2-2。

港深边界区发展联合专责小组成员构成　　　　　　　表 14.2-2

港深边界区发展联合专责小组	
港方组长：香港发展局局长 副组长：香港发展局常任秘书长	深方组长：深圳市政府副市长 副组长：深圳市政府副秘书长
港方成员 发展局 政制及内地事务局 保安局 规划署 地政总署 运输署 路政署 土木工程拓展署 环境保护署 渔农自然护理署 其他部门视情况待定	深方成员 市政府办公厅 发展和改革委 公安局 贸工局 国土资源和房地产管理局 建设局 规划局 交通局 水务局 农林渔业局 环境保护局 口岸办 法制办 港澳办 工务署 深圳海关 出入境检验检疫局 出入境边防检查总站 其他部门视情况待定
办公室 规划署	办公室 规划局

组织架构。在专责小组之下设立若干工作小组，就专门发展项目进行专项研究，按照目前的工作情况，可先行开设"河套地区环境、规划及工程工作小组""河套地区开发模式工作小组"及"莲塘/香园围口岸前期规划工作小组"。若双方政府决定兴建莲塘/香园围口岸后，将会运作"莲塘/香园围口岸工程实施工作小组"。今后按工作需要可再行增设。

② 前期规划工作小组工作章程

职责任务。就探讨兴建莲塘/香园围口岸需求、功能及效益的事宜，统筹和协调港深两地有关部门的工作，并就有关事宜进行讨论和信息交流；统筹有关的研究工作，例如基础研究、跨界交通流量分析、与粤东的联系、两地策略性考虑、环境及规划，以及其他相关课题，例如基础设施接驳、检查模式等。如有需要，可按个别议题成立专题小组；依据有关的研究成果，评估建设莲塘/香园围口岸的需求，探索和建议港深两地可行的合作模式，提出下一步工作计划及研究课题；整理有关的研究成果，各自提交港深两地政府批准。

统筹及督促有关上述工作，并向港深边界区发展联合专责小组汇报工作进度及成果。

工作机制。港深双方可考虑委托研究单位就个别课题进行研究，研究费用由双方共同分担；工作小组按工作需要举行会议。

成员构成见表14.2-3。

莲塘/香园围口岸前期规划工作小组成员构成　　　　　　　　表14.2-3

莲塘/香园围口岸前期规划工作小组	
港方组长：香港规划署副署长	深方组长：深圳市规划局副局长 副组长：深圳市口岸办副主任
港方成员 发展局 政制及内地事务局 运输及房屋局 保安局 规划署 运输署 土木工程拓展署 渠务署 建筑署 按需要出席 商务及经济发展局 经济分析及方便营商处 地政总署 环境保护署 渔农自然护理署 路政署 其他部门视情况待定	深方成员 规划局 发展和改革委 交通局 环境保护局 口岸办 按需要出席 国土资源和房产管理局 交通局 水务局 农业渔业局 法制办 罗湖区政府 其他部门视情况待定

2) 专责小组主要会议和成果内容。专责小组第二次会议，审议通过《港深兴建莲塘/香园围口岸前期规划研究》研究成果，并同意兴建新口岸。为落实兴建新口岸，立即启动"莲塘/香园围口岸工程实施工作小组"，以便开展及推进下一阶段的技术工作。

港方组长指出香港已经通过兴建莲塘/香园围口岸的计划，同时已通过政府内部拨款的申请程序。专责小组同意会后公布落实兴建新口岸的计划及介绍项目发展的重点。港方组长解释，由于港方需要征收私人土地及搬迁一个原居民村落，当中涉及繁复的程序，所以预计新口岸最快要在2018年才可完工。

专责小组第三次会议，同意在"莲塘/香园围口岸工程实施工作小组"辖下设立"莲塘/香园围口岸工程设计及运作技术小组"，以讨论制定口岸整体设计及运作安排方案。为了体现港深两地紧密合作及互利互惠的象征意义，征集优美、极富创意的口岸联检大楼建筑方案，会议同意双方联合主办口岸联检大楼（包括横跨深圳河的四座行车桥）建筑方案设计竞赛。

专责小组第四次会议，议定港深两地工程的合作模式，参考落马洲至皇岗新跨界桥工程，双方议定由港方委托深方负责港方工程部分的建设实施，委托工程的范畴包括四座行车桥及一座行人道桥的部分港方桥段。

关于口岸联检大楼建筑方案设计竞赛，已草拟竞赛大纲，设计竞赛将公开予全国及国际级别的建筑师参加。双方同意待目前问题得到有效解决后，组成筹备委员会，进一步磋商竞赛的细节及制定竞赛文件。针对深方现阶段提出的客货分层存在的问题，充分考虑双方在征地等方面存在的实际困难，同意按照实际情况集中讨论压缩口岸规模的建议。会议要求港深双方继续优化设计方案，谋求更有效益的布局设计。

专责小组第六次会议，议定港深双方同意口岸联检大楼概念设计国际竞赛的工作安排。港深双方同意统一建设连接两地口岸的行车桥及行人通道桥的工程合作模式，港方委托深方负责管理位于香港境内的部分行人桥及行车桥的设计工作，由香港土木工程拓展署与深圳市建筑工务署签署委托设计管理协议。

专责小组第七次会议，双方同意接纳工作小组提议的联检大楼设计方向的三大原则，参照竞赛得奖作品，按双方过境通关功能的实际需要，推进联检大楼的详细设计工作。港方表示莲塘/香园围口岸是港方首次在口岸内提供私家车上/落客停车处、公众停车场及行人隧道等，人车直达口岸的设施，在公布有关设施后得到市民的支持。项目已取得港方环境保护署发出的环境许可证，土木工程拓展署将按照环评条例的要求，进行口岸工程建设。

专责小组第八次会议，双方同意在详细设计阶段进一步研究新口岸内的公共交通运输安排及所需的相关设施，以满足公众的期望。关于口岸跨境桥设计的委托协议安排，港深双方已就港方委托深方统一设计口岸跨境桥的协议书内容达成共识，会议同意待各自完成审批程序后，即可正式签署委托协议书。

专责小组第九次会议，双方就港方委托深方建造跨境桥的工程合作模式达成初步共识，在双方已经签署跨境桥设计委托协议的基础上，双方继续就跨境桥委托建造的方案交换意见。

（2）实施工作小组协调机制

根据港深边界区发展联合专责小组的要求，在双方政府同意兴建莲塘/香园围口岸后成立工程实施工作小组，以便开展及推进下一阶段的技术工作。实施小组在推动工程技术沟通方面发挥了重要作用，共计召开20余次会议，有效解决、沟通问题约200余项。

1）实施小组第一次会议。莲塘/香园围口岸工程实施工作小组第一次会议于2008年12月8日在深圳召开，主要讨论有关工作小组架构，港深两地口岸的工作时间表及合作模式。

同意设立"莲塘/香园围口岸工程设计及运作技术小组"，讨论及制订口岸整体设计及运作安排方案，并向工作小组提交讨论结果及汇报工作进度。

深方将于2009年初展开口岸工程的前期工作，口岸的施工图设计及建造预计在2012年年初及2013年年底分别展开。港方工程项目的勘测及初步设计研究将会在2009年4月展开，详细设计和有关的法定程序会在2011年年初展开，口岸的建造工程初步预计在2013年年底展开。双方同意两地口岸工程的实施时间表须互相配合。

对连接两地口岸的一些工程，如横跨深圳河的行车桥，由于工程涉及两地不同法规和技术标准，港方建议深入研究，委托深方负责横跨深圳河的一部分工程。双方同意对连接港深两地工程项目的合作模式展开探讨，以采取最有效益的方式，妥善完成有关工程。

2）工作章程。会议通过莲塘/香园围口岸工程实施工作小组工作章程。

职责任务。按莲塘/香园围口岸前期规划工作小组的建议，统筹港深两地讨论并跟进发展莲塘/香园围口岸的有关工程事宜；评估并进行有关发展莲塘/香园围口岸的工程及跟进工作，包括口岸的详细布局设计、深圳河莲塘段改造工程、生态及环境影响评估、基建设施以及发展计划有关的工程等；整理跟进工程研究的结果，提交港深边界区发展联合专责小组审议；适时向专责小组汇报工作进度。

工作机制。港深双方可考虑委托研究单位就个别课题进行研究，研究费用由双方共同分担；工作小组按工作需要举行会议。

成员构成见表 14.2-4。

莲塘/香园围口岸工程实施工作小组成员构成　　　　　　表 14.2-4

莲塘/香园围口岸工程实施工作小组	
港方组长：香港发展局（工务科） 副秘书长	深方组长：深圳市工务署副署长 副组长：深圳市口岸办副主任
港方成员	深方成员
发展局	口岸办
政制及内地事务局	发改局
运输及房屋局	公安局
保安局	国土资源和房地产管理局
土木工程拓展局	建设局
规划署	规划局
地政总署	交通局
运输署	水务局
环境保护署	农林渔业局
渠务署	环保局
建筑署	法制办
渔农自然护理署	港澳办
路政署	工务署
水务署	深圳海关
机电工程署	出入境检验检疫局
其他部门视情况待定	出入境边防检查总站
	其他部门视情况待定

3）主要会议内容和成果。

实施工作小组第二次会议，主要讨论连接港深两地工程项目的合作模式、探讨口岸建筑方案设计竞赛的可行性等。连接港深两地的工程包括横跨深圳河的行人通道桥 1 座和连接港深两地口岸的行车桥 4 座，港方建议将有关工程的港方部分委托深方统一实施建设，双方各自负担在其范围内的相关费用。为体现港深两地紧密合作及互利共赢的象征意义，双方同意由港深双方联合主办口岸联检大楼（包括横跨深圳河的 4 座车行桥）的建筑方案设计竞赛，在获"专责小组"批准后，双方组成联合筹备委员会，磋商竞赛的时间及细节。

实施工作小组第三次会议，讨论港深双方现阶段发现的问题，深方表示由于口岸管理和查验单位《前期规划研究报告》推荐的客货分层的双层方案存在缺点，包括高架下层行车不便，查验工作环境恶劣及口岸设施布置困难等问题，需调整原深方口岸客货分层的方案，将货检区布置在高架层之外，建议采用客货分区设计方案以配合口岸管理及查验部门的运作。此外，由于莲塘口岸预留用地不足，按现预留用地布置的规划方案，可能造成颇大的制约。为解决口岸用地不足的问题，深方提出三个建议方案：将换道立交设于港方口岸用地内；将部分深圳河段从现有河道东移40m，以占用港方土地约$2.04hm^2$；如果以上方案不能实现，只能在现有土地条件下，压缩口岸规模约百分之三十。港方各部门初步认为《前期规划研究报告》建议的原口岸设计通行能力以及客货分层的双层方案，在技术上是可行的，应尽量考虑采用原客货分层的双层方案。有关柱网的问题，可通过结构工程技术，加大柱网布局，改善柱网空间，确保行车安全。同时，可通过适当的建筑设计和增加抽风排风设施，改善采光和空气流通的问题，达到符合各项标准的要求。

由于内地与香港在查验内容和流程上的差异，查验单位提出，需要更开放的查验环境，以尽量降低对查验工作人员的影响。深方用地不足的矛盾进一步加剧，由于深方口岸处于城市建成区中，无法获得更多土地资源用于口岸建设。港方指出，深方建议的修订口岸布局，会对港方的原先口岸布局及用地规模造成很大影响，需要征收额外的土地，包括一个现有的村落及墓地，预料可能会遭到村民的强烈反对。

工程实施工作小组第四次会议，为解决口岸用地不足的问题，针对第三次会议提出的解决方案进一步讨论。双方同意"设计及运作技术小组"的提议，按照实际情况集中讨论压缩口岸规模的建议，努力争取最大的通关流量，减少压缩的幅度。并争取在第四次"专责小组"会议前达成一致意见向"专责小组"汇报，确立莲塘/香园围口岸的工作方向，让口岸的设计工作顺利推进。

工程实施工作小组第五次会议，主要讨论口岸建筑方案设计竞赛的初步构思及时间表等。确定了最新的口岸设计通关能力为旅客30 000人次/d，车辆17 850自然车次/d（其中货车15 000自然车次/d；巴士850自然车次/d；小汽车2 000自然车次/d）。通报了港深双方以客货分层及客货分区的混合设计概念，以及修订口岸布局的最新方案。经讨论后，港深双方同意以这个设计规模及概念作为基础再磋商及优化。双方对口岸联检大楼建筑方案设计竞赛初步构思及时间表进行了沟通，并对筹备委员会、技术委员会、评审委员会、竞赛程序、竞赛时间和费用等达成初步共识。关于设计竞赛的时间表，双方同意待"专责小组"确认有关安排后成立筹备委员会，力争不迟于2010年年底完成各项筹备工作，并在2011年年中完成整个竞赛流程。

工程实施工作小组第六次会议，主要讨论有关口岸联检大楼概念设计国际竞赛的筹备工作及时间表、口岸地区港深坐标联测。港深双方对联合举办口岸联检大楼概念设计国际竞赛的合作细节安排、竞赛时间表、竞赛文件大纲等进行沟通，将递交竞赛作品的截止日期延迟至2011年3月21日，让参赛者有充足的准备时间；提议了两位主席评审人选，分别是前任国际建筑师协会主席GaetanSiew及中国工程院院士何镜堂先生；双方同意邀请建筑师及其他界别的专业人士参加专业组的评审；竞赛的各项日常筹备工作均由港方牵头负责，同意根据香港的法律处理竞赛有关的诉讼问题，以避免两地法律同时适用，造成法律上的冲突。关于口岸地区港深坐标，建议港深双方共同使用现有深圳河独立坐标系，以进行口岸地区测量及设计相关口岸衔接工程部分。

工程实施工作小组第七次会议，主要汇报口岸联检大楼概念设计国际竞赛的进度、讨论口岸跨境桥设计的委托协议大纲，双方对竞赛获得的外界踊跃的反响感到满意。口岸跨境桥港方区域的装修及屋宇装备工程的设计统一由深方负责,但是,需依照港方法规要求,提交设计图,设计图经消防处及有关部门批核且须由符合资格人士负责。

工程实施工作小组第八次会议,主要对港方口岸的修订布局、跨境桥设计委托协议书等问题进行讨论。竞赛入围作品公众意见调查获得热烈反响,共收到约八千份问卷回复,双方对此感到满意。评委在第二轮评审时考虑了公众意见,对第一轮评审时拟定的得奖名次做出调整,确定最后的得奖名单。公众意见有影响力,最后的竞赛结果有一定的代表性。双方同意应尽量采用得奖作品的概念,但不需要刻意追求地标性建筑,而应更多地考虑功能运作、可建性、维修及造价等。

港方提出口岸加设私家车上/落客停车处、公众停车场及行人隧道设施的安排。有关口岸布局的修订是一个利民的设计,港方是因应公众诉求,借鉴了深圳的模式,即旅客可方便地乘坐私家车,甚至可以步行直达各口岸过关,港方是经过慎重考虑才有此决定。有关安排会令部分旅客在香港境内由乘坐公共交通工具改为乘坐私家车往来口岸,对跨境人流影响不大。

工程实施工作小组第九次会议,主要对国际竞赛费用、人车直达方案等问题进行讨论。双方同意口岸联检大楼概念设计国际竞赛的费用支出汇报,竞赛总费用预计为港币386万元,港深双方各自分摊港币193万元。关于港方口岸人车直达设施,经港方测算,预计在港方口岸加设人车直达设施应不会增加整体通关人流及车流,不会对新口岸的环境及交通构成重大影响,深方对港方改善自身口岸的安排没有异议,但深方认为港方人车直达设施存在诱增旅客流量的可能性,建议双方在远期的交通论证中考虑相关的应对措施,双方并同意在详细设计阶段,进一步研究新口岸内的公共交通运输安排及所需的相关设施,以满足公众的期望。

双方同意口岸跨境桥设计委托协议的有关安排,同意向"专责小组"简要汇报协议的主要内容,待"专责小组"批准及双方完成相关报批程序后签署委托协议书,不需要另行签订委托意向书。

口岸工程实施工作小组第十次会议,主要对建造口岸跨境桥的委托安排、港深双方口岸工程的进度等问题进行讨论。双方继续探讨压缩跨境桥设计时间的可行性,以确保跨境桥工程于2014年6月开始施工的目标可以按计划进行;双方就港方委托深方建造跨境桥的工程合作模式达成初步共识,在双方已经签署的跨境桥设计委托协议的基础上,双方继续就跨境桥委托建造的方案交换意见。综合考虑施工过程中的跨境保安要求、对现有港方边境围网及巡逻路的改道影响、与港方口岸工程的相互影响以及桥梁结构设计要求等多方面因素,双方初步议定,两座货车桥的建造委托范围,由经改善后的深圳河中心线开始,向南至港方岸边的第一个桥墩,两座客车桥及行人桥的建造委托范围,则由经改善后的深圳河中心线开始,向南至港方联检大楼平台层的衔接处。采用该方案,有以下特点:由于委托的部分桥段已跨越港方的边界围网,所以该段沿深圳河的边境围网及巡逻路需临时改道,深方的工地范围将控制在新边境围网以北。相对来说,该方案对港方边境围网及巡逻路改道的影响,相比较将货车桥整段委托建造的影响相对小,在可接受范围之内;由于委托的跨境桥工程会占用小部分港方口岸工地,对同时进行的港方口岸工程有一定影响,可通过双方协调解决;符合桥梁结构设计经济适用、方便施工的原则。

(3) 技术小组协调机制

由于四座车行桥与一座人行桥涉及港深工程的紧密合作，为更加有效地讨论解决跨境桥工程的技术问题，经第三次"专责小组"会议同意，在"莲塘/香园围口岸工程实施工作小组"辖下设立"莲塘/香园围口岸工程跨境桥工程技术小组"和"莲塘/香园围口岸工程设计及运作技术小组"。

1) 跨境桥工程技术小组

职责任务。就连接港深莲塘/香园围口岸的跨境行人桥及行车桥所涉及的设计、运作及保养等技术问题进行商议及制订设计标准，并设定每一阶段的设计工作时间表；监察设计工作，确保设计符合本协议书及由跨境桥技术工作小组设定的设计标准，并确保设计工作能够适时完成；监察招标和审标程序中的准备和执行工作，确保招标工作符合公开、公正及公平竞争原则；审批设计单位提交的组织形式和管理方法，连同聘用的香港注册的工程顾问公司名称及工作人员的编制和责任；审核由设计单位提交的设计报告；协调各自政府部门的监管审批事项；适时向"莲塘/香园围口岸工程实施工作小组"汇报工作进度。

工作机制。小组会按工作需要举行会议。

成员构成见表14.2-5。

跨境桥技术工作小组成员构成   表14.2-5

跨境桥技术工作小组	
港方组长： 土木工程拓展署口岸工程部总工程师	深方组长： 建筑工务署前期处处长
港方成员由以下单位之代表组成： 保安局 土木工程拓展署 建筑署 渠务署 运输署 路政署	深方成员由以下单位之代表组成： 口岸办 建筑工务署 规划和国土资源委员会 水务局治河办 交通运输委员会

确定跨境桥初步方案。所有车行桥均采用T型钢结构加挂梁的结构形式跨越深圳河河道，其中入境客、货车挂梁位于香港侧，深圳侧挂梁支点位置为港深分界线（深圳河河道中心线）；出境客、货车桥挂梁中心位置为港深分界线（深圳河河道中心线），其中出境客车桥挂梁由深方负责建设，出境货车桥挂梁由港方建设。

车行桥香港部分在深圳河范围内桥梁上部结构采用预制拼装施工工艺；车行桥深圳部分采用支架现浇施工工艺。

人行桥在港深分界线（深圳河河道中心线）位置设置结构断缝，结构形式为钢筋混凝土框架结构，采用支架现浇施工工艺。

出入境客车桥及人行桥与港方建筑结构衔接处需设置结构断缝。

车行桥位于港方一侧设计范围包含至桥台，台后挡墙或填土等工程不包含在深方设计范围内，但需做好协调对接工作。

2) 工程设计及运作技术小组

为更加有效地讨论制定口岸整体设计及运作安排方案，经第三次"专责小组"会议同意，在"莲塘/香园围口岸工程实施工作小组"辖下设立"莲塘/香园围口岸工程设计及运作技术小组"。

"工程设计及运作技术小组"由深圳口岸办和香港保安局联合主持，负责就港深双方的口岸整体设计及运作安排的配合进行讨论，制定初步方案，同时向"莲塘/香园围口岸工程实施工作小组"提交讨论结果以供审议，并适时汇报工作进度。有关工作章程、工作机制及成员组成如下。

莲塘/香园围口岸工程设计及运作技术小组工作章程

职责任务。就港深双方的口岸整体设计及运作安排的配合进行讨论，并制订初步方案；向"莲塘/香园围口岸工程实施工作小组"提交讨论结果，以供审议，以及适时向"莲塘/香园围口岸工程实施工作小组"汇报工作进度。

工作机制。港深双方可考虑委托研究单位，就个别课题进行研究，研究费用由双方共同分担；小组按工作需要举行会议。

成员构成见表14.2-6。

莲塘/香园围口岸工程设计及运作技术小组成员构成　　　　表14.2-6

莲塘/香园围口岸工程设计及运作技术小组	
港方组长： 保安局首席助理秘书长	深方组长： 口岸办处长/代表
副组长： 建筑署工程策划总监	副组长： 建筑工务署处长
港方成员	深方成员
土木工程拓展署 香港警务处 入境事务处 香港海关 消防处 卫生署 其他部门视情况待定	深圳海关 出入境检验检疫局 出入境边防检查总站 深圳口岸管理服务中心 其他部门视情况待定

在整个建设过程中，三个小组发挥了很大的作用，拿幕墙来说，港深双方旅检大楼通过一座人行桥相连接，从外观上看就是一栋建筑物，港深双方需全过程紧密协作。而幕墙的一致性是问题的关键。

双方在保持邮件沟通的同时，充分利用三个小组的工作机制，多次召开诸如幕墙设计对接、生产与安装工艺对接和管理方法沟通的专题会议。通过幕墙深化设计节点、双方取长补短，双方设计单位采用了一致的方案，从玻璃的品牌、颜色、到技术参数，均保持一致。双方进一步通过招标文件，确保双方生产厂家一致，细化到隐蔽部位的铝背板、喷涂工艺等，都通过对厂家的考察，确保一致性。

第 15 章 口岸工程关键技术与应用

口岸作为国家对外来往的门户和窗口，在国际货物运输、人员交往沟通中发挥着交通枢纽的作用，成为一种特殊的国际物流节点。口岸建设作为联通粤港澳三地的重要基础设施，在推进大湾区建设方面具有重要的作用。本章结合具体的口岸工程案例，从规划设计创新、查验模式创新、施工关键技术、BIM 技术应用等方面进行阐述分析。

15.1 工程概况

作为一座新建的大型陆路口岸，有许多区别于其他大型公共建筑的特点：

（1）使用单位多。口岸类工程的业主单位为口岸管理部门，使用单位有中国海关、中国边检、中国检验检疫等。且使用单位为国家直属机构，提出功能要求和业务需求时相对比较强势。

（2）受国家政策影响大。口岸类工程验收需要最终通过中华人民共和国海关总署、移民总局等国务院直属机构的管理，受国家政策调整影响大。

（3）建设周期长。口岸类工程从完成施工图纸，到最终通过验收要在五年左右，由于查验单位、设计单位等人员的流动、更换，使很多信息不能有效传递。

（4）社会关注度高。口岸类建筑作为对外门户、窗口，担负着国门的形象，社会关注度高，在建设进度、工程质量方面要求都比较高，部分口岸需要同港方同步建设。

（5）建设内容繁杂。口岸类建筑除通常的公共建筑外，还涉及到大量市政工程、专业工程（大型 X 光机）、围网工程及复杂的智能监控系统。

莲塘/香园围口岸定位为客货综合性口岸，采用"两地两检"查验方式和车辆"一站式"通关模式，港深两地同步规划、同步设计、同时开工、共同完工。该项目作为大型综合性陆路口岸，规划设计、查验模式、工程施工、港深合作等方面极其复杂。

该工程为粤港澳大湾区背景下港深之间首个建成投入使用的大型互联互通基础设施，在规划、设计、建造和管理等方面进行了大量的创新和探索，取得了较好的效果，具有重要的实践意义和示范效应，形成在规划设计、查验模式、港深合作、施工技术、绿色建造等方面研究成果，为后续类似口岸、粤港澳大湾区基础设施的建设提供有力支撑。

莲塘口岸作为粤港澳大湾区重要的交通枢纽工程，是港深间规划建设的第七座综合陆路口岸，承担香港与深圳东部、惠州以及粤东、赣南、闽南之间的跨界货运兼顾客运，是实现港深跨界交通"西进西出、东进东出"总体格局的东部重要口岸。该口岸作为国家第十二个五年规划纲要中粤港合作的七个重大项目之一，为广东省和深圳市重点建设项目。列入《珠三角地区改革发展规划纲要（2008—2020 年）》《粤港合作框架协议》《粤港澳大湾区发展规划纲要》等国家和区域重要战略规划，建成后将大大促进粤港澳大湾区的整体交通联系。

该口岸定位为客货综合性口岸，采用"两地两检"查验方式和车辆"一站式"通关模式，设计通关能力为旅客 30000 人次/d，车辆 17850 辆次/d，其中货柜车 15000 辆/d，查验通道设置为旅客出入境通道各 27 条。工程占地面积约 17.7hm²，总建筑面积 14.9 万 m²，总投资 15.45 亿元，其中旅检大楼为地下 2 层、地上 5 层。

该项目含口岸建筑、市政工程、智能化系统三大部分：口岸建筑包括旅检区、货检区及辅助用房；市政工程包括口岸场地道路、罗沙路等道路改造、连接东部过境高速至口岸和罗沙路至口岸的匝道桥、口岸跨境桥等；智能化系统包括海关、国检、边检、口岸办设置的各类信息网络及弱电安防系统。莲塘/香园围口岸立面实景如图 15.1-1 所示。

图 15.1-1　莲塘/香园围口岸立面实景

本工程结构设计使用年限为 50 年，安全等级为一级，抗震设防烈度为 7 度，耐火等级为一级。旅检大楼功能齐全，布置紧凑，首层为大型货柜车入境缓冲车场，主要通行大型货柜车，荷载大、跨度大，有较大的振动效应；二层高架平台约 3 万 m²，主要通行大客车、小汽车、消防车，存在大范围的柱网转换，为超长结构；二三层为旅客出入境大厅，主要是旅客通行，人流量大；地下室为两层，主要为公交车首末站、出租车上落客、地下停车库等，车流量大，交通接驳复杂。

2004 年 6 月，港深两地政府签署的《关于加强港深合作的备忘录》中明确指出有关莲塘口岸的问题，同意将莲塘/香园围口岸的规划建设正式纳入港深合作议程；2008 年 9 月在香港召开港深边界区发展联合专责小组第二次会议，港深两地同意兴建新口岸；2010 年 5 月项目建议书正式批复，完成项目立项工作；2013 年 11 月该工程场地平整开工，2015 年 11 月旅检大楼主体结构开工，2016 年 12 月旅检大楼主体结构封顶，2017 年 12 月旅检大楼幕墙工程完工，2018 年 12 月港深两地联检大楼建设基本完成，2019 年 11 月完成竣工验收，2020 年 5 月完成工程竣工验收备案，2020 年 8 月 26 日（深圳经济特区成立四十周年）莲塘/香园围口岸正式开通，是粤港澳大湾区背景下港深之间首个建成投入使用的大型互联互通基础设施，广东省委书记、省长、香港特别行政区行政长官、深圳市委书记等共同宣布莲塘/香园围口岸开通，见图 15.1-2。

图 15.1-2 广东省委书记李希、香港特区行政长官林郑月娥、
广东省省长马兴瑞等主持开通仪式

新口岸开通实现了港深两地跨境货运交通"东进东出、西进西出"的布局，让整个跨境交通的通行能力及效率大大提高，促进香港与深圳等周边城市的合作及发展，为全面深化粤港合作、推进粤港澳大湾区和深圳先行示范区建设提供更加有力的支撑。

该工程建设单位为深圳市建筑工务署文体工程管理中心（原为"深圳市土地投资开发中心"），设计单位为深圳市华阳国际设计有限公司，总承包单位为上海宝冶集团有限公司，幕墙和装修专业分包单位为深圳广田集团有限公司等。

15.2 规划设计创新

1. 港深携手完美呈现"光影·流·岸"

为体现港深两地紧密合作及互惠互利的象征意义，在港深工程建设中，两地政府首次联合举办建筑方案国际竞赛。设计理念为与周围环境协调的建筑设计；港深两地相连的联检大楼的统一协调外形与风格；新颖、以人为本的优化口岸设计，令联检大楼在"两地两检"安排下,体现港深两地紧密合作。

总共收到超过170份来自世界十多个国家及地区的参赛作品,最终选择以"光影·流·岸"为设计理念的方案,该方案使港深两地联检大楼联为一个整体。

该方案充分体现"以人为本、两地相连"的理念,是香港首个采用"人车直达"设计的口岸,市民除了可以使用公共交通服务,还可驾驶私家车或者是利用连接口岸的行人隧道直达口岸,办理出入境手续后过关,极为方便。方案将港深两地的建筑物与周围环境融合,拥有统一的外形及风格,使过境旅客在"两地两检"的通关模式下实现"一地两检"的体验和感受。

正如时任香港特区发展局局长林郑月娥在颁奖致辞中的表述,"新口岸的联检大楼概念设计国际竞赛是港深两地政府第一次联合举办的设计竞赛,因此今日的颁奖典礼,不但标志着新口岸工程一个重要的里程碑,亦充分见证了港深两地人民的联系日益紧密,两地政府的合作无间"。

这次联合竞赛的成功举办,为后续两地政府的建设合作提供了有力借鉴,为后续大湾区的建设奠定了基础。港深设计国际竞赛如图15.2-1所示。

图 15.2-1　港深设计国际竞赛

莲塘/香园围口岸是香港首个采用"人车直达"设计概念的口岸,除了使用公共交通服务,市民可驾驶私家车或利用连接口岸的行人隧道直达口岸,办理出入境手续后过境,令过境更加流畅、更加便捷。

2. 创新实现立体口岸交通规划设计

传统的客、货综合性陆路口岸均采用客、货查验分区设置的布置形式,按照传统布置形式,根据口岸通关车辆和人员数量,考虑海关、边检查验通道和查验设施,口岸配套的办公设施、道路、绿化等,莲塘/香园围口岸需用地约 $48.9 \sim 52.1 hm^2$,其中深方设施用地约为 $26 hm^2$,港方设施用地约为 $22.9 \sim 26.1 hm^2$,口岸深方的预留用地为 $12.3 hm^2$,港方用地区域需要进行大量村民拆迁,难度非常大。用地问题严重制约口岸规划设计工作的开展,在城市土地建设用地趋紧,港方的征地拆迁困难的情势下,如何破解土地问题是规划设计面临的重大难题。

综合考虑口岸用地困难,港深两侧道路连接和口岸交通组织等因素,提出客货分层的双层方案,即港深双方货检设施布置在下层,旅检设施布设在上层,但口岸查验单位提出分层设置将导致查验工作环境恶劣、口岸设施布置困难等诸多问题。经港深双方反复论证并采取针对性手段,立体口岸交通规划设计在解决了港深两地土地紧张问题的基础上,针对立体布局面临的特殊消防、通风排风、结构舒适度、查验设施布置等问题进行了专项研究，完成的《莲塘口岸旅检大楼结构舒适度分析与研究》对类似立体口岸交通在减振隔振方面具有较好的参考价值，后续将进一步依托类似工程，加强对查验环境舒适度、结构舒适度等方面的研究，对客、货的流程进一步优化。客货分区立体布局如图15.2-2所示。

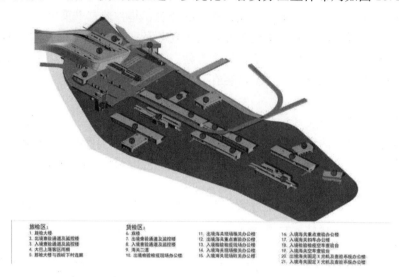

图15.2-2　客货分区立体布局图

莲塘/香园围口岸场地非常狭小，为满足口岸通关、查验、接驳、换乘等多种功能需求，创造性采用垂直空间布局。口岸旅检大楼采用架空设计，地下室2层为公交接驳、出租车上落客区，首层为货柜车通行和缓冲区域，2层高架平台为大客车通行及旅客疏散区域，2、3层大厅为过关出入境查验通行大厅，货检、旅检垂直分布，出境、入境分层设置，公共交通、私家车换乘无缝对接，最大限度地集约化利用场地空间。

立体口岸交通建筑相对于传统的口岸交通建筑，可实现充分利用土地，以立体换空间，最大化集约利用土地，拓展向空间要面积的新思路；功能布局更加合理，各功能楼层可叠加布置的立体模式，可以让旅客更加舒适便捷地过境、换乘；车流组织更加顺畅，口岸道路立体集散，立体步行系统，实现人车完全分离、客货完全分离。已经建成或正在规划建设的重大基础设施正是立体口岸交通的成功应用，如深圳的莲塘口岸、深圳的新皇岗口岸等，对口岸交通建筑克服用地紧张问题提供了重要借鉴意义。旅检大楼立体布局设置如图15.2-3所示。

3. 结构舒适度分析与研究

大型货柜车在楼内通行引起的等效荷载和振动问题。因场地所限，旅检大楼首层即地下室顶板为缓冲车场，有22条车道，通行来往深圳、香港两地的大型货柜车。框架柱网大，最大柱网跨度为16m×19m，货柜车重量大，其启动、刹车及行走会引起整体结构振动，缓冲车场上方就是出境大厅和入境大厅，如振动较大，会产生很恶劣的影响。货柜车的等效荷载如何确定，特别是货柜车在主体结构上通行引起的整体结构振动如何分析，尚未看到国内有类似的工程实例，这是这个项目面临的最大难点。

在民用建筑主体结构上通行大型货柜车是非常少见的，尚未见到相关规范规定或文献资料对其等效荷载取值和振动效应的分析。对于旅检大楼这样具有重要影响的建筑，确定

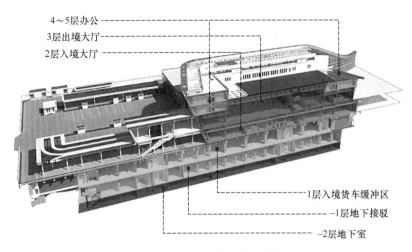

图 15.2-3 旅检大楼立体布局设置

合适的等效荷载取值,确保结构安全、经济合理,是首先要解决的问题之一。

(1) 货柜车振动效应及楼盖舒适度分析

《高层建筑混凝土结构技术规程》JGJ 3—2010 简称"高规"规定楼盖结构应具有适宜的舒适度。日本和美国的标准都给出了建筑物竖向振动时的使用性能标准。日本标准基于性能设计的思想,以用户感觉的程度划分标准,美国标准基于建筑的使用功能划分标准。根据日本标准的条文说明,一般办公室可以控制在 V-90 的标准。

因此,对于一般办公室的舒适度控制,在频率为 4~8Hz 的范围内,日本标准与美国标准都以加速度控制在 $0.05 m/s^2$ 以下为标准,这与我国高规规定相吻合。

本工程基于线性分析假定,采用 MIADS/Gen 建立空间模型进行时程分析,将车辆产生的激振力作用在结构上,求出在车辆荷载激励下各层楼盖结构在整个过程中的竖向加速度。

舒适度分析时仅考虑竖向荷载作用,除入境缓冲车场考虑竖向动力荷载外,其余区域活载均根据其使用功能按静力荷载考虑。

通过对货柜车使用等效荷载、对其振动效应及楼盖舒适度等进行分析,结合不同使用环境对舒适度的不同要求,考察货车振动荷载对室内楼盖竖向振动加速度的影响,为准确分析与莲塘口岸工程相类似的已建成项目特点,选取深圳市盐田港现代物流中心进行楼板振动测试及荷载识别分析。旅检大楼计算模型三维透视如图 15.2-4 所示。

(2) 研究成果

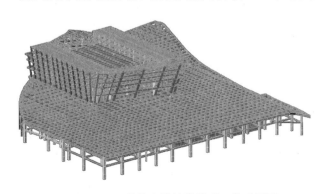

图 15.2-4 旅检大楼计算模型三维透视图

通过建立计算模型,区分不同荷载工况,对货柜车振动效应及楼板舒适度分析,得到以下结论:车速 30km/h 频谱幅值一般均大于 10km/h 和 20km/h 的频谱幅值,10km/h 和 20km/h 频谱幅值分布规律比较接近;加速度较大的位置主要出现在办公区域的楼电梯间、走廊等位置,满足 ATC 商业标准要求,其他大部分办公区域一般均可满足ATC办公标准要求；一般使用时（车速10km/h、20km/h），4层左部办公区域不能满足ATC办公标准要求，应对该区域梁板进行一定的加强调整，调整至结构可以满足ATC办公标准要求；极端情况下，车速30km/h，5层和6层角部办公区域，4层左部办公区域，5层左上部办公区域，不能满足ATC办公标准要求，但可以满足ATC商业标准要求，属于极端情况；出入境大厅等公共区域满足ATC商业标准要求。

通过对货柜车振动效应、楼盖舒适度等分析，验证了旅检大楼多数区域满足相应标准，对不满足标准区域需进行加强措施，并采取减振措施，对类似立体口岸交通在减振隔振方面具有较好的参考价值，后续将进一步加强在交通类建筑减振隔振措施方面的研究。

15.3 查验模式创新

1. 港深间采用"一站式"车辆通关查验模式

传统的查验模式下，查验单位根据各自的业务需要和监管要求，对旅客、货物分别进行检验检疫、边检、海关等多道关卡的查验，查验流程复杂，通关效率较低，在粤港澳大湾区大背景下，加强互联互通，提高通关效率和便利性是口岸建设面临的重要课题。为优化查验流程、提高通关效率，将原来多次停车，各查验单位分别对车辆通关进行查验，优化整合至一次停车、同时查验，验放时间大幅压缩，通关效率大幅提高。

在满足查验单位验放流程的基础上，通过共享前端交通指引、电子栏杆、监控、远距离读卡等采集设备实现通关只需一次停车，便可接受多家查验单位的共同检查、一次放行。

莲塘/香园围口岸是港深间首个客运、货运均实现"一站式"通关查验模式的口岸，通过共享前端交通指引、电子栏杆、监控、远距离读卡等采集设备，客、货车均可实现"一次停靠、一次查验、一次放行"，大大提高通关效率，通关时间可缩短到10~15s。车辆"一站式"通道如图15.3-1所示。

图15.3-1　车辆"一站式"通道

2. 冷链货物"不断链"

莲塘口岸货检区域共建设并投入使用8个"冷链查验平台"，是深圳公路口岸中首个配备冷链查验设施设备的口岸，可满足进口水果、冰鲜等有特殊温度要求货物的现场查验，实现冷链货物"不断链"。针对特殊的新冠疫情时期，检验检疫必不可少，对冷链物流所涉及环节的防御不得有丝毫松懈，冷库作为核心设施，需要减少操作人员，还需对进出车辆及人员进行消毒处理，保证进入市场的食品安全。冷链查验区如图15.3-2所示。

图 15.3-2 冷链查验区

3. 集装箱不开箱查验

针对传统口岸海关大型集装箱货物查验中存在的问题，应用智能查验设施、人工智能

图 15.3-3 货柜车扫描示意图

技术等，以少干预、不中断物流为原则，建设国内首台超大型"H986"监管设备，全球首创的集装箱/车辆CT检查系统，可实现DR（穿透）、CT（切片）、DR+CT不同组合扫描，通过优化系统，占地面积大幅减少。通过"CT"技术对集装箱实现不开箱查验，建立了自动化口岸智能监管新模式，能精准打击违法违禁物品，极大地提高了通关效率、改善了通关体验。货柜车扫描示意如图 15.3-3 所示。

15.4 施工关键技术

1. 超高大倾角斜柱+超长预应力屋面无裂缝施工技术

旅检大楼主入口一侧及相邻两侧外排框架柱从2层至屋顶均为向外倾斜的斜柱，其中主入口一侧倾斜角度为65°，倾斜较大，其余两侧倾斜角度为82°。大角度斜柱产生的水平轴力分量将会引起梁板内产生较大的拉应力，对其他相关联的柱产生了较大的剪力。因4层存在楼板大开洞，使倾斜的不利效应大大放大。采取合适的措施以确保斜柱轴力的可靠传递、梁板在长期较大拉应力作用下不开裂是面临的又一重要难点。

（1）高大非正交大倾角异形混凝土斜柱施工技术

旅检大楼入口从+7.40m平台到+34.90m屋顶采用65°的圆形斜柱，且转角处为圆弧形，结构新颖。斜柱的柱顶与柱脚之间的水平距离约为13.40m，对于斜柱的模板支撑

体系要求较高,增加了施工难度。难点如下:

钢筋复杂。大倾角斜柱主筋直径大,纵筋采用 46 根 $\phi 40mm$ 大直径钢筋,需与首层柱在接头处进行弯曲连接,故精确加工、安装大直径高密度钢筋是确保斜柱施工质量的关键。

斜柱倾角大。旅检大楼主入口处斜柱倾角为 65°,悬挑宽度达 13m,挑高约为 28m,在浇筑过程中会产生较大的水平、竖向荷载,故进行合理的支撑系统设计是确保斜柱施工质量和安全的关键。

斜柱截面尺寸大。斜柱截面最大尺寸为 1400mm×1400mm,为圆形,故选择合理的模板配置、保证柱子截面不变形是确保斜柱施工质量的一大重点。

斜柱箍筋较密。斜柱底面呈一斜面,在混凝土浇筑过程中,拌合物中的砂浆易被箍筋卡住,造成斜柱底部混凝土缺少砂浆。

振捣作业困难。斜柱倾斜度较大,且钢筋较密,振捣棒很难输送至斜柱底部;在振捣棒提升过程中,振捣棒容易被箍筋卡住。

混凝土易产生质量通病。在斜柱振捣过程中,混凝土产生的大量气泡不易排出,会积聚在顶面模板下,造成顶面混凝土蜂窝、麻面,影响混凝土表面观感。

旅检大楼主入口大角度斜柱及外围框架梁因存在大倾角且造型不规则,采用碗扣式、扣件式等传统的模板支撑体系不能满足结构受力要求。通过详细的结构计算和施工受力分析,并结合大角度斜柱的施工特点,大角度斜柱支撑系统采用拉、撑相结合的支撑方式,即采用贝雷架支撑体系。大角度斜柱主要施工工序包括模型建立、空间测量、钢筋放样、模板搭设、混凝土浇筑等。

1)模型建立

采用 Revit 软件建立大角度斜柱的结构受力模型,并对其各关键节点进行 BIM 模型动态模拟。采用 Midas 软件建立贝雷架支撑体系模型,并根据各施工工况数据进行受力分析。支撑体系模型通过 IFC 格式导入至 Revit 主体结构中,并采用 Revit 图纸功能绘制施工图。

2)空间测量

斜柱空间采用水平投影法进行测量,利用定型钢模板进场数据复测空间位置、尺寸,并通过计算机二次放样,确保获取测量资料的准确性。具体测量方法:将空间三维斜柱四个方向与斜柱截面相切的交点、斜柱中心线进行水平投影,转换为平面二维控制线,在楼面上放出斜柱水平投影线;以斜柱水平面控制线控制斜柱的上部空间位置,首次标高控制线以柱根部向上 1000mm 的标高为基准,后续标高则根据斜柱斜率按斜高换算出相应位置的设计标高并进行测量复核。斜柱顶部放线时适当考虑 2cm 的余量,以防止混凝土浇筑时模板下挠造成偏差。

3)钢筋放样

利用 BIM 技术绘制斜柱底部、梁柱钢筋节点翻样图,再根据翻样图给出的数据,调整斜柱接头钢筋的位置、间距、关系等,以便于斜柱底模的搭设。在混凝土浇筑过程中,需全面加固斜柱主筋,严防插筋倾倒。当混凝土浇筑至上层后,利用做好的斜柱角度模板调整每根斜柱主筋角度,待柱主筋调整完成后再绑扎斜柱接头以下的柱箍筋。在绑扎斜柱箍筋时,应先在一根斜柱主筋上划出箍筋间距线,形成钢筋骨架,控制箍筋绑扎的平整度。在绑扎柱箍筋时,应注意箍筋编号和斜柱的变化方式,以免用错箍筋。钢筋节点翻样如图 15.4-1 所示。

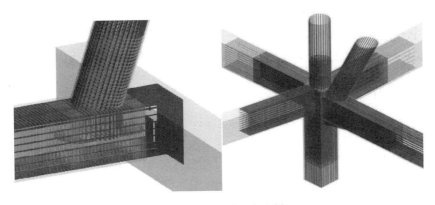

图 15.4-1　钢筋节点翻样

4）大角度斜柱模板体系搭设

大角度斜柱模板采用定型钢模板和专用柱箍系统相结合的方式，模板分为标准节构件和定制节构件。在钢模板深化设计、加工制造时，需充分考虑浇筑过程中的钢模板的刚度要求，且在施工过程中需对模板的整体稳定性及垂直度进行计算、复核。梁柱交界处采用定制圆形木模板，并利用定制弧形木托及可调钢支撑进行模板加固。

斜柱支撑体系采用在结构外侧搭设操作架，以确保架体的整体稳定性；隔排立杆设置剪刀撑。采用钢丝绳将底模与下层楼面拉结，并利用钢管的刚度与内侧直柱拉结。斜柱须与内部满堂脚手架连接成整体，并采用钢丝绳将斜柱模板与结构楼板进行拉结。结构楼板上设置拉环埋件，钢丝绳对应处设置钢管顶撑。斜柱两侧各设置两道拉顶结构系统。在模板安装过程中，利用外操作架做临时固定，待大角度斜柱模板安装完成后，将模板与外架分离，再与立柱连结。支撑系统剖面如图 15.4-2 所示。

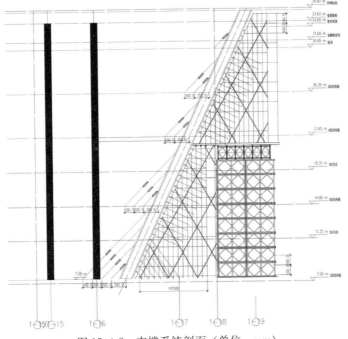

图 15.4-2　支撑系统剖面（单位：mm）

5) 大倾角斜柱支撑体系搭设

大角度斜柱采用的贝雷架支撑体系在斜柱外侧搭设工作平台，平台采用 7 片 3.0m× 1.5m 的贝雷片，搭设间距为 900mm。平台支撑系统利用 4 片 3.0m×1.5m 贝雷片组成立柱支撑，其间距为 900mm，立柱间距为 4500mm，在平台上搭设满堂脚手架。大角度斜柱钢模板内侧用 ϕ16mm 钢丝绳与地锚埋件进行连结，钢丝绳中间设置 M24 花篮螺栓进行紧固。斜柱支撑体系与内部满堂架连接形成整体。内部框架梁在斜柱投影范围内采用 ϕ48.0mm×3.5mm 钢管立柱支撑，顶部托梁采用 10 号槽钢，立杆沿梁方向间距为 300mm，立杆间距为 1.8m。贝雷架平台立面如图 15.4-3 所示。

脚手架分两次搭设，第一次搭设至贝雷架支撑平台作业面，第二次在贝雷架平台上搭设满堂脚手架作业平台。满堂脚手架需增加专用横杆与结构环梁进行拉结，斜柱支撑采用拉、撑结合的方式进行固定。托梁与满堂脚手架采用可调钢支撑支顶，可调钢支撑与满堂脚手架立杆横距一致。

在 4 层斜柱脚手架搭设完成后开始搭设贝雷架平台，并铺设工字钢分配梁，用夹具固定。满堂脚手架立杆向内悬挑部分设可调钢支撑，调至分配梁底标高。待分配梁安装完成后调整钢支撑顶紧分配梁。

利用全站仪检测在不同浇筑阶段（1/3、2/3 处、板面标高）时的斜柱梁底位置模板位移量，若超过允许范围，需及时利用手拉葫芦进行调整，并加固支撑系统。

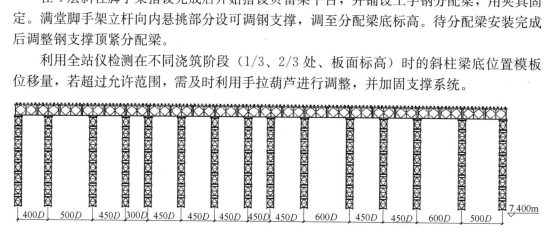

图 15.4-3 贝雷架平台立面（单位：mm）

6) 大倾角斜圆柱混凝土浇筑

自密实混凝土具有高流动性、均匀性和稳定性，在浇筑时无需外力振捣，能够在自重作用下流动并充满模板空间的特点。为确保混凝土浇筑质量和成型效果，工程采用 C50 免振捣自密实混凝土。

在斜柱模板中段加设两个浇筑振捣孔（200mm×220mm）。当混凝土浇筑至振捣孔时，应从振捣孔进行振捣，振捣完成后利用钢盖板封闭振捣孔，并用胶纸封闭拼缝。

在浇筑过程中对模板外侧进行振捣时，需严格控制混凝土拌合物的坍落度和扩展度。在斜柱混凝土大面积施工前先进行浇筑试验，根据试验结果得出混凝土拌合物坍落度及扩展度，再以此作为控制依据，符合要求的混凝土才允许进行浇筑。

在施工过程中，流动态的混凝土产生施工荷载，其中施工侧压力是整个支撑系统水平向荷载的最主要部分。支撑系统所受的竖向、横向荷载会随着混凝土面的升高而增加。随着混凝土浇筑时间的增长，底部混凝土逐渐初凝，具备基本的强度，进而减小整个支撑系统所受荷载。在浇筑过程中要严控混凝土浇筑速度不超过 1.5m/h。

7) 实施效果

本工程旅检大楼入口处采用 65°圆斜柱,直径为 1.4m,且转角处为圆弧形,斜柱顶与柱脚之间水平距离达 13.40m,从 2 层平台起步,普通脚手架无法满足要求,使用贝雷架剪力墙平台与满堂脚手架结合的模板支撑体系,解决了高大复杂支撑的难题。贝雷架平台实景和模型如图 15.4-4 所示。

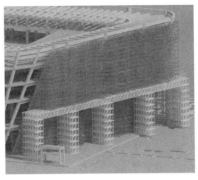

图 15.4-4 贝雷架平台实景和模型

(2) 超长预应力屋面无裂缝施工技术

旅检大楼五层大跨度(32m×62.5m)的种植屋面和四层北面梁(550mm×1800mm),采用了预应力混凝土结构,由于预应力混凝土梁对施工的要求比较高,特别是在预应力筋的安装定位、混凝土的浇筑质量和张拉锚固参数的现场控制等重要环节,需要科学合理地优化施工工艺,选用最佳工艺流程,才能保证预应力混凝土梁的施工质量。

预应力分跨布置张拉设备施工技术。结合本工程流水施工的特点和质量要求,确定屋面结构整体施工顺序和预应力张拉顺序。施工时采取分跨布置和张拉预应力钢筋束,并在张拉端设置混凝土加腋和预留张拉孔洞。

预应力后浇带优化技术。采用后浇带将大跨度预应力梁分段优化,即将纵向过长的预应力大梁划分为多段,从而整体优化了屋面结构的施工流程。其中,超长跨后浇带预应力大梁分段优化、张拉加腋段节点优化设计、张拉流程控制技术等是施工研究的重点内容。

根据各区段内预应力梁分布特点,针对性地策划各区段内预应力梁的张拉顺序,减少张拉应力形变对结构的影响。通过分析,采用分区域预应力梁张拉同步对称的方式,从中间梁向两边梁依次进行,从而保证张拉施工期间整个区域结构受力基本一致,避免对结构产生不良影响。

(3) 遇水膨胀止水胶施工技术

遇水膨胀止水胶既有一般橡胶制品的性能,又有遇水自行膨胀的性能,是一种新型防水环保材料。通过具有橡胶弹性止水和遇水后体积膨胀止水的双重密封止水机理形成良好的止水效果;止水胶结构中含有的尿烷联结链,长期使用期间也不会流失膨胀元,可以消除一般弹性材料因过大压缩而引起弹性疲劳的特点,使防水效果更为可靠,耐久性强且质量变化率低;止水胶能够使用玻璃胶枪,直接被挤压到施工缝上,施工便捷,适用于各类操作空间小的部位;止水胶无定型膏状能使其适应各种不规则界面的接缝防水。并且无论基面是否潮湿还是光滑粗糙,都能牢固地粘贴在混凝土表面并充满接缝的所有不规则界面、空穴及间隙,同时产生巨大的接触压力,彻底防止渗漏。

旅检大楼地下1层建筑面积约为16792m²，基础底板最长处约为159.10m，最宽处约为110.80m，底板厚度为600mm；1层建筑面积约为34995m²，楼板厚度为250mm，属于大体积、大面积，混凝土超长、超宽结构施工，施工过程中根据设计图纸设置后浇带，大量后浇带防水必须加以控制。

后浇带设计采用遇水膨胀止水胶，2层室外大平台和屋面设有多条施工缝及后浇带，该材料主要应用于混凝土施工缝、后浇缝的止水抗渗，能解决地下室墙板、屋顶板施工缝止水问题。与传统钢板止水、橡胶止水条做法相比，遇水膨胀止水胶施工工序简单，只需对施工缝基层进行清扫，而且由于止水胶良好的可塑性，大大提高了工效、节约了工期、强化了防水效果，具有较高的经济效益及推广价值。止水胶施工示意如图15.4-5所示。

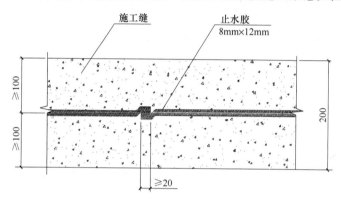

图15.4-5　止水胶施工示意图

2. 模块化机房施工技术

莲塘口岸是中国华南地区首个利用BIM应用＋工厂化预制＋装配式安装＋信息化管控而实现机房模块化建造的项目，100％模块工厂化预制，现场模块化安装、减少现场工作量，开启机电安装工程的智能、高效、安全、绿色新篇章，实现速度与质量的飞跃。

主要技术如下：

（1）三维模型应用技术

采用BIM软件，根据施工蓝图，对机房管道系统进行深化设计，相比传统的BIM模型只表示其大小、标高、规格等特征，针对模块化施工，其技术精确度要求更高。需要详细到每一个螺孔的大小、每一片法兰盘的厚度、每一种规格的阀门附件的外形尺寸，这就要求BIM模型在过程中不断调整。第一次深化时，需要参照所有材料、阀门附件、设备选型后的产品外形数据，对模型中的模块进行优化；第二次待所有的材料、阀门附件、设备进场就位后，需要对现场实物进行测绘，再将数据导入BIM模型，进行再次深化，以确保模型的精确无误。

（2）智能测绘放样技术

BIM模型的精度，是机房管道模块化装配式施工的重中之重，测绘放样技术的引入，是确保BIM模型精确度的前提。为了使BIM模型和实际条件无限度地接近，采用全站仪、红外线测量等设备，在机房设备就位后，实际测量，将位置数据和BIM模型中的尺寸数据对比修正，确保无误。

（3）超大管道支架系统开发及安全复核技术

支架系统是确保管道系统安全性和稳定性的关键。以往支架系统设计多根据国家规范图集及以往施工经验来选择，但当管道规格超过常规尺寸，例如：深圳同维电子厂房项目，机房管道最大管径为 DN700，已经超出相关规范图集中可参考的支架系统。因此，针对超大管道深化设计其支架系统，为了确保其稳定性，选择落地型龙门架设计，利用 AutodeskInventor 软件建立支架系统模型，分析其每个支架的受力情况，及在管道推力的情况下发生的位移变形，以选择合适的支架型材。最终达到安全、稳定、经济、美观的效果。

（4）超大管道减振综合处理技术

针对空调水大管道的运行特点，对整个系统的设备、支架、管道刚性连接处等部位进行减振处理，达到综合减振的目的，为系统的稳定运行做好准备。首先要考虑的是管道系统中某些设备设计不当或设备运动机构的动力平衡性差等都能够引起振动。当外界非流体激振力激发的频率与管道或辅助设备的某阶固有频率相等或相近时，管道将发生强烈的机械共振。其次是液压冲击使管壁的应力增加数倍，管道产生严重的振动。高压力降在液流管道中产生气液两相的空化现象，空化气泡破裂时产生巨大的冲击力，使管道严重失稳。还有就是当水流压力和速度的不稳定度加大时，气流脉动的幅值增加，在弯管、盲板、阀门等处产生一定的随时间而变化的激振力，当气流激振力的激发频率与气柱固有频率相等或相近时，则发生气柱共振，使管道振动加剧。

安装时，当可挠曲橡胶接头使用在水泵进出口时，其应位于近水泵一侧，与水泵之间应安装金属变径接头，且安装在变径的大口径处。其次，安装橡胶接头时，螺栓的螺杆应伸向接头外侧，每一法兰端面的螺栓按对角加压的方法反复均匀拧紧，防止压偏。丝口接头应使用标准扳手匀力拧紧，不要用加力杆加力使活接头滑丝、滑棱和断裂，而且要定期检查，以免松动造成脱盘或渗水。最后，当管道位移量≥接头的最大补偿量时，应增加接头的数量来平衡位移量，严禁为了调整管道的超差，使接头处于极限的扰曲位移和偏差状态，更不能超限度（伸缩、位移、偏转等）。

（5）机房内水平管道、竖向管道正交复核、微调技术

由于模块化施工时间短、装配量大，并且管道都是分区域吊装，为保证管道的横平竖直，施工使用正交复核技术。根据现场管道的分区及安装顺序，利用多组激光水平仪，在立体空间形成正交线位，指导安装。

在装配式机房模块化安装过程中，由于管径较大，一般采用落地支架，管道在横梁上固定，鉴于高度问题，往往第一步只是将管道放于横梁之上，而要精准定位，则需要一种便利、可移动的吊装工具，以解决人工操作不便的问题。管道微调技术根据 BIM 优化管道布局图，确定管道分段位置；以分段管道为起始点，在顶板或结构梁处设置行车装置位置；在行车的固定点处，利用膨胀螺栓将钢板固定于顶板或结构梁上；根据选择的手拉葫芦的大小确定行车轨道的规格，采用双拼槽钢或 H 型钢，利用槽钢将行车轨道和楼板固定点焊接固定；在轨道上安装手拉葫芦；进行作业时，使用管道起始两端的行车，分别将管道固定，操作手拉葫芦，抬起管道，进行水平位置的调整操作。

（6）超大管道吊装技术

空调主机房最大管道直径达到 DN800，管线错综复杂，机房面积有限，需合理布置吊装方案。为优化空间，提高施工效率，项目部对机房内所有设备、管道、支架进行分区

布置安装，打破以往先设备，再支架，后管道的安装方案。我们将机房整体划分为四个区域，分别是分集水器综合区、空调主机综合区、一次回路综合区、二次回路综合区。吊装方案以先上方、后下方；先大管、后小管为原则，依次吊装上方大管道、上方小管道、设备、竖向连通管道。优化吊装空间，提升吊装效率。

吊装过程中，通过对现场实地勘测，选择5t随车吊，作为一次吊装工具；搭配吊顶行道及手拉葫芦为二次吊装工具，精准吊装管道。

(7) 模块化运输技术

根据机房预制加工图在工厂生产出所有管道部件及物料等，一次性运输到施工现场。每个部件都有自己的身份标识，包括所属系统、尺寸、位置，都植入二维码，包装运输至现场前，根据预制图纸认真核对每个管段标识的正确性，按序物流就位。莲塘口岸地下室坡道口净高只有2.4m，且机房距离地下室坡道口位置较远，运输难度较大。面对这样的难题，项目团队决定将所有模块化整为零，到达机房后组装成大模块，然后由大模块一次性进行机房安装。由于一次性的物料运输就位，不但节约了大量的物流成本，还使人工安排、施工进度、安全质量的管控变得更加主动。

(8) 装配式机房管道支架螺栓孔开孔技术

在装配式机房模块化安装过程中，其重中之重在于测量定位的精准，由于仪器、人员、加工等原因，会存在有测量误差和装配误差，如果不能解决螺栓孔的定位问题，将会导致装配式机房管道安装的失败，导致管道不同心、存在缝隙而漏水等隐患。本方案主要是解决装配式机房管道安装时，由于测量误差、装配误差造成的预留螺栓孔错位，导致安装不成功的问题。模块化机房安装实景如图15.4-6所示。

图15.4-6　模块化机房安装实景

主要创新点：

1) 模块化拆分工艺设计技术

以往机房管道施工是"量一段，做一段"的施工模式，效率低下，施工难度大。针对管道进行模块化拆分是实现其模块化装配施工技术的灵魂所在。模块化拆分需要考虑的因数主要有：①单个模块的重量；②单个模块的尺寸；③运输方便。所以模块化拆分主要根据其设备来划分，对于大型的机房管道系统，可以根据主管路和支管路系统来拆分成多个单一模块。各单一模块在工厂加工完成后，进场安装，像"搭积木"式的施工模式，节能环保安全高效。

2) 管道安装零焊接技术

管道一般采用焊接连接方式。在模块化装配式施工工艺下，为了达到零焊接拼装的结果，在各单一模块相互连接时，采用法兰连接工艺，即可做到零焊接。但采用法兰连接时，需要特别注意的一点就是法兰盘的对位问题，在工厂加工时，一定要确保法兰盘的螺孔是对位的，严禁偏位。

3）管道支架布置及支架斜撑受力设计

空调主机房支架整体设计，利用多榀门型落地架，支持多根大管道水平排布。管道支架设计有主承力架，墙边斜撑受力架，在此基础上，由管道走向设置二次支架，整体美观，空间利用率高。

设有补偿器的管道应设置固定支架和导向支架；支、吊架安装应平整、牢固，与管道接触紧密。支、吊架与管道焊缝的距离应大于100mm；管道与设备连接处设独立的支、吊架，并有减振措施；水平管道采用单杆吊架时，在管道起始点、阀门、弯头、三通部位及长度在15m内的管段上设置防晃支、吊架；接头之间有单独支架、吊架；冷凝水管道支、吊架安装时根据顺水流方向设坡，冷凝水支管按 $i>0.01$ 设坡，水平干管按 $i>0.003$ 设坡。

4）工厂全自动化焊接工艺

在这里传统的焊接方法主要是指像手工焊条电弧焊、电渣焊、二氧化碳气体保护焊、埋弧焊、TIG焊、MAG焊等发明时间相对较长、应用也比较成熟和广泛的焊接方法。传统的焊接方法有着自身的特点，如手工电弧焊，适用性强，可以焊接多种焊缝及多种角度的焊缝，是其他焊接方法所不可代替的，同时设备简单，操作灵活方便。但是对工人的技术水平要求高和生产率较低，环境污染严重也是手工电弧焊在加工过程中的主要缺点。

焊接机械化在传统焊接方法的基础上结合自动化技术，通过机械结构或电气控制寻求焊接效率的提高和方法的改进。焊接的半自动化是指焊接机头的运动和焊丝的给送由机械完成，焊接过程中焊头相对于接缝中心位置和焊丝离焊缝表面的距离仍须由焊接操作工监视和手工调整。焊接自动化是指焊接过程自启动至结束全部由焊机执行自动完成。无需操作工作任何调整，即焊接过程中焊头位置的修正和各焊接参数的调整是通过焊机的自适应控制系统实现的。

空调主机房管道预制时，大量管道使用自动化焊接，高效、节能、美观。自动化焊接效果如图15.4-7所示。

5）二维码准确定位排序，全过程数据运维

图15.4-7 自动化焊接效果

整个预制管道均由二维码标识,为每一段管道做好"身份证"。小小的二维码不仅是管段的标识,更是整个装配式机房生命体的"DNA"。施工过程中,管道的吊装区域及顺序尽在这编码中体现。做到全数据控制。

6) 大管道滑动支架的运用

项目冷冻主机房最大空调管道管径达 DN800,机房深化设计之初,就考虑到大管道的减震与支、吊架的受力问题。但是支架承受管道自重荷载、阀门、管道内介质、保温材料外,管道支吊点所分配值与该支吊架的实际负荷值、由于多种原因,会有少量偏差。为增强管道的抗变形刚度,以及介质流动产生的流向切应力,我们在支架上增加滑动支撑。

刚性滑动支架是管道自重的一个支承点,它对管道有两个方向的限位作用,能引导管道在导轨方向(即轴线方向)自由移位(微量位移),起到稳定管道的重要作用。

在支架和管道的刚性连接处设置两块滑动支承点,使用聚四氟乙烯塑料软垫,此垫有减阻和耐高温性能。此性能可允许管道有少量的水平方向位移,以减缓管道对支架的水平冲击。

3. 幕墙建造关键技术

为实现旅检大楼的方案效果,外立面采用大量超大规格外倾立肋,局部采用超大规格蜂窝铝板,多处采用双曲面铝板和玻璃,为确保工程质量和工期进度,充分利用 BIM 技术,采用装配式装修的理念,完成了装配式超大规格外倾立肋幕墙施工技术、竖向骨架背挂圆弧形蜂窝大铝板施工技术、异形双曲面+外倾斜铝板幕墙施工技术等课题研究。

(1) 装配式超大规格外倾立肋幕墙施工技术

幕墙倾斜大装饰条总用量约为 10400m,采用内部成楣钢框架,外包铝型材、铝单板在工厂加工、拼接、组装成单元件(成楣钢框架+六角头机丝钉+胶垫+异形铝角码+结构胶+吊挂+倾斜幕墙悬挑架),形成了装配式超大规格外倾立肋幕墙施工技术。较传统的大立肋幕墙由多个铝合金型材拼接而成的施工技术,本技术内衬钢骨架,结构受力良好,避免了在大风的作用下会产生松动造成的安全隐患;工厂加工、拼接、组装完成,现场整体吊装固定,安装方便,减少了脚手架的搭设,节约了成本;减少场地的占用,减少了施工中的相互干扰且减少了大量现场高空作业带来的安全隐患,技术达到国内领先水平并形成 1 项省部级工法。型材工厂组装和安装效果如图 15.4-8 所示。

(2) 竖向骨架背挂圆弧形蜂窝大铝板施工技术

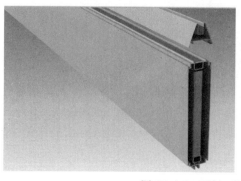 

图 15.4-8 型材工厂组装和安装效果图

旅检大楼圆弧形蜂窝铝板安装施工改进创新，利用U形竖向受力骨架上开设槽口兼作承托构件，利用蜂窝铝板两侧通长加强肋兼作挂码构件，避免了另外单独增设承托构件和挂码构件的安装偏差及二次调整；采用挂装施工方式，较传统的滑槽、卡接施工方式，安装方便，施工速度快，节约人力，经专家评审，该技术达到国内先进水平。

采用3D扫描技术获取现场结构，结合BIM技术调整蜂窝铝板圆形完成面，下单加工蜂窝铝板。骨架定位参考线，钻膨胀螺栓孔，再通过膨胀螺栓在两侧固定40mm×4mm的角钢连接件。蜂窝板距离结构圆柱较远的部位在角钢连接件上再补充焊接钢通连接件。

U型钢立柱套进两角钢（钢通）连接件之间腰形孔，M8对穿螺栓固定。立柱套进安装固定示意和现场如图15.4-9所示。

图15.4-9 立柱套进安装固定示意和现场图

铝板两边设有通长加强勒角码，角码设有挂钩槽口，通过挂钩槽口将蜂窝铝板挂装到U形竖向骨架的槽口中，挂装口处设有橡胶垫片，防止挂装不紧时松动，蜂窝铝板由下往上逐段安装，12mm宽缝中压不锈钢饰条。

（3）异形双曲面＋外倾斜铝板幕墙施工技术

莲塘口岸东北角和西北角弧面幕墙由两种外倾角度幕墙交汇而成，西北角为双曲面铝板幕墙，东北角为双曲面玻璃幕墙，跨境桥为非规则渐变曲面，外倾角度逐步变化，飘带铝板为异形，且随建筑曲面造型变化。

运用"玻璃幕墙伸缩缝施工技术""倾斜升降操作平台施工技术""异形曲面铝板幕墙深胶缝施工技术""基于BIM技术智能放线施工技术""便于从室外更换灯具的幕墙结构施工技术"解决了非规则双曲面＋外倾斜幕墙施工中面板与骨架、装饰条之间的完美协调、测量放线难度大、骨架及面板定位安装困难等难题，5项技术集成运用。双曲面玻璃幕墙如图15.4-10所示。

 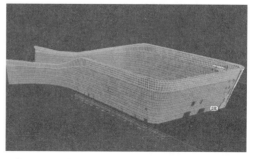

图15.4-10 双曲面玻璃幕墙

基于BIM技术智能放线施工技术。对现场骨架运用三维扫描技术，获取现场骨架点云模型与原BIM模型进行比较，调整铝板模型导出曲面铝板料单供工厂加工。

异形曲面铝板幕墙深胶缝施工技术。采用注胶刮胶一体化施工技术，该技术采用专用胶嘴设备，在注胶的同时利用胶嘴端部的刮胶板完成刮胶，一次成型，保证了刮（压）胶的均匀性，胶凹缝深度保持一致，施工方便，施工质量有保证，效率高；避免传统施工方法注胶和刮胶分开施工，出现刮胶与注胶的时间间隔过长致使胶变干造成刮胶难道增大。

倾斜升降操作平台施工技术。本项目外倾斜式幕墙采用倾斜升降操作平台，平台两侧两组导向轮相对高度可调节，适用于倾斜角度（30～90度）的玻璃幕墙安装。该方案极大地解决了满堂脚手架施工带来的工期、成本、施工方面的不利影响。

15.5　创新实践港深两地工程合作新模式

港深两地采用同一概念方案且由横跨深圳河的四座车型桥和一座人行桥连接，该工程涉及两地不同的建设法规、技术标准、工期要求、造价指标等。港深两地建设部门如何协同运作，高质量建设该工程是面临的一大课题。

根据港深两地政府的意见，先后成立“莲塘/香园围口岸前期规划工作小组”“莲塘/香园围口岸工程实施工作小组”“莲塘/香园围口岸工程设计及运作技术小组”等多个工作小组来推进规划、设计、需求、施工等多个方面的重大技术问题的解决，其中莲塘/香园围口岸工程实施工作小组先后共召开二十多次会议，协调解决数百条问题，统筹解决港深双方的各种设计、标准、材料、色彩等问题，为港深合作工程建设实践创立了诸多新模式。

为对比港深两地的工程造价，针对港深两地的标准、规范等不同，结合莲塘/香园围口岸工程，进行了专题港深造价对比专题研究，完成《香港与深圳工程建设管理体制对比分析研究》和《深圳莲塘/香园围口岸工程经济技术指标对比分析研究》两项港深对比课题研究，指出由于设计规范的原因，港方在空调、电气、给水排水等机电工程方面和桩基础方面造价占比较高；为推广绿色材料，港方钢结构用量较大；港方的工人工资较高，各类工人必须是持证上岗，且经过专业培训；各类技术人员、顾问公司素质较高，取费较高等。港深两地工程经济技术指标对比分析研究，对推动深圳政府工程高质量发展有重要的借鉴意义。港深工程对比课题研究如图15.5-1所示。

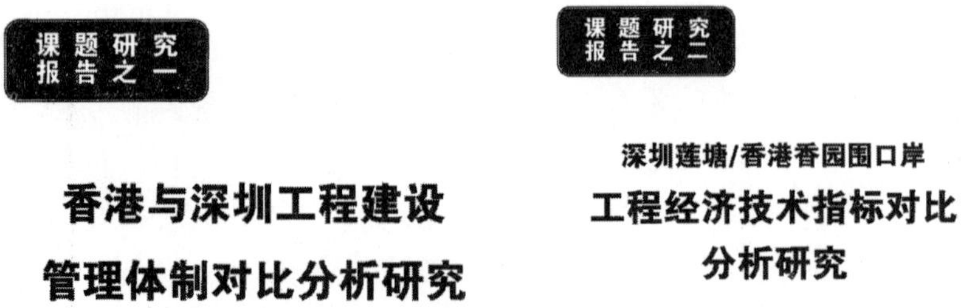
课题研究报告之一

香港与深圳工程建设管理体制对比分析研究

课题研究报告之二

深圳莲塘/香港香园围口岸

工程经济技术指标对比分析研究

图15.5-1　港深工程对比课题研究

15.6 设计建造全过程 BIM 技术

为推进建筑业信息化发展，莲塘口岸是较早开展全过程、全专业正向 BIM 应用的项目，也是深圳市政府投资的大型公共建筑项目首个提供全专业全流程 BIM 示范项目。项目建设从设计阶段采用 BIM 正向设计到运维阶段 BIM 基础模型信息交付，全过程应用 BIM 技术。

应用 BIM 技术对项目所在地的日照环境进行模拟分析，为设计方案论证及优化提供数据支持。通过改善项目的建筑材料、围护结构、遮阳方式等，使优化后的设计方案符合绿色节能要求。太阳辐射分析如图 15.6-1 所示。

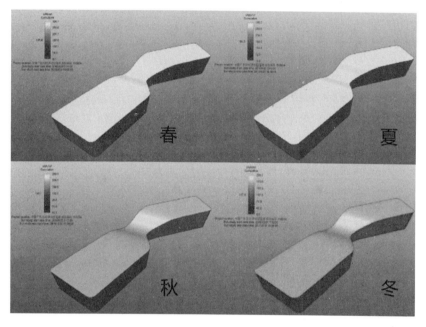

图 15.6-1　太阳辐射分析

首层缓冲车场会有大量货柜车排队，将出现大量的汽车尾气，针对这种情况，应用 BIM 技术对入境缓冲车场的风环境进行模拟分析，在自然风条件下，缓冲车场内东北、东南、西北位置的风速条件较好，西南和局部南侧位置风速较低，整体风速满足要求，采取针对性的措施。风环境分析模拟如图 15.6-2 所示。

针对人流、物流、车流复杂，且要考虑海关、边检等查验单位监管要求等复杂环境，依托 BIM 模型对各种流线进行综合分析。根据人员分布、种类、耐性等因素，模拟旅检大楼的消防疏散场景，检验疏散、流线、查验等设计的合理性。将无人机拍摄的实景照片与 BIM 虚拟模型相结合，实现场地现状与未施工建筑物的整合，为场地管理提供支持。流线分析如图 15.6-3 所示。

应用 BIM 技术创建幕墙模型，分析幕墙各个面板的曲率，找出能优化的曲率区间，针对面材进行规格尺寸优化，减少材料浪费，并便于材料的加工和现场安装。依据施工图绘制双曲幕墙转角 CATIA 模型，解决了分格优化、面板优化和各构件定位、角度关系问

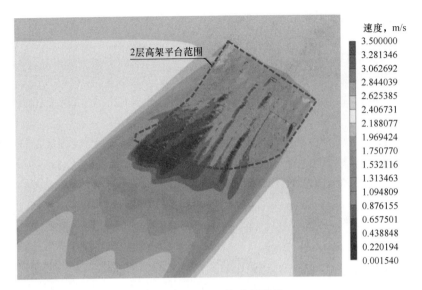

图 15.6-2 风环境分析模拟

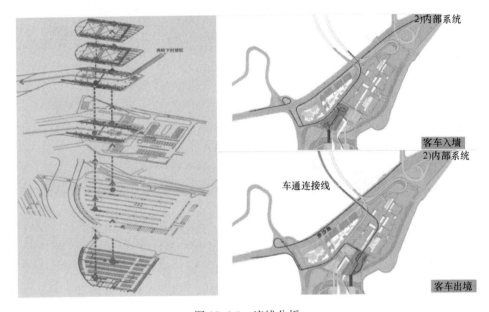

图 15.6-3 流线分析

题。通过建立幕墙面板犀牛模型，将模型进行深化后发送给工厂进行生产加工，实现异形幕墙工程高效下料零出错，并能够从幕墙模型中提取空间定位数据，指导现场施工安装。BIM 设计和施工方案模型如图 15.6-4 所示。

针对大型陆路口岸在整个建设全过程中面临的重大困难和问题，进行了系统分析研究，形成了在规划设计、查验模式、港深合作、施工技术、绿色建造等诸多方面的关键技术，取得了显著的经济效益、社会效益和环境效益，已经在莲塘/香园围口岸工程中成功应用，为粤港澳大湾区在基础建设方面合作提供重要借鉴。

图 15.6-4 BIM 设计和施工方案模型

莲塘/香园围口岸是深圳和香港间首个实现"人车直达"的口岸,是首次实现"一站式"车辆通关模式的口岸,大大提高了通关效率和便捷程度;港深两地政府首次联合举办建筑设计国际竞赛,丰富了两地工程建设实践。

第16章 工程创优管理

工程创优工作是一个系统工程,尤其是争创中国建设工程鲁班奖、中国土木工程詹天佑奖等国家级大奖,需要全过程、全专业、全阶段开展创优,通过开展工程创优促进工程质量、安全生产、科技创新、建筑产业现代化等多个方面的整体提高。工程创优是一个从建设单位、设计单位、监理单位、施工单位、专业承包单位等多单位多部门之间相互协作且需要施工现场人、机、料、法、环的筹划布局安排的系统性管理过程,其中工程质量创优管理过程中必不可少的参与对象就是施工单位,施工单位只有不断进步和完善,高质量的工程产品才能被创建出来,才可以凭借品牌效益持续提高单位的名气和竞争水平。

本章主要从国家级奖项的评选范围、申报条件、评审要求、创优程序等方面阐述,并结合具体的工程案例分析创优过程和注意事项。

16.1 国家级奖项申报条件及要求

建筑业作为国民经济的支柱产业,改革开放以来,我国建筑业快速发展,建造能力不断增强,产业规模不断扩大,吸纳了大量农村转移劳动力,带动了大量关联产业,对经济社会发展、城乡建设和民生改善作出了重要贡献。但也要看到,建筑业仍然大而不强,工程建设组织方式落后、建筑设计水平有待提高、质量安全事故时有发生、工人技能素质偏低、科技创新水平较低等问题较为突出。国务院办公厅关于促进建筑业持续健康发展的意见等多个文件中要求落实工程质量责任、加强安全生产管理、推进建筑产业现代化。

通过开展工程创优促进建造方式的升级换代,积极推进新型建筑工业化,大力发展钢结构等装配式建筑,开展装配化装修试点示范,推动信息技术与建筑工业化技术协同发展;积极推行智能建造,加大建筑信息模型(BIM)、人工智能等新技术在建造过程中的应用;积极开展绿色建造,建设过程中推进绿色建材产品认证及生产应用;提升勘察设计综合品质,充分发挥工程设计的先导和创新引领作用,推动勘察设计服务向价值链高端延伸;推动科技创新,积极申报国家级工法和新技术应用示范,推动科技成果应用等。工程创优会给施工、设计、监理等单位带来潜在的经济效益和社会效益,树立良好的社会形象,促进组织模式、管理水平、工程技术等方面的提高。

创优过程涉及多个审批机构或部门、多家行业协会组织、多家参建企业单位、多个工程阶段、多项专业工程。为确保创优工作的有序推进、高效开展,建设单位需要在工程实施策划阶段根据工程特点、项目定位、科技创新、质量目标等对工程创优进行全局策划、统筹安排,明确目标、统一标准。通过在招标文件、合同条款中设定相关创优奖罚条款,对总承包单位和专业分包单位提出明确的创优要求和目标。通过最终的创优目标分解到各阶段、各分部分项工程,实现以创优促品质、以创优抓安全、以创优促科技进步。

国家主管部门为了促进工程项目管理质量、工程实体质量和工程科技创新能力的提升,先后设立了多个奖项来对达标的优秀工程项目进行鼓励,主要有中国建设工程鲁班奖

（国家优质工程）、国家优质工程奖、中国土木工程詹天佑奖等。在各个不同的省市，为了可以更好地让工程创优持续进行，各个地区设置了不同的激励措施或政策，设置各个不同的奖项来鼓励参建单位，例如金匠奖、泰山杯、金牛奖、长城杯等奖项。

1. 中国建设工程鲁班奖（国家优质工程）

中国建设工程鲁班奖（国家优质工程），于1987年设立，原名"建筑工程鲁班奖"，自1996年起，建设部贯彻落实中央、国务院关于严格控制评比活动有关精神，为减少奖项，将"国家优质工程奖"和"建筑工程鲁班奖"这两个奖项合并，定名为"中国建筑工程鲁班奖（国家优质工程）"，2008年更名为"中国建设工程鲁班奖（国家优质工程）"具体评选工作由中国建筑业协会负责组织（以下简称：鲁班奖）。

30多年来，创鲁班奖工程活动以其"标准高、质量优、信誉好"的特点，赢得社会的广泛关注。鲁班奖是我国建设工程质量的最高奖，获奖工程质量应达到国内领先水平。鲁班奖每两年评选一次，获奖工程数额原则上控制在240项左右，获奖单位为获奖工程的主要承建单位、参建单位。

为贯彻落实新发展理念，坚持"百年大计、质量第一"的方针，促进建设工程质量水平提升，推动建筑业高质量发展，规范中国建设工程鲁班奖（国家优质工程）的评选活动，中国建筑业协会于2021年7月颁布《中国建设工程鲁班奖（国家优质工程）评选办法（2021年修订）》，主要内容如下：

（1）评选工程范围

鲁班奖的评选工程为我国境内已经建成并投入使用的各类新（扩）建工程。鲁班奖的评选工程分为：住宅工程、公共建筑工程、工业交通水利工程、市政园林工程四类。已参加过鲁班奖评选而未获奖的工程，不再列入评选范围。

（2）申报条件

中国建筑业协会主要根据各省、自治区、直辖市（行业）近三年建筑业平均产值，参考固定资产投资规模、建筑业发展水平、历年创优实际情况和当年调研摸底情况，按照淘汰率不超过10%的原则，按年度提出各省、自治区、直辖市、有关行业和国务院国资委管理的有关企业当年申报鲁班奖工程的建议数量。鼓励欠发达地区及中小企业申报鲁班奖。

申报工程应具备以下条件：①符合法定建设程序，执行国家、行业工程建设标准和有关绿色、节能、环保的规定，工程设计先进合理，并已获得省、自治区、直辖市或本行业工程质量最高奖。②工程项目已完成竣工验收备案，经过一年以上使用，且没有发现质量缺陷或质量隐患。③工业交通水利工程、市政园林工程除符合本条件①、②项外，其技术指标、经济效益及社会效益应达到本专业工程国内领先水平。④住宅工程除符合本条件①、②项外，入住率应达到60%以上。⑤积极开展科技创新，积极推行绿色建造和智能建造；积极采用新技术、新工艺、新材料、新设备，其中有一项国内领先水平的创新技术或采用"建筑业10项新技术"不少于7项。⑥工程项目应具备结构的独立性和设备系统的完整性。所有分部、分项工程应全部完成，使用功能完善。

对于已开展优质结构工程评选的省、自治区、直辖市或行业，申报工程须获得相应的结构质量最高奖。支持绿色建筑、智能建筑和装配式建筑等采用新型工业化方式建造的工程申报鲁班奖。

工程项目在建设过程中，发生过质量事故、一般及以上安全生产事故，以及环境污染和生态破坏等其他在社会上造成恶劣影响事件的，不得申报鲁班奖。

企业在年度内有被省级政府和国家部委公布的严重失信行为或重大及以上质量、安全生产事故的，不得申报鲁班奖。

两家以上建筑业企业联合承包一项工程，并签订联合承包合同的，可以联合申报鲁班奖。

（3）申报和初审

申报工程由承建单位提出申请，参建单位的资料由承建单位统一汇总申报。

地方建筑业企业通过所在省、自治区、直辖市建筑业协会申报；有关行业的建筑业企业通过该行业建设协会申报；国务院国资委管理的有关企业通过该单位申报。

（4）工程复查

中国建筑业协会组成若干复查组，根据《中国建设工程鲁班奖（国家优质工程）复查工作细则》对通过初审的工程进行复查。

工程复查的内容和要求：

1）听取申报单位对工程施工和质量的情况介绍。

2）听取建设、使用、勘察、设计、监理及质量监督单位对工程质量的评价意见。复查组与上述单位座谈时，申报单位的人员应当回避。

3）对法定建设程序文件、施工技术资料及竣工验收资料等全面核查，符合要求后再开展后续复查工作。核查时应重点关注基础和主体结构以及其他重要节点的质量情况。

4）实地查看工程质量，并作出量化评价。复查组要求查看的工程内容和部位应予满足，不得以任何理由回避或拒绝。住宅和公共建筑工程抽查面积不低于总面积的25%，工业交通水利和市政园林工程抽查体量不低于总体量的25%。群体工程原则上对每个单体工程都要抽查。复查专家应做完整的工作记录。

5）复查组对工程复查情况进行现场讲评。

6）复查组向评审委员会提交复查报告。复查报告要对复查工程做出客观、真实、全面的评价，并提出"达标""基本达标""不达标"的意见。

（5）工程评审

中国建筑业协会设立鲁班奖评审委员会，由21人组成，其中主任委员1人，副主任委员2～4人。评审委员原则上应具有建设工程技术类正高级职称，有较高社会影响力和职业操守。

评审委员会通过听取复查组汇报、观看工程影像资料、审查申报资料、质询评议，最终以投票方式评出入选鲁班奖工程。

中国建筑业协会每两年召开颁奖大会，向荣获鲁班奖的主要承建单位授予鲁班金像和获奖证书；向荣获鲁班奖的主要参建单位颁发奖牌和获奖证书；向鲁班奖工程承建单位的项目经理颁发证书。

获奖工程的建设单位可向中国建筑业协会申请颁发鲁班金像作为纪念。

2. 国家优质工程奖

国家优质工程奖设立于1981年，是经中共中央、国务院确认设立的工程建设领域跨行业、跨专业的国家级质量奖，最高奖为国家优质工程金奖。

国家优质工程奖弘扬"追求卓越,铸就经典"的国优精神,倡导提升工程质量管理的系统性、科学性和经济性,宣传和表彰设计优、质量精、管理佳、效益好、技术先进、节能环保的工程项目。

国家优质工程奖获奖工程应当符合国家倡导的发展方向和政策要求,综合指标应当达到同时期国内领先水平。为深入贯彻党的十九大精神,践行习近平新时代中国特色社会主义思想,推进工程建设行业开启高质量发展新时代,规范国家优质工程奖评选活动,中国施工企业管理协会于2020年10月发布《国家优质工程奖评选办法》(2020年修订版),主要内容如下:

(1) 评选范围

参与国家优质工程奖评选的项目应为具有独立生产能力和完整使用功能的新建、扩建和大型技改工程。

国家优质工程奖评选包括下列工程:工业工程;交通工程;水利工程;通信工程;市政公用工程;建筑工程;绿色生态工程。

下列工程不列入评选范围:国内外使、领馆工程;由于设计、施工等原因而存在质量、安全隐患、功能性缺陷的工程;工程建设及运营过程中发生过一般及以上质量事故、一般及以上安全事故和环境污染事故的工程;已正式竣工验收,但还有甩项未完的工程。

(2) 评选条件

申报国家优质工程奖获奖项目应当具备下列条件:①建设程序合法合规,诚信守诺。②创优目标明确,创优计划合理,质量管理体系健全。③工程设计先进,获得省(部)级优秀设计奖。④工程质量可靠,按工程类别获得所在地域、所属行业省(部)级最高质量奖。⑤科技创新达到同时期国内先进水平,获得省(部)级科技进步奖,或已通过省(部)级新技术应用示范工程验收,或积极应用"四新"技术、专利技术,行业新技术的大项应用率不少于80%。⑥践行绿色建造理念,节能环保主要经济技术指标达到同时期国内先进水平。⑦通过竣工验收并投入使用一年以上四年以内。其中,住宅项目竣工后投入使用满三年,入住率在90%以上。⑧经济效益及社会效益达到同时期国内先进水平。

具备国家优质工程奖评选条件且符合下列要求的工程,可参评国家优质工程金奖。①关系国计民生,在行业内具有先进性和代表性;②设计理念领先,达到国家级优秀设计水平;③科技进步显著,获得省(部)级科技进步一等奖;④节能、环保综合指标达到同时期国内领先水平;⑤质量管理模式先进,具有行业引领作用,可复制、可推广;⑥经济效益显著,达到同时期国内领先水平;⑦推动产业升级、行业或区域经济发展贡献突出,对促进社会发展和综合国力提升影响巨大。

(3) 申报要求

参与国家优质工程奖评选的单位包括建设、勘察、设计、监理和施工等企业。申报时应由一个单位(建设、工程总承包或施工单位)主申报,其他单位配合。

参与国家优质工程奖评选的项目由下列单位推荐:各行业工程建设协会;各省、自治区、直辖市及计划单列市建筑业(工程建设)协会;经中国施工企业管理协会认定的国务院国资委监督管理的中央企业或者其他机构。

(4) 评审机构和评审程序

国家优质工程奖评审机构包括国家工程建设质量奖审定委员会和中国施工企业管理协

会会长办公会。审定委员会由行业权威质量专家组成,设主任委员1名,副主任委员1~3名,委员若干名,主要职责是评审并推荐国家优质工程奖候选项目。中国施工企业管理协会会长办公会决定国家优质工程奖项目。

国家优质工程奖评审按照下列程序进行:

1)初审。中国施工企业管理协会秘书处组织专家对国家优质工程奖申报材料进行审查。

2)复查。中国施工企业管理协会秘书处组织专家对通过初审的工程项目进行现场复查。参加建设工程全过程质量控制管理咨询活动的工程项目,在参评国家优质工程奖时可原则上免去现场复查环节。专家组复查后向协会秘书处提交复查报告,并汇报复查情况。

3)评审。召开国家优质工程奖评审会议。中国施工企业管理协会秘书处向审定委员会报告初审及现场复查情况。审定委员会通过评议,以记名方式投票,达到参会评委二分之一票数的工程确定为国家优质工程奖候选项目,国家优质工程金奖候选项目得票数应达到参会评委的三分之二。

4)公示。国家优质工程奖候选项目在中施企协网站上进行公示。公示期为15天。

5)审定。中国施工企业管理协会召开会长办公会议,以记名投票的方式表决。国家优质工程奖项目需达到参会会长二分之一以上的票数,国家优质工程金奖项目需达到参会会长三分之二以上的票数。

获得国家优质工程奖的项目由中国施工企业管理协会予以表彰,授予奖杯、奖牌和证书。表彰对象为获奖工程的建设单位和勘察、设计、监理、施工等企业。

3. 中国土木工程詹天佑奖

中国土木工程詹天佑奖,于1999年由中国土木工程学会和北京詹天佑土木工程科学技术发展基金会联合设立,是中华人民共和国住房和城乡建设部认定的全国建设系统工程奖励项目之一、中华人民共和国科技部首批核准的科技奖励项目,也是中国土木工程领域工程建设项目科技创新的最高荣誉奖、"詹天佑土木工程科学技术奖"的主要奖项。

2001年3月,詹天佑土木工程科学技术奖经中华人民共和国科技部首批核准登记(国科奖社准字001号),中国土木工程詹天佑奖为詹天佑土木工程科学技术奖的主要奖项。2003年起,中国土木工程詹天佑奖由每两年评选一次改为每年评选一次。

中国土木工程詹天佑奖每年评选一次,主要授予在科技创新(尤其是自主创新)和科技应用方面成绩显著的优秀土木工程建设项目,获奖项目应充分体现"创新性""先进性"和"权威性"(以下简称:詹天佑奖)。

(1)参选工程范围

中国土木工程詹天佑奖评选范围包括下列各类工程:建筑工程(含高层建筑、大跨度公共建筑、工业建筑、住宅小区工程等);桥梁工程(含公路、铁路及城市桥梁);铁路工程;隧道及地下工程、岩土工程;公路及场道工程;水利、水电工程;水运、港工及海洋工程;城市公共交通工程(含轨道交通工程);市政工程(含给水排水、燃气热力工程);特种工程(含军工工程)。

(2)评选机构

中国土木工程詹天佑奖的评选机构由詹天佑奖评选委员会和詹天佑奖指导委员会组成。

詹天佑奖评选委员会负责评选工作，由各专业的土木工程资深专家组成，设主任委员1名、委员若干名；建立评委专家库，每届选取部分专家组成，由中国土木工程学会和北京詹天佑土木工程科学技术发展基金会共同聘任。

詹天佑奖指导委员会负责工程评选的指导和监督，由住房和城乡建设部、交通运输部、水利部、中国铁路总公司等有关部门以及中国土木工程学会和北京詹天佑土木工程科学技术发展基金会的领导组成。

（3）参选工程条件

申报中国土木工程詹天佑奖的工程需具备下列条件：

1）必须在勘察、设计、施工以及工程管理等方面有所创新和突破（尤其是自主创新），整体水平达到国内同类工程领先水平。

2）必须突出体现应用先进的科学技术成果，有较高的科技含量，具有一定的规模和代表性。

3）必须贯彻执行"适用、经济、绿色、美观"的建筑方针，突出建筑使用功能以及节能、节水、节地、节材和环境保护等可持续发展理念。

4）工程质量必须达到优质工程。

5）必须通过竣工验收。对建筑、市政等实行一次性竣工验收的工程，必须是已经完成竣工验收并经过一年以上使用核验的工程；对铁路、公路、港口、水利等实行"交工验收或初验"与"正式竣工验收"两阶段验收的工程，必须是已经完成"正式竣工验收"的工程。

申报中国土木工程詹天佑奖的单位必须是中国土木工程学会团体会员。

申报单位必须是该工程项目在技术创新与先进科技成果应用方面的主要完成单位（包括工程的勘察、设计、施工、科研和建设、监理单位等），同时必须是单位会员。

工程决算在20亿元以内的项目申报单位最多限报5家，工程决算在20亿～50亿元的项目申报单位最多限报7家，工程决算在50亿元以上的项目申报单位最多限报10家。

（4）推荐单位及推荐办法

根据中国土木工程詹天佑奖的评选工程范围及申报条件，詹天佑奖采取"推荐制"，由下述几个渠道组织对所属专业领域（地区）的工程项目进行遴选后推荐。

1）建设、交通、水利、铁道等有关部委（单位）主管部门；

2）省、自治区、直辖市土木工程学会或土木建筑学会（会同当地建设行政主管部门），港澳台地区受委托的相应组织；

3）中国土木工程学会分支机构；

4）中国建筑集团有限公司、中国交通建设集团有限公司、中国铁路工程集团有限公司、中国铁道建筑集团有限公司。

创新集体是奖励参与工程建设并在本工程科技创新和新技术应用方面做出突出贡献的工程技术工作人员团队，以获得詹天佑大奖的工程项目为依据，与詹天佑大奖评选同时进行。

4. 华夏建设科学技术奖

"华夏建设科学技术奖"于2002年设立，是建设系统以社会力量办奖形式设立的建设行业科学技术奖（以下简称：华夏奖）。由中国建设科技集团股份有限公司、中国建筑科学研究院有限公司、中国城市规划设计研究院、上海建科集团股份有限公司、中建科技集团有限公司、住房和城乡建设部科技与产业化发展中心共同设立，住房和城乡建设部科技与产业化发展中心承办。资金来源由设奖单位赞助以及社会捐赠等。

奖励原则是鼓励科技创新、推动科技进步、提升技术水平、培养科技人才。华夏奖的推荐、受理、评审和授奖遵循公开、公正、公平的原则，实行科学的评审制度，不受任何组织或者个人的非法干涉。华夏建设科学技术奖励委员会修订的《华夏建设科学技术奖奖励章程》（2021修订）的主要内容如下：

（1）组织管理

为加强对华夏奖的管理，设立华夏奖奖励委员会、华夏奖评审委员会和专业评审组。

华夏奖采取单位推荐、受理、专业评审组初评、评审委员会评审、奖励委员会审定、公示、奖励委员会审核批准及公告授奖制度。

奖励委员会由设奖者、奖励资金捐赠者、住房和城乡建设领域知名专家、学者和管理部门有关人员等组成。

评审委员会由高校、科研单位、企业等机构的业内知名专家和学者组成。评审委员会下设建筑工程、城乡建设、城乡规划、智能信息、软科学五个专业评审组。

（2）奖励范围和条件

华夏奖奖励范围包括住房和城乡建设领域城乡规划、城市建设、村镇建设、工程建设、建筑业、房地产业、工程勘察设计咨询业、市政公用事业等行业的下列科技成果：新技术、新产品、新工艺、新方法、新材料、智能化管理、计算机软件等科技成果；引进、消化、吸收后再创新的国外先进技术和工艺；为行业服务的标准、规范、科技信息、科技档案等科技基础性研究成果；为支撑决策科学化与管理现代化服务的软科学研究成果；有组织有措施进行大规模推广应用的科技成果；采用技术创新成果完成的重大工程项目。

推荐华夏奖的项目应符合在技术（或方法）上有重要创新，技术难度较大，解决了行业发展中的热点、难点和关键问题，总体技术水平和技术经济指标达到行业领先水平。经济效益、社会效益和环境效益显著，并经过较大规模的推广应用，取得明显效益。成果转化程度高，具有较强的示范作用和推广应用价值，对提高行业或技术领域的技术含量，推动行业或技术领域科技进步作用明显。

（3）评审标准和程序

华夏奖每年评审一次，设一等奖、二等奖、三等奖，三个奖励等级，对于特别优秀项目可授予特等奖。授奖比例不超过受理项目的45%且数量不超过200项。其中：一等奖不超过授奖项目的15%（含特等奖1项），二等奖不超过授奖项目的30%，三等奖不超过授奖项目的55%。华夏奖评审按推荐奖励等级分类评审，上一等级评审落选项目不再降格参评下一等级。

华夏奖评审标准：

1）在关键技术或系统集成上有较大技术创新，技术难度大，总体技术水平和主要技术经济指标达到国际同类技术的水平或国内同类技术领先水平的；推广应用、产业化程度较高，取得显著经济、社会和环境效益，对行业技术进步起到较大推动作用的，可评为一等奖。

2）在关键技术或系统集成上有较大技术创新，技术难度较大，总体技术水平和主要技术经济指标达到国内同类技术领先水平的；推广应用、产业化程度较高，取得较大经济、社会和环境效益，对行业技术进步起到一定推动作用的，可评为二等奖。

3) 在关键技术上有创新，有技术难度，总体技术水平和主要技术经济指标达到国内同类技术领先水平的；通过推广应用，取得一定的经济、社会和环境效益，对行业技术进步起到一定推动作用的，可评为三等奖。

对技术创新性特别突出、带动行业科技进步作用特别巨大、经济、社会效益或者环境效益特别显著的成果，可以评为特等奖。

形式审查合格的推荐项目，由华夏奖励办提交相应的专业评审组进行初评。初评采取定量和定性评价相结合，以网络评审方式为主，通过记名、限额投票产生评审结果。

通过初评的推荐项目，提交评审委员会进行评审。评审委员会评审采取网络评审与会议评审相结合的方式，通过记名投票产生评审结果。一等奖和二等奖项目需 2/3 以上委员同意，三等奖项目需 1/2 以上委员同意，特等奖项目需 4/5 以上委员同意。

5. 工程建设科学技术奖

2006 年 11 月，经中华人民共和国科学技术部和国家科学技术奖励工作办公室批准，中国施工企业管理协会设立科学技术奖（登记证书编号：国科社证字 0154 号），奖励在工程建设行业内对科技创新作出突出贡献的组织和个人，以及在国际、国内具有领先水平的科技创新成果。2019 年 2 月，国家科学技术奖励工作办公室更新了社会奖励名录。经批准，设立的"中国施工企业管理协会科学技术奖"正式更名为"工程建设科学技术奖"。

工程建设科学技术奖包括最高科学技术奖、技术发明奖和科学技术进步奖。旨在提高工程建设行业在工程管理、节能减排、绿色环保、工程咨询、勘察设计、建造方式和技术、施工装备、建筑材料等方面的自主创新能力和水平。奖项评选范围涵盖了冶金、有色、煤炭、石油、石化、化工、电力、水利、核工业、林业、航空航天、建材、铁路、公路、水运、通信、房屋建筑和市政公用等工程建设各个行业（专业），贯穿工程建设各个环节。

根据《工程建设科学技术奖项评审细则（2022 年修改稿）》的规定，根据参评条件的要求，分为最高科学技术奖、技术发明奖和科学技术进步奖三类。评审程序包括形式审查、网络评审、专家委员会评审和科委审定四个环节，技术发明奖和科学技术进步奖的特等奖候选项目需进行现场答辩。对某些学科性很强的成果，采用特邀专家评审方式予以补充。必要时，科委办公室可以组织有关科委委员和评审专家对有关项目进行实地考察。

对评审标准进行了明确确定，如科学技术进步奖中重大工程项目评审标准如下：

特等奖：工程建设技术难度和复杂程度巨大，关键技术和项目管理的创新性特别突出，总体科技水平达到国际领先，经济效益或社会效益特别显著，推动行业科技进步作用特别明显。

一等奖：工程建设技术难度和复杂程度很大，在关键技术和项目管理上有重大创新，总体科技水平达到国际先进或国内领先，取得了重大的经济和社会效益。

二等奖：工程建设技术难度和复杂程度较大，在关键技术和项目管理上有较大创新，总体科技水平达到国内先进及以上，取得了较大的经济和社会效益。

工程建设技术发明奖和工程建设科学技术进步奖的一等奖，可作为国家优质工程金质奖各个过的评审依据。

16.2 工程创优程序

参照鲁班奖的申报创优流程可以看出,工程创优一般情况包括创优策划制定、创优策划实施、核对创优工程申报条件、按程序提交资料、项目初审、工程复查、奖励审批等七个步骤。创建国家级优质工程应当遵循超前策划,科学管理,程序合规;设计先导,科技引领,绿色建造;精雕细琢,过程管控,一次成优。

1. 工程创优策划

创优筹划在工程创优管理中应得到重点关注,将建设单位对建筑的功能定位、统筹规划、合法合规,设计单位对图纸质量的把控和各个设计专业的有机结合,施工单位对事前、事中、事后的质量控制形成整体体系,并将创优策划的"准、精、细、齐、完"理论融入实践过程中,制定健全合理的创优质量管理制度和工程科技创新体系,才能将创优工程质量管理和科技创新控制到位。创优策划作为创优过程中的重中之重,在工程创优全过程中起到了提纲挈领的作用。

在建设单位成立的创优领导小组指导下,总包单位制定创优计划实施方案,成立由企业总工程师任组长的创优实施小组,项目经理、项目总工程师、专业工程负责人和质量、资料、工程等有关人员组建的创优实施小组,在总工程师的牵头负责下,所有部门积极参与完成实施方案的落实,同时,所有工作人员都应当明确分工与职责。

创优计划实施方案通过企业总工程师审核批准之后,应当逐层申报,总公司结合创优方案的情况,结合项目进展和工程特点,利用公司资源指导创优工程,从而推动创优目标的顺利完成。创优计划实施方案的申报工作应当结合工程施工组织设计和工程规划大纲同步开展,在工程项目开展之前完成。

创优工程的创优计划包括多方面内容,分别有工程项目的创优策划、创优目标、制定准则、创优组织体系与责任、工程创优措施和资源保障等。特别是设定工程创优措施过程中,重点关注流程监控,准确的问题监控点检测与查验时间、方式和准则;深入落实工程品质标准,针对重要的核心流程和开展新型技术的流程应当设置专项的工作指导说明书,设定特殊的监控方式,完善的工作流程、严谨的工作准则,保证创优目标的顺利完成。重视资源保护,合理安排技术检验人员与管理人员,对工作人员做前期训练,特殊工作人员必须持有效工作资格证。分配的施工设施和机器数量、规模应当服务工程创优需求,针对工程项目特定的重要设备应当具备检验合格证,并且由相关部门认可的具有资质的安装公司进行特种设备的安装工作。

2. 申报条件

优质工程项目的申报需满足相关基础条件,申报工程在满足规模、投资、科技等条件前提下,如申报鲁班奖应当获取省市级优质工程,并获取相关等级的优质勘察设计奖项。

工程项目完工后,应当充分检验全面验收,至少要一个冬雨期未产生质量问题,才能申报。并且还需要满足如下几项条件:

(1) 工程设计科学、合理,满足国家行业设计准则要求。工程建设在城市计划区范围内时需要满足城市计划要求。

(2) 工程实施满足国家行业技术施工要求,土建与安装设施品质达到优良程度,居于国内相同行业的领先地位。

（3）工程已通过建设、设计、监理、勘察、施工单位工程竣工验收工作。

（4）工业与交通工程不仅要满足上述各项条件，还要做到各项技术水平与经济收益标准领先于国内同行业。

（5）居住小区工程需要满足城市计划与维护环境等多方面准则要求，目前，已经完成公共设备的组建工作，每个部门工程质量都要达到良好水平以上，而且居住率超过40%。

两个施工单位一同承包的大型建设工程活动可以联合申报，而由多个施工单位参与的大型建设工程活动，通常是主要承包建设部门申报，假如某个施工单位无法进行申报时，就可以让建设活动的管理组织申报。但是发生质量问题，受过省级通报批评的建设施工单位，将在未来三年内取消鲁班奖的申报资格。

3. 资料提交

通常情况下，创优工程呈交的资料都存在非常严格的要求，在鲁班奖评比方案中，呈交的资料内容都具有详细明确的规定。其规定的资料内容主要包括：

（1）申报资料目录表，同时标注所有资料数量。

（2）鲁班奖申报表。申报表填写的理由需要全面充足，工程框架应当凸显工程特征、技术与品质成绩，凸显工程的科学进步性，从而体现申报工程的特点、含义与实施水平，展现提升品质、确保工期的先进的技术与科学有效的管理方式。

（3）工程活动计划任务说明书。

（4）工程设计科学合理的证明文件。

（5）工程框架与实施品质状况的文字描述内容。

（6）评价为省级优质工程或省级领域的最优品质工程的证明文件。

（7）工程完工检验证明资料。

（8）总承包合约和施工合约。

（9）主要参与建设部门的分合约和主要分工程品质、价格审核资料。

（10）体现工程整体状况并具有文字描述的工程各角度的照片。

（11）具有详细解说的工程录像光盘或录像带。

（12）工程的全方位平面图、立体图与剖面图。

（13）工程应用描述。

（14）工程的经济效益与社会效益。

（15）其他必须的描述。

4. 创优评审

工程项目奖励的审核批准需要完成项目的初审、复审与最后奖励审核批准的三项环节。

根据相关方案，中国建筑行业协会组织初步审核呈交的工程申报材料，它主要负责审核工程项目呈交材料的真实可靠性、合法性与整体性，从而证明申报项目是否满足鲁班奖的申报条件与范围。参照初步审核成果，标准复审规定将未合格的初审结果通知给有关申报部门。

申报项目通过初步审核之后还需要进行复审，即实行现场复审。参照工程数目与种类，评委会应当组建一些不同行业的复审组织。复审组织的成员主要包括技术专家，进行复审的建设部门协会应当派遣专业人员积极配合复审工作。复审是工程创优的核心步骤，工程复审主要包括的内容：

（1）掌握承包和建设部门关于工程品质状况的描述。通常描述工程的特征、重难点，施工水平与质量保障举措，各分部工程的品质水平与品质等级。

（2）现场勘察工程的质量状况。所有复审组织要求勘察的工程位置，都必须同意，不许用任何原因拒绝。

（3）掌握应用部门关于工程品质的评价建议。复审组织与各应用部门沟通过程中，承包建设部门和所有参与建设部门工作的人员都需要回避。

（4）翻阅查找工程的内部相关资料，其中包含确立项目审核批准的资料、技术与品质的全部资料以及所有的监督管理资料。

（5）复审组织现场评价工程复审状况与问题。

（6）复审组织将复审的书面报告呈交给评委会。

召开审查会，由评委参考申报资料与工程复审报告，投票选出获奖工程。呈交给行政管理单位批准同意后发布。通常在批准同意国家级奖励之前进行公示，借鉴社会公众关于拟获奖工程的反馈建议，使评选获得公平、公正的结果。

5. 创优工程管理要点

实现创优目标需要有一个强有力的领导班子才能保证创优目标顺利实现。在工程创优的过程中，对工程质量必须"三高"与"三严"。高的质量意识，高的质量目标和高的质量标准；严格的质量管理，严格的质量控制和严格的质量检（查）验（收）。

（1）超前策划。现状分析，目标设定，创优规划，目标分解，编制指导文件，创优动员。

（2）科学管理。组织体系，制度体系，科学组合生产要素。

（3）程序合规。梳理文件目录，确定办理计划，循序渐进办理，立项—报建—验收。

程序合规性涉及立项、规划、土地、建设、消防、环保、人防、城建档案、建筑节能、工程竣工备案、奖项等11个方面的文件，包括立项批复、建设工程规划许可证、建设工程竣工验收、国有土地使用证（或不动产权证）、建设工程项目施工许可证（开工批复文件）、消防设计文件审批意见、工程消防验收意见书、项目环保评价批复、项目竣工环保验收、建设工程人防验收意见、建设工程档案验收意见、节能专项意见、工程竣工验收备案表（综合验收文件）、地区（行业）优质结构证明文件（结构评价文件）、省（部）级优质工程证明文件、省（部）级优秀设计证明文件或设计水平评价证明等16项具体文件，这些文件包括了工程建设全过程各阶段，需要建设单位统筹做好文件的梳理，根据工程建设时序确定办理计划，根据各个阶段的具体要求循序渐进办理。

（4）设计先导。理念先进，重视深度，强化管理，总结提高。

（5）科技引领。加大科研投入，重视成果培育，采用"五新"技术，促进成果转化。

（6）绿色建造。坚持效能优先，发展总承包模式，发展建筑工业化，发展建筑信息模型应用，采用绿色建材。

（7）精雕细琢。工匠精神，匠人、匠心、匠气，精巧设计工艺工序，精心选配材料和构配件，凝心聚力施工操作。

（8）过程管控。全员、全过程、全方位，员工素质→工作质量→工序质量→工程质量,风险预控长效机制。

(9) 一次成优。正确创优观,尊重自然、一次成优、自然成优、合理成优。

16.3 工程创优案例分析

口岸类工程作为国家对外形象的重要窗口,在工程的设计、建造、管理等建设全过程中要积极推进新技术的应用,追求高品质工程质量。莲塘/香园围口岸作为港深合作建设的重要基础设施,在工程建设过程中积极推进科技创新、先进技术应用,先后获得中国建设工程鲁班奖(国家优质工程)、华夏建设科学技术奖二等奖、中国土木工程詹天佑奖等重大奖项。莲塘/香园围口岸实景如图 16.3-1 所示。

图 16.3-1 莲塘/香园围口岸实景图

1. 工程创优策划管理

莲塘/香园围口岸为确保创优目标的实现,本着精干、高效、专业化的原则成立了工程创优领导小组,由项目分管领导任组长,各标段项目经理任副组长,总包公司资源、质量、技术部、工程管理部、安全管理部、财务部、党群部、预算部及监理单位、设计单位、参建单位相关人员任组员,结合国家优质工程评选办法,下设土建、安装、技术经济指标、综合管理专业小组,工程创优活动中各单位、部门制定了职责,创优过程中各司其职。建立项目创优策划机制,各参建单位针对创优目标制定本公司创优策划和项目创优策划。

针对工程的难点与特点进行专题策划,结合工程设计、功能需求和成本控制,提出针对性的质量创优保障措施,制定专项方案,统筹考虑。要从设计着眼,深刻理解设计理念和设计要求,从中进行行动纲领提炼。

针对难点、特点策划,使这些难点和特点变成工程质量的亮点。

对工程的各分部、分项工程的施工工艺标准、质量标准、技术档案进行策划。

对工程的细部、节点进行策划。

工程亮点包括质量工艺、工程管理、先进技术指标、施工技术创新、节能减排等亮点。工程亮点不能自发产生，必须通过慎重选择、周密策划、精心施工、过程监控、持续改进、总结提高等多个环节的过程管理展现。各参建单位应根据实际情况制定具体详细的工程亮点实施计划。项目机电工程实景如图16.3-2所示。

图16.3-2　项目机电工程实景图

对工程质量通病的防治进行策划，不得有违反强制性条文的不符合项。

除开项目的一般日常工作，从实现"创优"的目标出发，项目的第一项重要的工作就是"策划"。创优策划很重要，必须在项目立项阶段就开始做创优策划。

对工程的细部、节点进行策划。如设备房、管道井、卫生间、屋面、地下室等，这项工作必须做在前面，特别是装饰工程和安装工程中的细部、节点必须策划在主体结构施工之前。比如墙、地面块材的模数及做法与主体结构的模数是否吻合，外墙上门窗洞口的尺寸与外墙块材饰面的模数是否吻合，如果无法吻合是修改结构构件的尺寸还是修改装饰材料的模数等。

对工程质量通病的防治进行策划。如石膏板饰面易开裂的问题、填充墙与结构主体结合部易开裂的问题、新型墙体材料抹灰易开裂的问题等。

在项目前期策划阶段，本工程就确定了创建中国建设工程鲁班奖（国家优质工程），力争中国土木工程詹天佑奖的目标。

为实现创建鲁班奖的目标，对各个阶段基础奖项的申报时间、责任单位进行分解，明确各单位的责任，避免由于准备不充分造成后续奖项错过或不具备申报条件。莲塘口岸目标奖项申报表见表16.3-1，工程创优流程如图16.3-3所示。

莲塘口岸目标奖项申报表　　　　　　　　表16.3-1

序号	目标奖项	申报时间	检查时间	申报负责单位	主要配合单位
1	深圳市安全生产与文明施工优良工程	2016年	2016年	总承包单位	业主、监理及各分包单位
2	广东省房屋市政工程安全生产与文明施工示范工地	2016年	2017年	总承包单位	业主、监理及各分包单位
3	广东省建筑业绿色施工示范工程	2018年	2019年	总承包单位	业主、监理及各分包单位

第16章 工程创优管理

续表

序号	目标奖项	申报时间	检查时间	申报负责单位	主要配合单位
4	全国绿色建造暨绿色施工示范工程	2016年	2017年	总承包单位	业主、监理及各分包单位
5	深圳市建筑业新技术应用示范工程	2017年	2017年	总承包单位	业主、监理及各分包单位
6	省部级建筑新技术应用示范工程	2017年	2018年	总承包单位	业主、监理及各分包单位
7	深圳市结构优质工程	2016年	2016年	总承包单位	业主、监理及各分包单位
8	广东省结构优质工程	2017年	2017年	总承包单位	业主、监理及各分包单位
9	深圳市优质工程/金牛奖	2020年	2020年	总承包单位	业主、监理、设计及各分包单位
10	优秀质量QC小组	2015年	2017年	总承包单位	业主、监理及各分包单位
11	广东省优质工程/金匠奖	2021年	2021年	总承包单位	业主、监理、设计及各分包单位
12	深圳市/广东省优秀设计奖	2021年	2021年	设计单位	业主、监理、总承包及各分包单位
13	鲁班奖	2021年	2021年	总承包单位	业主、监理及各分包单位

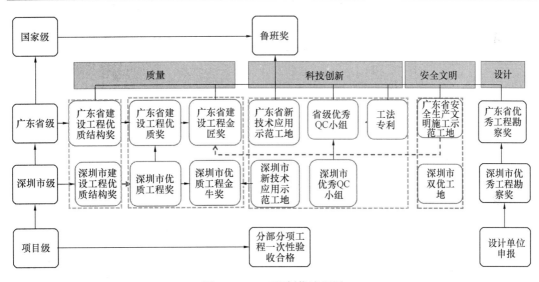

图16.3-3 工程创优流程图

2. 组织架构体系

创优策划阶段成立由建设单位、设计单位、监理单位、施工单位、分包单位等组成的创优工作领导小组。

建设单位是"创优"的领导者、组织者，对工程相关各方的创优工作进行策划、监督、检查和指导；在工程启动和策划阶段，应确定相对明确的创优目标，建设单位通常会结合工程的特点难点、建设规模、定位功能、政治意义等主要因素，制定详细精准的创优目标，实行创优策划。设定的创优目标既要满足国家创优工程的相关管理规定，还要符合自身对创优工程的实际需求，制定的目标值要适中，当目标值过高时，会引起工程投资增加，影响项目的经济效益和社会效益；而目标值过低时，就会影响创优效应，不利于实现创优价值。创优策划既要构建适当的组织体系，还要设置详细具体的措施，具备现实性和可操作性，做到合理合规合法。

设计单位对创"设计精品"和"功能精品"负责，确保节能设计、绿色建筑设计满足创优奖项的评奖要求；在接到建设单位设计任务时，应当充分了解建设单位的创优目标和要求，在满足建筑功能、使用要求的前提下，充分考虑设计的理念创新、新技术应用、工程科技创新等，在设计阶段，充分考虑建筑工业化、绿色建筑、节能建筑等的体现。

施工总承包单位对创"质量精品"负责，周密策划、精心建造，确保质量获优；同时在施工过程中针对设计和功能上的问题向业主和设计方提合理化建议；项目部成立在公司总工程师领导下的创优工作小组，具体组织、部署、协调、落实创优工作，并明确责任，各司其职，严格按质量保证体系运作，并编制质量计划、环境管理方案、质量管理方案、质量保证预控措施、项目创优规划、项目管理制度、分包管理制度、编制教育培训计划、用户服务计划等。

监理公司对创"质量精品"过程进行监督、检查和指导，对创"设计精品"和"功能精品"提合理化建议。

分包方对所承担单项/专业创"质量精品"负责，并进行质量创优策划、精心建造，确保质量获优；同时在施工过程中针对所承担单项/专业设计和功能上的问题向业主和设计方提合理化建议。创优组织架构见表16.3-2。

创优组织架构表　　　　　　　　表16.3-2

序号	组名	负责人	职务	职责
1	创优工作领导小组		企业领导	主要负责创建鲁班奖的策划及资源配置的协调
2	创优策划小组		项目总工程师	协助创优工作领导小组组长，并编制工程施工组织设计、创优实施方案、实物质量样板实施方案、绿色施工方案等
3	创优实施小组		项目经理	主要负责施工队伍和施工内容的总协调；落实各类方案的实施
4	创优资料管理小组		项目总工程师	项目总工程师主要负责协调工程（含专业工程）档案、音像资料的收集、整理、存放；协助申报省市级优质结构、"双优工地"、建筑业新技术应用示范工程以及国家、省市级绿色施工等创优申报、汇报资料整理、存放。整理竣工资料，编制资料总目录；收集法定建设程序文件，并负责省市级优质工程及鲁班奖申报
5	创优监督检查小组		项目质量总监	主要负责现场质量控制、协调；并负责监督和考核各小组的工作实施情况

基于本工程的特殊性和重要性，涉及的专业工种多、协调难度大、功能需求复杂等特点，设立了QC小组、科技攻关小组等专项小组，公司总工程师担任组长，项目经理和项目总工程师分别担任执行组长。结合该项目的技术难点和创优目标要求，针对性开展质量控制和科技创新，如果在施工过程中出现疑难和关键问题，都会由该小组及时予以解决，以保证工程的质量。

3. 工程创优过程管理

项目在确定创优目标后，应当按照优质工程的标准夯实质量管理基础，落实工程全过程创优管理，不仅要质量能够达到相关标准，提高过程质量管理效果，同时也要优化施工现场管理与质量管理从而实现创优目标。

（1）施工质量管理组织体系

施工质量管理体系是整个施工质量能否加以控制的关键，而本工程质量的优劣直接关系到工程目标的实现与否，同样质量管理体系设置的科学性对质量管理工作的开展起到决定性的作用。

（2）施工质量管理组织

施工质量管理组织是确保工程质量的组织保证，其设置的合理、完善与否将直接关系到整个质量保证体系能否有效运转及操作。

（3）施工质量管理职责

施工质量管理体系中最重要的是质量管理职责。职责明确、责任到位，便于项目质量管理。

施工质量管理体系的设置及运转均要围绕质量管理职责、质量管理工作开展来进行。只有在职责明确、控制严格的前提下，才能使质量管理体系落到实处。本工程在管理过程中，应对这两个方面进行严格的控制。

（4）施工质量控制体系

质量保证体系是运用科学的管理模式，以质量为中心所制定的保证质量达到要求的循环系统，质量保证体系的设置可使施工过程中有法可依，但关键在于运转正常，只有运转正常的质量保证体系，才能真正达到控制质量的目的。而质量保证体系的正常运行必须以质量控制体系来予以实现。

项目质量控制体系的依据：

1）公司质量体系文件；施工前学习和熟悉质量体系文件，使每个施工人员对质量的控制体系有所了解；

2）本工程的合同文件；

3）设计图纸；

4）国家现行的技术标准、规范及项目标准；

5）公司管理规定；

6）投标文件（商务部分和技术部分），有关工法等。

施工质量控制体系的设置：

施工质量控制体系应按科学的程序运转，其运转的基本方式是PDCA的循环管理活动，它是通过计划、实施、检查、处理四个阶段把经营和生产过程中的质量环节有机地联系起来，形成一个有效的体系来保证施工质量达到项目质量标准。

以质量目标为依据，编制相应的分项工程质量目标计划，这个分项目标计划应使项目参与管理的全体人员熟悉了解。

在目标计划制定后，各施工现场管理人员编制相应的工作标准给予施工班组实施。在实施过程中进行方式、方法的调整，以使工作标准得到落实。

在实施过程中，无论是施工工长还是质检人员均要加强检查，在检查中发现问题及时解决，以使所有质量问题都解决于施工之中，并同时对这些问题进行汇总，形成书面材料，以保证在今后或下次施工时不会出现类似问题。

在实施完成之后，对成型的建筑产品或分部工程分次进行全面检查，以便发现问题、追查原因。对不同层次产生的原因以不同的方式处理,从人、物、方法、工序等方面进行讨论,并形成改进意见,再根据这些改进意见使施工工序进入下次循环。

施工质量控制体系运转的保证:

项目领导班子成员充分重视施工质量控制体系的运转正常,支持有关部门人员开展围绕质保体系的各项活动。

配备强有力的质量检查管理人员,作为质保体系中的中坚力量。

提供必要的资金,添置必要的设备,以确保体系运转的物质基础。

制定强有力的措施、制度,以保证质保体系的运转。

定期召开质量分析会,以使在质保体系运转过程中发现的问题及时得到处理和解决。

开展 TQC 活动。质量控制措施—样板先行如图 16.3-4 所示。

图 16.3-4　质量控制措施—样板先行

(5) 项目资源管理

项目资源管理主要是围绕"人力资源、设备资源、材料资源、工艺和工法"五大要素进行。任何一个环节出了差错,则势必使施工质量达不到相应的要求,故在质量保证计划中,对这五大要素的保证体系必须制定有效的落实措施。

人力资源管理。施工中人的因素是关键,无论是管理层还是劳务层,其素质和责任心直接影响到本项目的施工质量。故对于"人"的因素的质量保证措施主要从人员培训、人员管理、人员评定等方面来保证人员的素质。在进场前,应对所有的岗位管理人员及施工劳务人员进行各种必要的培训,关键的岗位必须持证上岗。在管理层积极推广计算机的运用,提升信息化管理;在劳务层,对一些重要的岗位,必须进行再培训,以达到更高的要求。在施工中,既要加强人员的管理工作,又要加强人员的评定工作。人员的管理及评定工作应采取对项目的全体人员实施层层管理、层层评定的方式。

设备资源保养管理。现代施工管理中,机械化程度的提高为工程更快、更好地完成创造了有利条件。但机械对施工质量的影响亦越来越大,故必须确保机械处于最佳状态。在施工机械进场前必须对进场机械进行一次全面的保养,使施工机械在投入使用前就已达到最佳状态。为了使施工机械在施工过程中处于最佳状态,应设置专门的机械管理人员,制定机械维护计划,对其进行定期的维护和保养。

材料资源管理。材料是组成本工程实体的最基本的单位，其质量的优劣将直接影响到本项目部内在质量及外观质量。因此在施工中必须从施工用材、周转用材等方面进行综合控制。

施工方法和施工工艺。在施工中，结合本项目的大跨度空间结构、大面积地面等特点，选择合理的施工流程和施工方法。

（6）全面质量管理

在工程的施工过程中，项目经理部应大力推行及开展全面质量管理活动，以实行全过程、全员、全方位的"三全"管理为基本手段，开展群众性的质量管理和QC小组活动。

项目施工的五大要素为"人、机、物、环、法"，而人的因素是最重要的。对进入施工现场的所有人员均应树立起质量第一的观念，加强质量意识、质量教育、提高施工管理人员及施工操作人员的质量意识，自觉地把抓质量作为自身最重要的任务。

全面质量管理的主要内容还是围绕《质量保证计划》、质量保证体系、质量管理体系来开展，根据这些内容做好本项目的各项质量工作。

全面质量管理将严格按照国家验收标准来开展活动，并以开展QC小组活动等方式来达到全面质量管理的目标。

建立由管理人员、操作人员共同组成的QC小组，以开展质量管理的活动方式来提高专项分部工程的质量。

通过QC小组与施工班组的联系，可对整个工程质量的提高起到促进作用。

（7）安全环保措施

创优工程在施工过程中不允许发生重大安全事故，应把安全施工和环境保护提高到十分重要的位置，建立一套行之有效的安全环保措施是非常有必要的。

成立由项目经理挂帅，施工员、技术员、专职安全员、兼职安全员组成的安全管理小组，负责本工程的施工安全管理工作。

制定安全生产岗位责任制，明确各部门和岗位人员的安全职责。

施工现场的各项安全管理工作采取专职与兼职相结合，定期和不定期检查相结合的方法。

实行逐级安全技术交底制度。

（8）创优准备工作

创建中国建设工程鲁班奖（国家优质工程）除了要挖掘工程亮点，增添科技含量，提高质量标准外，采用一系列行之有效的对策与措施至关重要。

成立技术攻关小组。针对工程的特点与难点，尤其是工程中挖掘的科技亮点，成立技术攻关小组，在创奖工作小组的领导下，群策群力，集思广益，解决工程中的疑难问题；定期召开质量分析大会，掌握质量波动情况，利用现代科技手段，及时采取措施和对策。

成立迎检小组。为有效组织好迎检复查工作，必须成立专门的迎检小组。迎检小组的主要工作是：准备好备查资料和日程安排表；对于本项目准备好能一看就懂的工程概况、工程流程系统图或工程模型；对工程现场应保证文明施工、清洁整齐、环境美观；应为专家准备人手一份的书面汇报材料，同时应采用多媒体投影，制作光盘或有条件时制作三维动画，重点突出本工程的特点、难点、亮点、规模、体量及效果，使评审专家一目了然。宣传要突出工程难度大，技术含量高，细部有何特色，管理很先进，处处和评审中国建设工程鲁班奖（国家优质工程）的条件紧密结合起来，有的放矢。

人员培训。要建立精品工程，必须要树立精品意识。必须全体人员进行确保工程质量目标的培训。应采取普及教育、专题培训和专业必修制相结合的方法，使每个人技术合格、责任心强，这样才能做到过程精品，从而实现工程成精品。利用现代科技手段，采用新技术，引入新设备，运用新材料，使用新工艺，这就必然要加强新技术应用、新设备使用、新材料性能及新工艺操作方法等方面的培训，以提高全员素质接受高标准挑战。对人员定期考核，未通过者不许上岗。

项目宣传。提高工程的知名度，提升工程在建设系统乃至全国的影响力，必须做好"三会一册"的工作。在工程竣工验收前，组织全省和建设系统的有关专家及技术人员按中国建设工程鲁班奖（国家优质工程）标准举行工程预验收会。对工程中的科技亮点召开科技成果鉴定会。邀请省内外曾获中国建设工程鲁班奖（国家优质工程）的施工企业参加现场经验交流大会。

合作沟通。为确保中国建设工程鲁班奖（国家优质工程）的获评必须做好内接外联工作，寻求社会方面的支持。必须做好与勘察设计、监理、质检、分包、设备材料供应商等与工程密切相关单位的沟通，寻求他们的支持与帮助，共同创建中国建设工程鲁班奖（国家优质工程）；必须做好与计划、土地、环保、人防、消防、供电、供水、电信、燃气、园林、劳动、技监、档案等与工程有关单位的合作，为确保中国建设工程鲁班奖（国家优质工程）创造良好的外部环境。

注重细节。重要的或显眼部位的工程质量至关重要，但不显眼或不太显眼的部位工程质量亦不容忽视。中国建设工程鲁班奖（国家优质工程）是一个整体质量达到精品要求的工程奖项，忽视细节部位的质量是一大误区。诸如：土建工程中的消防楼梯间、电梯机房、管道井、散水等部位；安装工程中预埋螺栓或膨胀螺栓规格应与卫生器具相匹配，卫生器具安装后，整体外观应平等。因此应做到工艺精湛、做工细腻、精雕细刻、细部到位。

（9）创优过程中易忽视的细节及处理措施

在创优过程中，经常易忽视的问题包括：

避免重土建轻安装。在工程施工中，对于土建工作比较重视，认为土建关系建筑物的安全，而安装设备责任问题小，这样使得建筑物的设备安装工作粗糙。虽然安装工作也达到了合格标准，没有出现诸如渗漏的问题，但由于不够精致，从而大大影响了评委的印象。应该重视安装工作的质量监控，除了避免常见的管道和设备安装等通病外，要从安装工作的细微处着手，统筹规划，做好管线的排列，横平竖直。不管是隐蔽管道或是外露管道要同等对待，在保证基本质量要求的基础上，力求美观、耐用和方便。水泵房设备布置如图16.3-5所示。

图16.3-5　水泵房设备布置图

注意建筑物的外部细节。室外绿化的修整、散水的规整、落水管等的固定、外墙的整洁都是外部施工的重点。外部的避雷接地、管道出入口、消防和沉降观测点等特殊部位一定要用美观的方法做好标记。屋面排气管设置如图16.3-6所示。

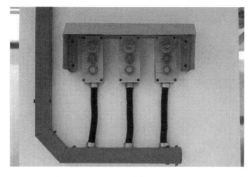 

图16.3-6　屋面排气管设置图

重视资料文档的整理。资料文档的重要性非常关键，不容忽视，不仅要整齐、完整，在评奖检查时要能及时检索和提供。

关注使用单位对建筑物的改动。这些因素包括业主设立广告牌，对建筑物的一些改动以及有可能影响到建筑物功能和品质特性的行为。这些需要承包商和业主做好充分的沟通，避免损害建筑物的品质。

要取得使用单位和物业部门的配合。工程评审是在工程交付使用后进行的，在评审复查中，往往需要使用单位和物业管理方的配合，物业管理方对建筑物的管理和修缮都直接影响到建筑物的外在形象。这些需要承包方在后期和业主、物业管理方一起做好相应的配合。

4. 工程创优做法控制

人无我有、人有我优、人优我精、人精我特。按工艺综合考虑，尽量避免施工图设计中的交叉配合不到位的现象；土建、安装工程等各个专业之间的配合需通过深化设计来统一施工的各个环节。

深化内容统筹考虑。工艺、标准、做法、施工技术、施工方法、管线布置、装饰色彩、管线走向、材料选择、装饰细部以及现场施工的各种要素等，通过统一的施工策划，保证各个分项工程内在质量和外部表观上的一致性和统一性。

深化部位全面周到。包括屋面工程、楼梯间、走廊、管道井、电缆井、卫生间、室内房间、外墙装饰、室外工程、地下室、设备机房等。口岸内部空间实景如图16.3-7所示。

莲塘/香园围口岸位于深圳市罗湖区和香港特别行政区香园围交界处，作为国家第十二个五年规划纲要中粤港合作的七个重大项目之一，是港深间规划建设的第七座综合性陆路口岸，口岸占地面积约35.3万 m^2，总建筑面积31.6万 m^2，主要功能为承担过境货运交通兼顾客运的陆路口岸，是构筑港深跨境交通"东进东出、西进西出"重大格局的东部重要口岸。旅检大楼地下2层，地上5层，1层缓冲车场为货车过境通道；2层高架平台为落客区，旅检大楼设置在平台上，从而实现旅检、货检的分离。口岸建筑布置如图16.3-8所示。

工程创优做法控制总体来讲是抓好统筹策划，做好综合布局，打造项目亮点，做好过

图 16.3-7 口岸内部空间实景图

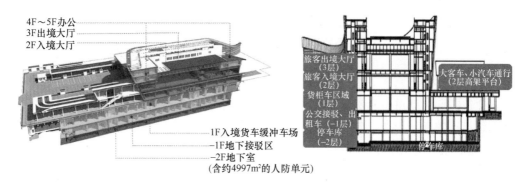

图 16.3-8 口岸建筑布置图

程管控。

"一居中":吊灯、地漏,包括对地板砖、插座、吊顶、开关等居中。

"三同缝":墙砖、地砖、吊顶、经纬线对齐。三维对缝,把地砖拼缝模数与隔墙厚度、墙砖模数一致或对应起来。做到"一条缝到底、一种缝到边、整层交圈、整幢交圈"。

"四一致":内、外一致;上、下一致;明、暗一致;大面、小面一致。

"六对齐":洗脸台板上口与墙砖对齐。

(1) 设备间配电箱、配电柜

1) 控制要点。配电箱、配电柜进场检查、安装、接线、孔洞封堵。

配电箱控制要点:配电箱开箱检查外观、内部元件完整、齐全。配电箱安装应横平竖直,牢固可靠,几台配电箱安装在同一位置时,应标高一致。配电箱内部导线分色一致,成排导线平行、顺直、整齐,分回路绑扎牢固,绑扎带间距均匀一致。配电箱内接线每个端子最多不超过两根导线,不同截面的导线不得接于同一个接线端子上。箱内设 N 排、PE 排,N 线、PE 线经汇流排配出,标识清晰,导线入排顺直、美观。进出线开口与导管管径匹配,并应套丝带锁母(ϕ50 及以下管径)且有护口,不从侧面进线。

配电柜控制要点：配电柜基础槽钢安装允许偏差应符合相关规范及标准。基础型钢安装后，其顶部宜高出最终地面10～20mm。配电柜基础型钢的接地应不少于两处。每台柜体均应单独与基础型钢做接地保护连接，以保证柜体的接地牢固良好。从第一个柜子开始安装，按照规范要求的安装垂直度允许偏差不应大于1.5‰，调平调整，并紧固四角。然后依次靠上相邻的配电柜，用盘间连接螺栓固定，前后侧各三颗螺栓固定，相互间接缝不应大于2mm，成列盘面偏差不应大于5mm。配电柜入柜的导管、桥架排列整齐，导管出地面的高度一致，管口光滑，护口齐全，管口在穿完线后封堵严密。配电柜导线按相序或用途分色一致，接线牢固，柜内配线整齐，相色、标识、标牌清晰、有电气系统图。

2) 工艺方法。

配电柜安装：

电气柜基础型钢安装垂直度、水平度允许偏差，位置偏差及不平行度、基础型钢顶部平面应符合规定，基础型钢的接地应不少于两处。根据图纸要求，柜成排排列，安装在基础型钢上，配电室选用10号槽钢。制作时先将有弯的槽钢矫平矫直，再按图纸要求预制加工好基础型钢，并进行除锈。基础型钢制好后，按图纸所标位置配合土建工程进行预埋。

将柜体按编号顺序分别安装在基础型钢上，同时保证其安装垂直度、水平度，柜体安装垂直度允许偏差不应大于1.5‰，相互间接缝不应大于2mm，成列盘面偏差不应大于5m。

柜体的接地应牢固、可靠，以确保安全。装有电器的柜门应以裸铜软线与金属柜可靠连接。

柜体安装完毕后，每台柜体均应单独与基础型钢做接地保护连接，以保证柜体的接地牢固良好。

配电柜内回路标识、标牌、系统图粘贴牢固。

配电箱安装：

若配电箱设计要求暗装时，应前期配合土建在砖墙上（钢筋混凝土结构的墙配电箱不建议暗装，破坏承重结构，若必需暗装，要经过结构设计书面同意并采取加固措施）预留合适的孔洞。

开箱检查配电箱外观及内部元器件是否完好。配电箱内部回路编号应齐全，标识应正确。配电箱应采用不燃材料制作。

配电箱开孔应与导管的管径适配，暗装配电箱箱盖应紧贴墙面。

配电箱应安装牢固（当配电箱在空心砖墙上面安装时，需采用穿墙螺杆进行固定；当配电箱安装位置没有墙或柱时应采用角钢制作支架进行安装）、位置正确、安装高度应符合设计要求，垂直度允许偏差不应大于1.5‰。

对配电箱内部回路、元件电阻、电压、电流值的测试都正常并符合相关标准及设计要求。

配电柜导线按相序或用途分色一致，接线牢固，柜内配线整齐，相色、标识、标牌清晰、有电气系统图。

3) 节点照片。口岸机房电箱实景如图16.3-9所示。

图 16.3-9　口岸机房电箱实景图

(2) 屋面细部施工

1) 控制要点。坡向排水口，沟内排水坡度≥1%，水落口周边坡度≥5%，饰面砖与基层粘贴牢固，砖缝与屋面砖对缝，排水沟饰面砖与屋面砖设置分隔缝。

2) 工艺做法。根据屋面找坡坡度、坡向和排水沟宽度及水落口位置，应用 BIM 技术进行屋面砖排版。弹线定出排水沟位置及边线。铺贴时平面压侧面。面砖与屋面砖对缝，平面与排水沟面砖交界处设置分隔缝，耐候密封胶嵌缝。水落口周围 500mm×500mm 范围内弹线找坡，坡度不小于 5%，设计水落口周围排版图案，水落口居图案中心，与屋面砖对称、对缝，选用成品篦子，居中安装于水落口上。

3) 节点照片。屋面排水实景如图 16.3-10 所示。

图 16.3-10　屋面排水实景图

(3) 地面石材铺贴

1) 控制要点。地面平整，无空鼓，色泽基本协调。表面平整误差≤1mm（光面），接缝平直误差≤1mm，接缝高低误差≤0.3mm，接缝宽度误差≤0.5mm。

2) 工艺要点。根据现场实际情况，应用 BIM 技术进行屋面砖排版。基层表面必须具有足够的强度，要求坚硬、平整、干燥、无油污及浮灰，无凹凸不平。按分块的位置，每行依次挂线。在工厂完成石材的六面防护处理，并在石材加工时采用二次下单法，将现场切割控制在最小限度。在大面积石材铺贴中采用具有良好阻水性能的益胶泥取代传统湿贴工艺。用带齿抹刀在基层上摊铺益胶泥，以石材揉实后粘结层控制在 5～7mm 为宜，小块石头和地砖可控制在 3～4mm。专用的隔缝条控制缝宽≥3mm，激光找平仪控制块材的水平度。铺贴完成24h后,经检查石板块表面无断裂和空鼓后,用专用填缝剂嵌填饱满,并随即用干棉纱擦净至无残灰、污迹为止。

3)节点照片。地面石材铺贴实景如图16.3-11所示。

图16.3-11 地面石材铺贴实景图

(4)圆弧形蜂窝大铝板安装施工

1)控制要点。骨架系统连接应牢固,受力符合设计要求;U形立柱龙骨安装后,相邻两立柱标高偏差≤2mm,左右位置偏差≤2mm,前后偏差≤2mm,垂直度、外观满足设计要求。

2)工艺要点。采用3D扫描获取现场结构形状,结合BIM调整蜂窝铝板完成面。确定蜂窝铝板圆心连线(相对轴线),通过激光水准仪在结构圆柱上放样蜂窝铝板分格定位线、竖向骨架定位参考线。通过膨胀螺栓在两侧固定40mm×4mm的角钢连接件;将U型钢立柱套进两角钢连接件之间,角钢连接件上设有腰形孔,通过腰形孔前后调整U型钢立柱到准确位置后拧紧对穿螺栓完成立柱固定。圆弧形蜂窝铝板两边设计有通长加强勒角码,角码上设有挂钩槽口,通过挂钩槽口将蜂窝铝板挂装到U形竖向骨架的槽口中,挂装口处设有橡胶垫片,防止挂装不紧,蜂窝铝板由下往上逐段安装。每段圆柱蜂窝铝板由4块弧形蜂窝板组成,2道竖向缝为密拼,另2道有12mm宽缝,在12mm宽缝中压入不锈钢饰条,横向缝打胶。

3)节点照片。口岸蜂窝铝板安装实景如图16.3-12所示。

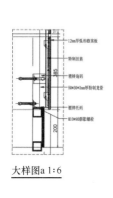
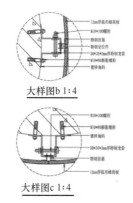

图16.3-12 口岸蜂窝铝板安装实景

(5) 装配式超大规格外倾立肋幕墙安装

1) 控制要点。相邻两片立肋幕墙缝间宽度偏差≤1mm，面板偏差≤1mm，安装牢靠，垂直度满足要求。

2) 工艺要点。在工厂加工 40mm×4mm 方通组装成品钢框架并在相应位置焊接固定两片 5mm 厚的钢板形成槽形耳板；在成品钢框架两侧采用焊钉连接外包铝单板，设置特殊槽口注结构胶用以粘接铝板与铝角码并与压板插接固定，前段锥形线条同时与压板插接，形成完整的立肋幕墙单元件，所有扣板结合处缝隙不超过 1mm，确保立肋幕墙的整体性和美观性；现场安装钢骨架竖向龙骨，在相应位置设有 10mm 厚镀锌钢板作为连接耳板；超大立肋幕墙采用吊顶葫芦吊运，将立肋幕墙单元件槽形耳板通过 M8 不锈钢高强度螺栓固定到钢立柱连接耳板上；安装固定玻璃板块后，板块之间的缝隙进行打胶。

3) 节点照片。口岸幕墙实景如图 16.3-13 所示。

图 16.3-13　口岸幕墙实景图

(6) 斜柱模板安装施工

1) 控制要点。模板必须有足够的强度、刚度和稳定性；模板接缝严密，表面平整；其支架的支撑部分必须有足够的支撑面积。混凝土工程应使用达到设计要求的模板。

2) 工艺要点。斜柱支撑体系，平台采用 7 片 3m×1.5m 的贝雷片，搭设间距为 900mm，采用 900mm 窗格连接，贝雷架横向采用销子连接。平台支撑采用 7 片 3m×1.5m 贝雷片组成立柱支撑，间距 900mm，搭设 8 层，贝雷架之间用两片窗格连接，层与层之间用专用连接螺栓连接。立柱间距 12m。平台第 5 层贝雷架处增设连接片，连接片同样采用 3m×1.5m 贝雷片。两两立柱间搭设三组连接片。

3) 节点照片。口岸斜柱施工实景如图 16.3-14 所示。

图 16.3-14　口岸斜柱施工实景图

(7) 变配电室防雷接地施工

1) 控制要点。建筑物等电位联结的范围、形式、方法、部位及联结导体的材料和截面积应符合设计要求；需做等电位联结的外露可导电部分或外界可导电部分的连接应可靠，可以焊接，也可螺栓连接。当等电位联结导体在地下暗敷时，其导体间的连接不得采用螺栓连接。

2) 工艺要点。建筑物等电位联结干线应与接地装置直接连接的接地干线或总等电位箱引出，等电位联结的干线或局部等电位箱间的连接线应形成环状网络；引至等电位联结的可接近导体的支线，应尽量就近连接，等电位联结的支线间不应串联连接；等电位联结的可接近裸露导体或其他金属部件、构件与支线连接应可靠，螺栓连接应紧固，放松零件齐全；等电位联结线应有黄绿相间的色标，在总等电位联结端子板上刷黄色底漆并做黑色接地标识。

3) 节点照片。等电位联结如图 16.3-15 所示。

图 16.3-15 等电位联结图

(8) 管道共用槽钢支架制作施工做法

1) 控制要点。支架上不得采取气割螺孔和存在废孔；支架安装牢固、平整；焊缝应饱满、平滑；油漆均匀、光亮。

2) 工艺要点。支架固定采用后置钢板膨胀螺栓，螺栓距钢板边沿尺寸为 25~30mm，螺栓根部加垫片，外露支架的螺栓采用圆头螺帽收头。采用车床切割下料，台钻钻螺栓孔，上孔径为螺栓直径+2mm，下孔径为方通规格的 1/2（下螺栓孔为隐藏式，下螺栓孔安装好螺帽后采用孔径同等规格的橡胶堵头封堵）。支架拐角处应采用 45°倒圆角拼接，拼接缝焊缝应饱满、打磨平滑，支架先刷防锈底漆两道，再刷面漆两道。成排支架标高、形式、朝向一致，支撑面为平面，抱箍螺栓与槽钢或角钢内侧接触时加垫片。

3) 节点照片。支架安装如图 16.3-16 所示。

图 16.3-16 支架安装图

第17章 项目竣工验收及后评价管理

工程竣工验收作为工程建设法定程序的最后一环，是检验工程质量的重要参考，也是促进工程交付使用的最后环节，必须严格按照法定的程序进行。基于政府公共工程的特点，通过开展项目后评价管理，总结项目建设管理过程中的经验教训，实现知识积累，促进工程管理水平的提高。本章节通过对工程竣工验收、项目后评价等方面相关要求、内容的阐述，对工程建设的法定程序有更加清晰地认识和理解，促进工程建设质量和管理水平的不断提高。

17.1 竣工验收的相关定义和要求

建设单位在项目管理全流程中的竣工验收工作主要包括：专项验收、中间验收、初步验收、竣工验收、项目竣工移交、房屋建设使用手册编写、工程结算及财务决算、竣工阶段及验收文件归档管理。

随着社会经济的不断发展，城市化进程不断加快，建筑行业得到了快速发展。建筑工程的数量与规模不断增加，对于建筑工程质量的要求也越来越高。为了促进建筑业自身的健康发展，在工程建设的每个阶段参建各方都应给予高度关注，以保证建筑工程从设计、施工、竣工等各个阶段质量符合标准，按时完工并交付使用。

项目竣工是指工程项目经过承建单位的准备和实施活动，已完成了项目承包合同规定的全部内容，并符合发包单位的意图、达到了使用的要求，标志着工程项目建设任务的全面完成。

竣工验收作为工程项目建设环节的最后一道程序，是全面检验工程项目是否符合设计要求和工程质量检验标准的重要环节，也是检查工程承包合同执行情况、促进建设项目交付使用的必要途径。现行国家标准《建设工程项目管理规范》GB/T 50326—2017对施工项目竣工验收的解释为"施工项目竣工验收是承包人按照施工合同的约定，完成设计文件和施工图纸规定的工程内容，经发包人组织竣工验收及工程移交的过程"。

工程项目竣工验收的主体有交工主体和验收主体两方面，交工主体是承包人，验收主体是发包人，二者均是竣工验收行为的实施者，是互相依附而存在的。工程项目竣工验收的客体应是设计文件规定、施工合同约定的特定工程对象，即工程项目本身。在竣工验收过程中，应严格规范竣工验收双方主体的行为，对工程项目实行竣工验收制度是确保我国基本建设项目顺利投入使用的法律要求。

1. 竣工验收的条件

竣工验收的工程项目必须具备规定的交付竣工验收条件。

（1）设计文件和合同约定的各项施工内容已经施工完毕。民用建筑工程完工后，承包人按照施工及验收规范和质量检验标准进行自检，不合格品已自行返修或整改，达到验收标准，水、电、暖、设备、智能化、电梯经过试验，符合使用要求。生产性工程、辅助设施及生活设施，按合同约定全部施工完毕，室内工程和室外工程全部完成，建筑物、构筑物周围 2m 以内的场地平整，障碍物已清除，给水排水、动力、照明、通信畅通，达到竣工条件。其他专业工程按照合同的规定和施工图规定的工程内容全部施工完毕，已达到相关专业技术标准，质量验收合格，达到了交工的条件。

（2）有完整并经核定的工程竣工资料，符合验收规定。

（3）有勘察、设计、施工、监理等单位签署确认的工程质量合格文件。工程施工完毕，勘察、设计、施工、监理单位已按各自的质量责任和义务，签署了工程质量合格文件。

（4）有工程使用的主要建筑材料、构配件、设备进场的证明及试验报告。现场使用的主要建筑材料（水泥、钢材、砖、砂、沥青等）应有材质合格证，必须有符合国家标准、规范要求的抽样试验报告。混凝土预制构件、钢构件、木构件等应有生产单位的出厂合格证。设备进场必须开箱检验，并有出厂质量合格证，检验完毕要如实做好各种进场设备的检查验收记录。有施工单位签署的工程质量保修书。

2. 竣工验收的标准

（1）达到合同约定的工程质量标准。建设工程合同一经签订，即具有法律效力，对承发包双方都具有约束作用。合同约定的质量标准具有强制性，合同的约束作用规范了承发包双方的质量责任和义务，承包人必须确保工程质量达到双方约定的质量标准，不合格不得交付验收和使用。

（2）符合单位工程质量竣工验收的合格标准。我国国家标准《建筑工程施工质量验收统一标准》GB 50300—2013 对单位（子单位）工程质量验收合格规定如下：单位（子单位）工程所含分部（子分部）工程的质量均应验收合格；质量控制资料应完整；单位（子单位）工程所含分部工程有关安全和功能的检测资料应完整；主要功能项目的抽查结果应符合相关专业质量验收规范的规定；观感质量验收应符合要求。

（3）单项工程达到使用条件或满足生产要求。组成单项工程的各单位工程都已竣工，单项工程按设计要求完成，民用建筑达到使用条件或工业建筑能满足生产要求，工程质量经检验合格，竣工资料整理符合规定。

（4）建设项目能满足建成投入使用或生产的各项要求。组成建设项目的全部单项工程均已完成，符合交工验收的要求，建设项目能满足使用或生产要求，并应达到以下标准：生产性工程和辅助公用设施，已按设计要求建成，能满足生产使用；主要工艺设备配套，设施经试运行合格，形成生产能力，能产出设计文件规定的产品；必要的设施已按设计要求建成；生产准备工作能适应投产的需要；其他环保设施、劳动安全卫生、消防系统已按设计要求配套建成。

3. 竣工验收的程序

竣工验收由建设单位主持，各相关单位参与，主要包括：使用单位、建设单位、设计单位、勘察单位、施工单位、专业承包单位、监理单位、工程质量监督单位、工程安全监督单位。

工程竣工验收合格后，建设单位应当及时提出工程竣工验收报告。工程竣工验收报告主要包括工程概况，建设单位执行基本建设程序情况，对工程勘察、设计、施工、监理等方面的评价，工程竣工验收时间、程序、内容和组织形式，工程竣工验收意见等内容。

竣工验收由建设单位主持，集中布置验收任务。

（1）建设、勘察、设计、施工、监理单位分别汇报工程合同履约情况和在工程建设各个环节执行法律、法规和工程建设强制性标准的情况；

（2）审阅建设、勘察、设计、施工、监理单位的工程档案资料；

（3）实地查验工程质量；

（4）对工程勘察、设计、施工、设备安装质量和各管理环节等方面做出全面评价，形成经验收组人员签署的工程竣工验收意见。

17.2 工程移交管理

项目竣工移交是指建设管理单位完成所有建设内容，工程竣工验收后，工程实体由建设管理单位移交项目使用单位的活动。

资料移交完成后，按要求向使用单位进行资产移交。移交内容按合同要求，对使用单位进行培训，提供使用手册。培训工作可以提前在项目设备调试阶段进行，以缩短项目移交周期。

1. 竣工移交程序

项目符合以下条件，经建设管理单位提出申请，即可进入竣工移交程序：

（1）已完成工程竣工验收；

（2）除了维保人员外，其他施工人员已经撤场；

（3）对项目使用单位的相关人员进行了培训；

（4）已准备好项目使用单位进行维修保养所必需的资料。

工程具备移交条件后，建设单位提出申请，由监理单位负责组织，总承包单位填写《工程移交单》，接收单位、监理单位、移交方现场核验，若存在问题无法达到移交条件，现场提出整改要求，待移交方整改完成后，重新确认。确认现场达到移交条件，在《工程移交单》上签字确认，同时移交方将房间钥匙一并移交。口岸类工程验收一般包括建筑、结构、装饰、市政、机电工程、查验设施等。

竣工移交形式主要为召开项目竣工移交会、签订竣工移交书或直接签订竣工移交书。

2. 竣工移交内容

项目竣工移交主要内容包括工程实体移交、资料移交、资产移交等。

具体内容如下：

（1）按竣工项目一览表在现场移交工程实体。向发包人移交钥匙时，工程项目室内外应清扫干净，达到窗明、地净、灯亮、水通、排污畅通、动力系统可以使用。

（2）按竣工资料目录交接工程竣工资料。资料的交接应在规定的时间内，按工程竣工资料清单目录进行逐项交接，办清交验签章手续。

（3）按工程质量保修制度签署工程质量保修书。原施工合同中未包括工程质量保修书附件的，在移交竣工工程时应按有关规定签署或补签工程质量保修书提交义务附件。

（4）承包人在规定时间内按要求撤出施工现场，解除施工现场全部管理责任。

（5）工程交接的其他事宜。

表17.2-1～表17.2-3为项目移交清单。

项目移交单 表17.2-1

工程名称/分类			编号	
移交项目				
项目基本情况		建筑面积：	层数：	
施工移交单位		移交时间	年 月 日	
建设单位		接收时间	年 月 日	
使用（物业）单位		接收时间	年 月 日	
交接内容	建筑单体与装修： 给水排水： 电气： 消防报警：		家具： 通风与空调： 电梯： 其他：	
施工单位移交意见	负责人： 日期： 年 月 日			
监理单位意见	负责人： 日期： 年 月 日			
建设单位意见	负责人： 日期： 年 月 日			
使用（物业）单位接收意见	负责人： 日期： 年 月 日			
核验人签字栏	移交单位	建设（代建）单位		使用（物业）单位

项目钥匙移交清单　　　　　　　　　　　　　　　　　　　　表 17.2-2

楼层（科室）	房间名称	钥匙编号	钥匙数量	备注
×××	×××	×××	××	
施工单位			负责人签字：	
监理单位			负责人签字：	
建设单位			负责人签字：	
使用（物业）单位			负责人签字：	

项目竣工资料移交单　　　　　　　　　　　　　　　　　　　　表 17.2-3

工程名称	×××项目	移交日期	
移交单位		接收单位	
移交内容： 现将　　　　工程完整竣工资料一套（含竣工资料目录1份）移交给贵单位，共　卷、共　　册。			
备注			

移交单位：	接收单位：	监理单位：	施工单位：
签字： 　　年　月　日	签字： 　　年　月　日	签字： 　　年　月　日	签字： 　　年　月　日

17.3 项目后评价

项目后评价是一项复杂的技术经济分析工作，是对评价项目多因素、多属性、多指标的综合比较和价值判断。基于政府公共工程的特点，通过开展项目后评价，总结项目管理、设计施工方面的经验教训，实现知识积累，推动政府公共工程管理效能和建筑产品品质的提升。项目完成度的评价，围绕项目目标和项目管理关键环节，评价项目最终实现的结果是否达到前期所确定的目标，查找关键要素和环节的偏差事项，综合评价项目管理的水平。

1. 项目后评价的原则

项目后评价是一项复杂的技术经济分析工作，涉及面广，科学地开展后评价应该遵循独立性、公正性、可信性、目标性、实用性原则：

（1）独立性

项目后评价必须保证独立性，这是一条重要原则。独立性要求后评价应从项目决策者和管理者或项目业主以外的第三者角度出发，独立地进行，避免自己评价自己。独立性应贯穿后评价的全过程，即从后评价项目的选定、计划的编制、任务的委托、评价者的组成到评价过程和报告。

（2）公正性

公正性要求后评价必须尊重客观事实，根据已经发生的真实数据和资料进行客观评价，不能在发现问题、分析原因和做出结论时避重就轻，不能有主观偏好。

保证公正性，应在以项目组自我总结的基础上，由后评价小组站在科学、合理的角度对项目进行客观分析，过程中应注重同项目组充分沟通以得出公正的评价结论。

（3）可信性

后评价的可信性不仅取决于评价者的独立性和经验，也取决于资料信息的可靠性和评价方法的适用性。为增强评价者的责任感和可信度，评价报告要说明评价所用资料的来源或出处，报告的分析和结论要有充分可靠的依据，报告还应说明评价所采用的方法和过程。

可信性的一个重要标志是应同时反映出项目的成功经验和失败教训，这就要求评价者具有广泛的阅历和丰富的经验。同时，本研究也提出了"参与"原则，要求项目的执行者和管理者应参与后评价，以利于收集资料和查明情况。

（4）目标性

后评价的目标性原则是由于项目管理的目标性决定的，项目的目标性包括项目的过程性目标、项目的约束性目标、项目的结果性目标，项目后评价必须要以各项目标的实现作为评价的基本依据，以项目的目标实现状况作为基本评价标准，这样才能从根本上保证项目后评价工作不脱离项目所要求的基本轨道。

（5）实用性

后评价的实用性是指后评价能对项目决策和管理产生作用。后评价主要通过后评价报告的形式展示评价结果，为保证实用性，后评价报告应针对性强，文字简练明确，避免引用过多的专业术语，报告不应该面面俱到，应重点突出。报告应能满足多方面的要求。

实用性强的另一项要求是报告的及时性，在项目竣工验收投入使用后，应及时总结经验教训。后评价报告所提的建议应与报告的其他内容分开表述，建议应能提出具体的措施和要求。

2. 项目后评价的方式

项目后评价的方式大致可以分为"建设单位自评＋委托第三方评价"和"项目部总结＋企业内部评审"两种。对于两种不同的后评价方式，对比如下：

（1）对于政府投资的公共项目，通常项目的建设单位即为项目业主，由于项目业主缺少工程项目管理能力，需要根据《中华人民共和国招标投标法》和《中华人民共和国政府采购法》，通过公开招标选择具有项目管理、设计、施工能力的专业单位完成项目建设。

在此模式下，项目业主并未实际参与工程设计和施工，缺少对项目管理进行后评价的能力和信息，因此，政府投资项目后评价采用"建设单位自评＋委托第三方评价"的方式。其中，建设单位自评价注重说明项目的结果与效益，说明项目实施流程的合规性，说明项目实际建成的内容与批复内容的符合性等。发改委在建设单位自评价的基础上，委托第三方对项目的合法合规性、项目效果、效益和影响进行评价。整体而言，发改委项目后评价关注项目的公共性、公益性、规划符合性、流程合规性。

(2) 对于房地产企业而言，其开发地产项目关注的是投资收益，因此，其后评价围绕着项目操盘过程中的关键管控环节及事项，对项目从拿地到交付的全周期经营管理、专业管理进行复盘，发现操盘中的问题，调整未来项目开发策略。由于这种项目复盘的工作只有项目一线的参与者能够有效完成，同时为了保证项目复盘总结的质量及学习项目经验，房地产项目采用了项目部复盘总结＋企业内部评审的后评价方式。

基于对政府公共工程建设管理职能的理解，口岸类工程作为特殊的政府投资工程，项目后评价的方式应该结合房地产项目后评价和发改委项目后评价两种方式，即"项目组总结＋第三方评价"。

3. 项目后评价内容

根据项目后评价的目的和方式，确定项目后评价基本内容，项目管理后评价的体系应为矩阵型。从横向上看，项目管理后评价涵盖了项目管理和建筑产品两大对象，从竖向上看，项目管理后评价分为项目总结和客观评价两种方式。项目管理后评价因此总共分为四项内容：项目管理总结、项目设计施工质量总结、项目管理评价、项目精品指数评价，见图 17.3-1。

(1) 项目管理总结

项目管理总结是对项目实施过程中的管理经验教训的总结，管理工作主要包含项目策划、项目管理的组织工作、项目招标采购、项目设计管理、项目进度管理、项目投资合同

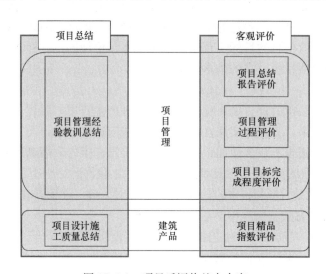

图 17.3-1　项目后评价基本内容

管理、项目信息化与信息管理、项目创新与效果八个方面。

（2）项目设计施工质量总结

项目设计施工质量总结是对项目实物工程的完成效果的评价和得失总结。包括从设计角度的总结和从施工角度的总结两方面。

（3）项目管理评价

项目管理评价是由独立的第三方，按照项目评价体系对项目建设项目的过程和结果做出定量的评价。

（4）项目精品指数评价

项目精品指数评价，是由独立的第三方，按照精品工程评价标准对建筑产品的设计、建造和运行实效进行定量的评价。

框架体现了项目管控过程与项目目标结果的因果关系、项目管理与建筑产品相辅相成的理念。通过定性总结与定量评价的有机结合，提高了后评价的全面性与客观性。

4. 项目后评价报告的内容

总结报告是对项目建设全过程进行回顾与分析，客观、全面地评价项目建设管理工作，总结工程实体及项目管理的亮点与不足，经验与教训。

项目总结报告应包含项目概况、项目管理总结与分析、项目成果评价、经验教训和改进建议。项目总结报告可按大纲编制如下：

（1）项目概况

概括地描述本项目的基本情况，包括项目情况简述、项目可研批复结论、实施进度、总投资、技术经济指标等。

（2）项目管理总结与分析

总结项目策划的思路和过程，项目特点和重难点分析是否把握准确，项目目标确定（质量、进度、投资、安全环保文明生产等）是否合适，管理思路是否有效，标段划分是否合理，管控（质量、进度、安全、材料设备等）要点是否把握准确。

项目管理模式和组织架构。列出项目建管模式和组织架构。分析项目选用的建管模式和组织架构的优缺点，对目标实现的影响、对参建单位管控能力、解决问题的效率、不同部门专业间沟通配合的效率等。

项目招标采购。项目招标采购工作的总结，包括各标段招标计划与实际完成时间（表）、重要标段的择优条件是否达到预期效果等。项目材料设备选用（表）。

项目设计管理。分析项目设计管理过程，对比前期策划所确定的设计理念、设计标准、设计目标与项目实际成果间的差异。重点说明施工配合过程中出现的图纸质量、设计进度、设计变更等事项。

项目进度、工程管理。通过项目计划工期与实际完成时间节点的对比，分析影响节点进度的主要因素和延误的原因，在今后类似项目中可采取的改进措施。

列出项目施工进度计划与实际完成的关键线路，分析产生变化的主要原因，分析影响节点进度的主要因素和延误的原因。

项目各阶段质量安全巡查方面的问题，说明项目质量管理和安全管理的效果。

投资、合同管理。对比项目各个阶段（可行性研究、初步设计概算、实施阶段）投资控制情况，评价建安工程费、设备购置费和工程建设其他费的使用情况。

说明各阶段投资目标调整情况及原因，重点分析费用超支子项的主要原因，总结成本控制的经验和不足。总结项目实施过程中重大变更原因、争议纠纷处理、工程概算申报经验。

项目信息化与信息管理。总结项目实施过程中信息管理的做法，例如项目信息的收集计划，信息的分类、编码与处理方式，项目文件档案管理，项目信息化等。总结BIM技术在项目管理各阶段中的应用与效果。

项目创新与效果。总结项目在新的管理经验、规划设计理念、新技术、新工艺、新设备的应用情况与效果。

（3）经验教训和对策建议

项目管理经验教训和改进建议。从项目策划、组织协调、项目设计管理、进度与工程管理、投资管理、参建方管理、信息管理、项目技术创新等方面，提炼项目实施过程中的成功经验和失败教训，提出项目管理方面先进经验和改进建议。

建筑产品改进建议。从项目产品设计品质、施工质量等方面提炼项目实施过程中的成功经验和失败教训，提出项目设计理念、关键技术、材料和设备选用方面的建议。

17.4 工程案例分析

莲塘口岸占地面积约35.3万m^2，总建筑面积31.6万m^2，2010年8月，莲塘口岸获批立项。2013年11月，莲塘口岸动工建设；2016年4月26日，莲塘口岸跨境桥工程动工；2019年5月，莲塘口岸通过初步竣工验收；2019年11月，莲塘口岸完成竣工验收；2020年5月27日，莲塘口岸通过国家验收。2020年6月完成竣工备案；2020年8月26日10时莲塘口岸开通。

莲塘口岸建设项目从立项到竣工验收及移交阶段，会涉及多个行政单位及相关部门，其中就竣工验收和移交工作中所涉及相关的主要行政职能部门包括国家垂直管理部门：如国家口岸办、海关总署、边检总站、边防武警部门；地方行政审批机构：如住建部门、规自部门、发改部门、环保部门、卫生部门、交通部门、交警部门、公安反恐部门、街道派出所、残疾人联合会、城管部门等；设施配套服务单位，如电力公司、水务公司、燃气公司、通信公司等。

1. 竣工验收程序和准备

莲塘口岸工程项目进入收尾阶段后，大量复杂的工作已经完成，但还有部分剩余工作需要认真处理。这些遗留工作大多是零碎的、分散的、工程量不多的工作，往往不被重视，弄不好会影响到项目的顺利竣工；同时，临近项目结束，项目团队成员难免会有松懈的心理，也会影响到收尾工作。为推进项目收尾工作，保障项目竣工验收工作的正常进行，由建设单位、监理单位、设计单位、总承包单位、专业承包单位等项目管理的各方组建竣工验收专责小组，按竣工验收的管理程序依次进行，确保做好竣工验收工作。

莲塘口岸在进入项目竣工验收阶段，竣工验收小组即按照竣工验收的条件和标准开展竣工验收前置工作，让项目具备竣工验收条件：

完成房屋建筑工程设计文件和合同约定的各项内容；

有完整的技术档案和施工管理资料；

有工程使用的主要建筑材料、建筑构配件和设备的进场试验报告；

有勘察、设计、施工、监理等单位签署的质量合格文件；

有施工单位签署的工程保修书；

城乡规划主管部门对工程是否符合规划条件进行核实并出具认可文件；

人防、公安消防、环保部门出具认可或准许文件。

(1) 竣工验收准备

工程交付竣工验收前的各项准备工作由施工企业项目经理部具体操作实施，项目经理全面负责，在竣工验收专责小组的组织架构下各单位项目经理部建立竣工收尾小组，搞好工程实体的自检，收集、汇总、整理完整的工程竣工资料，扎扎实实做好工程竣工验收前的各项收尾及管理基础工作。

(2) 编制竣工验收计划

计划是行动的指南。项目经理部应认真编制竣工验收计划，并纳入企业施工生产计划实施和管理。施工单位项目经理部按计划完工并经自检合格的工程项目应填写工程竣工报告和工程竣工报验单，提交工程监理机构签署意见。

(3) 开展工程竣工预验收

由监理单位组织，建设单位、承包单位等参加，在工程审报竣工后，监理工程师按照承包单位自检验收合格后提交的《单位工程竣工预验收申请表》，审查相关资料并进行现场检查；项目监理部就存在的问题提出书面意见，并签发《监理通知书》（注：需要时填写），要求承包单位限期整改；承包单位整改完毕后，按有关文件要求，编制《建设工程竣工验收报告》交监理工程师检查，由项目总监签署意见后，提交建设单位。

(4) 组织现场验收的主要内容

整个建设项目已按设计要求全部建设完成，符合规定的建设项目竣工验收标准，并经监理单位认可签署意见后，向建设单位提交《工程竣工验收报告》，然后由建设单位组织设计、施工、监理等单位进行建设项目竣工验收，中间竣工已办理移交手续的单项工程，不再重复进行竣工验收。

建设单位组织勘察、设计、施工、监理等单位按照竣工验收程序，对工程进行核查后，应做出验收结论，并形成《工程竣工验收报告》，参与竣工验收的各方负责人应在竣工验收报告上签字并盖单位公章。

(5) 建设项目专项验收阶段

由建设单位负责向政府有关行政主管部门或授权检测机构申请各项专业、系统验收，专业、系统验收内容包括：人防验收；公安消防验收；规划验收；环保检测；电梯验收；锅炉系统验收；智能建筑验收；燃气验收；电力验收；防雷验收；供水验收；市政排水验收；电信验收；城建档案验收等。

各部门进行现场踏勘、资料审核并提出需整改的相关问题后，建设单位组织实施整改，得到各部门认可后，由各部门分别出具认可文件或准许使用文件。

房屋建筑工程经竣工验收合格，并取得燃气、消防、电梯等专项验收合格证明文件或者准许使用文件后，方可投入使用。

(6) 进行竣工结算

工程竣工结算要与竣工验收工作同步进行。工程竣工验收报告完成后，承包人应在规定时间内向发包人递交工程竣工结算报告及完整的结算资料。承发包双方依据工程合同和工程变更等资料，最终确定工程价款。

(7) 移交竣工资料

整理和移交竣工资料是工程项目竣工验收阶段必不可少且非常细致的一项工作。承包人向发包人移交的工程竣工资料应齐全、完整、准确，要符合国家城市建设档案管理和基本建设项目（工程）档案资料管理和建设工程文件归档整理规范的有关规定。验收工作流程如图17.4-1所示。

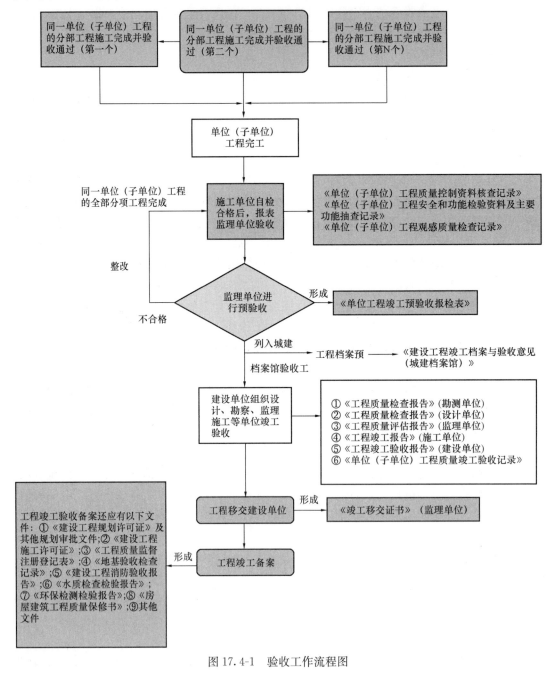

图 17.4-1 验收工作流程图

2. 竣工验收前注意事项

(1) 公共交通接驳基础设施

对于大型的公共建筑而言，无缝衔接舒适可靠的公共交通接驳基础设施是口岸建设的核心。公共建筑市民关心的是如何来往，陆路口岸项目建设按照创建国际化创新型城市要求，推进轨道交通网、常规公交网、慢行交通网三网融合，推进智能交通建设，防止"口岸开通之时，亦是拥堵之日"。

公共交通接驳基础设施验收是交付使用的必要条件，需要协调交通内部多个部门，如轨道交通部门、交通局公交巴士管理部门、出租车场站管理部门，验收时标准要求较多。因此，在项目设计阶段就要有前瞻性，考虑公共交通接驳基础设施设计，在施工阶段了解相关部门相关政策变化，完善公共交通接驳基础设施对项目整体的竣工验收工作意义非凡。

(2) 电梯安装

对项目的发展和启用而言，室内电梯安装的核心价值在于交通运输。室内的电梯安装也就标志着项目正式进入后期收尾及竣工验收，室内电梯的及早完成可以有效地推进项目整体工期。

室内电梯的竣工验收是电梯交付使用的前提条件，也是项目竣工前检查的必备条件之一。因此，在项目施工阶段提前考虑室内电梯的穿插施工，加快电梯的安装进度，早日完成电梯的竣工验收工作，对项目整体的竣工验收工作意义非凡。

(3) 消防系统

消防系统关乎人的生命及财产安全，消防设计越来越受到国家的重视，对消防的设计、施工以及验收的管控也越发严格。消防系统是一个较为繁杂的系统，涉及与消防相关的方方面面，而消防验收也往往是项目验收过程中耗时耗力的一项，因此消防工程竣工验收工作需提前筹措。对消防验收的重点提出以下几点：

1) 火灾报警系统正常运转一周以上，所有联动设备均处于正常待机状态（按规定建筑物需正式供电，报警系统及联动设备须正式通电）。

2) 消防水池及高位水箱按设计要求有效容积全部充水，喷淋及消火栓系统管网压力全部达到设计压力（按规定建筑物需正式供水、消防水池、高位水箱、喷淋及消火栓系统管网均由正式水管网供水）。

3) 所有排烟、送风机控制柜保证处于送电状态，排烟阀、送风口处于正常工作状态。

4) 应急照明系统所有的应急灯具及标识全部按设计要求安装到位并正常工作。

5) 所有疏散通道应保证通畅且不应有障碍物，防火分区的防火卷帘升降灵活，电梯厅、疏散楼梯间等部位的防火门应开关灵活并安装闭门器，室外环形消防车道保证平整通畅。

6) 场地内消防道路通畅。消防验收过程中与验收主管部门保持良好的沟通必不可少，对于消防验收而言更是工作的重中之重。项目部协同消防施工单位提前与消防验收相关部门进行沟通，清晰了解验收新政，摸底验收要点，这能极大地促进消防验收的顺利进行。

(4) 监管区防护网

口岸作为国门，为防止偷渡、走私由海关、边检部门实行封闭管理，其中对于监管区防护网有建设要求，对于口岸内不同的监管区防护网要求是不一样的，项目工程竣工验收后还要经国家口岸办、海关总署、边检总站统一验收。因此在设计和施工期间,要对围网设计与施工的要求征求海关、边检等使用单位意见,合理设计防护网的位置,避免与市政管井位置重合,造成管井盖无法开启的情况。

(5) 场地管网

市政管网的设计图纸及文件报批几乎都是以规划许可证为起始节点,起始时间本就相对较晚,故庭院的施工管网需及早考虑,鉴于市政配套单位的不可控性,项目现场应尽可能早地为市政配套单位的进场施工创造施工条件。

从项目整体形象的角度而言,庭院管网影响到小区的园林建设施工,小区园林建设最终影响到规划综合验收的推进。因此,在庭院市政建设阶段要考虑到小区园建的穿插施工,为规划综合验收创造条件。

3. 工程竣工验收备案

建设单位应当于工程竣工验收合格后,按照《房屋建筑和市政基础设施工程竣工验收备案管理办法》等相关规定,向工程所在地的县级以上地方人民政府建设主管部门备案。

(1) 工程竣工验收备案受理条件

1) 房屋建筑工程:

建设单位已按规定组织竣工验收并验收合格(含配套的燃气工程);

工程已按规定通过消防专项验收或备案;

工程包含电梯的,已按规定通过电梯专项验收;

办理《建筑工程施工许可证》的居住建筑以及公共建筑,已按规定通过建筑节能专项验收;

含油库、气库、弹药库、化学品仓库、民用爆炸物品、烟花爆竹、石化等易燃易爆附属设施的,其易燃易爆附属设施防雷装置已按规定通过专项验收;

工程已按《建筑工程施工许可证》的规定通过规划专项验收。

2) 市政公用工程:

建设单位已按规定组织竣工验收并验收合格(含配套的燃气工程);

工程已按规定通过规划专项验收;

工程涉及消防专项验收或备案的,已按规定通过消防专项验收或备案;

工程已通过建筑节能专项验收;

工程包含电梯的,已通过电梯专项验收;

含油库、气库、弹药库、化学品仓库、民用爆炸物品、烟花爆竹、石化等易燃易爆附属设施的,其易燃易爆附属设施防雷装置已按规定通过专项验收。

3) 二次装饰装修工程:

建设单位已按规定组织竣工验收并验收合格;

工程已按规定通过消防专项验收或备案;

工程包含电梯的,已按规定通过电梯专项验收;

办理《建筑工程施工许可证》的居住建筑以及办理《建筑工程施工许可证》的公共建筑,已按规定通过建筑节能专项验收。

(2) 工程竣工验收备案受理资料

建设单位应当在竣工验收和消防、电梯、燃气等工程验收合格后,向住建局提供如下资料办理竣工验收备案手续。

配套的燃气工程竣工验收报告或验收证书，电梯（自动扶梯）安装监督检验结果通知单，公安消防部门出具的消防专项验收合格文件，防雷装置验收意见书，建筑工程规划验收合格证，工程竣工验收报告，法律、法规规定的其他资料。

（3）工程竣工验收备案注意事项

1）认真对待竣工验收备案。

工作人员须明确竣工验收时间和备案时间是两个不同的时间概念。竣工验收时间一般是指召开竣工验收会通过验收的时间，是建设单位、施工单位、监理单位一致认可的，是在质量监督机构监督下，具备验收条件，按验收程序进行的有明确验收结论的竣工验收时间。竣工验收备案时间是指建设单位提供的备案文件由备案机关收讫后同意的备案时间，该时间直接关系到法规规定的行政时效问题。

2）正确处理好工程质量监督与竣工验收备案的关系。

工程质量监督主要是强调过程监督，验收备案主要是一种法定程序，质量监督的根本目的是促进生产过程中的质量控制，提高工程质量，依法行政的根本保证是按法定程序办事。质量监督和竣工验收备案之间有着密不可分的联系，只有工程质量监督到位，竣工验收的程序合法、质量合格，而且是参建单位共同认可的、真实的，最后的竣工验收备案才有实际价值。竣工验收报告是备案的重要文件和依据，备案是对质量监督的直接促进和监督。

3）处理好竣工验收条件和备案条件的统一协调问题。

其实这两者条件是统一的，但客观上也存在差异。在实际操作中，条件差异只体现在时间的先后上。竣工验收须经建设单位组织，各参建单位参加，质量监督机构监督，因此验收的条件应由竣工验收会议共同认定，达成一致结论才能通过竣工验收。竣工验收备案则不同，是由建设单位申请、监督机构提出监督报告、备案机关把关，主要是程序性的，要求的备案文件要综合一些，代表了更强的行政意志。

4）积极采用信息化技术推进竣工验收备案制度的实施。

实现信息化将根本改变政府管理模式和普通老百姓与政府的日常关系，服务和监督必将更加透明化。具体逐步采取的重点措施包括：通过网络信息技术，对竣工验收备案有关政策及时宣传，公开办事程序，建立开发建设单位和各参建单位的信誉档案，加快与质量监督机构和其他监督执法部门的信息沟通，最终建立起整个建设项目管理的诸个环节、各参建单位和工程项目的信息网络，对竣工验收备案项目进行公布，对不按时备案的工程及时督办，对违规行为进行处罚并公开通报，对年度备案项目进行统计分析等，逐渐把备案的程序和监督管理的实质更好地结合起来，逐步建立起前后呼应的政府建设管理的统一整体和信息网络。

4. 与建筑工程相关的关键验收

根据政府投资类工程的特点，重点对消防验收、环保验收、节能验收等流程进行分析，结合口岸类工程的特殊性，对口岸工程验收审批进行分析，具体项目的相关验收程序结合当地主管部门要求有细微差别。

（1）消防验收程序

住建部门受理建筑工程消防验收申报时，应查验下列资料：

1)《建筑工程消防验收申报表》。
2) 建筑消防设施技术测试合格的报告。
3)《建筑工程消防设计审核意见书》及相关批复文件。
4) 竣工图。
5) 消防工程施工安装单位资格证书及施工安装、调试记录；消防产品相关证书、出厂合格证；隐蔽工程记录；设计、施工变更内容记录等资料。
6) 各项消防安全管理制度和防火安全管理组织机构以及消防系统操作管理人员名单。

(2) 项目环保验收

莲塘口岸属于公共建筑项目需要办理环保验收手续。在项目前期立项阶段，对建设项目需要进行环境影响评价。环保验收的主要依据是在前期办理的环境影响评价报告及环保主管部门的环评批复文件。

环保验收流程如下：

1) 发布竣工公告。时间节点为项目主体工程及环评报告和环评批复提出的环保措施全部落实后的当天或第二天。
2) 发布调试公告。时间节点为项目达到设计的使用条件，项目可以正常产排污，所有环保设施可以正常使用，时间一般为10个工作日至3个月，无特殊情况，一般不得超过3个月。
3) 验收监测。在调试公告发布期间，产排污情况达到环评报告中确定的75%及以上，可委托有资质的监测单位开展验收监测，验收监测的目的是校验环保设施的处理能力、处理效率、排放浓度/速率等是否满足环评报告和环评批复的要求。
4) 验收报告编制。可提前开展，但最终报告需要取得验收监测数据后才能完成。
5) 验收组评审。邀请专家组成验收组，在现场核查的基础上，对验收报告进行评审。
6) 验收结果公示。验收报告经专家组长复核后即可发布，公示期为20个工作日。
7) 国家验收平台申报。时间节点为验收结果公示期满后5个工作日内完成，申报完成后在国家验收平台相关内容截图自行保存，后期生态环境执法部门检查时出示该截图即可。

环保专项验收工程相对来说业务是较为独立的，通常不与其他专项工程验收工作形成前后置关系。因此在项目现场具备环保验收条件时，可尽早穿插着手进项环保验收工作。

(3) 人防工程竣工验收

1) 报批阶段已获各部门批准的总平面图；
2) 人防已审批的施工图、人防工程施工图技术审查报告；
3) 人防工程竣工验收申请及建设方组织的人防工程竣工验收报告。

(4) 节能验收

建筑节能工程施工质量的验收，主要应按照国家标准《建筑节能工程施工质量验收标准》GB 50411—2019 以及《建筑工程施工质量验收统一标准》GB 50300—2013 各专业工程施工质量验收规范等执行。单位工程竣工验收，应在建筑节能分部工程验收合格后进行。

建筑节能工程为单位建筑工程的一个分部工程，并按规定划分为分项工程和检验批。建筑节能工程应按照分项工程进行验收，如幕墙节能工程、门窗节能工程，屋面节能工程、地面节能工程、供暖节能工程、通风与空气调节节能工程、配电与照明节能工程等。当建筑节能分项工程的工程量较大时，可以将分项工程划分为若干个检验批进行验收。当建筑节能工程验收无法按照要求划分分项工程或检验批时，可由建设、施工、监理等各方协商进行划分。但验收项目、验收内容、验收标准和验收记录均应遵守规范的规定。

1）建筑节能分部工程进行质量验收的条件。

建筑节能分部工程的质量验收，应在检验批、分项工程全部合格的基础上，进行建筑围护结构的外墙节能构造实体检验，严寒、寒冷和夏热冬冷地区的外窗气密性现场检测，以及系统节能性能检测和系统联合试运转与调试，确认建筑节能工程质量达到验收的条件后方可进行。

2）建筑节能分部工程验收的组织。

建筑节能工程验收的程序和组织应遵守《建筑工程施工质量验收统一标准》GB 50300—2013的要求，并符合下列规定：节能工程的检验批验收和隐蔽工程验收应由监理工程师主持，节能施工单位相关专业的质量检查员与施工员参加；节能分项工程验收应由监理工程师主持，施工单位项目技术负责人和相关专业的质量检查员、施工员参加，必要时可邀请设计单位相关专业的人员参加；节能分部工程验收应由总监理工程师（建设单位项目负责人）主持，施工单位项目经理、项目技术负责人和相关专业的质量检查员、施工员参加；施工单位的质量或技术负责人应参加，设计单位节能设计人员应参加。

3）建筑节能工程验收的程序。

施工单位自检评定。建筑节能分部工程施工完成后，施工单位对节能工程质量进行检查，确认符合节能设计文件要求后，填写《建筑节能分部工程质量验收表》，并由项目经理和施工单位负责人签字。

监理单位进行节能工程质量评估。监理单位收到《建筑节能分部工程质量验收表》后，应全面审查施工单位的节能工程验收资料且整理监理资料，对节能各分项工程进行质量评估，监理工程师及项目总监在《建筑节能分部工程质量验收表》中签字确认验收结论。

建筑节能分部工程验收。由监理单位总监理工程师（建设单位项目负责人）主持验收会议，组织施工单位的相关人员、设计单位节能设计人员对节能工程质量进行检查验收。验收各方对工程质量进行检查，提出整改意见。

建筑节能质量监督管理部门的验收监督人员到施工现场对节能工程验收的组织形式、验收程序、执行验收标准等情况进行现场监督，发现有违反规定程序、执行标准或评定结果不准确的，应要求有关单位改正或停止验收。对未达到国家验收标准合格要求的质量问题，签发监督文书。

单位按验收意见进行整改。施工单位按照验收各方提出的整改意见进行整改，建设、监理、设计单位对节能工程的整改结果进行确认。对建筑节能工程存在重要的整改内容的项目，质量监督人员参加复查。

节能工程验收结论。符合建筑节能工程质量验收规范的工程为验收合格，通过节能分部工程质量验收对节能工程验收不合格工程，按《建筑节能工程施工质量验收标准》GB 50411—2019和其他验收规范的要求整改完后，重新验收。

验收资料归档。建筑节能工程施工质量验收合格后，相应的建筑节能分部工程验收资料应作为建设工程竣工验收资料中的重要组成部分归档。

4）建筑节能工程专项验收应注意事项。

建筑节能工程验收重点是检查建筑节能工程效果是否满足设计及规范要求，监理和施工单位应加强和重视节能验收工作，对验收中发现的施工质量问题及时解决。

工程项目存在以下问题之一的，监理单位不得组织节能工程验收：未完成建筑节能工程设计内容的；隐蔽验收记录等技术档案和施工管理资料不完整的；工程使用的主要建筑材料、建筑构配件和设备未提供进场检验报告的，未提供相关的节能性能检测报告的；工程存在违反强制性标准的质量问题而未整改完毕的；对监督机构发出的责令整改内容未整改完毕的；存在其他违反法律、法规行为而未处理完毕的。

单位工程在办理竣工备案时应提交建筑节能相关资料，不符合要求的不予备案。

5. 口岸对外开放验收审批程序

（1）核实该口岸是否已纳入规划、计划

接国务院转来有关省（自治区、直辖市）政府申请某一口岸开放的请示后，核实是否已列入国家五年口岸发展规划和年度计划。

已列入国家五年口岸发展规划并列入年度计划的，立即办理；已列入国家五年口岸发展规划但未列入年度计划的，待列入年度计划后办理。

够一定数量的交办件后，统一征求国家有关部门意见，除极端少数特例重新补列计划外，其他件统一报国务院同意后，回复地方政府。

（2）核实地方政府所报文件内容是否齐全

内容包括：拟开放口岸可研报告、口岸位置、开放内容、查验机构编制、配套建设资金来源、口岸所在地大军区意见、港口口岸要标明口岸开放范围，边境口岸要有两国协定等，如内容不全，请地方政府补充材料。

（3）具体审理

行文征求有关部门意见，包括：外交部（仅限边境口岸）、公安部、交通运输部（仅限港口口岸）、铁道部（仅限铁路口岸）、质检总局、民航局（仅限航空口岸）、总参作战部，以及海关总署人教司。以上各单位意见一致同意后，拟文件（包括地理位置、水域范围、各查验单位人员编制数量、口岸设施建设资金来源、国务院批复地方政府的代拟稿等）并经中央编办、发展改革委、总参谋部（限航空口岸）签署后，向国务院报告，拟同意开放或扩大开放此口岸。

（4）国务院批复

（5）验收

国务院批复同意此口岸对外开放后，该口岸所在地政府在征求当地查验单位意见的基础上，进行口岸建设；待一切准备就绪，由省级口岸主管部门会同省内有关部门对口岸进行初验。合格后，报文给国家口岸管理办公室，申请进行国家级验收；接地方政府文件后，将地方政府申请验收的函转发外交部（仅限边境口岸）、公安部、交通运输部（仅限港口口岸）、铁道部（仅限铁路口岸）、质检总局、民航局（仅限航空口岸）、总参作战部，海关总署监管司、财装司、人教司征求意见。有关部门意见一致后，给署领导写签报，请示组织验收事宜，署领导同意后，组织有关部门赴口岸进行验收。由中央有关部门和地方政府（包括省级政府和口岸当地政府）组成的验收小组，在听取汇报和实地考察的基础上，形成验收纪要，并签字通过。

（6）对外宣布

莲塘口岸配套设施完工后，口岸所在地政府提出口岸配套设施验收的申请，市政府办公厅会同驻省查验单位和有关部门根据规划有关要求进行初验后逐级上报省政府、国务院验收，合格后由国家有关部门宣布口岸对外开放，口岸开放验收流程如图17.4-2所示。

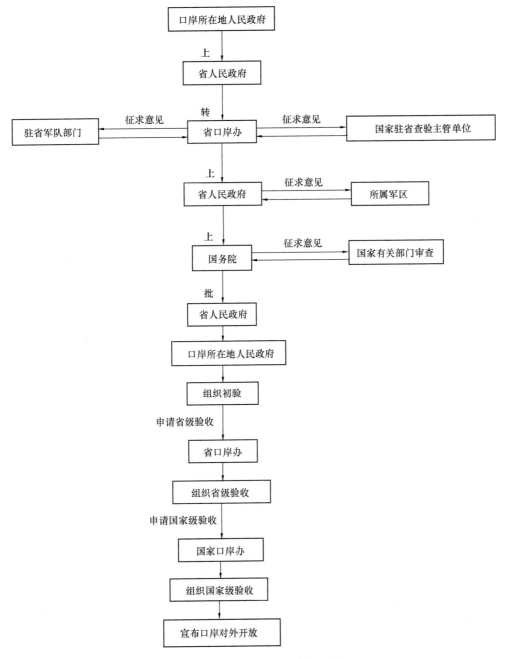

图 17.4-2　口岸开放验收流程图